ISBN 978-0-267-11223-4
PIBN 10529498

Note by F. J. Griffin - Journ. Soc. Bibliogr. Nat. Hist. (Lond.),
1: 83-85, 1937.

H. Jekel

Archiv
Der Insectengeschichte

herausgegeben
von
Johan Caspar Füeßly

Erster Theil.
enthaltend
das 1te 2te 3te und 6te Heft

und
Zweyter Theil
enthaltend das
4te 5te 7te und 8te Heft
oder
des
Johan Fried: Wilh: Herbst
Kritisches Verzeichniß seiner Insecten-Sammlung.

Zürch
1781 bis 1786.

Erster Theil.

oder

das 1te 2te 3te und 6te Heft.

Archiv der Insectengeschichte

herausgegeben

von

Johan Caspar Füeßly

Erstes Heft

Zürich und Winterthur

Bey dem Herausgeber und bey Heinrich Steiner und Comp.

1781.

Plan dieses Archivs

aus dem Plan zu einer entomologischen Republik

des Hrn. J. F. W. Herbst in Berlin.*

„Es sind hauptsächlich drey Ursachen, wodurch das Wachsthum der Naturgeschichte der Insecten so sehr aufgehalten wird. Einmal, die Nothwendigkeit, sie abzubilden. Ein jeder Entomologe, der nicht bloß sammlet, sondern seinen Vorrath auch systematisch ordnen, oder gern wissen mögte, ob das, was er entdeckt hat, neu oder schon bekannt sey, wird es finden, daß auch die sorgfältigste Beschreibung nicht allzeit hinreichend ist, ein Insect von denen ihm ähnlichen zu unterscheiden, und denen aus dieser Aehnlichkeit entstehenden Verwirrungen vorzubeugen. Es kommt hiebey auf etwas mehreres an, als auf die Farbe und Structur einzelner Theile; oft ist es eine gewisse Form, oder ein gewisser habitus, der ein Insect von denen ihm sonst ähnlichen so sehr unterscheidet, daß diese Verschiedenheit so gleich beym Anblick wahrgenommen wird, aber durch keine Worte ausgedrukt werden konnte. Es ist also ein nothwendiges aber nicht abzuhelfendes Uebel, weil es in der Einschränkung des menschlichen Verstandes und in der Armuth aller Sprachen seinen Grund hat, daß die Insecten abgebildet werden müssen, wenn wir eine recht deutliche Vorstellung davon haben sollen. Dies macht aber die Insectenwerke sehr kostbar, und erschwehret gar sehr das Studium dieses Theils der Naturgeschichte. Da dies nun aber einmal nicht zu ändern ist, so sollten wir doch aus patriotischem Eifer für die Erweiterung der Naturkenntniß um so viel

mehr

* Dieser Plan steht ganz, und unverändert, in meinem neuen Magazin der Entomol. im ersten Stück. Seite 1 & Seqq. Da das darin erst projectirte Archiv der Insectengeschichte nun würklich schon ausgeführt wird, so habe ich hier diesen Plan mit einigen nöthigen Veränderungen abdrucken lassen.

mehr darauf bedacht seyn, die andern beyden Ursachen hinweg zu schaffen, die wohl gehoben werden könnten. Die zweyte Ursach nemlich, und welche der Entomologie so viel Nachtheil bringt, ist der uns Deutschen eigne Fehler, mit dem wenigen neuen, was wir bemerken, alles längst-bekannte immer mit zu wiederholen. Daher entstehen so viel neue grosse Insectenwerke, die auf die Hälfte einschmelzen würden, wenn man das wirklich neue herausziehen wollte. Dies mus nicht nur den Liebhaber der Natur sehr abschrecken, der nicht so viel daran wenden kann, um sich solche Werke anzuschaffen; sondern, da auch solche Werke wenig Käufer finden können, denn wer wird gerne einerley zehnmal kaufen, so hält es oft schwer, zu seinen wirklichen neuen Bemerkungen einen Verleger zu finden, der, wie ein Kaufmann, nur diejenige Waare gern nimmt, von welcher er einen guten Absatz hoffen kann. Da er aber selten Kenner ist, und vielleicht schon die Erfahrung ihn mißtrauisch gemacht hat, so läßt er lieber einen ungewissen Gewinn fahren, der ausserdem einen grossen Vorschuß kostet, und so gehen wir oft wirklich dadurch mancher wichtigen Bereicherung der Insectengeschichte verlustig. Ich will hiedurch den Werth des Esperschen, Bergsträsserschen und Ernstischen Werks nicht verdunkeln; allein ich berufe mich auf das Zeugniß aller Entomologen, ob es ihnen nicht angenehmer wäre, wenn diejenigen Insecten aus diesen Werken weg geblieben wären, die wir schon im Röselschen Werk so sauber und gut abgebildet haben, welches doch nun einmal in jedermans Händen ist, und bey allen kleinen Unrichtigkeiten doch noch vor allen neuern Werken so viel Vorzüge behält, daß es durch sie nicht verdrängt werden wird; und ob ihre Werke nicht dadurch viel wolfeiler und also auch gemeinnütziger würden geworden seyn, und mehrere Käufer und Leser gefunden haben? Die dritte Ursache, wodurch der Fortgang der entomologischen Kenntniß so sehr gehindert wird, ist zum Theil eine Folge der zweyten, und besteht darin, daß viele neue Bemerkungen und Entdekungen in gar zu vielen Werken zerstreuet bekannt gemacht werden, wo man sie theils gar nicht sucht, und welche theils von wenigen gekauft und gelesen werden. Diese neuen Entdeckungen gehen also für die meisten Liebhaber verlohren. Denn derer periodischen Schriften giebt es jezo so viele, in welchen man Bemerkungen aus allen Theilen der Naturgeschichte durch einander findet, daß man sich nicht nur eine ganze Bibliothec anschaffen muß, um nur einiger massen das zusammen zu haben, was die Insecten betrifft, sondern man muß auch bey jeder selbst gemachten Bemerkung eine unglaubliche Zeit verschwenden, um alle diese Bücher durchzublättern, ob nicht diese Bemerkung schon von andern sey gemacht worden.

Wie ist nun aber diesen Uebeln abzuhelfen? Wie ist es anzufangen, um auch denjenigen Freunden der Insectengeschichte in ihren Kenntnissen weiter zu helfen, die nicht viel Geld auf Bücher wenden können? Und wie ist es möglich zu machen, daß auch diejenigen mit zur allgemeinen Aufklärung beytragen, die izt nur im Stillen vor sich Beobachtungen anstellen, ohne sie andern mitzutheilen, weil sie theils nicht Gelegenheit dazu haben, theils auch, da sie nicht viel Bücher haben lesen können, in der Besorgniß stehen, es mögte das was sie beobachtet haben, längst bekannt seyn, und sie also für ihren guten Willen den kritischen Spott der Recensenten zum Lohn empfangen? Hierauf ist nun eigentlich mein gegenwärtiger Plan gerichtet.

Wäre es nicht eine uns Deutschen sehr zur Ehre gereichende edle und großmüthige Entschliessung, wenn alle Entomologen in Deutschland, gleichsam eine Republik unter sich errichteten, und sich darüber vereinigten, alle ihre Bemerkungen aus der Insectengeschichte in ein einziges grosses allgemeines Werk zusammen zu tragen, damit ein jeder alles, was von nun an neues entdeckt wird, in einem Buche beysammen finden könnte?„

Ein solches Werk ist nun gegenwärtiges Archiv. Es soll in lauter einzelnen Bogen, wie das Röselsche Werk, oder in einzelnen Abhandlungen, wie die Schäfferschen, aber alle unter obigem Titul, im Format und Einrichtung wie dieses erste Heft herauskommen. So bald der Stoff zu 6 Tafeln bey Handen ist, so werden diese mit dem dazu dienenden Texte unter dem Titul des zweyten, dritten Heft u. s. f. herausgegeben. Die Anzahl der Hefte aber, die jährlich herauskommen sollen, wird lediglich durch die Menge der einlaufenden Ma-

Materialien bestimmt. Zu diesem Archiv kann nun ein jeder das Seinige beytragen, und so klein auch seine Entdeckung wäre, sie bekannt machen, so bald sie nur neu ist. Der Nutzen hievon ist gleich in die Augen fallend. Keine erhebliche Bemerkung geht verloren, die izt in unzähligen Schriften zerstreuet sind, die leicht übersehen und von wenigen gelesen werden, und daher von einem andern, der eben diese Bemerkung macht, wieder als neu debitiert wird. In diesem Archiv fände man alles, was wirklich neu ist, beysammen. Man brauchte sich keine andre kostbare Werke anzuschaffen, weil man gewiß wäre, alles erhebliche in diesem einen zu finden. Zu mehrer Bequemlichkeit, und um auch andre Entomologen ausser Teutschland an sich zu ziehen, könnten auch Abhandlungen in lateinischer und französischer Sprache angenommen werden. Ja selbst Uebersetzungen ausländischer Werke könnten unter der Bedingung darin Platz finden, daß aus denselben nur bloß das neue herausgezogen würde. Der Name eines jeden Verfassers würde bey dem Tittel seiner Abhandlung gesezt, so wie es in denen Schriften der Academien gebräuchlich ist. Da es nur allmählig in einzelnen Bogen herauskommt, so wird es selbst denen Naturfreunden, deren Casse immer mit ihrer Liebhaberey in Uneinigkeit steht, am wenigsten beschwerlich fallen, mit andern in ihrer Kenntniß weiter zurücken. Ich weiß wohl, daß teutsche Gelehrte nicht bloß für die Ehre, sondern auch für die Künste schreiben müssen; allein eben davor wird auch hierbey am besten gesorgt. Sie werden nie einen Verleger finden, der ihnen vortheilhaftere Versprechungen geben könnte, als der Verleger dieses Archivs thun kann, wenn er weiß, daß dieses Archiv von nun an das einzige neue Insectenwerk in Teutschland ist ꝛc. Und wenn man erst mit dem Verleger wegen des Honorarii für jeden Bogen eins geworden ist*, so ist es auch leicht dies für jede Seite des Bogens zu bestimmen, und so bekommt auch der seinen Theil, dessen Bemerkung nur eine Seite anfüllet. Wessen Beytrag mehr als einen halben Bogen beträgt, der bekommt den oder die Bogen frey, worauf seine Abhandlung steht ꝛc.

Nichts wird indessen in dieses Archiv aufgenommen, als was wirklich neu, oder doch nicht sehr bekannt ist, oder bisher noch nicht mit Richtigkeit und Genauigkeit ist beobachtet worden. Zu dem Ende muß ein jeder seine Abhandlung erst an zwey bis drey andere Entomologen, denen er etwa die meiste Erfahrung oder Belesenheit zutrauet, zum durchsehen überschicken. Damit aber nicht auch hier etwas menschliches mit durchlaufe, und jemand dem Verfasser glaubend mache, seine Entdeckung sey schon bekannt, um sie nachher unter seinem Namen bekannt zu machen, so muß derjenige, der zum Durchsehen von dem Verfasser gewählt wird, ihm, wenn seine Bemerkungen wirklich nicht neu sind, anzeigen, wo denn schon Nachricht hiervon zu finden, auf daß der Verfaßer seine eigne Bemerkungen damit vergleichen, und etwa nur das, was er noch zu ergänzen weiß, zum Archiv einschicken kann. Findet aber der Beurtheiler, daß die ihm zum Durchsehen zugeschickte Abhandlung neu ist so schreibt er seinen Namen unter die Abhandlung. Weiß er selbst noch mehreres davonzusagen, oder, zur Bestätigung dieser und jener Behauptung was hinzu zufügen, so kann er dieß unter seinem Namen in einer Note, oder als einen Nachtrag hinzusezen. Damit die Kupfer nicht zu sehr angehäuft werden, so muß vornehmlich darauf gesehen werden, daß die Abbildungen noch nirgends, wenigstens nirgends gut, zu finden sind, oder doch nur in fremden, kostbaren und wenig bekannten Werken, z. E. im Daubenton, Drury, Cramer, &c. stehen, doch können merkliche Varietäten sonst bekannter Insecten wol aufgenommen werden.

Ein jeder muß davor stehen, daß seine Abbildungen richtig und der Natur getreu sind. Bey kleinen Insecten müssen diejenigen Theile, welche es characterisieren vergrössert dargestellt werden In der Beschreibung muß die natürliche Grösse des Insects nach dem rheinländischen Maaßstab angegeben, auch bemerkt werden, mit welchem bekannten Insect es die meiste Aehnlichkeit habe, und worin es verschieden sey. Ueberhaubt muß es sich ein jeder zur ernstlichen Pflicht machen, sich der grösten Genauigkeit, Deutlichkeit und Richtigkeit zu befleißigen. Bey Variationen muß die Abbildung citiert werden, mit welcher man sein abweichendes Exemplar verglichen. Hat jemand von dem neuen Insect, was er beschreibt mehr

* Das Honorarium für jeden Bogen werden die Hrrn. Goetze und Herbst bestimmen, und das Bestimmte soll in dem folgenden Hefte dieses Archivs angezeigt werden.

mehr als ein Stück, so wird er aus Liebe zur Wahrheit dies Insect in Natura mitschicken, damit der Mahler sich desto genauer darnach richten könne, indem, wie bekannt, eine Copie von einer Copie, allzeit schon merklich vom Originale abweicht. Wer mir ein Insect das er nur einmal besizt, anvertrauen will, dem versichere ich nebst sorgfältigster Behandlung schleunige Rücksendung, so bald das Insect gehörig abgemahlt worden ist.

Da ich die Aufsicht und Direction dieses Archivs übernommen, so werden alle Abhandlungen postfrey an mich hier in Zürich, oder unter meiner Addresse in Leipzig an Hrn. Christ. Gottlob Hilscher, Buchhändler, in Frankfurt am Mayn an die Eichenbergischen Erben, in Nürnberg an Hrn. Karg gesendet. Durch gleichen Weg werde ich den Verfassern das festgesezte Honorarium, anvertraute Manuscripte, Handzeichnungen und Insecten übermachen.

Es ist keineswegs die Absicht, durch diesen Vorschlag die angefangnen Insectenwerke der Herren Esper, Bergsträsser, Ernst, Götze und mehrern Einhalt zu thun, oder ihren Fortgang zu hindern. Denn so, wie diese angefangen sind, würden sie ausserdem sich zu diesem Archiv nicht schicken. Allein die Fortsezung der Kleemannschen Beyträge würden eben so gut in diesem Archiv eingerückt werden können, als sie bisher besonders herausgegeben sind. Es herrscht auch bey diesem gutgemeinten Unternehmen, weder Eigennutz, Neuerungssucht, oder sonst eine unlautere Absicht. Sondern die ganze Absicht dabey ist, theils dadurch die immer zunehmende Ueberschwemmung von neuen Insectenwerken zu verhüten, theils dadurch das Insecten-Studium so viel möglich zu erleichtern, theils es jedem Beobachter leicht zu machen, sein Scherflein zur Erweiterung der Naturgeschichte beyzutragen, und überhaupt geschwinden Wachsthum und Aufklärung der Entomologie dadurch zu befördern &c.

Zürich den 6. Aprill 1781.

Joh. Caspar Füeßly.

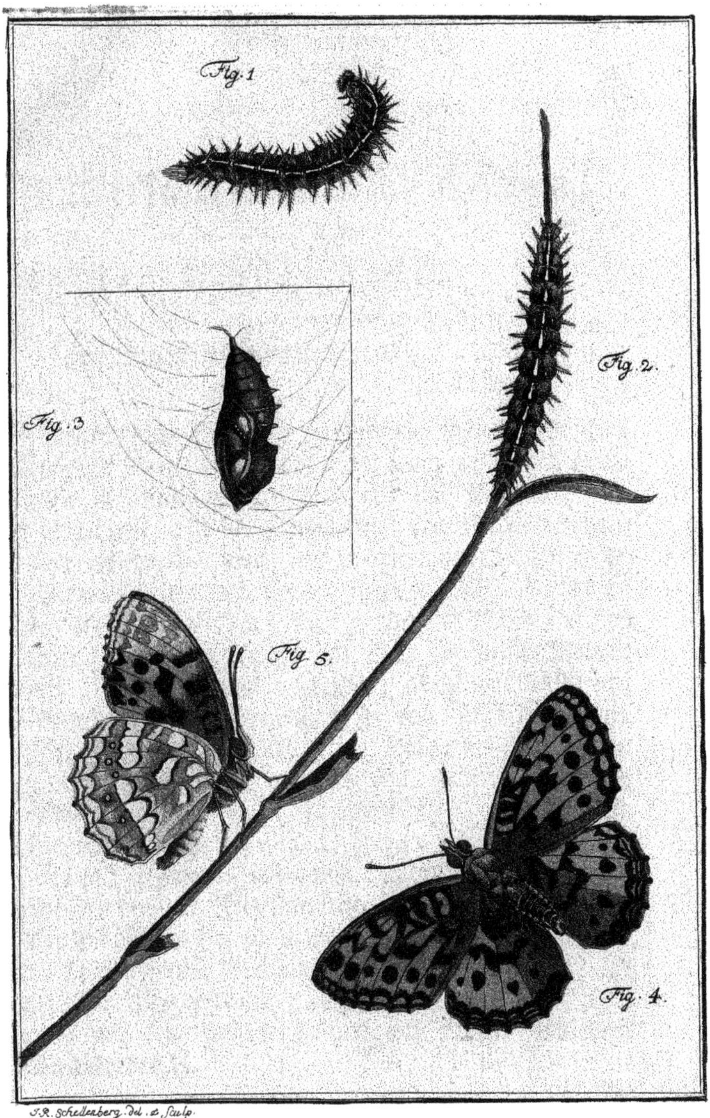

J. R. Schellenberg del. & Sculp.

Pap: Adippe.

Beytrag zur Naturgeschichte

des

Mittelperlmutterfalters. Papilio Adippe L.

von Joh. Caspar Füßly.

Dieser Falter ist den Entomologen unter verschiedenen Namen sehr wohl bekannt, aber nicht so seine Raupe und Puppe, von denen ich in keinem entomolog. Werke, ausser in Admirals und Degeers eine Abbildung habe finden können. Es ist bekannt, daß die Perlvögel oder Silberreichen-Falter noch lange nicht aus einander gesezt, und zu bestimmten Ordnungen gebracht sind. Diese Verwechselungen und Verwirrungen werden auch nicht gehoben werden können, bis wir so glüklich sind, von allen die Raupen zu kennen. In dem Wienerverzeichniß werden uns zwar die meisten Raupen dieser Falter benennet, und als bekannt angegeben; allein was helfen uns blosse Namen ohne Abbildung und Beschreibung? Zu dem, wird dort gegenwärtige Raupe Märzveilenfalter-Raupe, die Raupe des Pap. Niobe Linn. aber, Freysamkrautfalter-Raupe benennet, welches wieder zu neuer Verwirrung Gelegenheit geben könnte, da unsere hier abgebildeten Raupen nicht auf der Märzveile (Viola odorata) sondern auf dem Freysamkraut (Viola tricolor) gefunden, und damit ernährt worden, und also auch, wie die Raupe der Niobe: Freysamkrautfalter-Raupe genennet werden könnten. Wir haben also hier ein neues Beyspiel, wie betrüglich die von der Futerpflanze hergenommene Benennung sey. Ich habe desnahe den deutschen Namen aus Hrn. Göeze deutscher Uebersetzung des Degeerschen Werkes gewählt, weil mir kein besserer bekannt und selbiger von Hrn. Esper auch beybehalten worden ist.

Die hier abgebildeten Raupen habe ich zu Ende des Maymonat von meinem geschäzten Freunde Hrn. Dr. **Amstein** aus **Bündten** erhalten, welcher einige davon zu **Marschlins** auf dem **Freysamkraut** gefunden hatte. Erst sandte er mir die bey Fig. 1. abgebildete, welche schon völlig ausgewachsen war, und sich bey meinem Freunde Hrn. **Schellenberg** in Winterthur, dem ich sie zum abmahlen zusandte, innert 2. Tagen zur Puppe verwandelte; hernach sandte er mir noch eine zweyte, und meldete mir dabey: „Von der Dornraupe, wovon ich Ihnen letzthin ein Stük gesendt habe, habe ich seitdem 3. andere Stüke auf der Viola tricolor angetroffen, zwo haben sich schon verwandelt. Beyde haben anfänglich oben am Glasdekel ein leichtes Gespinst verfertiget, und sich zulezt doch **gestürzt** oben am Glasdekel hangend verpuppet. Ich habe die Raupen nur auf der jungen Pflanze in einem Acker gefunden. Die dritte war noch klein, als ich sie bekam, und war überhaupt viel schwärzer, besonders waren die Rückendornen ganz schwarz, indessen hatte sie schon den weissen Rükenstreif. Sie hat unterdessen eine Haut abgelegt. Ich sende sie Ihnen mit, auf daß sie den Unterschied vor der ganz erwachsenen sehen, und vielleicht auch eine Zeichnung davon machen können. Die Grundfarbe ist noch izt meistens schwarz, mit vielen kleinen weißlichten Punkten, neben dem weißpunktirten Rükenstreif. Die Dornen sind blaßfärbig, und von den zwo Seitenreihen der Fuß orangenfärbig. Ferner gewährt man längst der untersten Reihe Dornen, eine schwefelgelbe Seitenlinie, und der Kopf hat oben, die zwey Gelben Augenbuklen, die auch die ausgewachsenen haben, und die sie auch vor ihrer Häutung schon hatte. Von ihren ausgewachsenen Cameraden habe ich, ehe sie sich verwandelten, folgende Beschreibung in meine Tableten eingetragen: Diese Raupen gehören, weil sie auch auf dem ersten Ringe ein Paar, obwohl nur kurzer Dorne haben, unter die Halsdornraupen, woraus die Silberreichen Falter kommen. Sie haben nach der Länge des Leibs 6 Reihen ästiger Dorne, diese sind gegen die Spitze blaßfärbig, am Fusse orangefärbig. Die Grundfarbe der Raupe ist melirt olivenfarb, mit einigen hellen Punkten, auch theils hellen, theils schwarzen Strichgen besezt. Der Rücken sammetschwarz gefleckt, mit einer weissen punktirten

gebro-

gebrochenen Mittelstreife. Der Kopf braun, mit Zimmetgelben augenförmigen Bukeln. Die Brustfüsse schwarzbraun, die übrigen gelblicht.„

So weit Hr. Dr. Amstein. Die zweyte Raupe behielt ich, bis sie ganz ausgewachsen war, bey mir. In der zweyten Figur dieser Tafel ist sie abgebildet, und kommt vollkommen mit der Beschreibung die mein Freund von seinen erwachsenen Raupen giebt, überein, weicht aber in etwas von der erstern, Fig. 1. ab, welche eine etwas rostfarbige Grundfarbe hat, welches vermuthlich ein Zeichen ihrer bevorstehenden Verwandlung war. An den ausgekrochenen Faltern konnte ich nicht den geringsten Unterschied bemerken. Ehe sich die Raupen anhängten, so zogen sie vorher, wie solches Hr. Dr. Amstein schon bemerkt hat, ein leichtes Gespinnst um sich herum Fig. 3. welches vermuthlich dienen soll, den ersten Anflug der Schlupfwespen ꝛc. abzuhalten. **Degeer** hat dieses von seiner Raupe nicht angemerkt, vielleicht hat er dieses zarte und weitläuftige Gewebe nicht geachtet, oder seine Raupe hat schon ein solches Gespinst gezogen gehabt, ehe er sie eingetragen, und war also der nöthige Safft zu den Fäden schon aufgebraucht

Die **Degeersche** Beschreibung von der Raupe, Puppe und dem Falter ist sehr gut und vollständig, die Abbildungen aber sind höchst schlecht. Da das **Degeersche** Werk so wohl das Original als auch die deutsche Uebersezung wegen ihrer Kostbarkeit nicht in Jedermanns Hände kommen, so will ich die Beschreibung der Raupe und Puppe aus der Leztern ganz hieher sezen, und zugleich dadurch diesem Beytrag zur Naturgeschichte dieses Falters eine grössere Vollständigkeit geben. *

„Die Raupen sind schwehr zu finden, ich habe nur eine einzige gehabt und Admiral hat ihrer auch nur allein gedacht, und sie abgebildet.“

„**Es ist eine graue leberfarbe Dornraupe, mit einer Reihe kleiner schwarzer Fleke längs dem Rücken, und grauen Dornen**„

„Ich fand sie am 16ten Junius an einer Mauer, und an eben dem

---

* Des Herrn Baron Karl Degeer ꝛc. Abhandlungen zur Geschichte der Insekten aus dem Französ. übersezt und mit Anmerkungen herausgegeben von Joh. Aug. Ephraim Götze. Des zweyten Bandes erster Theil. mit 15 Kupfertafeln. 4, Nürnberg. 1778. S. 138-139.

Tage schikte sie sich noch zu ihrer Verwandlung an. Den 1ten Julius kam der Papilion aus. Die Pflanze, wovon sie sich nährt, kenne ich nicht; Admiral aber sagt, sie lebe auf dem **Freysamkraut** (Viola tricolor). Da sie ihrer Verwandlung so nahe war, so kann ich nicht sagen, ob sie die Farbe, die sie itzt hatte, immer gehabt habe. Denn die Raupen verändern ihre Farben sehr oft, je näher die Verwandlungszeit kömmt. Dem sey, wie ihm wolle, so will ich sie doch beschreiben, wie sie damals beschaffen war.„

„Sie war von mittelmässiger Grösse, und hatte sechzehn Füsse, wie alle Dornraupen. Die Farbe ganz Leberfarbengrau, und etwas ins fleischfarbige fallend; die Dornen aber etwas heller, als der Körper. Längs dem Rüken hatte sie eine Reihe schwarzer, bey Anfange jedes Ringes liegenden Fleken, in deren Mitte ein schmutzig weisser Punkt; an den Seiten der Ringe aber kleine schwärzliche Striche lagen. Jeder Mittelring, vom vierten bis eilften, hatte sechs Dornen, die ganz herum mit vielen feinen Härchen oder Spitzen bewachsen waren. Der erste Ring aber hatte oben nur zween Dornen, die vorwerts standen, und gleichsam niederlagen. Auf dem zweeten, dritten und zwölften sassen ihrer vier. Die hornartigen Vorderfüsse waren gelblich braun, oder dunkelockergelb.„

„Bey der Verpuppung hieng sie sich hinten auf, und zween Tage nachher war sie Puppe. Diese ist ganz Leberfarben grau. Oben längs den Ringen hat sie vier Reihen kegelförmiger Bukeln, und bey jedem Bukel ein kleines silberfarbiges Fleckchen von so schönem Glanz, als man sich nur vorstellen kann. Die Flecke der beyden Reihen bey der Rükenlinie sind grösser und glänzender, als der beyden an der Seite. Oben hat der Halskragen vier dergleichen Flecke. Uebrigens ist die Puppe ekig, wie bey den andern Dornraupen; nur sind bey dieser die beyden kegelförmigen Kopfspitzen kurz, dik, und stumpf. Die Kante oben auf dem Halskragen liegt sehr erhaben, und das Brustsük, oder die Flügelfutterale stehen auch weit hervor, so daß die Puppe an dieser Seite sehr buklicht ist. Auf dem grauen Grunde liegen unzählige kleine Striche oder dunkelbraune Aederchen.„

Da ich diese Raupen zu einer Zeit erhielt, wo mich viele Geschäfte hin-

derten,

derten, eine Beschreibung von ihnen zu entwerfen, und sie zum abmahlen an Hrn. Schellenberg abgeben mußte, so bin ich nicht im Stande die kleinen Abweichungen zwischen diesen und der Degeerschen anzugeben, die indessen sehr unbedeutend zu seyn scheinen, da die Beschreibung des Hrn. Degeers auf die Abbildungen passet, nur muß ich in Ansehung der Silberfleke auf der Puppe bemerken, daß diese, bey den zwo Puppen die ich hatte, nicht ganz gleich geordnet waren, und folglich nicht bestimmt angegeben werden können, und zweitens waren einige dieser Flecke nicht silberfarben, sondern blau, wie das schönste Ultramarin.

Die Falter die aus diesen Raupen in 14. Tagen auskrochen, waren beede männlichen Geschlechts, und einander, wie ich oben schon angemerkt, vollkommen ähnlich. Dieser in Schweden gemeine, hier etwas seltene Falter ist schon so bekannt, daß hier eine weitläufige Beschreibung überflüssig wäre, besonders da Herr Esper zwo verschiedene Abbildungen und genaue Beschreibung von ihm geliefert, ich bemerke also nur, daß sich meine Falter von den Esperschen dardurch auszeichnen, daß ihnen auf der untern Seite der Unterflügel die hintere Binde von Silberfleken fehlet. Sollten nicht des Hrn. Espers Abbildungen nur weibliche Falter vorstellen? Der ganze Habitus scheint mir dieses anzuzeigen. Es ist bekannt, daß das Männchen des Silberstrichs (Pap. Paphia.) als ein vorzüglich Unterscheidungszeichen vor dem Weibchen, auf den Oberflügeln einige schwarze Striche, oder besser zusagen, breite, aufgeschwollene schwarze Adern hat, diese fehlen ihm niemalen, und Herr Esper hat dieses Tafel XVII. Fig. 2. sehr wohl ausgedrükt. Nun haben meine Falter eben dieses männliche Zeichen auch aufzuweisen. Da nämlich die 2te und 3te Ader oder Nerf vom innern Rand angerechnet, in ihrer Mitte dicker oder wie aufgetrieben sind. Wenn ich also nicht schon nur aus dem dünnen, stark behaarten, am hintern zotigten Leib auf ihr Geschlecht schliessen wollte, so wären mir diese zwo aufgetriebenen Adern in den Flügeln der sicherste Beweis für meine Vermuthung. Dieses also für ausgemacht angenommen, folget, daß Herr Esper den männlichen Falter nicht gekannt, wenigstens in seinem Werk nicht abgebildet und beschrieben, und daß also hier das erste mal eine deutliche Abbildung vom Männchen geliefert werde. Das Männchen unterscheidet sich also von dem Weibchen durch zwo aufgetriebene Adern in den Oberflügeln auf der obern Seite, und zweitens, daß ihm die 7. silbernen Randsleken unten an den Hinterflügeln fehlen.

Da ich Admirals Werk izt nicht bey der Hand habe, so kann ich seine Beschreibung und Abbildungen nicht vergleichen, und weiß also nicht, ob selbige mit dem oben gesagten und unsren Abbildungen übereinkommen.

J. R. Schellenberg del. & sc.

Sphinx Vespertilio, et Sphinx Infausta.

Der
Fledermausschwärmer. Sphinx Vespertilio.
Von
Joh. Caspar Füßly.

Ich bin nicht der erste der diesen Schwärmer bekannt macht; dieses Verdienst gehört Herrn Esper, der denselben unter obigen Namen im II Theil seines Schmetterlingswerk, auf der XXIIten Tafel bey Figur 4 abgebildet und S. 178. beschrieben hat. Allein da diese Abbildung nicht nach der Natur, sondern auch nach einer andern Abbildung, und diese vermuthlich nach einem verflogenen Exemplar gemacht worden, so ist sie nicht wohl gerathen, und weicht in einigen Stücken von der Natur merklich ab. Ich habe mir desnahen kein Bedenken gemacht, diesen Schwärmer noch einmal, und zwar durch die geschikte Hand meines Freunds Schellenberg, abbilden zu lassen, nach einem Exemplar, das ich aus der Gütigkeit meines geschätzten Freundes, Hrn. J. Heinr. Friesen, dermaligen reform. Pfarrers zu Baden in der Schweiz, erhalten. Dieser Freund fand diesen niedlichen Schwärmer 1780. im hohen Sommer ohnweit Baden am Fuß des Lägerberges an einem Felsen sitzend. Er war noch ganz unbeschädigt, und vermuthlich noch nicht, oder wenig geflogen. Mir war er indessen ganz fremd und unbekannt, wie er es vermuthlich den meisten von unsren Lesern seyn wird — Von seiner Raupe, Puppe ꝛc. habe ich seitdem noch nichts in Erfahrung bringen können — er wird auch so viel mir bekannt ist, in keinem entomolog: Werke, ausser dem Esperschen, angeführt. In letzteren finden wir folgendes von ihm aufgezeichnet.

„Sphinx leg. al. integr. ano barb. Verspertilio. Der Fledermausschwärmer. Corpore alisque superioribus fusco - cinerascentibus immaculaculatis, inferioribus basi rubris. Hier erblicken meine Leser eine Seltenheit Italiens, die uns bishero unbekannt geblieben. Sie dient uns nicht minder zum Beweiß, wie selten Produkte dieser Art zu uns herüber kommen, wie wenig sie dorten aufgesucht werden. Ich habe diesen Falter, nebst obgedachten Sphinx livornica, von da mitgetheilt erhalten. Er ist aus der Gegend von Verona. Von seiner Naturgeschichte bin ich nicht vermögend mehreres zu erzehlen. Er führet dorten den Namen Vespertilio, ich fand ihn wenigstens damit bezeichnet. Mich däucht, er seye sehr schiklich gewählt, und wir hätten nicht Ursache, denselben zu ändern. Seine Oberflügel und der ganze Körper führen ein einfärbiges etwas braünliches Aschgrau. Gerade so haben es jene Geschöpfe, sie kommen mit ihm bey der Abenddämmerung nicht minder zum Vorschein. Damit ist aber alles Unterscheidende zugleich gesagt. Man wird keiner Schattirung, keinen Flecken auf der Oberseite gewahr; sie ist ganz einfärbig gelassen. Der Kopf ist zur Seite mit weißer Farbe gesaümt, und die Einschnitte des Hinterleibes sind gleichfalls damit begränzt. Die Hinterflügel sind bleich, und gegen die Grundfläche mit Roth gemischt. Auf der Unterseite sämtlicher Flügel ist eben so wenig Veränderles da. Sie sind etwas heller und mehr ins Röthliche gefärbt. Nach der Grösse und dem Ausschnitt der Flügel ist er dem Sphinx Euphorbiæ gleich."

„Unter dem Namen Sphinx capensis beschreibt Hr. von Linné einen ausländischen Falter, der nach allen Merkmalen mit diesem übereinstimmt. Nur ist dorten die Grösse beträchtlich, und die Unterseite der Vorderflügel ist hier Fleischfarb, dorten wird sie roth angegeben. Ich lasse es unentschieden, da mir zur Vergleichung das ausländische Exemplar gemangelt. Auch in dem Cramerischen Werke vermissen wie diesen capischen Sphinx."

So viel Hr. **Esper.** Ich bemerke izt nur noch kürzlich die Abweichungen zwischen seiner Abbildung, und unsrem natürlichen Exemplar. Dort sind die Fühlhörner oben **braungelb**, bey diesem oben **weißlich**, unten braünlich. Dort ist die Farbe der Oberflügel oben **braun**, bey unsrem ganz **Aschgrau**. Dort sind die Unterflügel oben blaßröthlich, hier schön **Rosenroth**. Dort ist die Grundfarbe aller Flügel auf der untern Seite **Fleischfarb**, hier

sind

sind die Vorderflügel braunröthlich, die Hintern Fleischfarb. Dort hat der Leib oben 6 braune Ringe, hier sieht man gegen der Brust zu, auf der Seite 3 weisse und 3 schwarze Flecken abwechselnd stehen, und unten ist der Leib einfarbig schmuzigweiß.

Vergleiche ich nun noch unsren Schwärmer mit der Beschreibung die uns Linne im Muf. Lud. Ulr. von dem Sphinx capensis gegeben, so finde ich ausser der Grösse (Linne sagt von seinem: Corpus magnitudine S. Ligustri) noch so viel abweichendes, daß ich jeden für eine besondere Art halte. So sagt z. E. Linne: Abdomen cinerascens, immaculatum, welches bey unsrem gar nicht zutrift. Ferner: Alæ' posticæ supra rubræ versus basin, extrorsum albæ. Bey unsrem sind diese Flügel bey ihrer Basis, und auswerts schwarz. Freylich haben sie einen weissen Saum, aber das würde Linne nicht mit extrorsum albæ ausdrücken wollen ꝛc. Noch muß ich bemerken, daß Hr. Esper diesen Schwärmer mit Unrecht unter die Bartleibigen setzt. Er kommt im System bey die Sphinx Euphorbiæ, Galii und Koechlini zu stehen, mit denen er nahe verwandt zu seyn scheint. Es läßt sich also auch aus der Aehnlichkeit der Schwärmer schliessen, daß seine Raupe unter die Flekeraupen der Wiener gehöre. Da Er nun auch in der Schweiz gefunden worden, so läßt sich hofen daß wir über kurz oder lang ein mehrers von seiner Geschichte in Erfahrung bringen werden; In das System könnte er so eingetragen werden: Sphinx vespertilio alis integris cinereis immaculatis: posticis incarnatis, basi fasciaque marginali nigris. Abdomine supra cinereo, maculis lateralibus albis nigrisque alternis.

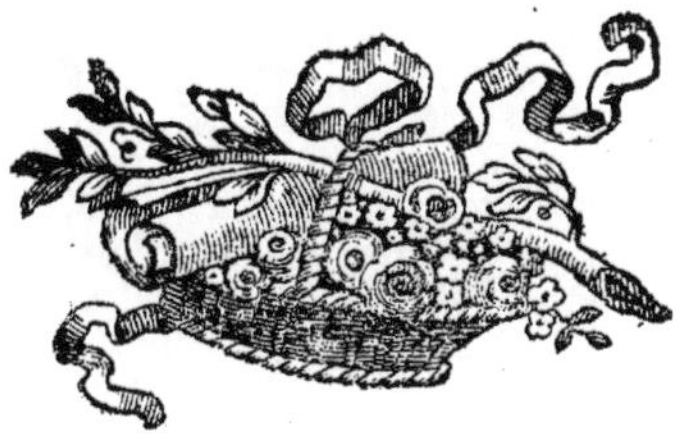

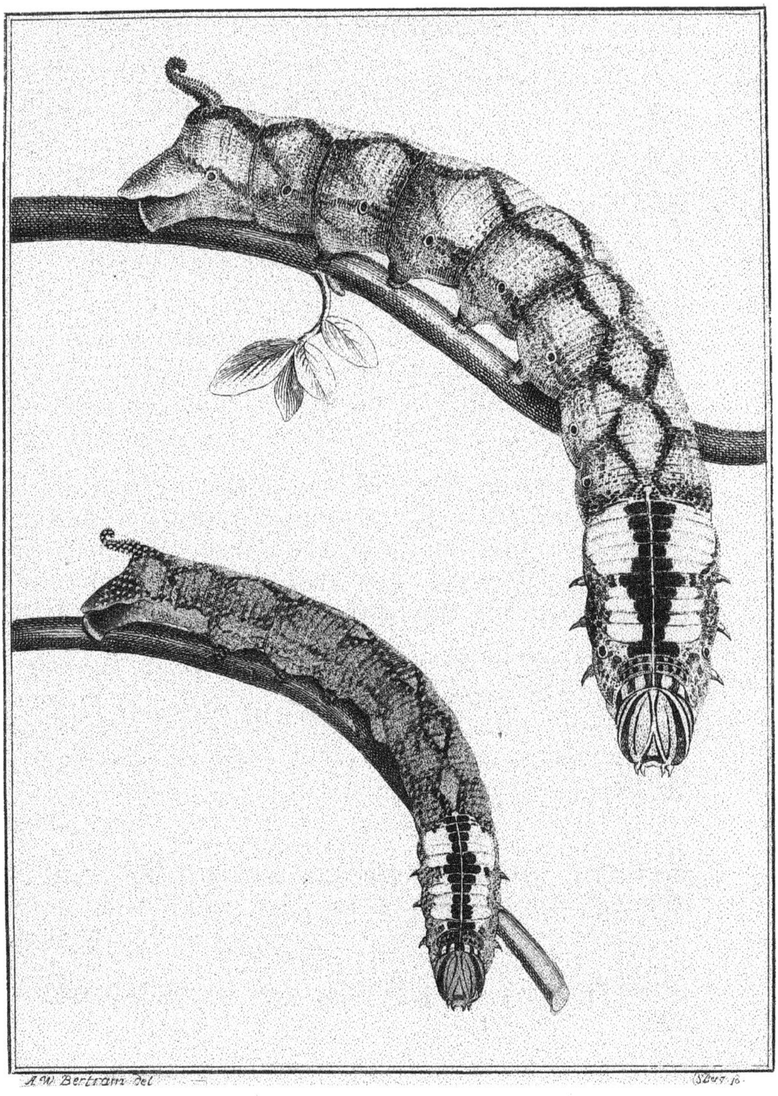

A. W. Bertram del.　　　　Sberg fc.

Eruca Sphingis Atropos.

Von der

schwarzen Todtenkopfraupe.

(Sphinx Atropos)

Von

Joh. Gottfr. Hübner. Notar. publ. Cæs. jurat. ꝛc. in Halle.

Mit Zusätzen von Joh. C. Füeßly.

Den 5ten August 1779. erhielt ich von einem Landmann aus den Kohlgärten nahe bey Halle, unter einigen gewöhnlichen Todtenkopfraupen, welche sich dieses Jahr wieder häufig in der hiesigen Gegend eingefunden, auch ein Paar dergleichen schwarze Raupen.

Als ich selbige erhielt, hatten sie ungefähr die Grösse von der Ligusterraupe. Ihre Farbe war schwarzbraun, ganz mit weissen Punkten besetzt. Nachdem sie sich das letzte Mal gehäutet, welches den 3ten Tag darauf geschahe, wurde ihre Farbe viel heller, und so wie sie in der beygehenden Figur abgemahlt ist. Folgendes ist die genaue Beschreibung einer solchen Raupe.

Das Vordertheil des Kopfes ist gelb, an den Seiten der Länge noch schwarz eingefaßt, worauf an jeder Seite noch zwey dünne, schwarze Linien stehen. Ueber dem Maule befinden sich noch zwey kleine schwarze Linien, welche aber nur bis in die Mitte des Kopfes laufen, sich daselbst vereinigen und die Figur eines Triangels bilden. Das Maul nnd die Freßzangen nebst den Fühlspitzen sind gelblich.

Die Grundfarbe dieser Raupe ist olivenfärbig, besonders aber nehmen sich die drey ersten Abschnitte schön aus, denn auf diesen stehet auf jeder Seite ein grosser weisser Flecke.

Auf dem ersten Abschnitt stehet oben, gleich hinter dem Kopfe, ein Schild, welcher braun und mit zwey Reihen schwarzer Punkte besetzt ist. Dieses Schildgen hat eine ganz weisse Einfassung, welche zunächst am Kopfe am breitesten ist, und von dunkelbraunen Punkten unterbrochen wird; so daß es das Ansehn hat, als wenn ein Wulst daselbst wäre, oder die Raupe ein Halsband hätte.

Hauptsächlich aber fällt diese Raupe besonders schön in die Augen, wegen des auf den drey ersten Abschnitten befindlichen Schneeweissen-Flecken, welcher auf dem Rücken durch ein ganz dunkles Band getheilt wird.

Dieses Band hat eine Sammtschwarze Farbe, wo in gewissen Richtungen etwas purpurfarbiges durchscheint. In der Mitte ist es am breitsten, woselbst es, bey dem Einschnitt des 2ten und 3ten Abschnitts, diesen weissen Flecken wieder quer durchtheilt, und dadurch beynahe die Figur eines Kreuzes bildet; auch ist dieses Band in die Quere mit feinen gelblichen Strichen gekerbt, so daß es den Anschein hat, als wenn es aus lauter Flecken zusamm gesetzt wäre.

Vom Kopf an bis über die drey ersten Abschnitte, durchschneidet der Länge nach, eine ganz dünne gelbliche Linie, sowohl das Schild, welches gleich auf den Kopf folget, als auch das Band, welches den weissen Fleken theilt; recht mitten auf dem Rüken.

Die Raupe ist übrigens, wie oben schon gesagt worden, olivenfarbig. Vom 4ten Abschnitt bis zum Horn laufen auf dem Rücken zwo in einander geschlungene, schwärzliche Linien, und am Ende jedes Absatzes stehet oben auf dem Rücken ein weißlich-gelber Fleck.

Jeder Abschnitt ist mit 8 bis 9 dunkeln Linien als mit Ringen umgeben, auf welchen weißlich augigte Punkte stehen; die in der Mitte einen braunen Punkt haben; so daß die Raupe das Ansehn hat, als wenn sie ganz mit weissen Punkten besprengt wäre, welches auch unten am Bauche zutrift.

Die Schwanzklappe und der Nachschieber sind dunkelgrün, und weiß eingefaßt, auf ersterer stehen zwey schwarze Punkte.

Das

Das Horn ist eben so gestaltet, wie an der bekannten Todtenkopf-Raupe; nur daß der Grund nicht wie an dieser gelb, sondern glänzend-schwarz und mit weissen Körnern besetzt ist.

Die sechs Vorderfüsse sind schwarz und weiß bunt, die acht Bauchfüsse aber ganz schwarz. Am Bauche ist die Raupe ganz scheckigt, und wie mit weissen Punkten besäet. Vom Kopfe bis zum Nachschieber gehet der Länge nach, zwischen den Füssen durch, eine schwärzliche Linie.

Die Luftlöcher an den Seiten sind schwarz, mit gelben Ringen eingefaßt.

Ihr Futter war, so wie der gewöhnlichen Todtenkopfraupen, das Kortofelkraut (Solanum tuberos. L.)

Nachdem sie bis zum 16ten August gefressen, und in Ansehung der Grösse die gewöhnliche Todtenkopfraupen noch übertroffen, so hörten sie auf zu fressen, und hielten sich ganz stille. Den folgenden Tag liefen sie sehr unruhig in ihrem Behältnisse herum, und verkrochen sich noch am gleichen Tag in die Erde.

Die Puppen waren denen, von den bekannten Todtenkopfraupen völlig gleich; und ich habe nichts an ihnen finden können, welches sie von diesen unterschieden hätte.

Sollte dieses wohl die Raupe seyn, von welcher der verstorbene Herr Professor **Müller** in der deutschen Uebersetzung des Linneschen Natursystems Tom. V. pag. 638. sagt:

„Die Raupe (von Sphinx Atropos) ist schwarz.“
weswegen er, und zwar mit Recht getadelt worden?

Denn gesetzt, es verhielte sich mit diesen Raupen in Ansehung der Verschiedenheit der Zeichnung und Farbe wie bey einigen andern, als z. Ex. der Raupe des Weinvogels ꝛc. so verdient seine Beschreibung doch deswegen einen Vorwurf, daß er sie von einer zur Zeit (wenigstens in Deutschland) ganz unbekannten Abänderung genommen, und doch in der Abbildung die bisdahin allein bekannte gelbe Todtenkopfraupe aus Röseln vorgestellt hat.

Endlich muß ich noch bemerken; daß diese hier beschriebene Raupen bey der geringsten Berührung stark zusammenfuhren, und einen ziemlich starken knisternden Laut von sich gegeben, welchen ich nicht deutlicher beschreiben kann, als wenn ich ihn mit dem Knistern eines elektrischen Funken vergleiche.

Nachdem ich nun voller Erwartung war, was vor ein Schwärmer aus dieser Raupe entstehen würde, und ich dahero alle Tage begierig darnach sahe, so wurde ich den 8ten Octobr. gewahr; daß die Puppen ihre braunrothe Farbe in schwarz verwandelt hatten, und ganz weich wurden, welches dann das Zeichen ihrer nahen Verwandlung war. Den folgenden Tag darauf geschahe die völlige Entwiklung, und da zeigte sich dann, daß der daraus entstandene Schwärmer dem bisdahin allgemein bekannten Todtenkopfschwärmer völlig gleich war, so daß ich nicht das geringste bemerken konnte, was sie von einander unterschieden hätte.

Ueberhaupt sind in der hiesigen Gegend 13. Stüke dergleichen Raupen gefunden worden, wovon ich 2. Stük erhalten, die übrigen haben sich aber auch alle, auf die hier beschriebene Art verwandelt.

So weit Herr Hübner. Zur Ergänzung dieser Geschichte mag folgendes noch dienen. Es schrieb mir nämlich mein Freund Herr J. Römer von Zürich, aus Bergamo unterm 21ten Julii 1780. „Ich habe letzthin auf dem Jasmin eine sehr sonderbare Raupe gefunden. Ich zweifle im geringsten nicht, daß es eine starke Abänderung von der Raupe des Todtenkopfschwärmers seye; allein sie ist wegen ihrer sonderbaren Zeichnung, und wegen ihrer Nußbraunen Farbe merkwürdig, und so viel ich weiß, noch von Niemanden beobachtet worden?„ Ich überschikte meinem Freund die Abbildung des Herrn Hübners, und erhielt unterm 4. August 1780. folgendes in Antwort. „So bald ich ihren Brief eröfnete so erblickte ich darinn die wohlgerathene Abbildung meiner Raupe. Ich fand sie schon ausgewachsen an dem Schosse eines wilden Jaßminstrauchs, und ernährte dieselbe noch ungefähr 5. Tage mit den Blättern desselben, da sie sich dann zu ihrer Verwandlung anschikte, und in die Erde kroch. Der Kopf hatte vollkommen die Zeichnung, wie in der Abbildung, die Farbe aber war abweichend, schön hell Caffebraun. Die drey ersten Absätze hatten die gleiche Farbe mit den übrigen, nur mangelten ihnen die dunklern, einem römischen V. gleichenden Linien: Dagegen waren sie auf dem Rücken Milchweiß, d. i. daß man sich nichts weissers denken konnte; jedoch ohne Glanz. Das weisse zog sich noch ein wenig in den 4ten Absatz, in welchem es sich verlor; auf beeden Seiten war es braun schattirt. Die Schattierung gieng aber nicht weit hinauf. In der Mitte sahe man eilf Paar viereckigter, ungleich grosser, durch eine von dem Kopf gehende, sehr schmale Mittellinie getheilter, schwarzbrauner Flecken. Die Quadrate selbst, waren durch fast unmerkliche weisse Linien von einander getheilt. Die Hornfüsse pechschwarz mit weissen Dupfen. Die Hauptfarbe der übrigen Abschnitte samt den Bauchfüssen, war ein helles schwarzbraun, nicht so ins gelbliche fallend wie in der Abbildung, und die, einem römischen V gleichende, convergirende Linien waren auch sehr deutlich ausgedrükt, und von gleicher Farbe wie die viereckigten Flecke und Luftlöcher, namlich dunkelschwarz-braun. Die schmuzigweissen Punkte, womit der ganze Leib besäet war, wie auch der Nachschieber und Schwanz, sind in der Abbildung sehr gut getroffen ꝛc. Meine Raupe war ungefähr anderthalb Zoll länger, als die kleinere Figur, aber merklich dicker, und der weisse Fleck breiter. „

Da die gelbe Todtenkopfraupe im Sommer des 1780. Jahres auch in hiesigen Gegenden wieder häufig, auf dem Kartoffelkraut gefunden, und mir zugebracht wurden, so hatte ich auch das Vergnügen eine solche schwarze Raupe mit zu bekommen. Diese konnte man eigentlich mit diesem Namen belegen, dann sie schien in einer gewissen Entfernung gehalten, den weissen Fleck ausgenommen, würklich ganz schwarz zuseyn. Sie war noch kleiner als die gemahlte auf unsrer Tafel, und vermuthlich kaum halb gewachsen. In der Nähe betrachtet, sahe man alle die von Herrn Hübner an seiner Raupe beschriebenen Zeichnungen und Schattirungen, und die Grundfarbe zeigte sich dann nicht mehr so schwarz, sondern dunkel Nußbraun. Ich war nicht so glüklich meine Raupe zur Verwandlung bringen zu können, sie starb mir in

ein

ein Paar Tägen, weil sie entweder zu lange hatte fasten müssen, oder weil sie sonst, ehe sie mir gebracht worden, nicht sorgfältig behandelt worden.

Herr Professor **Müller** hat indessen die schwarze Farbe der Todtenkopfraupe nicht allein bemerkt, sondern Herr **Esper** gedenkt ihrer auch als einer würklichen Abänderung in seinem Schmetterlingswerk II Theil S. 79. wo er sagt: „Diese Raupe aber ist nicht unverändert nach einerley Colorit gemahlt. Sie zeigt sich auch grün, und dieß in unterschiedener Mischung, wie mir selbsten zu Gesicht gekommen. Man hat sie von brauner Farbe bemerkt. Zufolge einer Nachricht, die mir durch einen Freund in Frankreich mitgetheilt worden, hat man sie öfters von der dunkelsten Farbe mehr schwarz als braun."

Das Zischen dieser Raupen, oder wie es Herr **Hübner** besser ausdrückt, das **Knitschern** haben auch Herr **Scopoli** und Herr **Götze** bemerkt. Es thun dieses nach dieser Entomologen und nach meiner eignen Erfahrung, nicht nur die schwarzen, sondern auch die gelben und grünen Raupen.

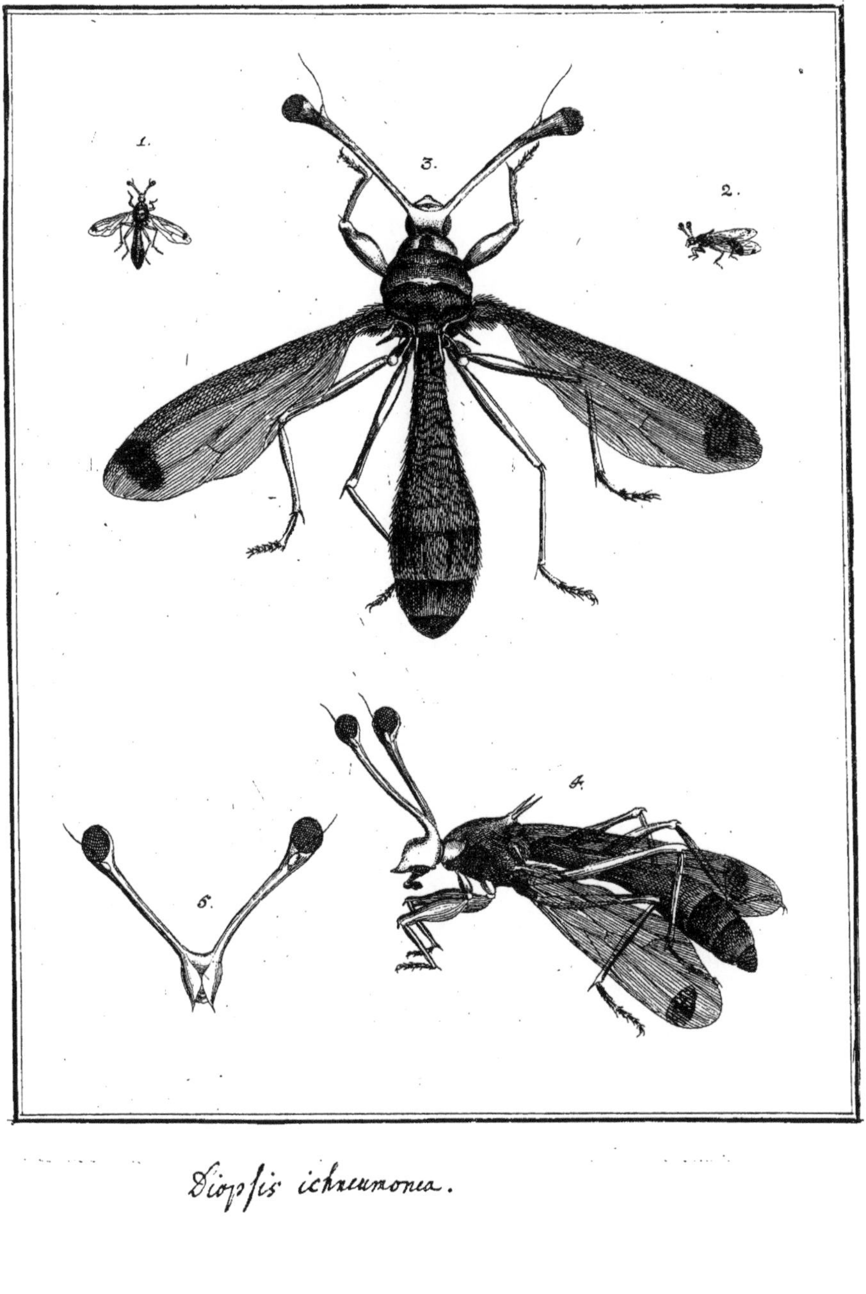

Diopsis ichneumonea.

Der Trauerschwärmer. Sphinx infausta L.

Von

Joh. Caspar Füeßly.

Von diesem, zur Zeit noch wenig bekannten, Schwärmer liefere ich für dießmal nur eine genaue Abbildung. Von seiner Naturgeschichte ist mir weiter noch nichts bekannt, ich finde auch in keinem entomolog. Werke einige Nachricht von ihm. Linné giebt das südliche Europa für seinen Aufenthaltsort an, und daß er von Gouan zuerst entdekt worden sey. Jtzt hat man ihn auch in Frankenthal gefunden, von woher ihn mein geschäzter Freund Herr Joh. Christ. Gerning in Frankfurt am Mayn, mit der Nachricht erhalten, die Raupe werde dort auf Schlehen gefunden. Herr Gerning hatte die Gütigkeit mir einen weiblichen Schwärmer zu schenken, nach welchen auch diese Abbildung sorgfältig gemacht worden.

Herr Professor Müller nennt ihn in seiner deutschen Uebersetzung des Linné, den Unglüksvogel, ich habe ihm den Namen Trauerschwärmer gegeben, theils weil seine schwärzliche Farbe, und Florflügel ziemlich gut zu diesem Namen passen, theils auch zum Gegensatz von Herrn Espers Freudenfalter, mit welchem Namen er des Linné Sph. Fau[illegible] belegt hat.

Unser Schwärmer hat mit dem Sphinx Statices Linn. viele Aehnlichkeit, doch ist er etwas kleiner, und ohngefähr von der Grösse des Sph. fausta L. so wie er in der Schweiz gefunden wird. Der Kopf, die Fühlhörner, Brust, Hinterleib und Füsse sind schwarz. Die fadenförmigen Fühlhörner gekämt, beym Männchen stärker als beym Weibchen. Der Hals hat obenher ein rothes Bändchen. Die Flügel sind sehr zart, schwärzlich und durchscheinend wie Flor, der Saum etwas dunkler. Die Oberflügel sind am Vorder= und innen=Rand bey ihrer Einlenkung roth. Die Unterflügel etwas über die Hälfte schwärzlich, gegen dem Leib zu röthlich, doch geht die rothe Farbe nicht ganz aufwärts, sondern nur bis an die Oberflügel, wo der von diesen bedekte Theil schon wieder schwärzlich ist. Die untere Seite ist der obern völlig gleich, bey frischen Exemplarien dörffte sie nur etwas blasser von Farbe seyn.

Linné Syst. Nat. Edit. duodec. pag. 807. No. 43. Sphinx infausta nigra, alis fuscis: inferioribus internis sanguineis, antennis pectinatis.

Habitat in Europa australi. Gouan.

Fabricii Syst. entomol. pag. 554. No. 16. Zygæna infausta.

Die Perspectivfliege. Diopsis. *)

Dieses neue Fliegengeschlecht fand Herr Andr. Dahl unter vielen andern Insecten, die in dem mitternächtlichen America und in Guinea gefunden, und dem Ritter von Linne von dem berühmten Dr. Fothergill aus London zugesandt worden. Der Geschlechtscarakter ist:

Der Kopf hat zwey Hörner, an deren äussersten Ende die Augen stehen.

Capite bicorni, oculis terminalibus.

Die Art, die Herr Dahl hier beschrieben und abgebildet, nennt er:

DIOPSIS Jchneumonea. Die Schlupfwespenähnliche Perspectivfliege.

Corpus magnitudine Formicæ rubræ, ſtatura Jchneumonis.

Caput rufeſcens, dente utrimque ad os: extenditur hoc in duo cornua, patentia, longitudine thoracis, ſolida, nec articulata, uti antennæ, ferruginea, terminata oculo globoſo, flexo, nigro. Adjecto juxta oculum puncto cum ſeta, antennæ rudimento.

Thorax niger, poſtice dentibus a tergo duobus, ſubulatis, flavis, & utrimque ſolitariis ad latera.

Alæ binæ, hyalinæ, verſus apicem anterius puncto nigro.

Abdomen (Jchneumonis) clavatum, ſubpedicellatum, articulis duobus ultimis nigris.

Pedes flavi, femoribus anticis clavatis.

Beobach-

*) Aus: Andreas Dahl Diſſertatio entomologica, Bigas Inſectorum ſiſtens ꝛc. 40. Upſaliæ 1775. genommen.

✠ o ✠

Beobachtungen.

I. Daß dieses Insect in die Ordnung der zweyflügligen gehöre, beweisen die unter ihrer Schuppe liegenden, Kolbenförmigen **Waagebalken** (Halteres clavati,) und der kleine **Maulrüssel**.

II. Die mit dornen besetzte Brust unterscheidet es indessen von den übrigen dieser Claße, und bringt es dem Geschlechte der Ameisen näher.

III. Die langen Füsse, der keulenförmige Leib und der schwärzliche Fleck an der Spitze der Flügel geben ihm das Ansehn einer Schlupfwespe; dennoch kann es auch nicht zu diesem Geschlecht gezählt werden.

IV. Durch die zwey Kopfhörner unterscheidet es sich nicht nur allein von den zweyflügligen, sondern auch von allen andern bekannten Insekten. Diese **Hörner** sind vest, ohne Glieder, viel länger, als der Kopf, fadenförmig oder vielmehr cylindrisch, unbeweglich und können also nicht für Fühlhörner gehalten werden. Das merkwürdigste an diesen Hörnern ist: Die an ihrer äussersten Spitze sitzende, etwas auswärts gebogene, und also sehr weit vom Kopf abstehende Augen. Beym ersten Blik entdekt man auch keine Fühlhörner, wenn man aber diese Hörner etwas aufmerksamer betrachtet, so gewahrt man nahe bey dem Auge, ein aus einer kleinen Warze hervorgehendes Haar, welches unstreitig die Stelle des Fühlhorns versiehet.

Erklärung der Tafel.

1. Die Perspectivfliege von oben in natürlicher Grösse.
2. ———————— von der Seite.
3. ———————— Vergrössert von oben.
4. ———————— von der Seite.
5. Der Kopf mit den Hörnern von Vornen.

Del. et pinx.

Schellenberg Sculp.

Sphinx Koechlini.

Köchlins=Schwärmer. Phinx Kœchlini.

Von

Joh. Caspar Füßly.

Herr Joh. Köchlin in Müllhausen fand diesen Schwärmer vor ohngefehr 6 Jahren ohnweit Müllhausen, nahe bey einem Walde. Er hielt selbigen entweder für eine neue Art, oder doch für eine besonders merkwürdige Abänderung des **Weinstockschwärmers** (Sphinx Celerio Lin.) Hr. K. hatte die Gütigkeit, mir denselben zu überlassen, um ihn in meinem Magazin bekannt zu machen. Ich fand beym ersten Anblick viele Aehnlichkeit mit dem **Wolfsmilchschwärmer** (Sphinx Euphorbiæ), und glaubte also, daß dieses wohl der, zu selbiger Zeit noch meistens bezweifelte, oder wenigstens noch nicht genau genug karakterisirte, **Wallstrohschwärmer** (Sphinx Galii) seyn könnte. Bey dieser Meynung blieb ich, bis ich aus der Gütigkeit meines Freundes, des Hrn. Notarius **Hübner** in Halle den wahren Sphinx Galii erhielt. Da sahe ich nun deutlich, daß der **Köchlische Schwärmer** eine auch von diesem verschiedene und ganz neue Art sey. Dann ich suchte vergeblich in allen mir bekannten entomolog. Werken nach einer Beschreibung von ihm, bis mir Hrn. **Espers** XItes Heft der Schmetterlinge zur Hand kam; hier fand ich auf der VIIIten Tafel (Tom. II.) fig. 4. einen Schwärmer abgebildet, der mir mit dem unsrigen, ohngeacht einiger Abweichungen, dennoch der gleiche zu seyn schien. Herr **Esper** giebt uns im IIten Theil S. 87. folgende Nachricht von seinem Schwärmer:

„Wir werden in dem System auf eine Abbildnng des **Petivers** a) verwiesen, wo sich unser Zweyfalter (Sphinx celerio) befinden soll. Ich treffe aber hier keineswegs die gesuchte Aehnlichkeit an. Die Beschreibung, welche unten beygefügt worden, ist zu mangelhaft, ein Urtheil zu fällen. Es wird nichts weiter gesagt, als daß man ihn ehedessen in Livorno gefunden, und über

a). Petiveri Gazophyl. Tab. XII. fig. 9. (oper. Tom. II. p. 3.) „Accipitrina livornica perbelle striata. J first received this from *Legorn*, since which my kind and worthy Friend Mr. *Jez Jones* brought it me from *Lisbon*, he caught is flying about a candle in *October* 1698. its Eyes, whilst alive, are like Rubies. Jt frequents the Jasmin Flowers.

über Lissabon erhalten, oder daß er gleichfalls daselbst seye gefangen worden. Seine Augen werden hellroth angegeben, zur Nahrung hat er die Blüthen des Jesmins. Umstände, die man eben so leicht von vielen andern Gattungen sagt. Die Zeichnung selbsten, welche Petiver liefert, weichet beträchtlich von der Röselischen ab. Sie führet diesen Umriß der Flügel nicht, sie ist kleiner, der Leib breiter mit reihenförmigen weissen Punkten besezt. Nicht die ausschweifenden Linien, nicht die schwarzen Flecken, zeigen sich so wie in der röselischen Figur, Abweichungen genug, welche Zweifel erregen. Weit näher fand ich dessen Bild mit dem Zweyfalter übereinstimmend, welcher nach einem Original gemahlt, auf der gegenwärtigen Tafel unter der 4ten Figur vorgestellt ist. In Vergleichung mit diesem, wird immer Petivers Papilio minder räthselhaft bleiben. Wir sehen einerley Züge, Umriß und Zeichnungen. Eben diß Original der vierten Figur unserer Tafel, ist aus Italien. Man hat diesen Zweyfalter noch nie in Deutschland gefunden. Einer meiner Freunde, Herr Pfarrer Lips in Petersaurach, dessen weitere Beyträge ich in der Folge zu rühmen habe, hat denselben von einem Liebhaber aus Verona, durch Tausch vaterländischer Produkte erhalten. Er ist nur dem wärmeren Italien eigen, und so mag derselbe, wenn es angeht, aus der Aehnlichkeit des Clima Schlüsse zu ziehen, auch in Portugall würklich, wie Petiver meldet, vorhanden seyn. In der Unterschrift der vorliegenden Tafel, ist er aus gewissen Ursachen, nur als Varietät des Celerio, wofür er kann angesehen werden, bemerkt. Das Abweichende aber ist zu beträchtlich, als dieses mit Grund behaupten zu können. Ich glaube meinen Lesern die Mühe zu erleichtern, wenn ich ihn zur Vergleichung mit dem röselischen Celerio vorgestellt, und zugleich die Aehnlichkeit mit Petivers Abbildung gewiesen, um diese Irrungen etwas ins reine zu bringen. Dieselben behalten die Freyheit, selbsten zu entscheiden. Er läßt sich nicht als Varietät behandeln, er verdient einen eigenen Namen. Ich behalte den ersten, den ältesten, den ihm Petiver gegeben, bey, es seye ihm der Name Sphinx livornica unsertwegen gelassen. In den Supplementen haben wir ihn bey Ordnung der europäischen Gattungen mit zu registriren. Nur zu bedauern, daß ich nicht mehr von dessen Naturgeschichte beyzubringen vermag. Es ist bereits in obigen alles gesagt. Dessen Unterschied von dem röselischen Celerio ist beträchtlich genug. Die durch die Flügel sich ziehende Sehnen sind hier nicht schwarz, sie sind weiß an demselben gefärbt. Der längst durch die Flügel laufende Schleyer von weißlichter Farbe wird auch nicht durch eine mittlere schwarze Linie, wie dorten, getheilt. Sie ist einfärbig, nicht so stark geschweift, sondern mehr gerade, breiter und gleichlaufender als an jenem. Die Hinterflügel sind nur blaßroth, nicht durch schwarzgefärbte Sehnen und Flecken getheilt. Längst des Leibes laufen auch keinesweges die zusammengekettete weissen Linien gleich am erstern herab. Sie bestehen hier vielmehr aus Ringen von abwechselnd weiß und braunen länglich viereckigten Punkten ꝛc.“

So weit Hr. **Esper**. So überzeugt ich nun bin, daß der **Köchlische** und **Espersche** Schwärmer von einerley Art sind, so ungewiß bin ich dagegen wegen **Petivers** Accipitrina livornica, und, muß ich meine Meynung freymüthig sagen, so wäre ich eher geneigt, dem **Linne** gegen Hrn. **Esper** beyzustimmen, und den **Weinstockschwärmer** (Sph. Celerio) daraus zu machen. Ueberhaupt sind **Petivers** Abbildungen schlecht und oft undeutlich, welches besonders auch von diesem Schwärmer gesagt werden muß, und da vollends keine Beschreibung dazu kommt, so kann, wie mich deucht, nichts mit Gewißheit bestimmt werden.

So sehr es mich freute, unsern Schwärmer in Hrn. **Espers** Werk für eine neue Art erklärt, zu finden, so sehr wünschte ich nun die Raupe und Puppe zu kennen. Meine Hofnung blieb nicht lange unerfüllt. Ich erhielt nämlich sub 19. Julii 1780. von meinem verehrten Freunde, Hrn. Archidiacon **Spörlin** in Müllhausen einen Brief, dessen Inhalt vorzüglich dieser war: „Vor einigen Tagen erhielt ich eine Raupe, wovon beykommend eine ziemlich genaue Abbildung von meinem Schwager Hrn. **J. Köchlin**; sie wurde auf dem Korn, nahe bey dem Ort gefunden, wo wir den seltenen Sphinx, den Sie von meinem Schwager haben, angetroffen hatten. Ich versuchte es, aber vergebens, sie mit Korn zu nähren; sie wollte es zwar, weil sie schon beynahe einen ganzen Tag gefastet hatte, zernagen, konnte aber damit nicht fortkommen. Ich hielt ihr verschiedene Gattungen von Unkraut dar, welches im Korn zu wachsen pflegt, sie wollte aber keines anbeissen, doch ließ sie sich zuletzt die Winde schmecken. Endlich gerieth ich auf den Gedanken, es möchte der Sphinx Galii seyn. Da ich nun noch keinen Sphinx Galii gesehen, so bin ich sehr begierig zu wissen, ob der meinige es ist? Ohne die Besorgniß, die Raupe möchte unterwegs zu Grunde gehen, würde ich Ihnen selbige zugeschickt haben; allein sie hat eine seltne, unüberwindliche Neigung zur Freyheit, die ich noch bey keiner Raupe bemerkt habe. So lange sie eingekerkert ist, frißt sie auch bey dem grösten Hunger fast nichts. Ich habe deßwegen eine Nachsicht gegen sie, die ich bisdahin allen meinen Raupen versagt. Ich gestatte ihr volle Freyheit, deren sie jedoch nicht mißbraucht, denn sie bleibt unbeweglich auf dem Galium, womit ich eine ganze Scherbe angefüllt habe, sitzen, und laßt sichs treflich schmecken. — Ihr Wachsthum ist schnell — Doch genug von einer Raupe, die Ihnen vielleicht bekannter ist als mir. Wenn es doch die Raupe zu unserm **Müllhausischen** Sphinx wäre — Die Entdeckung wäre nicht gleichgültig!“

Aus der, mit einer Meisterhand verfertigten Abbildung, sahe ich gleich, daß das nicht die Raupe des Sph. Galii wäre, und hofte also auch mit Hrn. **Spörlin**, es werde der Müllhaus. Sphinx daraus kommen, und war voller Erwartung wegen ihrer Verwandlung! — Allein Hr. Sp. war nicht glüklich mit seiner Raupe, dann als sie ab ihrem Futer herunter auf den Boden des Zimmers kroch, vermuthlich um sich zu ihrer Verwandelung anzuschicken, ward sie zertretten, und so unsre Hofnung zernichtet. Das Glück wollte indessen meinem Freund Hrn. Schellenberg in Winterthur besser. Er schrieb mir zu Ende des Julii 1780. „Es sey ihm eine Raupe zugebracht worden, die sehr viel Aehnliches mit der bekannten **Wolfsmilchraupe** habe, und dennoch in vielen Stücken, besonders in der Färbung von denen im Rösel abgebildeten Wolfsmilchraupen abweiche. Man habe selbige in einem Weinberge gefunden, und aus ihrer Grösse und daß sie nicht mehr fressen wolle, vermuthe er, daß sie sich verwandeln werde.“ Ich sandte Hrn. Sch. ohnverzüglich die Köchlische Abbildung, und erhielt in Antwort: „die gemahlte Raupe sieht der meinigen so ähnlich, und ist so natürlich und gut gerathen, daß ich mir nicht getraute, eine bessere Abbildung zu machen, ich bin also durch die schöne Arbeit des Hrn. Köchlins dieser Mühe gänzlich überhoben. Meine Raupe hat sich indessen schon in eine Puppe verwandelt, die der Puppe der Wolfsmilchraupe sehr ähnlich ist.“

Nach Verfluß dreyer Wochen erhielt ich endlich von Hrn. Schellenberg den aus dieser Puppe ausgekrochenen Schwärmer, den ich dann sogleich mit Hrn. Köchlins seinem verglich, und zwischen beeden nicht die geringste Ungleichheit entdecken konnte. Nur war der Schellenbergische etwas dunkler von Farbe, welches vermuthlich daher gekommen, daß dieser aus der Raupe gezogen worden, jener aber etwas verflogen war.

Das wäre nun alles, was ich von der Naturgeschichte dieses Schwärmers zu sagen weiß. Eine genaue Beschreibung von der Raupe und Puppe kann ich darum nicht geben, weil ich beyde nie in der Natur gesehen, die Abbildungen, sowol von diesen als dem Schwärmer, drücken indessen die Natur so gut aus, daß es würklich ein vergeblicher Versuch von mir wäre, wenn ich sie durch Worte kenntlicher machen wollte.

Wir lernen indessen aus dem gesagten so viel: Daß dieser Schwärmer nicht nur in Italien, sondern auch in Deutschland wohne. Daß seine Raupe das **Wallstrohkraut** (Galium verum) zu ihrem Futer wähle, im Brach- und Heumonat auf dieser Pflanze gefunden werde, und sich noch im gleichen Sommer in den Schwärmer verwandle. Hr. **Köchlin** ist, so viel ich weiß, der erste, der diese Entdeckung gemacht, ich habe deßnahen auch ohne Bedenken den Schwärmer nach Ihm, Sphinx *Kœchlini* benennet. Dann, sollte auch **Petivers** Schwärmer mit dem unsrigen von einer Art seyn, so würde doch der von dem Findort hergenommene Name, Sph. *livornica*, weil er itzt auch anderwärts zu Hause ist, nicht mehr passen, und da wir auch schon einen Sphinx Galii haben, so kann ihm auch eben so wenig der Name von der Futer-Pflanze gegeben werden.

Ich habe oben gesagt; daß unser Schwärmer von dem **Esperschen** in etwas abweiche, die Abweichungen lassen sich indessen mit der Feder nicht wohl ausdrüken, ich muß also unsre Leser auf jenes Werk selbst weisen, da sie dann bey Vergleichung beyder Tafeln gar bald sehen werden, worin sie bestehen, und daß vorzüglich die Makeln und Ringe des Leibes nicht übereinstimmen, welches aber in jenem Werk ehender eine Abweichung des Mahlers, als der Natur zu seyn scheint.

Herr **Cramer** hat in seinem prächtigen Schmetterlingswerk auf der CXXV Tafel fig. D. einen Schwärmer vorgestellt, welchen er Daucus nennt. Dieser ist dem unsrigen sehr ähnlich, nur etwas kleiner, und die Flügel mehr abgerundet. Hr. **Cramer** giebt das nördliche Amerika, Neujork, Virginien und Jamaika für sein Vaterland an.

Unser Schwärmer könnte folgender massen in das System eingetragen werden.

Sphinx alis integris, ferrugineo-fuscis, vitta nervisque albis: posticis rubris basi fasciaque atris.

Larva caudata, virescens, flavo punctata: linea dorsali rosea, laterali flava: Capite maculisque roseis. Subtus albida.

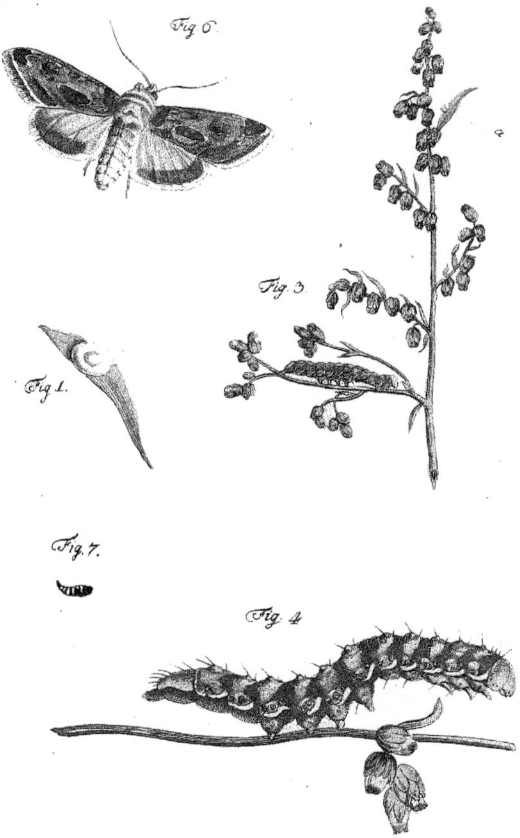

Herbst | Schellenberg sculp

Phal: argentea.

Naturgeschichte

des

Silbermönchs, Phalæna argentea.

Von J. F. W. Herbst,

Lehrer bey der Königl. Ritter Academie zu Berlin, Garnison- und Cadettenprediger, Mitglied der Berl. Ges. Nat. Fr. ingleichem der Hallischen Naturf. Gesellschaft.

Unsre Kenntnisse erweitern sich nach dem Grade unsrer Wißbegierde. Je mehr wir von der unzähligen Menge der Geschöpfe zu kennen wünschen, je mehr wir daher mit forschendem Auge alle Gegenstände recht genau betrachten, desto mehr bietet sich unsern Augen dar, und wir machen Entdekungen, an die wir kaum dachten, und kaum sie zu hoffen wagten. Eine Erfahrung, die ein jeder an seinem Theil machen wird, der es mit der Naturforschung ernstlich meynet; und die ich schon unzählige mal, und auch bey der Phaläne, die ich jezt beschreiben werde, gemacht habe. Ich hatte diese schöne und seltene Phaläne schon hie und da in Sammlungen gesehen, ob sie gleich allzeit für sehr selten ausgegeben wurde, so daß selbst diejenigen, die mit Insecten handeln, gern das Stük für einen Ducaten einzukaufen pflegen. Ich wußte auch, auf welchem Kraut die Raupe zu suchen sey, allein ich hatte bereits alle Hofnung aufgegeben, diese Zierde eines jeden Insecten-Cabinets in meine Sammlung eintragen zu können. Und doch war vielleicht blos der Mangel einer geschärften Aufmerksamkeit die Ursach, daß meine Wünsche bisher vergeblich gewesen waren. Im vorigen Jahre wurde von einigen meiner

Freunde, die auch Sammler sind, ohngefehr ein Dutzend dieser Nachtvögel gefangen, da sie aber mit der Art, wie sie zu fangen sind, und wo sie zu sitzen pflegen, sehr geheimnißvoll thaten, so gieng ich zu meinem Verdruß von dieser reichen Erndte leer aus. Weil es indessen wohl zu vermuthen war, daß wo so viele Schmetterlinge dieser Art gefunden worden wären, doch auch die Raupe nicht gar selten seyn könnte, so verdoppelte ich meine Aufmerksamkeit, und diese blieb denn auch nicht unbelohnt. Ich war so glücklich, mehr als ein Dutzend dieser Raupen zu finden, die ich dann mit vielen Freuden nach Hause trug, und auf das sorgfältigste futterte. Sie wurden bald groß, verwandelten sich in Puppen, aus welchen zu gehöriger Zeit die Phaläne auskroch; Und damit ich ihre ganze Naturgeschichte vollständig haben mögte, so ließ ich sie zum theil sich begatten und ihre Eyer legen. Und da ich sie in allen Verwandelungen mit möglichster Genauigkeit selbst abmahlte, so kann ich für die Richtigkeit der Abbildungen sowohl als der Naturgeschichte überhaupt um so viel zuverläßiger stehen. Sie kann indessen denen Entomologen so ganz unbekannt nicht seyn, indem sie schon von Hrn. Pastor **Hufnagel** im ersten Bande des Berlinischen Magazins im 6ten Stück p. 648. und folg. beschrieben und abgebildet ist. Da aber die Abbildung nicht getreu und die Beschreibung nicht vollständig genug ist, so hoffe ich, es wird die meinige nicht überflüßig seyn. Mehrere Nachrichten von dieser Phaläne sind mir nicht bekannt. Im Linnäischen Natursystem ist sie nicht zu finden; auch in des Fabricii Natursystem vermisse ich sie, und schon dieses beweiset, daß sie selten seyn muß.

Das einzige bisher bekannte Futter, so der Raupe zur Nahrung dienet, ist der überall gemeine wilde Beyfuß (Artemisia sylvestris). Niemals habe ich sie auf dem grössern Gartenbeyfuß wahrgenommen. Nicht aber überall, wo dieser wilde Beyfuß wächst, wird auch diese Raupe gefunden, sondern sie scheint vornemlich sandigte Anhöhen zu lieben. Es ernähret dieser Beyfuß mehrere Raupen; insonderheit auch die Raupe der Phal. noctua Artemisiæ Lin. welche Rösel T. III. tab. 51. abgebildet hat, und welche derjenigen, wovon jezt die Rede ist, vornemlich in der Jugend, so ähnlich siehet, daß sie leicht verwechselt werden kann. Ferner leben von diesem Bey-

fuß

fuß noch drey bis vier Arten von Spannmesser, die ich zu einer andern Zeit zu beschreiben gedenke. Noch habe ich in diesem Jahre die Raupe der Phalæna Pisi (vid. Rœsel T. I. t. 52) darauf gefunden und damit ernährt. Und so findet man noch mehrere Raupen, die sich hiervon zu erhalten pflegen. Rechnet man noch hiezu einige Arten Wanzen, einige Cicaden und Käfer, die insgesamt mit diesem Kraut ihren Hunger stillen, so ist leicht zu erkennen, daß diese zwey bis drey Fuß hohe Pflanze nicht ohne weise und wohlthätige Absicht des Schöpfers von unten bis oben heran mit Blüten und Saamen besezt ist, wovon alle diese Thierchen gesättigt werden, und doch noch Platz genug für einige Spinnen übrig bleibt, die ihre verborgne Schlupfwinkel zwischen ihre Blüte suchen.

Unsre Raupe frißt zwar nur die Knospen der Blüten, und leeret die Saamenkapseln aus; da aber zu der Zeit, da die Phaläne ihre Eyer legt, die Blätter noch nicht so weit heraus sind, so klebt sie diese Eyer an die Spitzen der kleinen schmalen Blätter, oft nur eines, manchmal aber auch zwey bis drey dicht neben einander. Sehr merkwürdig ist es, und ich wünschte, daß die Entomologen aufmerksamer hierauf seyn mögten, daß das befruchtete Ey eine ganz andre Gestalt hat, als das unbefruchtete. Dieses lezte ist oval, glatt, und auf beyden Seiten etwas eingedrukt, wie fig. 1. vergrössert gezeigt wird. Das befruchtete Ey hingegen ist conisch und auf das säuberste gerippt, wie bey fig. 2. vergrössert, und bey fig. 3 a in natürlicher Grösse zu sehen ist; beide sind gelblich und etwas durchscheinend.

Etwa nach 14 Tagen, nachdem die Eyer gelegt sind, kriecht das Räupchen aus; schwerlich aber wird es alsdenn schon von jemanden gefunden werden, denn die ganze Bildung und Farbe der Raupe, selbst im erwachsenen Zustande, ist so völlig einförmig mit der Blüte des Beyfusses, daß schon ein geübtes Auge dazu gehört, um sie zu finden; ja es hält oft schwer, sie an denen wenigen Reisern wieder zu finden, womit man sie zu Hause futtert. Die verschiedenen Stellungen, die diese Raupe annimmt, tragen nicht wenig dazu bey, sie unsern Augen zu verbergen. Denn sie nimmt oft eine solche höckerigte Stellung an, daß, da die Einschnitte des Leibes ziemlich tief sind, man kaum eher, als durch die Berührung überzeugt wird, ob

 das,

das, was man siehet, eine Raupe oder ein Aestchen Beyfuß ist. Ueberhaupt hat sie in ihrer Stellung, und in ihrem Gang etwas ähnliches von den Spannmessern; bald hebt sie den Vordertheil des Leibes in die Höhe, bald auch zugleich den Hindertheil, da sie sich nur mit 2 baar Bauchfüssen festhält, bald krümmet sie den Vordertheil ganz seitwärts. Sie hält sich gemeiniglich nur auf den obersten Spitzen der Zweige auf, und weiß sich daselbst so fest zu halten, daß weder der Wind noch ein andrer Zufall sie leicht herunter werfen wird. Man kann über den Beyfuß weggehen, ohne sie herunter zu stossen. In der 3ten Fig. habe ich diese Raupe in ihrem mittlern Alter vorgestellt. Sie behält von Jugend auf, bis zu ihrer Verwandelung eben dieselbe Farbe und Abzeichnung. Ihr Wachsthum ist ziemlich geschwind, so daß ihr ganzes Raupen-Alter etwa 5 bis 6 Wochen einnimmt. Sie scheint denen gewöhnlichen Raupen-Krankheiten nicht sehr unterworfen zu seyn, und da sie erst spät im Jahre zum Vorschein kommt, so hat sie auch von Schlupfwespen und Raupentödtern nicht so viel zu fürchten, wie die frühern Raupen-Arten. Nur sehr selten ist mir eine Raupe gestorben. Wie oft sie sich verhäuten, kann ich nicht sagen, weil dies so unvermerkt zu geschehen pflegt, daß man sie sehr selten in diesem Geschäft überrascht. Im September, selten noch im October findet man sie ausgewachsen, da denn ihre Länge etwas über einen Zoll beträgt.

Damit man nun die eigentliche Zeichnung der Raupe desto besser wahrnehmen könne, so habe ich sie in der 4ten Figur vergrössert vorgestellt. Man sieht gleich, daß sie zu denen 16füßigen Raupen gehört, die 6 Vorderfüsse, 8 Bauchfüsse und zwey Schwanzfüsse oder Nachschieber haben. Die Grundfarbe ist ganz hell grasgrün. Der Kopf hat durchweg diese blasse gelblich grüne Farbe, und ist nur oberwärts etwas röthlich schattiert; unten stehen zu beyden Seiten 4 schwärzliche Puncte. Vorne ist der Kopf platt, und mit einem weißlich grünen Fleck bezeichnet. Ueber die Mitte des Rückens läuft der Länge nach ein weißlich grüner Streif, der aber auf jedem Gelenk durch einen grossen rothbraunen dreyeckigten Fleck unterbrochen wird. Auf jedem Fleck stehen zwey etwas erhabne Wärzchen, aus welchen jeden ein Haar herauskommt. Ein jedes Gelenk hat gleichfalls zu beyden Seiten einen grossen roth-

rothbraunen Fleck, und auf jeden 2 Wärzchen mit einem Haar. Mitten in diesem Fleck stehen die Luftlöcher. Jeder Seitenfleck ist oben und unten durch eine sehr weisse schräg gezogne Streife eingefaßt. Jeder tiefe Einschnitt ist dunkelgrün schattiert, welche dunkelgrüne Farbe bis nach den braunrothen Fleck hinläuft, und sich so allmählig in die hellgrüne Grundfarbe verliert. Die Vorderfüsse sind grasgrün, in der Mitte meist weiß, so wie auch die Klauen weißlich sind. Mitten auf jedem Fuß stehet ein Haar. Auf dem 4ten und 5ten Gelenk steht unten ein weisses Wärzchen mit einem Haar. Die Bauchfüsse sind weißlich grün, mitten auf denselben steht auch ein weisses Wärzchen mit einem Haar; die Nachschieber sind grasgrün mit röthlicher Schattierung. Die untre Fläche der Raupe ist grasgrün, mit weiß marmoriert.

Zu Ende des Septembers pflegt die Raupe zur Verwandlung in die Erde zu kriechen. Sie macht sich, wie mehrere Arten, ein ovales Gehäuse von Erde, welche sie mit einer klebrichten Materie zusammenleimt. Die innre Fläche dieses Gehäuses ist zwar sehr glatt, aber doch nicht mit Seide überzogen. Die Puppe Fig. 5. ist bräunlich grün und glänzend; in den Vertiefungen der Gelenke ist sie dunkler schattiert, so wie auch die Luftlöcher braun sind. Die Flügelscheiden sind stark abgesezt, und endigen sich in eine braune etwas verlängerte rundliche Spitze, die aber doch nicht so lang ist, wie sie bey mehreren dieser Art, z. E. bey der Puppe der Phal. Verbasci, Artemisiæ u. a. m. zu seyn pflegt. Wenn die Phaläne bald auskriechen will, so wird die Puppe ganz dunkelbraun, und die grossen silbernen Flecken der Oberflügel scheinen schon durch die Flügelscheiden hervor.

Zu Ende des Junii, gröstentheils aber erst im Julius stellet sich alsdenn die Phaläne in ihrer ganzen Schönheit dem Auge des Bewunderers der Werke Gottes dar. Doch da ich jezt im September noch einige Puppen von vorigem Jahre liegen habe, welche noch vollkommen munter sind, so vermuthe ich fast, daß sie auch noch diesen zweyten Winter in ihrem Puppenschlaf liegen bleiben werden. Es ist dies von mehreren Arten bekannt, besonders auch von der Puppe der Proceßions-Raupe, daß einige nur einen

Winter, andre aber zwey Winter über liegen, ehe sie sich zu ihrem vollkommnen Zustand entwickeln, aber die Ursach hievon ist noch nicht hinreichend bekannt, und verdiente wohl die Aufmerksamkeit der Naturforscher.

Ich komme nun zur Beschreibung der Phaläne selbst. Sie gehört im Linnäischen Natursystem unter die dritte Classe der Nachtvögel, welche er Noctuas nennet, und zwar unter die dritte Abtheilung, welche diejenigen Eulen enthält, die einen Saugrüssel und Kammrücken haben. Auch der feinste Geschmack des Modekenners wird in ihrer Farbenmischung nichts anstößiges finden. Denn kein Stutzer würde sich schämen dürfen, ein apfelgrünes Kleid mit silberner Besezung und weissen seidnen Unterfutter zu tragen, vielmehr ist er in dieser Tracht des Beyfalls seiner Göttin und der Bewunderung der ganzen Assemblee gewiß. Und wer wird also dieser Phaläne seinen Beyfall versagen können? Denn die Grundfarbe der Oberflügel ist, wie Fig. 6. zeigt, apfelgrün; bey einigen Exemplaren ist zu diesem Grün etwas mehr blau, bey andern etwas mehr gelb gemischt. Die äussere Einfassung ist von Silber, die mit silberweissen Härchen dicht besezt ist. In einiger Entfernung von dieser Einfassung geht vom innern Rande bis zur Hälfte des äussern Randes eine Silberbande; in der obern Spitze steht ein aus 2 nach der Wnrzel zulaufenden Streifen zusammengesezter silberner Flek mit einem grünen Felde. Wo dieser Fleck der obigen Silberbande nahe kommt, da stehet etwas drunter ein grader nnd ein hackenförmiger Silberfleck dicht neben einander, und zwischen beyden ist die Farbe ganz dunkelgrün. Noch weiter nach der Wurzel zu, auf der Mitte der Flügel, steht wieder ein grosser und ein kleiner Silberfleck, und der grosse ist wieder dunkelgrün eingefaßt, doch so, daß diese Einfassung sich sehr in der apfelgrünen Grundfarbe verliehrt. Endlich an der Wurzel steht wieder ein Silberfleck, der die Gestalt eines Winkels hat, dessen Spitze nach der Wurzel zu stehet. Die Unterflügel sind weiß, und glänzen wie Seide. Gegen den äussern Rand zu verliert sich das weisse in ein sanftes aschgrau, welches immer dunkler wird, je mehr es sich dem Rande nähert. Der Rand selbst ist, wie bey denen Oberflügeln, mit weissen Härchen besezt. Es gehört dieser Nachtvogel zu denen so genannten Mönchen, welche auf dem Bruststück über den Kopf einen kegelförmigen Büschel Federn haben, der denen Mönchskappen etwas nahe kommt, und den sie auch vorwärts so herunter hängen können, daß der Kopf und die Augen damit bedeckt werden. Es besteht diese Kappe aus Federchen mit einem ziemlich langen Stiel, und ist oben zugespitzt. Die Farbe dieser Kappe ist bey dieser Phaläne glänzend weiß, mit zwey grünlichen Bändern. Die Augen sind dunkelbraun, und die Fühlhörner gelb, haarförmig und ziemlich lang. Der Hinterleib ist mit weissen Haaren besetzt, die aber nach dem Brustschilde zu immer gelblicher, ja ganz oben fast braungelb werden. Diese bräunliche Farbe des Obertheils vom Hinterleibe gereicht aber keineswegs zu einer mehrern Zierde des Vogels, vielmehr giebt ihm dies leicht das Ansehen, als wenn er öhlicht werden wollte. Jedoch, wer übersieht bey einer vollkommen reizenden Schönheit nicht gern einen kleinen unmerklichen Leberfleck?

Nach obiger weitläufigern Beschreibung wird also diese Phaläne folgendermassen ins System einzutragen seyn: Phalæna noctua cristata, seticornis, spirilinguis, alis deflexis, superioribus viridibus, maculis septem argenteis, posticis albidis, margine dilutiore cinereo.

Was ich oben gesagt habe, daß nemlich diese Raupe keiner grossen oder epidemischen Krankheit unterworfen sey, gründete sich auf die vorjährige Erfahrung, da mir und meinen Freunden von einigen 60 Raupen nicht eine gestorben war. Dies Jahr aber ereignet sich grade das Gegentheil. Von 100 Raupen ist schon der fünfte Theil in ihrem mittlern Alter abgestorben. Eine solche Raupe pflegt eine Weile still und unbeweglich festzusitzen, und ehe man es sich versieht, kommen aus ihrem Ano zwey bis drey Würmer oder Maden, die nach Verhältnis der Raupe sehr groß sind: Eine solche Made ist Fig. 7. in ihrer natürlichen Grösse und in Fig. 8. vergrössert vorgestellt. Der Obertheil ist schmutzig schwarzgrau, der untre Theil aber heller schmutzig grau. Sie hat zwölf Ringe, ausser dem Kopf und Ano, keine Spur von Füssen, auch findet man bey der stärksten Vergrösserung keine Augen. Kaum ist sie aus dem Leib der Raupe, so ist sie sehr geschäftig, mit dem

all=

allzeit gekrümmten Hintertheil ziemlich starke Faden über sich herzuziehen, welche aus dem Ano kommen, so daß sie in wenigen Minuten völlig in einem groben lockern Gewebe eingehüllt und dem Auge des Beobachters verborgen ist. Was endlich aus dieser Made für eine Fliege kommen werde, das wird ein Gegenstand meiner Aufmerksamkeit für das künftige Jahr seyn, indem sie vermuthlich den Winter über in ihrer Hülle ruhen wird.

Archiv der Insectengeschichte

herausgegeben

von

Johann Caspar Füeßly.

Zweytes Heft

Zürich und Winterthur

Bey dem Herausgeber und bey Heinrich Steiner und Comp.

1782.

Inhalt des ersten Hefts.

1.	Papilio *adippe.* L.	Der Mittelperlmutterfalter.
2.	Sphinx *atropos.* L.	Die schwarze Todtenkopfraupe.
3.	—— *Kœhlini.*	Köchlins=Schwärmer.
4.	—— *Vespertilio*	Fledermausschwärmer.
5.	—— *infausta* L.	Trauerschwärmer.
6.	Phalæna *argentea.*	Der Silbermönch.
7.	Diopsis *ichneumonea.*	Die Perspectivfliege.

Inhalt des zweyten Hefts.

1.	Cucujus *depressus.*	Der rothe Plattkäfer.
	——— *cæruleus.*	Der blaue ———
	——— *planatus.*	Der platte ———
2.	Papilio ~~Celcis~~ Celtis.	Der Zürgelfalter.
3.	Phal. geom. *papilionaria.*	Der grüne Spanner mit dritthalb weissen Streiffen.
4.	—— —— *artemisaria.*	Der Beyfußspanner.
5.	—— —— *spartiata.*	Der Ginsterspanner.
6.	Beytrag zur Naturgeschichte der Sakträger.	

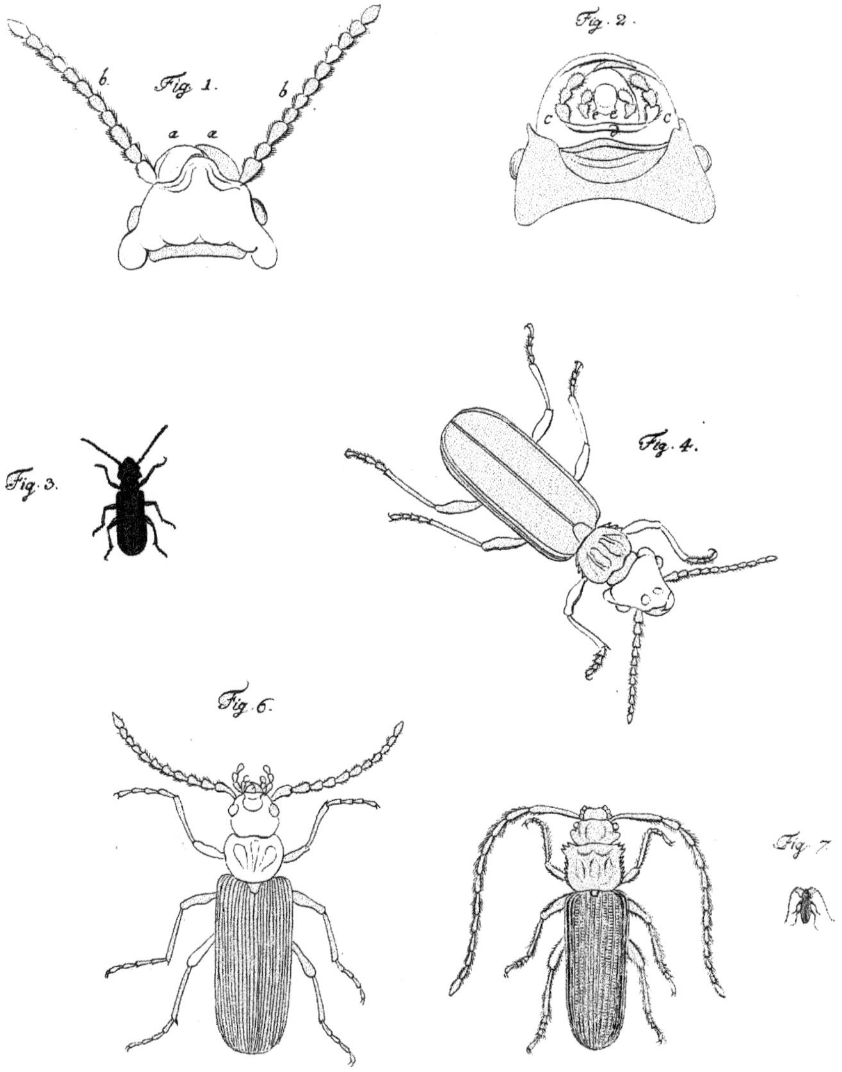
Fig. 1.
Fig. 2.
Fig. 3.
Fig. 4.
Fig. 6.
Fig. 7.
Fig. 8.

Nähere Bestimmung des Käfergeschlechts

Cucujus, Platt- oder Rindenkäfer.

Von Joh. Friedrich Wilh. Herbst.

Es hat der Herr Prof. **Fabricius** einige Käfer, welche im linnäischen Natursystem zum Theil unter mehrerern Geschlechtern zerstreuet waren, unter ein eigenes Geschlecht zusammengebracht, welches er Cucujus nennet. Dieser Name ist nicht neu, aber man gab ihn sonst ganz anderen Käfergeschlechtern. **Geoffroy** benannte damit die Prachtkäfer, (Buprestides) und ältere verstanden unter Cucujus eine Art indianischer Käfer, die wie die sogenannten Johaniswürmchen des Nachts leuchten. **Fabricius** aber begreift unter den Namen Cucujus eine Käfergattung, welche sich unter der Rinde der Bäume aufzuhalten pflegt; und ob sich gleich diese Käfer gleich beym ersten Anblik vor allen andern dadurch sehr merklich auszeichnen, daß sie ganz ausserordentlich platt und dünne sind, so sind sie doch bisher wenig bekannt gewesen. Im deutschen hat man die Wahl, ob man sie Plattkäfer, oder Rindenkäfer nennen will, durch beyde Benennungen wird ein Theil ihrer Eigenschaften angedeutet. Die Geschlechtskennzeichen, welche **Fabricius** angiebt, sind folgende.

Der Mund hat Kinnbacken und Freßspitzen.

Der Freßspitzen sind vier, kurz, auf beyden Seiten gleich.

Die vordern haben drey Glieder; das erste ist fast kegelförmig, die zwey folgenden sind kürzer, stumpf, abgestuzt; diese Freßspitzen sitzen auf den Rücken des Kinnbackens.

Die hintern Freßspitzen haben zwey Glieder; das erste ist fast kegelförmig, das zweyte dicker, stumpf, abgestuzt, und diese sitzen am vordern Grunde der Lippe.

Die Kiefern sind hornartig, gekrümt, unten dick, am Ende zugespitzt, ohne Zähne.

Die Kinnbacke ist kurz, häutig, gespalten, so, daß die beyden Zipfel ungleich sind, der äussere ist grösser, rund, der innre spitzig. Die Lippe ist kurz, häutig, gespalten, die Zipfel sind grade, stumpf, stehen aus einander, und bedecken die hinteren Freßspitzen.

Die Fühlhörner sind Paternosterartig, haben eilf kurze, haarigte Glieder, das letzte geht spitzig zu.

Der Gaumen hat auf beyden Seiten ein Zähnchen.

Es wird einem jeden, der nicht mit guten Vergrösserungs-Gläsern versehen ist, schwer werden, alle diese Kennzeichen aufzusuchen, und daraus gewiß zu werden, daß er einen Käfer dieses Geschlechts besitze. Dazu kommt noch, daß diese Käfer etwas selten sind; und wer also nur ein Stück besitzt, wird nicht gern die Freßwerkzeuge so genau zergliedern, welches fast nicht anders als durch Zerbrechung des Kopfs möglich ist. Ich habe in fig. 1. und 2. diese Kennzeichen so viel möglich deutlich zu machen gesucht, und dabey den Cucujus depressus Fabr. als den vornehmsten dieses Geschlechts zum Muster genommen. Fig. 1. zeigt die Oberfläche des Kopfs; und man sieht bey a. a. die hornartigen, krummen, oben spitzen und unten dicken Kiefern, bey b. b. aber die paternosterähnlichen haarigten Fühlhörner, deren letztes Glied zugespitzt ist; das dritte Glied von unten ist bey dieser Art etwas länger. Fig. 2. zeigt die untre Seite des Kopfs; c. c. sind die vorderen dreygliedrigten Freßspitzen, oben etwas abgestutzt, an den Seiten mit feinen Härchen besetzt; sie stehen auf den Rücken der Kinnlade d.; bey e. e. sind die innren Freßspitzen, die nur zwey Glieder haben. Mehreres habe ich nicht anzeigen können, weil ich an meinem Käfer nichts mehreres wahrnehmen konnte, wenn ich ihn nicht zerbrechen wollte.

Für die Ungeübteren oder deren Augen es nicht verstatten wollen, solche kleine Gegenstände zu betrachten, werden folgende Kennzeichen hinreichend seyn, dieses Geschlecht von andern zu unterscheiden:

Der ganze Käfer ist ungemein dünne und platt, die Oberfläche entweder gar nicht gewölbt, sondern eine grade Fläche, oder die Wölbung ist doch nur geringe.

Der

Der Kopf stehet weit hervor, ist oft schaufelförmig, platt, hänget nicht herunter; sondern geht mit dem Brustschilde und Flügeldecken in einer graden horizontalen Richtung fort; das Maul steht weit hervor, die Fühlhörner sind gleich neben den Kiefern eingelenkt, und stehen also noch ziemlich weit von den Augen ab. Die Augen sind rund, und stehen ganz an den Seiten des Kopfs.

Der Brustschild ist ganz platt, und pflegt auf der Oberfläche einige Vertiefungen zu haben.

Das Schildlein ist nicht eben groß.

Die Deckschilde sind platt, haben ausserhalb einen Rand, oft einen doppelten.

Der letzte Fußtheil hat an allen 6 Füssen drey Glieder, und das Klauenglied, mit einer bald einfachen, bald doppelten hackenförmigen Klaue; sie sind auch gemeiniglich mit Haaren besetzt.

Zu diesem Geschlecht rechnet Fabricius in seinen Speciebus Insectorum fünf Arten.

1. Cucujus depressus; der Brustschild roth, an den Seiten gezähnt, die Füsse glatt, schwarz. Wohnt in Deutschland.
2. Cucuj. clavipes; roth, der Brustschild gefurcht, die Hüften keulförmig, roth; wohnt im nördlichen Amerika.
3. Cucuj. dubius, weil es noch zweifelhaft ist, ob er zu diesem Geschlecht gehört. Der Brustschild roth, gezähnt, die Deckschilde schwarz, die fadenförmigen Fühlhörner so lang, wie der Körper; wohnt im nördlichen Amerika.
4. Cucuj. flavipes; der Brustschild schwarz, gezähnt, die Füsse gelblich, die fadenförmigen Fühlhörner so lang wie der Körper, wohnt in Norwegen.
5. Cucuj. muticus, der Brustschild stumpf, schwarz, mit einem eingedrukten Punkt auf jeder Seite, die Deckschilde braun, gestreift; wohnt in Deutschland.

Von diesen fünf Arten ist mir nur die erste bekannt; dagegen finde ich in meiner Sammlung zwey andre Arten, welche gleichfalls hieher gehören, und alle drey Arten will ich itzt genauer beschreiben.

1. Der rothe Plattkäfer. Cucujus depressus. Fabric. Syst. Ent. 204. C. 1. Spec. Inf. 257. C. Thorace denticulato rufo, pedibus simplicibus nigris.

Lin. Syst. N. Cantharis sanguinolenta supra rubra, elytris bimarginatis.

Frisch. Inf. T. XII. cap. XXXIV. pl. 3. Tab. 7. Fig. 1. der Bluthrothe flache Holzkäfer.

TAB. *. Fig. 3. 4.

Wenn man die Canthar. sanguinol. Lin. mit dem Cucuj. depressus Fabr. vergleicht, so ist wohl kein Zweifel, daß beyde ein- und eben dasselbe Insekt unter zwey verschiedenen Namen beschrieben haben, wenn gleich Fabricius weder des Lin. Canth sang. noch eine andre citiert. Fabricius sagt, der Cuc. depr. habe die Grösse einer Cantharis, und Linne sagt, die Canth. sangu. weiche etwas von den Geschlechtskennzeichen derselben ab. Beyde geben folgende Kennzeichen an: Der ganze Käfer ist platt gedrükt, roth, die Fühlhörner schwarz, schnurförmig, mit Haaren besetzt, das Maul schwarz; der Brustschild ungleich; die Füsse, und der Unterleib schwarz; was übrigens beyde Beschreibungen eigenes haben, kann sehr gut bei ein und eben demselben Insect statt finden. Ich will zur bessern Uebersicht beyde Beschreibungen hersetzen.

Linn. Canthar. sanguinol.	Fabr. Cucuj. depressus.
Facies Lampyr. sanguineæ; caput depressum, rubrum, cordatum, pone oculos admodum angulatum. Maxillae prominulae, nigrae; antennae nigræ, moniliformes, subpilosae, articulo ultimo ovato, thorace fere longiores. Thorax ruber, depressus, inaequalis, subtus lateribus niger; Elytra rubra, laevia, marginata, quasi du-	Statura depressa, & magnitudo Cantharidis. Antennæ nigrae, moniliformes, pilosæ, articulis undecim, ultimo acuto. Caput depressum, planum, rufum, ore oculisque nigris, postice utrinque angulo obtuso globoso auctum. Thorax planus, subsulcatus, rufus, margine denticulato, tenuissime nigro. Elytra plana

duplice margine; Abdomen atrum, pedes atri femoribus clavatis, a congeneribus nonnihil discrepat charactere.

plana, rigida, rufa. Corpus subtus & pedes nigra.

Beyde Beschreibungen passen ganz genau auf den bey fig. 3. 4. abgebildeten Käfer, und besonders die vom Fabricius ist so vollständig, daß ich nur weniges hinzuzusetzen weiß. Es wundert mich daher, daß Fabricius die Canth. sangu. Lin. nicht citiert, zumal da er doch unter den Cantharıden diese Linneische wegläßt. Eben so wenig hat er auch den Frisch citiert, der doch ganz gewiß Loc. cit eben diesen Käfer beschreibt; auch ist seine Abbildung ziemlich gut gerathen, nur ist sie etwas grösser, wie die meinige; auch seine Beschreibung stimmt genau mit der meinigen überein. In Götzens entomologischen Beyträgen werden bey Canth. sanguinol. Lin. nach Schröters Abhandl. T. 1. Tab. 3. fig. 6. citiert, gewiß aus keinem andern Grunde, als weil Herr Schröter seinen daselbst abgebildeten Käfer durchaus im linnäischen System finden wollte, und ihn nirgends anderswo unterbringen konnte; da aber Herr Schröter kein eigentlicher Entomologe ist, so hätte Herr Götze ihn nicht so zuversichtlich auf sein Wort nachschreiben sollen. Der Schrötersche Käfer ist aus Surinam, die Canth. sang. aber soll in Deutschland zu Hause seyn, dies allein könnte schon verdacht erwecken, ob beyde auch wirklich ein und eben derselbe Käfer seyn sollten. Der Schrötersche Käfer ist auf der Unterfläche sehr erhöhet und gewölbt, da der linnäische vielmehr ganz platt und der ganze Käfer überhaupt nicht viel über eine Linie dick ist. Nach der jetzigen genauen Bestimmung der Insekten kann man nicht einen ausländischen Käfer der mit einem im System bestimmten einländischen viele Aehnlichkeit hat, für eben denselben ausgeben, wie der sel. Professor Müller sehr oft gethan, und anstatt des im System befindlichen einen etwas ähnlichen ausländischen substituirt hat.

Ich komme nun zur genauen Beschreibung dieses Käfers, den ich bey fig. 3. in seiner natürlichen Grösse, bey fig. 4. aber stark vergrössert vorgestellet habe, um die einzelnen Theile desselben genau kennen zu lernen. Die Länge ist etwas über einen halben Zoll, die Breite etwas über drey Linien, die Dicke überall kaum eine Linie; Kopf, Brustschild, und Deckschilde, sind auf der Oberfläche Blutroth; unten haben der Kopf und die Brust eine gleiche rothe Farbe; der Vorderleib ist zwischen den Hinterfüssen in der Mitte gleichfalls roth, an den Seiten aber schwarz, so wie die 5 Ringe des Hinterleibes. Die Augen, die Lippe, die Spitzen der Kiefern, die Fühlhörner, die Füsse sind schwarz, ausser das letzte Klauenglied, welches wieder roth ist. Der Kopf ist groß, platt, fast dreyeckig oder schaufelförmig, hinten breiter als der Brustschild; die äusseren Ecken des Kopfs bilden eine stumpfe, kugelförmige Spitze; die Augen stehen ganz an den Seiten; noch ziemlich weit vor denselben stehen die Fühlhörner; diese sind schnurförmig; das erste Glied ist etwas dicker, das zweyte das kleinste, das eilfte oder letzte oval, und gehet spitz zu, alle sind mit Haaren besetzt. Ueber der Lippe stehen einige Vertiefungen. Der Hals bildet eine breite etwas erhöhete Linie, und ist schmaler als der Brustschild. Dieser ist platt, scheibenförmig, hat der Länge nach vier Vertiefungen, wie Furchen; der äussere Seitenrand ist mit feinen Zähnchen besetzt, die dem blossen Auge kaum sichtbar sind. Die Dekschilde sind ganz platt, wie abgehobelt, überall gleich breit; durch das Vergrösserungsglaß findet man sie, wie den Kopf und Brustschild schwach gekörnt, dem blossen Auge aber scheinen sie ganz glatt zu seyn; innerhalb haben sie einen schmalen, glatten erhöheten Rand, der die sogenannte Nath ausmacht; auswendig haben sie einen doppelten Rand; nemlich die Oberfläche endigt sich an den Seiten in einen stark aufgeworfenen Rand, der an den Seiten herunterhängt, und sich wieder mit einem schmalern Rande in die höhe bieget, so daß die Deckschilde an den Seiten gewissermassen rinnenförmig ausgehöhlet sind. Das kleine Schildlein ist hinten rund. Die Hüften kann man einigermassen wohl käulförmig nennen, weil sie etwas dick sind. Der Fußtheil hat vier mit Härchen besetzte Glieder, und eine doppelte Klaue.

Frisch rechnet diesen Käfer unter die Holzkäfer, doch haben seine Theile so viel eigenes, daß er wohl ein eigenes Geschlecht zu bestimmen verdienet. Da er unter der Rinde der Bäume sich aufhält, so ist es zu vermuthen, daß die Larve, die noch nicht bekannt ist, ein Holzwurm seyn wird.

Der blaue Plattkäfer. Cucujus coeruleus. Cucujus capite, thorace-

race-

raceque nigrescente, elytris sulcatis coeruleis, antennis, tibiis, abdomineque fuscis.

Dieser Käfer hat zwar eine ganz andre Gestalt, wie der vorige, allein die Geschlechtskennzeichen sind doch eben dieselben, und was noch entscheidender ist, er lebt gleichfalls unter der Baumrinde. Ich habe ihn bey fig. 5. in seiner natürlichen Grösse, und bey fig. 6. vergrössert vorgestellet. Er ist gleichfalls ganz platt, doch oben etwas weniges gewölbt. Der Kopf ist schwarz, stehet weit hervor und, wie bey allen dieses Geschlechts, mit dem ganzen Leibe in einer horizontalen Richtung; hinter den Augen verengert er sich etwas weniges. Die Augen sind schwarz; weit von denselben, bey der Einlenkung der Kiefern, wie bey dem vorigen, stehen die Fühlhörner; diese sind braun, schnurförmig, mit härchen besetzt, das letzte Glied eyrund, am Ende spitz; die Lippe und die Fühlspitzen sind gelblichbraun, das Gebiß schwarz, über der Lippe steht eine Vertiefung. Der Brustschild ist fast scheibenförmig, vorne grade abgestutzt, hinten enger, platt, schwarz, glatt, mit zwey grossen Vertieffungen, und in der Mitte oberhalb eine kleinere furchenähnliche; an den Seiten ohne Rand und ohne Zähnchen. Die Deckschilde sind blauglänzend, etwas gewölbt, fein gefurcht, der äussere Rand biegt sich auch etwas in die Höhe, wodurch die Seiten ein wenig ausgehöhlt werden, doch ohne das eine erhöhete Linie, und noch weniger ein doppelter Rand wahrzunehmen wäre. Das Schildlein ist nur klein. Die Hüften sind etwas platt gedrükt, dunkel schwarzbraun; die Schienbeine und Fußglieder haben mit den Fühlhörnern eine gleiche bräunliche Farbe. Unten sind der Kopf, und die Brust schwarz, der Bauch aber fast orangefarbig mit braun vermischt, von hellerer und lebhafterer Farbe, wie die Fühlhörner. Die Grösse des Käfers ist verschieden, und pflegt zwischen einen viertel — und einen halben Zoll zu variiren, die Dicke aber ist kaum eine Linie Ich habe ihn unter der Weidenrinde gefunden. Die blaue Farbe der Deckschilde fällt oft ins violette.

3. **Der platte Plattkäfer.** Cucujus planatus. Lin. Syst. Nat. Cerambix planatus thorace marginato scabro antice dentato, corpore nigro, antennis pedibusque ferrugineis. Faun. Suec. 645.

Ich glaube nicht unrecht zu thun, wenn ich diesen linneischen Bockkäfer unter

unter dieses Geschlecht bringe. Es ist wahr, die Fühlhörner weichen etwas ab, und nähern sich denen Fühlhörnern der Bockkäfer, allein er ist doch im übrigen gleicher Natur mit denen vorigen, er wohnt gleichfalls unter der Weidenborke, ist eben so platt, und kommt überhaupt dem Cucuj. depress. nahe; und da **Fabricius** selbst es sich erlaubt hat, unter dieses Geschlecht einen Käfer zu setzen, dessen Fühlhörner nicht moniliformes sondern filiformes sind, so wird dadurch noch mehr bestätiget, daß die Fühlhörner allein kein Grund sind, diejenigen Käfer zu trennen, die im übrigen gleiche Natur und Eigenschaften haben. Warum **Fabricius** den Ceramb. planatus Lin. ganz aus seinem System weggelassen, davon weiß ich keinen Grund anzugeben. Bey fig. 7. und 8. ist dieser Käfer abgebildet. Seine Länge beträgt beynahe 3 Linien, Kopf Brustschild und Flügeldecken sind schwärzlich braun. Der Kopf hat der Länge nach zwey Vertiefungen, und an den Seiten, hinter den schwärzlichen Augen einen kleinen Absatz; die Lippe stehet sehr weit hervor, und ist bräunlich gelb. Das äusserste paar Fühlspitzen hat 4 Glieder. Die Fühlhörner sind so lang, wie der Körper; das unterste Glied derselben ist noch einmal so lang, wie die übrigen Glieder, und fast käulförmig; alle Glieder sind stark mit Haaren besetzt, und pechbraun. Der Brustschild ist platt, durch spitzige Körner rauh, vorne fast grade abgestutzt, hinten etwas verengert; oben erweiteren sich die Seitenecken in eine dreymal gezähnte Spitze, und der übrige Seitenrand ist auch mit kleinen Zähnchen besetzt. Die Deckschilde sind, wie bey der ersten Art, nicht gewölbt, sondern ganz platt, wie abgehobelt, aber fein gerippt, und die Zwischenraüume sind wieder in die Quere fein gerippt, so daß sie fast körnerartig aussehen. An der äusseren Seite haben sie auch einen doppelten erhöheten Rand, und der Zwischenraum ist etwas rinnenförmig ausgehöhlt. Das Schildlein ist nur klein. Die Füsse haben mit der Lippe eine gleiche Farbe, sind mit Härchen besetzt, und das letzte Klauenglied ist fast so lang, wie die übrigen drey zusammen. Unten hat der Käfer eben die Farbe, wie oben, und ist ungemein platt. Ich habe nie gefunden, daß er an das Tageslicht kommt, sondern er schleicht unter der Rinde umher; da er aber doch ordentliche Unterflügel hat, so ist nicht zu zweifeln, daß er auch bisweilen die Lüft durchstreichen werde.

Fig: 1. 2. 3. Pap: Celtis. Fig: A. B. Pap: Carinenta.

Papilio Celtis.

Der Zürgel-Falter.

Aus einem Brief von Herrn Joh. Nepomuk Edlen von Laicharting zu Insbruck an den Herausgeber dieses Archivs. Vom 12. September. 1781.

„Sie werden sich zu erinnern wissen, daß ich Ihnen im vorjährigen Herbst, während meines für mich zu kurzen Aufenthalts in Zürich, von einem unbeschriebenen Tagschmetterling meines Vaterlandes Meldung gethan; ich versprach Ihnen auch, noch ehe ich in meinem Verzeichnisse auf die Schmetterlinge kommen würde, Abbildung und Beschreibung davon zu liefern — Hier haben Sie beydes, auch noch einige Nachrichten von seinem Raupenstand, so gut ich es für dies Jahr nachzuforschen vermögend war.

Ich sah diesen unter fig. 1, 2, 3. abgebildeten Tagschmetterling vor zwey Jahren zu erst in der Sammlung des Ihnen schon aus meinem Verzeichnisse bekannten Hrn. Kreisphysikus von Menz zu Bozen. Sein Neffe Gottlob von Menz, ein zur Naturgeschichte aufgelegter junger Mann, fieng ihn in den Gegenden dieser Stadt, bekam ihn aber nachher, wie er mir sagte, selten mehr zu sehen.

In den ersten Tagen des Maymonats dieses Jahres machte ich eine Reise gegen den südlichen Theil Tyrols, zu Unterazwang, ein kleiner Ort zwischen Brixen und Bozen, flog dieser Schmetterling in ziemlicher Menge an der Poststrasse. Ich hielt mich einige Stunden da auf, durchsuchte die Gegend etwas genauer, und fand auf den Höhen der nahe liegenden Weinberge den Zürgelbaum (Celtis Australis Linn. a.) An diesen Bäumen

(*) flogen

a.) Linn. spec. Plantar. p. 1478. Celtis australis Foliis ovato lanceolatis.

flogen diese Schmetterlinge häufig herum; die Blätter waren stark abgefressen, leere Puppen hiengen fast an allen Aesten; in zweyen waren noch die Schmetterlinge, die mir auch würklich am gleichen Tag noch auskamen — Aber Raupen konnte ich alles Suchens ohngeacht keine mehr zu sehen bekommen. Weiter hinein um Bötzen und Meran wachsen Zürglen genug, aber die Blätter waren nicht abgefressen, und Schmetterlinge bekam ich auch keine zu Gesichte. Aus diesem sehen Sie, daß ich für diesmal nur das wenige von der Nahrung der Raupe zu erwähnen, und den Schmetterling zu beschreiben im Stande bin. Von dem Ey, der Raupe, ihrer Verwandlungszeit, der Puppe und den Abänderungen des Schmetterlings hofe ich Ihnen künftig genauere Nachricht geben zu können.

Nach dem Linné setzte ich diesen Schmetterling unter die Nymphales phaleratos, und nach dem System meiner mir unvergeßlichen Lehrer Denis und Schiffermüllers vermuthlich unter die Abtheilung der Gemeinförmigen Raupen in die Familie I. Scharfdornraupen (Larvæ acutospinosæ) Eckflüglichte Falter (Pap. angulati.)

Die Flügel oben dunkelbraun mit orangegelben meist viereckigten Flecken; die Hinterflügel unten grau mit einer weissen Linie gezeichnet.

Die Fühlhörner werden von der Basis an gegen das Ende zu immer dicker.

Die Freßspitzen (Palpi Fabr.) sehr lang.

Die Vorderflügel eckicht, oben dunkelbraun, zwey vierseitige orangegelbe Flecke gegen die Mitte, ein grösserer, und ein kleinerer, die sich mit den Ecken berühren; an dem kleinern zieht sich von dem Winkel der nämlichen Grundfläche, davon das andere Eck das grössere Viereck berührt, ein kleiner länglichter Anhang von der Farbe der übrigen Flecke gegen den innern Flügelwinkel zu; an dem grössern Fleck hängt gegen dem hintern Rand ein wohl achtmal kleinerer, ein anderer gegen dem aussern Winkel zu, der in etwas die Gestalt eines Winkelhackens hat, und ein weislichter, meist Vierseitiger, gelb gerandeter an dem vordern Rande. Die untere Seite mehr lichtbraun, der aussere Rand und Winkel grau und braunlich. Die Zeichnung der Flecke ist die nämliche wie auf der obern Seite.

Die

Die Hinterflügel oben wie die Vorderflügel dunkelbraun licht gerandet, am vordern Rande ragt ein starkes Eck hervor. Der aussere Rand sechsfach gezähnt, beyläufig auf der Mitte ein grosser unregelförmiger orangegelber Fleck, und ein kleinerer daneben, der bey einigen anhängt, bey andern frey steht. Die untere Seite graulich, schwarz gedupft, mit braunlichen Flecken durchnebelt. In der Mitte zeigt sich eine weißliche Linie. Leib und Füsse untenher grau. Betrachtet man die eben erwähnte weisse Linie an der untern Seite der Hinterflügel, mit dem Vergrösserungsglas, so wird man gewahr, daß sie von einer Nerve herkommt, die mit einem weissen Staub überzogen ist; daher zeigt sich diese Linie wegen der Krümmung dieser Nerve, zu weilen krumm.

Als sonderbar auszeichnend an diesem Tagschmetterling, finde ich die Freßspitzen, und die Fühlhörner. Die Freßspitzen sind an selbigem ungewöhnlich lange, gerade ausgestreckt b.) und schliessen sich vorne in eine Spitze zusammen — Die Fühlhörner sind nicht wie bey den übrigen Schmetterlingen dieser Gattung, Fadenförmig und an den Spitzen mit einem Knöpfgen versehen, sondern gegen das Ende zu, vom Grunde an immer dicker. „

Papilio Nymph. phal. Alis angulatis fuscis, maculis subquadratis aurantiis: posticis subtus griseis: in medio lineola alba notatis. Fig. 1, 2. Fœmina. Fig. 3. Mas.

Der Schmetterling auf unsrer Tafel Fig. A. B. ist aus Cramers Pap. exot. Tab. 108. Fig. E. F. entlehnt, und wegen seiner grossen Aehnlichkeit, die er mit unsrem Zürgelfalter hat, hier noch einmal abgebildet worden. Er ist aus Surinam, und hat von Hr. Cramer den Namen: Carmenta: erhalten.

---

b.) Daher kann ich mir die Palpi reflexi die Hr. Fabrizius als ein Gattungskennzeichen bey den Tagfaltern annimmt, bey diesem und mehr andern nicht recht erklären. v. Fabr. Syst. Entom. p. 442. und Gen. inf. pag. 157.

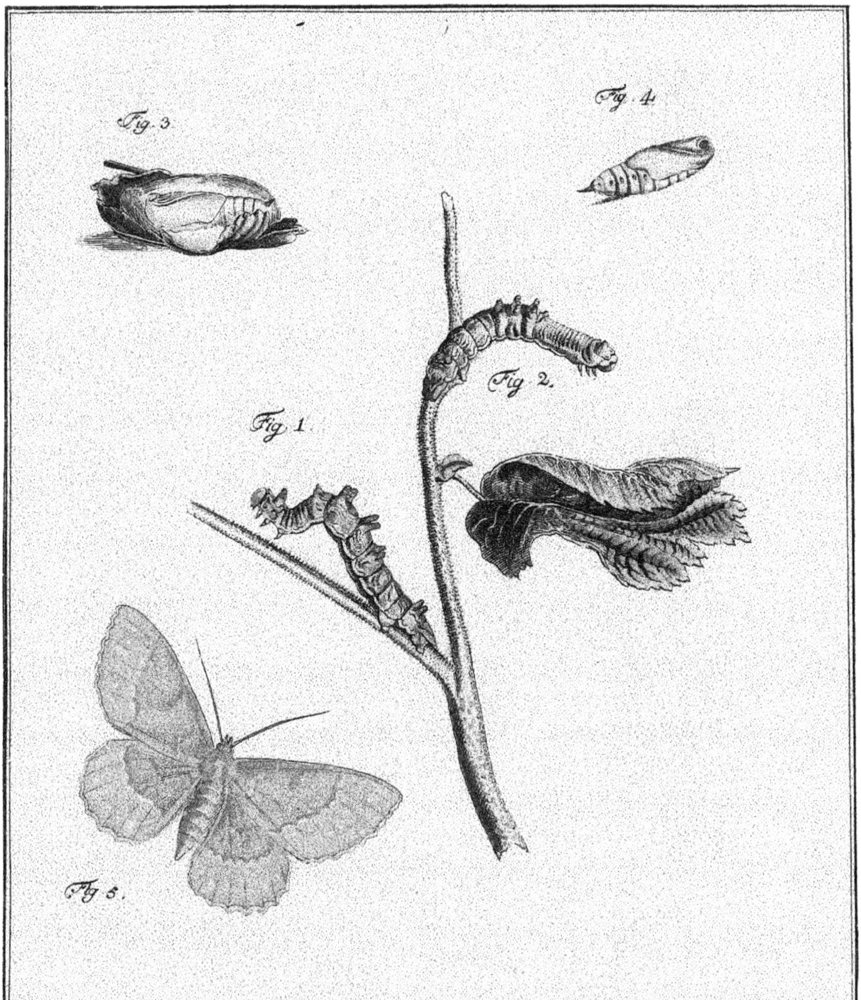

Schellenberg pinx. & sculps.

Phal: Geom: Papilionaria.

Phal. geom: Papilionaria Linn.

Von Joh. Caspar Füeßly.

Die verschiedenen Arten der grünen Spanner (das Wienerverzeichniß zählt deren sieben) sind noch lange nicht genug durch sichere Kennzeichen aus einander gesetzt, und so lange wir nicht ihre ganze Verwandlung kennen, noch vieler Verwirrung unterworfen. Ein Beyspiel hievon mag insonderheit die Phal. geomet. Papilionaria des Linné seyn. In seiner Fauna suec. edit. alt. sagt er: sie sey von der Grösse des Kohlschmetterlings (Pap. Brassicæ.) und citiert dabey des Roesels IV. Thl. Taf. 18. fig. 3. dieses trift nun bey unsrem Spanner richtig zu; er erreicht oft die Grösse des Kohlschmetterlings, zeichnet sich auch dardurch von den andern grünen Spannern aus, und ist mit Roesels am angeführten Ort abgebildeten celadon grünen Nachtvogel, ungeacht einiger Abweichungen, von gleicher Gattung. Aber was uns hierbey leicht wieder von dieser Meynung abführen, und in Verwirrung setzen könnte, sind die unbestimmte Beschreibung des Linné im System, und besonders die Citationen von Frisch und Wilkes, welche auch von Hrn. Goeze und Fabrizius beybehalten worden, aber ganz und gar nicht hieher gehören. — Man sieht also daß hier eine Revision und nähere Bestimmung nicht überflüssig ist.

Hr. Walch hat im XII. Stück des Naturforschers S. 57. Taf. 1. fig. 11, 12, 13. die Raupe und Puppe dieses Spanners beschrieben und abgebildet. Diese Raupe wird im Herbstmond erwachsen auf der Birke und Haselstaude und nach dem Wienerverzeichniß auch auf der Buche gefunden. Ihre Farbe ist grün mit einer gelben Seitenlinie. Der Kopf ist braungelb. Auf dem zweyten, fünften, sechsten, siebenten, achten und letzten Glied hat sie ein Paar stumpfe, kegelförmige Erhöhungen. Diese nennet Hr. Walch Zacken, ich möchte sie aber lieber Zapfen heissen. Vermuthlich redet Hr. W. von Raupen die nicht ausgewachsen sind, dergleichen mir nie keine zu Gesichte gekommen, deren Zapfen vor ihrer letsten Häutung wohl in eine Spitze auslaufen mögen. Bey den erwachsenen Raupen sind diese Höcker wie schon gesagt, stumpf, braunröthlich, oft rosenfarbig, mit weissen Punkten, so wie der Kopf, gekörnt. Bey einigen Raupen fand ich auf dem zweyten und auf dem letsten Glied nur einen Zapfen. Hr. W. gedenkt der Zapfen, auf dem letsten Glied gar nicht, welches wieder eine Verschiedenheit des Alters seyn dörfte. Diese Raupe verwandelt sich noch im Herbstmond in einem durfichtigen, weissen Gewebe in eine etwas längliche, sehr lebhafte Puppe, deren Farbe oben blaßbräunlich, oft röthlich, unten oder am Rücken blaßgrünlich ist.

Die Phaläne kommt schon in 14. Tagen aus der Puppe. Ihre Augen sind braunröthlich. Die Fühlhöner des Männchens gekämt, gelblich, die des Weibchens borstenartig, von gleicher Farbe. Der Kopf, Brust, Hinterleib und Füsse sind gelblich weiß, aber bey frisch ausgeschloffenen Exemplarien mit grünen Haaren so stark bedeckt, daß der ganze Leib mit den Flügeln einerley Farbe zu haben scheint. Die Flügel sind etwas abgerundet, am Aussenrand ausgezakt, die hintern am stärksten, alle mit einem weißlichen Saum: Die Grundfarbe ist ein Seladongrün, fast ohne alle Schattierung. Alle vier Flügel haben in der Mitte gegen dem Vorderrand zu ein dunkelgrünes, oft nicht bemerkbares Halb-Möndchen. Etwas über die Hälfte, also näher dem Aussenrand, durchläuft eine wellenförmige, weisse Streife alle Flügel, und bildet, wenn diese ausgespannt sind, einen halben Cirkel. Gleich weit von dieser und dem Aussenrand folgt eine Reihe weißlicher Punkte, die mit der Streife parallel durch alle Flügel geht. Diese Punkten sind aber nicht bey allen Exemplarien merkbar, welches vermuthlich Gelegenheit gegeben, diesen Spanner mit einigen ähnlichen Arten zuverwechseln. Nahe bey der Einlenkung der Oberflügel bemerkt man noch eine kleine, weisse, wellenförmige Streife, die aber den Vorderrand der Flügel nicht berührt. Auf der untern Seite ist die Farbe wie oben, nur etwas blasser, und die Streifen kaum bemerkbar. Ins System könnte dieser Spanner nun so eingetragend werden.

Phal. geom. Papilionaria pectinicornis, alis omnibus viridibus: strigis duabus albidis, obsoletis, undatis, cum rudimento tertiæ versus basin alarum superiorum.

Linn. S. N. p. 864. n. 225.
—— Faun. suec. 2. p. 326. n. 1241.
Fabr. S. E. 624. 20.
—— Spec. inf. 246. 26.

Roesel. Thl. IV. Taf. 18. fig. 3.
Schæff. inf. ratisb. Tab. XVII. fig. 1.
Naturforscher 12. Tab. 1. fig. 11, 12, 13.

Habitat in Europæ Betulis, Corylo.

Larva viridis, dorso gibberibus duodecim rufis.

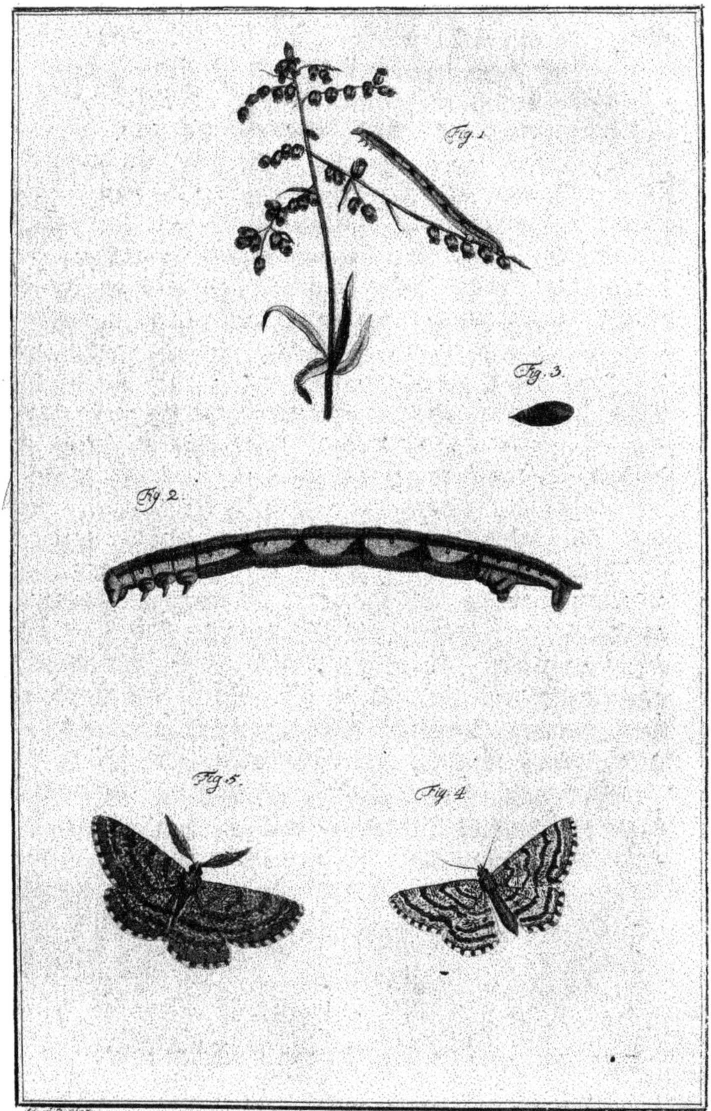

Herbst pinx. Schellenberg fc.

Phal: Geom: artemisaria.

Naturgeschichte

des

Beyfußspanners. Phalæna Artemisaria.

von J. F. W. Herbst.

Dies ist nun die zweyte Raupenart, welche sich neben der Raupe des Silbermönchs auf dem wilden Beyfuß aufzuhalten pflegt. Sie lebt auch mit dieser in gleicher Jahrszeit, nemlich im August und September. Ihre Grösse übertrift nicht leicht die Länge eines Rheinländischen Zolles, und dabey ist sie ziemlich dünn. Anfangs ist die Farbe grün mit braunrothen Flecken an den Seiten, und zu dieser Zeit ist sie schwer zu erkennen, weil sie mit dem Beyfuß einerley Farbe hat. Nach einigen Häutungen aber nimmt sie eine braune Farbe an; über den Rücken läuft ein dunkler brauner Strich, und an den Seiten steht bey jedem Einschnitt ein dunkler dreyeckiger Flecken von gleicher Farbe. Zwischen diesen Seitenflecken ist der Grund viel heller und röthlich-braun, so wie auch über denen drey Paar Vorderfüssen. In fig. 1. ist die natürliche Grösse, und in fig. 2 die vergrösserte Gestalt angezeigt, um ihre Zeichnung desto genauer zu kennen. Die neun Luftlöcher, welche auf eben denen Ringen stehen, wie es bey denen übrigen Raupen gewöhnlich ist, sind schwarz eingefaßt. Ihre ganze Lebensart hat nichts von der bey Spannmesser-Raupen gewöhnlichen abweichendes, und ihr Raupen-Alter dauret etwa fünf bis sechs Wochen. Alsdenn begiebt sie sich in die Erde, in welcher sie sich, ohne ein Gehäuse um sich her zu machen, verpuppet, und den Winter über ruhig ligen bleibt. Fig. 3. bildet die Puppe ab.

Im May zeigt sich der Vogel in seiner verjüngten Gestalt. Ich wüßte mich nicht zu besinnen, daß ich eine Abbildung von ihm gesehen hätte, es müßte denn in dem nur einmal vor Augen gehabten Clercschen Werk seyn; welches ich aber nicht wieder zu Gesicht bekommen kann.* Im dritten Theil des Degeerschen Insectenwerks auf der fünften Platte fig. 21. finde ich einen Spannmesser abgebildet, welches vielleicht der gegenwärtige seyn mögte. Auch trift die Beschreibung ziemlich genau zu, nur der einzige Umstand macht mich zweifelhaft, da von ihm gesagt wird, daß er auf den Wiesen, und nicht selten bey schönem Wetter am hellen Mittage fliege. Dies habe ich bey dem Meinigen niemals wahrgenommen; vielmehr verbirgt er sich unter dunkeln Gesträuchen, und man sieht ihn überhaupt nicht leicht fliegen, wenn er nicht aufgejagt wird.

Er gehört unter die zweyte Abtheilung der Spannmesser im Linneischen System, nemlich zu denen, welche runde Flügel haben, und deren Männchen federartige Fühlhörner tragen. Ich finde ihn weder in dem Linneischen, noch in dem System des Prof. Fabricius; so wie auch Hr. Past. Göze von dem oben erwähnten Degeerschen Spannmesser sagt, es sey eine neue Art. Die Fühlhörner des Männchens haben zu beyden Seiten grosse Bärte, so daß sie wie kleine Federbüschchen aussehen. Die Fühlhörner des Weibchens hingegen sind fadenförmig. In Ansehung der Zeichnung und Farbe der Flügel ist wohl nicht leicht ein Schmetterling, der so ausserordentlich abweicht, wie dieser; nicht einer ist dem andern völlig gleich gezeichnet. Ich habe daher in der vierten und fünften Figur die beyden äussersten Gränzen vorgestellt. Oft haben also, wie in der vierten Figur, die Oberflügel eine weißlich-graue Grundfarbe mit vier verworrenen Bändern, alles aber bestehet aus Pünktchen oder Atomen, womit sie bestreuet sind; die Unterflügel haben alsdenn eine gelblichere Grundfarbe mit zwey braunen Queerstrichen. Oft fällt die Grundfarbe mehr ins Braune. Die Banden selbst sind nicht allzeit von gleicher Anzahl, Deutlichkeit

* Im III. Stück des Naturforschers auf der I. Tafel fig. 4. hat Hr. Dr. Kühn die braune Abänderung von diesem Spannenmesser in einer etwas schlecht gerathenen Abbildung geliefert. Er nennt ihn: die gelb- und braungesprengte Motte mit drey dunklen parallelen Cirkellinien auf den Flügeln. Anmerkung des Herausgebers.

lichkeit und Farbe. Oft ist die Grundfarbe wie die Degeersche Beschreibung braun, mit gelben Atomen bestreuet, welche einige unordentliche Bänder zu bilden scheinen. Bey jenen ist der Leib schwarz mit weissem Staube, bey diesen braun mit gelbem Staube bestrÿuet. Die grosse Verschiedenheit rührt nicht etwa von dem Geschlecht her; dann man findet Männchen und Weibchen von allen Zeichnungen. Alle Flügel haben eine Bordierung, welche sich nach der Grundfarbe richtet: sie bestehet aus Federn oder Härchen, welche abwechselnd braun und weiß, oder braun und gelb gezeichnet sind. Unten sind alle Flügel weißgrau mit verworrenen schwärzlichen Punkten.

Im System wird diese Phaläne folgender Gestalt einzutragen seyn:

Phalæna Artemisaria Geometra bipecticornis, alis rotundatis, anticis mox niveis, strigis quatuor fuscis obsoletis, posticis flavescentibus, strigis duobus fuscis, mox omnibus fuscis, punctis flavis irroratis.

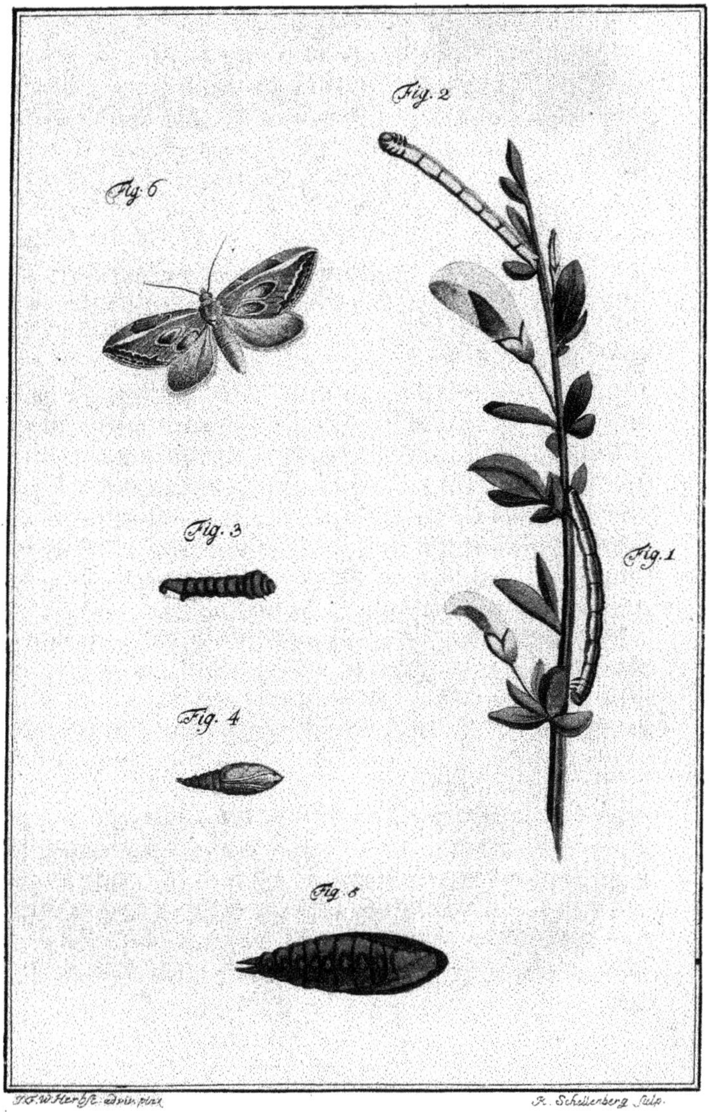

J.F.W. Herbst ad vin. pinx.

R. Schellenberg Sculp.

Phal: Geom: Sparticata.

Naturgeschichte

des

Ginsterspanners. Phalæna Spartiata.

von J. F. W. Herbst.

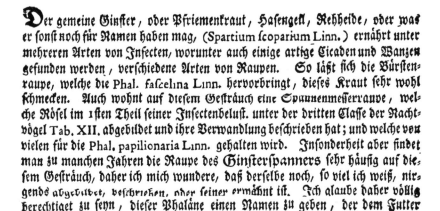

Der gemeine Ginster, oder Pfriemenkraut, Hasengeil, Rehheide, oder was er sonst noch für Namen haben mag, (Spartium scoparium Linn.) ernährt unter mehreren Arten von Insecten, worunter auch einige artige Cicaden und Wanzen gefunden werden, verschiedene Arten von Raupen. So läßt sich die Bürstenraupe, welche die Phal. fascelina Linn. hervorbringt, dieses Kraut sehr wohl schmecken. Auch wohnt auf diesem Gesträuch eine Spannenmesserraupe, welche Rösel im 1sten Theil seiner Insectenbelust. unter der dritten Classe der Nachtvögel Tab. XII. abgebildet und ihre Verwandlung beschrieben hat; und welche von vielen für die Phal. papilionaria Linn. gehalten wird. Insonderheit aber findet man zu manchen Jahren die Raupe des Ginsterspanners sehr häufig auf diesem Gesträuch, daher ich mich wundere, daß derselbe noch, so viel ich weiß, nirgends abgebildet, beschrieben, oder seiner erwähnt ist. Ich glaube daher völlig berechtiget zu seyn, dieser Phaläne einen Namen zu geben, der dem Futter der Raupe völlig angemessen ist.

Diese Raupe nun hat beym ersten Anblick viele Aehnlichkeit mit derjenigen, welche Rösel am angeführten Orte beschrieben hat; jedoch kann man bald erkennen, daß es eine andre ist, weil ihr die beyden hervorstehenden Spitzen gänzlich fehlen, die bey jener voran am Kopf sitzen, und ihr ein ziemlich sonderbares Ansehen geben. Bey dieser hingegen ist der Kopf völlig rund und platt. Man findet aber von dieser Raupe zwey in der Farbe ziemlich verschiedene Arten. Die eine fig. 1. hat zur Grundfarbe grade ein solches Grün, wie der Strauch selbst; und diese Aehnlichkeit wird noch grösser, da der Stiel des Ginsters durch Furchen gewissermassen viereckig ist, wodurch einige dunklere Schattierungen entstehen; und die Raupe hat gleichfalls der Länge nach drey dunklere grüne Linien, wovon die eine mitten über den Rücken, die andere zwey aber nicht gar weit von dieser entfehrnt, parallel herunter laufen. Der Leib ist etwas gedrückt, wodurch an beyden Seiten gewissermassen eine scharfe Ecke entsteht, welche weiß eingefaßt ist. So wie diese Art schwer von dem Stiel des Ginsters zu unterscheiden ist, so hat die andere Art fig. 2. beynahe ein eben solches Gelb, wie die Blüthe; nur hie und da ist sie mit schwachem Grün vermischt; die dunkleren Linien von jener findet man an dieser gar nicht. Uebrigens sind beyde Raupen der Bildung nach völlig gleich. Die grüne wählt hauptsächlich die grünen Blätter zum Futter und die gelbe Art liebt die gelben Blumen. Doch entsteht die Farbe bey beyden nicht etwa von der durchscheinenden Nahrung, sondern sie ist der Haut eigen. Die Länge der völlig ausgewachsenen Raupen erreicht fast fünfzehn Linien. Ausser denen gewöhnlichen sechs Vorderfüssen hat sie nur ein Paar Bauchfüsse an dem vor dem letzten Ringe, und denn die gewöhnlichen Nachschieber. Sie folgt der Gewohnheit aller Spannmesser, daß sie sich an den Hinterfüssen festhält, und so, wie ein kleiner Zweig, in einer steifen Stellung eine geraume Zeit ohne alle Bewegung still sitzt.

Man findet sie in der Mitte des Mays, bis zu Anfang des Junii. Sie wächst ziemlich geschwind, und bey der beträchtlichen Anzahl, welche ich gesammelt, habe ich keine Krankheit oder einen andern üblen Zufall wahrgenommen, der vielen andern Raupen einen zu frühzeitigen Tod zuzieht. Daß sie sich häutet, ist wohl nicht zu weifeln, wenn es in der Naturgeschichte erlaubt ist, nach der Analogie zu schliessen; es ist mir aber niemals geglückt, bey ihrer Verwechslung der Kleider gegenwärtig zu seyn, ob ich sie gleich täglich beobachtet habe; ob und wie oft es also geschehe, kann ich nicht bestimmen.

Bey der Verwandlung kriecht sie zwar wohl in die Erde, allein das meistemal kehrt sie bald wieder zurück, und legt sich nur auf der Oberfläche nieder

der. Nun schrumpft sie immer mehr zusammen. Die ersten drey Ringe werden sehr viel dicker; und da während ihres Wachsthums die Absätze des Leibes kaum sichtbar waren, so formen sie sich nun zu vollkommnen Ringen, und nähern sich immer mehr der Puppengestalt fig. 3. Die Verschiedenheit der Farbe bleibt immer dieselbe. Nach vier, höchstens sechs Tagen ist die Verwandlung geschehen. Die Puppe der grünen Raupe fig. 4. ist gleich nach der Verwandlung gleichfalls grün, vornehmlich die Flügelscheiden, nur über den Rücken läuft ein röthlicher Strich; diesen hat auch die Puppe der gelben Raupe, deren Grundfarbe aber gelb ist. Nach wenigen Tagen aber haben beyde eine gleiche Farbe, nemlich ein reines, lebhaftes braunroth. Die Augen der Phaläne scheinen deutlich durch. Unten endigt sich die Puppe in eine doppelte Spitze. Ganz was merkwürdiges hat die Puppe, weßhalb ich sie auch fig. 5. vergrössert vorgestellet habe. Nemlich mitten auf dem Rücken haben die acht letzten Ringe eine grosse runde halbkugelförmige Vertiefung, welche inwendig so glatt ist, wie ein Hohlglas. Der Rand derselben rund herum ist dunkelbrau eingefaßt, und um diese Einfassung ist die Farbe auch dunkler rothbraun, und verliehrt sich nur nach und nach in der Grundfarbe. Es sind diese Vertiefungen nicht etwa Luftlöcher, denn diese stehen an den Seiten, sie haben auch keine Oefnung, welches man an den leeren Puppenhülsen deutlich sehen kann; aber der Zweck derselben ist mir völlig unbekannt, so zuverläßig ich auch glaube, daß sie nicht ohne weise Absichten da sind. Innwendig werden durch diese Vertiefungen dagegen Halbkugeln gebildet, die wie starke convexe Gläser eine ungemeine Glätte haben, obgleich sie nicht durchsichtiger oder klärer sind wie die übrige Hülse. Wer ist doch im Stande, die ganze Natur eines einzigen Thiers zu ergründen, oder zu bestimmen, was jeder kleinste Theil oder unmerklichste Umstand für Einfluß auf die ganze Bildung eines Thiers habe! Eine Ewigkeit wird erfordert, um dieses alles zu lernen.

Im Herbst desselbigen Jahrs kommt der Vogel fig. 6. aus seinem Grabe hervor. Die Verschiedenheit der Farbe bey der Raupe hat keinen Einfluß auf die Farbe und Zeichnung des Schmetterlings. Das Männchen ist, wie gewöhnlich, etwas kleiner und die Zeichnung der Flügel ist gedrungener und lebhafter, beym Weibchen aber mehr gedehnt und matter. Es gehört dieser

Vogel zu der vierten Art der Spannmesser im Linneischen System, die nemlich runde Flügel haben, und deren Männchen nicht durch kamm- oder federartige Fühlhörner ausgezeichnet sind. Die Oberflügel laufen aber doch etwas spitzig zu. Die Zeichnungen derselben lassen sich besser aus der Abbildung erkennen, als beschreiben. Die Grundfarbe ist aschgrau mit weissen und dunkleren Spreckeln. Vom äussern Winkel der Oberflügel lauft bis zur Mitte des Feldes ein etwas gezackter weißlicher ziemlich breiter Strich, der sich allmälig in der Grundfarbe verliehrt. Der äussere Rand ist mit feinen Härchen besetzt. Darauf folgt eine aus abgesetzten kleinen schwarzen Strichen bestehende Linie; alsdenn eine bräunliche Binde, welche gezackt ist, nach untenzu etwas breiter wird, und an der innwendigen Seite mit einer weissen Einfassung umgeben ist. Von der Mitten des Feldes bis nach dem innern Rand stehen zwey bräunliche Krümmungen, die gewissermassen zwey ungleiche Nullen oder Zirkel ausmachen, die in der Mitte ein dunkleres Feld haben. Bey der Einlenkung und an der äussern breiten Ader sieht man noch einige bräunliche Schattierungen, die sich in der grauen Grundfarbe verliehren. Die Unterflügel sind weißlichgrau, welche Farbe nach dem äussern Rand zu immer dunkler wird; dieser ist mit ziemlich langen Haaren oder Federchen dicht besetzt. Der Rücken hat mit den Oberflügeln, und der Hinterleib mit den Unterflügeln gleiche Farbe. Auf der Unterfläche sind alle vier Flügel einfärbig weißlich-grau.

Im System würde diese Phaläne auf folgende Art zu bestimmen seyn:

Phalæna Geometra spartiata, seticornis, alis subrotundatis, anticis cinereis ex fusco variegatis, ab apice exteriore usque ad medium campi striga albida, posticis cinerascentibus ad marginem nigricantibus.

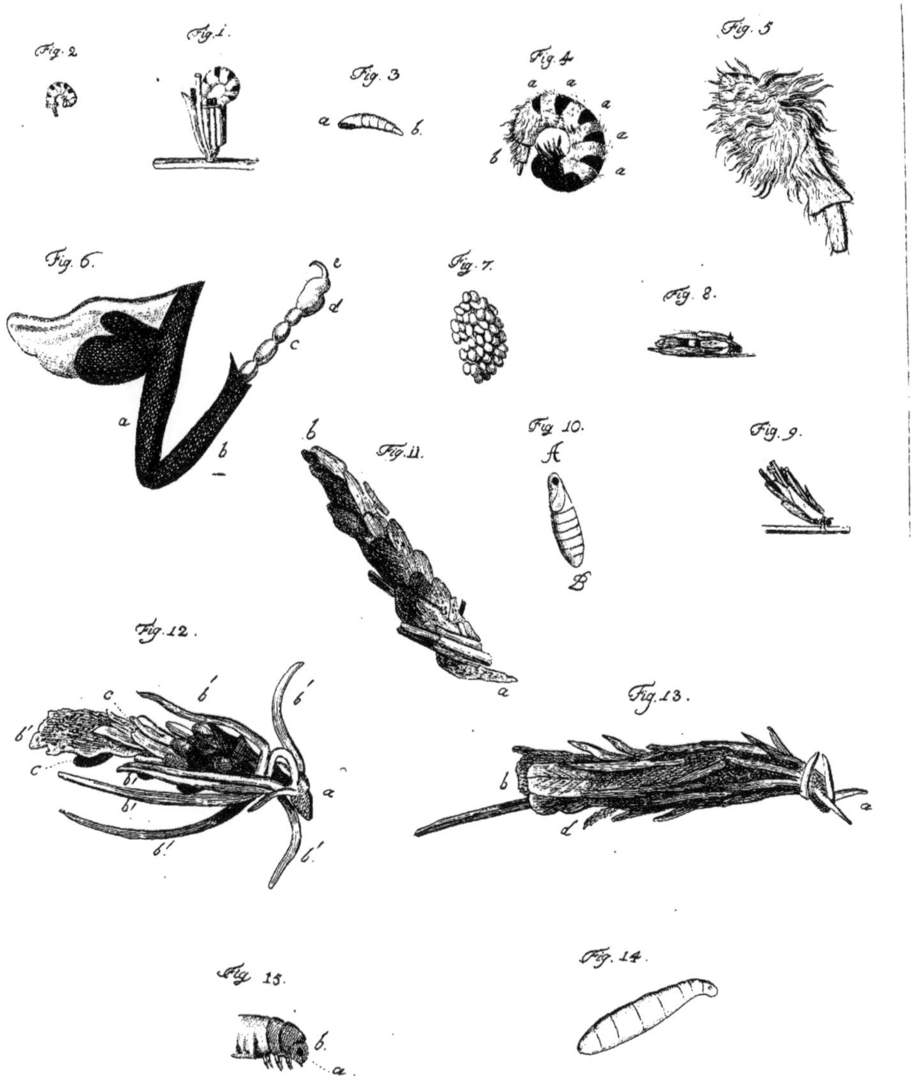

T. Schrank del.

Beytrag
zur
Naturgeschichte der Motten,
die sich in Säcke von Holz- oder Blätterspänen kleiden.

Von

Franz von Paula Schrank.

Kurpfalzbayerschem Geistlichen Rathe.

Quid miri faciat natura.

Horat.

Reaumur hat zwey Drittheile seines vortreflichen Insectenwerkes angewendet, uns die bewundernswürdige Geschichte der Raupen und Schmetterlinge zu liefern. Allein dieser unermüdete, dieser genaue Naturforscher hat das wunderbare bey weitem nicht ganz erschöpfet, das in der Geschichte dieser artigen Thiere herrschet. Man hat seit ihm noch vieles über diesen Theil der Naturhistorie geschrieben, und es sind nur wenige Schriftsteller, die uns nicht mit ganz neuen Wundern bekannt gemacht hätten.

Ich habe mir vorgenommen, in gegenwärtiger Abhandlung ein Bruchstück der Geschichte samt einigen Hypothesen über die Fortpflanzung derjenigen Motten zu entwerfen, die sich als Raupen in Säcke kleiden, an die sie verschiedene Stücke von Holz und Blättern ankleben, und die man gewohnt ist, mit Herrn Doct. Kühn Sackträger zu nennen.

Diese Motten verfertigen sich allerdings ihr Kleid aus ihrem Innersten, aus Seide; allein ihm Festigkeit und Stärke zu geben, haben sie die Vorsicht es auswärts mit festern Körpern zu verwahren.

* * *

Die gemeinste Art dieser wunderbaren Insecten ist diejenige, von der Frisch behauptet, daß sie die Grasstengel abnage, die sie denn zum Theile als eine Speise geniesse, zum Theile an ihr Kleid, die Länge hin, befestige. Reaumur nennt diese Motte gleichfalls **die Motte, die sich ihr Kleid von Grasstengeln macht.** Unterdessen weiß ich nicht, ob ihr beyde Naturforscher genugsame Aufmerksamkeit geschenket haben. Ich habe mehrere Stücke dieser Art genähret, die auch wohl Grasstengel, aber nicht weniger auch Stengelchen von andern Pflanzen darunter, und zwar in beträchtlicher Anzahl, eingewebet hatten. Es waren diese fremdartigen Stengelchen leicht zu unterscheiden; ihre Oberfläche war ungleich, und sie hatten keine Höhlung, sondern waren mit Mark angefüllet. Um so bewundernswürdiger muß es uns scheinen, wie das Räupchen eine so viel schwerere Last zu tragen vermöge.

Allein wir sind umsonst für das Insect besorget. Sollte man einen gepackten Schlitten einem Pferde auf den Rücken binden, so weiß ich nicht, ob es ihn weit tragen würde, den es doch ohne sonderliche Mühe nach sich ziehet. Dies ist gerade der Fall unserer Sackträger; und die Kräfte des Thiers haben beynahe nicht mehr zu thun, als die Reibung zu überwinden, die die dürren Stengelchen auf der Fläche erzeugen, auf welcher das Insect fortkriechet. Diese Reibung muß noch dazu sehr klein seyn; weil es aus Versuchen ausgemacht ist, daß sich die Reibung, wenn alles übrige gleich ist, gerade wie die reibenden Flächen verhalte. Das Räupchen hat die Vorsichtigkeit gehabt, sich in einen Cylinder von Seide einzuhüllen, welcher wiederum in einem Cylinder von Stengelchen steckt. Ein Cylinder ist also die Last, welche das Räupchen nach sich schleppet, und ein Cylinder von Stengelchen solcher Art, die meistens selbst auch walzenförmig sind. Aus dieser Betrachtung sieht man zur Genüge, daß es eben nicht so etwas schweres für das Insect seyn

müsse

müsse seine Last hinter sich her zu schleppen, weil die Reibung auf die möglichste größte Weise vermindert worden.

Allein es giebt dennoch Fälle, wo das Räupchen mehr Kräfte anwenden muß, als es gewöhnlich vonnöthen hat. Wenn es die Stämme der Bäume hinaufkriecht, so ist es offenbar, daß es die ganze Last zu tragen habe. Und eben diese Last muß es durch einen Kreisbogen von ungefehr dreyßig Grad heben, so oft es ruhen, oder sich verbergen will. Unterdessen ist es gewiß, daß es dem Insecte in diesen Fällen äusserst sauer wird; die Bewegung ist lange nicht so geschwind, als wenn es auf einer Ebene fortgehet.

Wir haben bereits schon ziemlich vieles von dem Insecte gesagt, ohne es hinlänglich kennbar gemacht zu haben; dies wollen wir aber gleich thun.

Das Räupchen selbst ist röthlicht, seine drey vordersten Ringe haben jeder vier länglichte Linien von einem tiefen, aber glänzenden Kastanienbraun; eben so ist der Kopf geflecket. Die acht Bauchfüsse schienen mir eine ganze Hackenkrone zu haben.

Die Hülle ist ein cylindrischer seidener Sack, um welchen ringsherum eine Reihe verschiedener Stengelchen von unterschiedlicher, doch nicht gar zu ungleicher Länge befestiget ist. Diese Stengelchen ligen einander beynahe parallel, und ein jegliches von ihnen ist nur bis ungefehr über die Hälfte seiner Länge angeleimet, der übrige Theil ist frey. Die Länge dieses Sack, aus dem das Insect nur die drey ersten Ringe hervor strecket, beträgt ungefehr fünf Liuien vom Wienerfuß.

Ich mußte das Räupchen nothwendig entkleiden, wenn ich seine innere Bildung sehen wollte. Es war ihm aber dieser Dienst sehr ungelegen. Bisher kroch es allenthalben in der Schachtel herum; itzt blieb es auf einerley Orte, und arbeitete immer an den Stücken von seiner Kleidung, die ich ihm wieder zugestellet hatte, und unterdessen, als ich dieses niederschrieb, hatte es sich fast zur Hälfte wieder damit bekleidet; man sah es ihm aber wohl an, daß es nur zur Noth, und in der Eilfertigkeit geschehen sey; das Räupchen ließ es auch keineswegs dabey bewenden, daß es die Lumpen wieder obenhin zusammen geflicket, und über seinen Leib geworfen hatte; das Kleid sollte nett werden, und wieder genau an den Körper passen. Allein nun ward es ihm erst schwer, die Arbeit fortzuführen, und dies gab mir Gelegenheit ihm dieselbe abzulernen. Es hatte alle die Stücke, die am gerissenen Kleide allenthalben herab hiengen, in Ordnung zu bringen; zu diesem Ziele suchte es sie erst einander näher zu bringen. Seine Kiefer mußten ihm statt der Hände dienen, dann befestigte es an dem Ende des einen Stückes einen Faden, den es ununterbrochen an das andere Stück hinüber führte; auf diese Art zog es noch mehrere Fäden. Es hätte so unaufhörlich fortfahren können, Stück an Stück zu befestigen; allein es war nicht genug, daß aus den Lumpen wieder ein ganzer Zeug gemacht wurde; es sollte dieser Zeug zugleich ein Kleid werden, und in dieser Rücksicht muße das Räupchen von Zeit zu Zeit unterlassen, Fäden zu ziehen, um mit seinen Kiefern die Stücke in Ordnung zu bringen, und um den Leib herum zu biegen.

Ich habe nicht geglaubt, daß es vonnöthen seyn sollte, diese Raupe abzubilden, nachdem sich **Reaumur** und **Frisch** dieser Arbeit schon unterzogen hatten. Zum Ueberflusse mag man auf der beygefügten Tafel die erste Figur betrachten, die die Hülle der Motte vorstellet; aber man muß sich den oben hervorstehenden gebeugten Körper wegdenken, von welchem wir bald reden werden.

Ich habe einen andern Sackträger gehabt, den ich auf dem Stamme einer Eiche gefunden hatte (fig. 8, 9.) Er hatte um seinen Sack gar keine Stengelchen, sondern flache, unförmliche, kleine Spàne ohne Ordnung angeklebet. Es hat mir zwar nicht geglücket, den Schmetterling von ihm zu erhalten; ich glaube aber nicht, daß er von der bisher beschriebenen Art wirklich verschieden sey. Er mochte sich wol in Umständen befunden haben, die ihn zu dieser nachläßigen Kleidung nöthigten. Das Räupchen hat wenigstens mit derjenigen Art, die wir eben beschrieben haben, Grösse, Bildung und Zeichnung gemein.

Frisch behauptet, das Weibchen lege seine Eyer an die Stengelchen desjenigen Sakes, mit dem es sich vormals als Raupe bekleidet hatte. Ich weiß nicht, woher dieser geschickte Naturforscher es wisse; aber, da er uns von dem Weibchen sonst nichts weiter erzählet, so verräth es, wie ich ziemlich wahrscheinlich urtheile, daß er das Weibchen nicht gekannt habe. Reaumur hat besser gesehen, als Frisch; er hat alles gesehen, was man nur sehen kann; allein die Sache schien ihm zu sonderbar, als daß er Muth gehabt hätte, seinen eigenen Augen zu trauen. Wir haben eben dieses nach ihm gesehen, und wir haben Gelegenheit gehabt, uns von der Richtigkeit der reaumurischen Beobachtungen hinlänglich zu überzeugen.

Schon die ersten Jahre, da ich anfieng die Naturgeschichte in der Natur selbst zu studieren, zogen die Sackträger meine Aufmerksamkeit auf sich. Ich nährete sie sorgfältig; endlich befestigten sie sich irgendwo an das Gefäß, ohne weiter von der Stelle zu kommen. Ich war schon so gut von ihrer Geschichte unterrichtet, daß ich verstand, was diese Ruhe bedeute, und ich sah begierig dem niedlichen Schmetterlinge entgegen, den uns Frisch abbildet; allein ich fand mich allemal betrogen; am Ende kam allezeit am obern Theile des Sackes eine Gestalt hervor, die sich über den Sack hin krümmte, und einem Räupchen sehr ähnlich schien (fig. 1.) Ich gab dann frisches Futter in das Gefäß; aber umsonst: Das vermeyntliche Räupchen wollte nichts geniessen, und starb.

Es war erst der Herr Rath Schiffermüller, der mir durch seine Geschichte der Wickenschabe Anlaas gab, das vermeyntliche Räupchen, das nach einer Ruhe von ungefähr drey Wochen oben heraus kriecht, mit dem Mikroskope in der Hand zu untersuchen. Wer sollte hier einen Schmetterling zu sehen glauben? Ich fand einen Körper, der mehr einer Scharrkäfermade als einer Motte glich, träg, nackt, nur mit einer losen Wolle bedeket, ohne Flügel und Spuren von Flügeln, der wohl sechs Brustfüsse hatte, die ihm aber die Dienste der Füsse nicht leisteten; er hielt sich bloß mit denselben an die seidene Innenwand der Oeffnung an, durch die er herausgekrochen war. So gekrümmt, als er auf dem Sacke (fig. 1.) erscheint, so liegt er auch da, wenn man ihm denselben wegnimmt (fig. 2.) Alles, was man von ihm durch Reize erhalten konnte, war, daß er sich noch etwas mehr krümmte.

Ich habe dieses Insekt fig. 4. vergrössert vorgestellet. Seine Farbe ist schmutzig weis; allein der Kopf, der Rükenschild, und fünf Binden über dem Rucken sind von einem sehr tieffen und glänzenden Kästanienbraun. Die sechs Fusse sind schwarz, so wie auch die paternosterförmigen, aber ungemein feinen Fühlhörner. Wir haben es schon gesagt, daß das Insekt nackt sey, doch ist es mit einem wolleartigen Wesen höchst leicht bedekt, das aber gegen den Hintertheil sehr dicke wird. Wir werden bald sehen, wozu die anbethenswürdige Weisheit, die für das Leben des Wurms, wie für das thürmetragende Ungeheuer Indiens sorget, dem Insekte diese Wolke gegeben habe.

Um die Füsse genauer zu betrachten, riß ich der Motte einen aus. Ich habe ihn Fig. 6. abgebildet. Man unterscheidet an demselben drey Theile: Die Hüfte (a.) und den Schenkel (b.) welche schwarz und hornartig sind, und den Vorfuß (c.) welcher wieder aus fünf hellen blasenähnlichen Gliedern zusammengesetzet ist, von denen das letzte ungestaltet ist, und sich in einen einfachen krummen Hacken endiget.

Ich hatte durch die Ausreissung des Fusses eine Wunde in der Brust verursachet. Man kann andern Insekten dergleichen Verletzungen anbringen, ohne daß daraus so etwas folget, was hier gefolget ist. Durch die Brustwunde drang ein Klumpe Eyer heraus; als ich dann den Leib des Insektes ganz öffnete, so fand ich alles mit Eyern bis zum Kopf vollauf angefüllet. Es giebt Pflanzen, die sich ganz in ihrem Saamen auflösen, aber man kennet ihrer nicht mehr, als eine Gattung; es sind dieß die Staubschwämme. Unter den Insekten hat man bisher die blossen Gallinsektweibchen gekannt, die diese Eigenschaft besitzen; die Weibchen der Motten mit umgezäunten Säcken sind die andere Gattung.

Da das Insekt eine so erstaunliche Menge Eyer in sich hat, und da es bey seiner Fühllosigkeit mit dem Gebähren äusserst langsam hergehen muß, so kann es nicht fehlen, daß nicht seine Haut, die so fein ist, und von den Gefässen so wenig unterstützet wird, an der Luft sehr bald zusammenschrumpfe, welches allerdings geschehen müßte, wenn das Insekt so bloß den Eindrücken derselben ausgesetzet da läge. Allein die Vorsicht wollte, daß es das nicht sollte;

sie

sie bedeckte es mit einem wolligten Kleide, das die Luft weit besser abhält, als glattanliegende Schmetterlingsfederchen; und je länger die verschiedenen Theile ihre Biegsamkeit erhalten müssen, desto Dichter wird das wollichte Wesen, am Dichtesten ist es gegen das Ende des Körpers.

Reaumur erzählt in einer Abhandlung, die er von den Schaben geschrieben hat, welche sich in Säcke von Grasstengeln oder Blätterstücken einhüllen, daß dieses Mottenweibchen ohne vorausgegangener Begattung fruchtbare Eyer lege. Herr Doctor Kühn erzählt uns in der Abhandlung von den Raupen, die an die Schalthiere gränzen, welche im siebenten Stücke des Naturforschers steht, eine Begebenheit, die ein sehr heftiges Vermuthen, ja, ich darf es wohl sagen, eine ziemliche Gewißheit gleich Anfangs erzeugen muß, daß die Mottenart, von der er am angeführten Orte redet, und die mit der unserigen unter einerley Gattung zu gehören scheinet, ohne Begattung sich durch Gebährung lebendiger Jungen fortpflanze. Herr Rath Schiffermüller hat bey noch einer andern Art gleiche Wahrnehmung gemacht, und der berühmte Naturforscher, Herr Doctor Pallas, hat seinen Berichten nach, in die Abhandlungen der Petersburgerakademie Beobachtungen einrücken lassen, die ebendieselbe Naturbegebenheit bestätigen. Ich vermuthe übrigens aus den Worten des Herrn Rath Schiffermüllers, daß das von Herrn Doctor Pallas beschriebene Insekt mit demjenigen einerley sey, von dem uns Herr Doctor Kühn am angeführten Orte Nachricht giebt.

Das Insekt, das ich abgebildet habe, scheint auch schlechterdings nicht im Stande zu seyn, sich zu begatten. Es bringt seinen Hinterleib niemals ganz aus der Hülle heraus, und thäte es dieses, so würde es ausser Stande seyn sich auf dem Blatte zu erhalten, es würde von dem Blatte herabfallen, und, da es beynahe den höchsten Grad thierischer Fühllosigkeit hat, von jedem Insekte, von jedem Wurme zu Grunde gerichtet werden. Die Füsse, die es hat, dienen ihm zu weiter nichts, als sich beym hervorringen aus seiner Pupenhaut anstämmen zu können. Nichts erhält das Thier, das von seiner Hülle hinweggenommen ohnmächtig auf einer seiner beyden Seiten da liegt, ohne eine Viertheillinie weit fort zu rücken, als der noch in dem Sacke steckende Hinterleib. Wie könnte hier ein Männchen zurecht kommen, das sich begatten wollte?

Allein dieses ist für die Naturbegebenheit, die wir erhärten wollen, ein Grund a priori, und Gründe von dieser Art beweisen in der Naturgeschichte sowohl, als in der Naturlehre sehr selten überzeugend. Es ist wahr, das Insekt würde sich unmöglich auf dem Blatte erhalten können, wenn es ganz aus seinem Sacke herausgienge; es ist sicher, daß sich unmöglich ein Männchen mit ihm begatten könne, so lange es seinen Hinterleib nicht aus dem Sacke hervorzieht, den es als Raupe bewohnt hatte, voraus gesetzet, daß seine Zeugungsglieder gerade da angebracht seyen, wo sie es bey andern Schmetterlingen sind. Allein ist diese Voraussetzung gewiß? Die Analogie ist ein sehr trügender Beweis. Aber wäre sie's nicht: Kann es nicht tausend Mittel geben, davon die Natur das Männchen dieser Art eines gelehret hat, zu seinem Vorhaben zu gelangen?

Ein einziger Weg ist uns offen, mit Gewißheit von der Sache reden zu können. Man müßte jedes Individuum von dieser Art in besondern Gefässen erziehen, sie beständig in denselben lassen, niemal müßte man ihrer zwey, auch dann nicht, wann sie noch Pupen, oder wohl gar noch Raupen sind, beysammen leiden. Würde man dann auch auf diese Weise lebendige Räupchen, oder befruchtete Eyer von unsern Mottenraupen erhalten, sie groß wachsen, und selbst wieder Mütter, oder überleye Väter werden sehen, so wäre die Begebenheit erwiesen. Dieß ist der Weg, auf welchem Bonnet gegangen ist, die Selbstgenügsamkeit in Ansehung der Fortpflanzung bey den Blattläusen zu entdecken. Diesen Weg bin ich auch in meinen gegenwärtigen Beobachtungen gegangen, allein ich habe mein vorgestecktes Ziel noch nicht erreichen können.

Ich hatte im Jahre 1778. zu spät meine Aufmerksamkeit diesen Geschöpfen gewidmet, und konnte nur eine kleine Anzahl davon sammeln; aber auch von diesen brachte ich nicht mehrere auf, als drey, die alle Weibchen waren. Ich hatte gleich Anfangs die Vorsicht jeden Sackträger in ein besonderes Gefäß einzuschliessen. Da sie dann die letzte Entwickelung glücklich überstanden hatten, so sah ich nicht nur täglich, sondern beynahe stündlich nach den Gefässen, darin sich meine Einsiedlerinnen befanden; allein ich sah sie wohl sterben, einschrumpfen, und gänzlich vertrocknen, aber ich fand weder Junge in meinen Gefässen, noch Eyer in den zurückgelassenen Säcken, die ich endlich öffnete.

In

In dem einzigen Weibchen, davon ich oben geredet habe, an dem ich eine Art von Kaiserschnitt angebracht hatte, fand ich Eyer, aber sie waren leblos, und ich erhielt keine Räupchen daraus.

* * *

Unter die Sackträger gehört auch derjenige Schmetterling, den Herr Rath Schiffermüller die Grasschabe nennt. Linnäus, der nur das Männchen dieses sonderbaren Insektes kannte, machte einen Spinner daraus, den er Phalæna Bombyx atra nennt. Herr Göffroy scheint bloß seine Larve gekannt zu haben; denn er sagt uns bloß, der Sack dieser Motte sey aus mehrern Reihen von Strohspännen zusammengesetzet, und stelle einigermassen eine Aehre vor; er sagt uns aber nicht, was endlich daraus werde. Herr Rath Schiffermüller ersetzet Göffroy's Stillschweigen; denn er sagt es uns zuversichtlich, Bombyx atra des Linnäus, welche der verewigte Statius Müller in der deutschen Uebersetzung des linnäischen Thierreiches den Mohren nennet, sey das Insekt, das aus dem Sackträger entsteht, von dem die Rede ist. Es scheinet aber nicht, daß es ihm geglücket habe, mehrerer Weibchen dieses Thieres habhaft zu werden; denn er führet einen Umstand nicht an, dessen Beobachtung mich in das größte Erstaunen gesetzt haben würde, wenn mich seine schöne Naturgeschichte der Wickenschabe, und eine ganz ähnliche Bemerkung, die Herr Doct. Kühn gemacht, und die Beschreibung davon im Naturforscher gegeben hat, dazu nicht vorbereitet hätten.

Allein vor allem muß ich diesen Sackträger meinen Lesern kenntlich machen. Ich habe dieß mittels dreyer Abbildungen (fig. 11. 12. 13.) versuchet, die ich von dreyen Sackträgern dieser Art nahm. Sie deuten eben nicht so viele Arten an; es kam gerade auf den Ort an, an welchem sie sich befanden, was sie ihrem Sacke für ein Ansehen geben wollten. Die erste dieser dreyen Arten (ich nehme dieses Wort in seiner weitläuftigsten Bedeutung,) die ich im Grase fand, nahm zur Bekleidung ihres Sackes Stücke von verschiedenen Pflanzen, die Grasarten selber nicht ausgeschlossen (fig. 11.) Die zwote Art (fig. 12.), die der Zufall in die Gegend einer trocknen Düngerstäte gerathen ließ, webte in ihren Ueberzug verschiedene ziemlich lange Stücke von

Strohhalmen (b' b' b' b'), die unordentlich in verschiedenen Richtungen vom Sacke abstanden; einige kürzere (c' c' c') waren genauer in denselben eingewebet; auch Blätterstücke webte sie mit ein. Die dritte Art, welche ich mitten in einem sonnigten Wäldchen von Tangelholze auf einer Wachholderstaude antraff, hatte kleine Sägespäne, auch Blätter von mancherley Pflanzen, und ein kleines Reis (fig. 13. d.) von Heidekraut, vorzüglich aber die Länge hin zahlreiche Stücke vom holzigten unbeblätterten Theile dieser Pflanze mit eingewirkt. Die Länge eines solchen Sackes beträgt ungefähr $1\frac{1}{3}$ bis fast 2. Zolle. Die Larve der Motte selbst sieht vollkommen in allen Stücken derjenigen gleich, die wir kurz vorher beschrieben haben; nur daß sie allenthalben grösser ist.

Ich muthmassete gleich, als ich den ersten dieser mir noch unbekannten Sackträger bekam, es dürfte daraus eine Grasschabe (Phalæna Bomb. atra) entstehen; allein ich suchte sorgfältig nach mehrern Individuen. Sollte es nicht eine allgemeine Eigenschaft der Scheinspinnerschaben seyn, daß die Weibchen flügellos sind, wie schon Herr Rath Schiffermüller behauptet? Und sollte die wunderbare Geburt ohne vorgehendes Begatten, welche einige Naturforscher bey einem und den andern Weibchen dieser Gattung bemerket haben wollen, nicht allen eigen seyn? Soll es auch gewiß seyn, daß die Schriftsteller nicht unrecht gesehen haben? Dieß waren die Fragen, die ich an die Natur richtete; und man sehe, was sie mir darauf für eine Antwort zu ertheilen beliebte.

Es war 1779. allenthalben ein sehr trocknes und warmes Frühjahr. Die schönen Tage dieses Frühlings weckten ziemlich frühe einige Männchen der Schabenart, von der wir unsere Leser gegenwärtig unterhalten, aus ihrem Pupenstand; aber es war erst gegen das Ende des Monates Junius und Julius, daß diejenigen zu ihrer Reife gelangten, die ich zu Hause in abgesonderten Gläsern aufbewahret hatte. Nur eines von diesen letztern war ein Männchen, vollkommen so gebildet, wie ich allzeit die Phalæna atra des Linnäus gekannt hatte; die zwey übrigen Stücke waren Weibchen, davon ich eines fig. 14. in natürlicher Grösse abgebildet habe. Es ist ein unförmlicher gelblichter

Sack

Sack, der wenig oder gar kein Leben verrieth. An der Brust sitzen sechs kurze unnütze Füsse, und zwey mittelmässige, nicht hervorragende, Augen im Kopfe. Es rückten diese Weibchen Anfangs mit einem Theile ihres Leibes zum Sacke heraus, aber ich hatte des andern Tages vergebliche Mühe, sie zu finden; sie hatten sich wieder gänzlich zurückgezogen. Endlich giengen sie ganz hervor, und lagen, so ziemlich gestreckt, am Boden des Glases. Es war etwas sehr vergebliches, daß ich täglich darnach sah, ob nicht Junge auskröchen; beyde Weibchen vertrockneten, und ich hatte umsonst beobachtet. Nun, dachte ich, haben wir vielleicht eine Art, die die Muthmassung, welche ich mir von ihrer Erzeugung erlaubet habe, über den Haufen stößt. Allein ich hatte noch ein Zuckerglas, darinn sich ein ganz gleicher Sackträger befand, und bey welchem ich mich täglich um sein befinden erkundigte. Ich hatte niemal ein Weibchen hervortretten sehen; aber es war der neunte Tag im Augstmonathe, als ich eine ziemliche Menge kleiner Räupchen im Glase zu sehen bekam. Sie waren alle schon in Säcke gekleidet, welche sie sich aus den Sägespänen verfertiget, die sie von dem Kleide ihrer Mutter abgenaget hatten. Man muß nicht denken, daß sie so gekleidet schon aus der Mutter gekommen seyen; zum Zeugnisse, daß sie nackt gebohren werden, dienet, daß ich wirklich welche antraff, die noch keinen Sack hatten. Es ist in der That überflüssig, daß ich diese Muthmassung widerlege; allein wer weiß, ob sie nicht einmal von dem Ansehen eines berühmten Naturforschers unterstützt, für eine Begebenheit dürfte angenommen werden. Was hat man nicht in der Naturgeschichte schon geglaubet!

Die Begebenheit gehöret also mit zu denen, von welchen uns die Herren von Reaumur, Pallas, Schiffermüller und Kühn unterhalten. Wir haben hier eine Mutter, die ihre Junge ohne vorhergegangene Begattung hervorzubringen vermag; die ohne Zwitter zu seyn, allein der Stamm einer zahlreichen Nachkommenschaft ist; und wir sehen ziemlich lebhafte Männchen, derer Daseyn ganz überley zu seyn scheinet, es mag seyn, daß sie sich mit den Weibchen, von denen die Rede ist, nicht begatten können, oder doch es nicht müssen, um sie zu befruchten.

Allein sind diese Folgerungen nicht zu frühezeitig? Hat man die Sache schon mit derjenigen Genauigkeit untersuchet, die sie verdienet? Muß man etwas, das unsere alten Begriffe umstossen sollte, nicht hundert und hundert Male gesehen haben? Warum liegt ein Weibchen, und dies ist eine Begebenheit davon ich Zeuge bin, warum liegt ein Weibchen dieser Art Monate lang im Glase, ohne daß aus demselben Eyer oder lebendige Junge hervorkommen, indeß daß eines aus beyden (welches, ist mir unbekannt) bey dem andern geschehen ist? Ich muß es gestehen, daß ich hier nichts sagen könne, das meine Unwissenheit zudeckte; aber ich darf auch einen Umstand nicht unbemerkt lassen, der hier einiges Licht verbreiten könnte. Ich trug die Sackträger, die mir unfruchtbare Weibchen gaben, noch in ihrem Larvenzustande nach Hause, unterdessen als derjenige, der mir nochmals ohne anscheinende Begattung Junge brachte, sich schon an einer Wachholderstaude fest angesponnen hatte, um sich zu verpuppen. Und vielleicht war er nicht nur schon verpuppet, sondern sogar schon aus seiner Puppe ausgekrochen, ein vollkommenes Insect, schon geschwängert. Ich weiß es gewiß, daß er sich bey mir auf meinem Zimmer nicht begattet habe; allein ist es nicht schon vielleicht auf dem Felde geschehen, ehe ich ihn antraf? Wer weiß es, welches Kunstgriffes sich der buhlende Schmetterling hier bedienet, seinem Weibchen Meister zu werden! Die Zeit zwischen dem Tage, da ich ihn gefunden hatte, und dem Auskriechen der Jungen, betrug nicht volle drey Wochen, eine Zeit, die für die Muthmassung, die ich wage, gar nicht unvortheilhaft ist.

Hieher könnte man den zweyten grossen Sackträger rechnen, den Herr Kühn an einem Pflaumenstamme angetroffen, und der sich ganz in Eyer aufgelöset zu haben schien. Auch er konnte schon vor seiner Entdeckung befruchtet worden seyn. Allein der eine, den er in der bemoosten Rinde einer Eiche fand, war doch gewiß noch auf seinem Zimmer Puppe, ihm war doch gewiß die Begattung unmöglich, und dennoch krochen hier Räupchen aus; oder waren es Larven von einer ganz kleinen Art Raupentöder? Wie vieles ist hier noch dunkel!

Noch eine Muthmassung, und vielleicht die einzige, die sich der Wahrheit nähert! Man weiß, daß die Eyer, auch wenn sie unbefruchtet sind,

wach-

wachsen; man weiß, daß es unter den Insecten sonderbare Sieen gebe, die den ganzen Sommer hindurch ihre Art mittels unbesameter Eyer fortpflanzen, ohne darum Zwitter zu seyn. Man hat überhaupts heute ganz andere Begriffe vom männlichen Samen, als man zu Leewenhöks Zeiten hatte. Die berühmtesten Naturforscher gestehen ihm weiter nichts ein, als die Kraft die Theile des Eyes stärker zu reizen, und selbst die junge Frucht eine Zeit lang zu ernähren. Es giebt wirklich Thiere und Pflanzen, bey welchen die Frucht schon vor der Begattung gelebet hat; denn sie hatte schon einen gewissen Grad des Wachsthums: bey den Blattläusen wohl gar die Vollkommenheit desselben ohne dieselbe erreichet. Wäre es nicht möglich, daß unsere Räupchen unter diese Thiere gehören? Wäre es nicht möglich, daß sie im Stande wären, auch ohne vorhergehende Begattung, nicht nur im Eye zu wachsen, sondern sich sogar aus demselben auszubeissen, und im Raupenstande ein Knabenalter zu erleben? Es ist doch sonderbar, daß es noch niemandem geglücket hat, diese Räupchen nur einiger massen groß zu füttern, vielweniger bis zum Puppen- oder Schmetterlingsstand zu erziehen. Vielleicht sind sie bloß darum so schwächlich, weil die Mutter sich nicht begatten konnte. Wachsen die unbesameten Eyer der Vögel, der Insecten vollkommen aus, warum sollen nicht einige Thiere auch noch über die Gränzen des Eystandes wachsen? Das Männchen würde dieser Muthmassung zufolge kein unnützes Wesen seyn; die Kraft ganz auszuwachsen, zum Schmetterlinge zu werden, hätten denn unsere Räupchen ihren Vätern zu danken, ohne welche sie in ihrer Kindheit dahinsterben müßten. Allein dies sind Muthmassungen, darüber wir das Ja oder Nein bloß von der Zeit erwarten können.

Erklärung der Figuren.

Fig. 1. Ein Mottenweibchen der ersten Art, wie es auf seinem Sacke gekrümmet dahängt.

Fig. 2. Eben dieses Weibchen, eine etwas kleinere Spielart. Man nahm sie von ihrem Sacke weg, um den Vorderleib, namentlich den Kopf, die Fühlhörner, die Brust zu beobachten.

Fig. 3. Die Puppe dieses Weibchens. Sie steckt in dem Sacke. a ist der Vordertheil, b der Hintertheil. Da das vollkommene Insect so unvollkommen aussieht, und keine Flügel hat, so darf man hier auch nicht mehr suchen. Die Farbe ist hellkastanienbraun.

Fig. 4. Das Mottenweibchen vergrössert. a a a a a sind die braunen Binden, b der Hinterleib, wecher in

Fig. 5. noch mehr vergrössert ist, damit man das wollichte Wesen desto leichter sehen möge.

Fig. 6. Ein Fuß nach einer sehr starken Vergrösserung; davon ist a die Hüfte, b der Schenkel, c der Vorfuß, d das letzte Glied, e die Klaue.

Fig. 7. Der Eyerklumpe, der aus der Brustwunde hervorgetretten, sehr vergrössert.

Fig. 8. Eine andere Sackträgerart, vielleicht nur Spielart der vorigen.

Fig. 9. Eben diese in einer andern Richtung.

Fig. 10. Eine Puppe der Tinea graminella in natürlicher Grösse, A der Kopf, B die hinterste Spitze des Leibes.

Fig. 11. 12. 13. Verschiedene Säcke dieser Art, und zwar

Fig. 11. im Grase;

Fig. 12. Neben einem Pferdedüngerhausen. b'b'b'b' sind Stücke Stroh; a ist der Vordertheil, b der Hintertheil, c c sind Blattstückchen;

Fig. 13. in einem Wäldchen; die Raupe hat Stengel, auch, wie bey d Reiser von Heidekraut mit eingewebet; a ist allzeit der Ort, wo der Sack an den Körpern aufsitzet, auf welchen ihn das Insect hinzieht; b der Ort, wo das vollkommene Insect herauskömmt.

Fig. 14. Das Weibchen in natürlicher Grösse, ganz nackt, blaßgelb. Da es sich fast beständig im Inneren des Sackes aufhält, so ist ihm das wollichte Wesen der vorigen Art unnothwendig.

Fig. 15. Der vorderste Theil dieses Weibchens vergrössert. Die Augen a flach, nicht hervorstehend, wie sonst bey den Insecten; c sechs Bauchfüsse; b der Kopf.

*** *** ***

Archiv der Insectengeschichte.

Herausgegeben
von
Johann Caspar Füeßly.

Drittes Heft

Zürich,
Bey dem Herausgeber.
1783.

Inhalt des dritten Hefts.

1.	Paussus. Der Hackenkäfer.	Taf. XIII.	
2.	Pap. *Celtis*. Der Zürgelfalter. Ein Nachtrag.	— XIV.	
3.	Phal. *Fraxini*. L. Die Raupe und Puppe.	— XV.	fig. 1-2.
4.	— *Pacta*. L. Die Phaläne.	— —	fig. 3.
5.	— *Domiduca*. Die Sturmhaube.	— XVI.	
6.	— *Ononaria*. Der Hauhechel-Spanner.	— XVII.	
7.	Leucospis *dorsigera* Fabr.	— XVIII.	

Tab. 13.

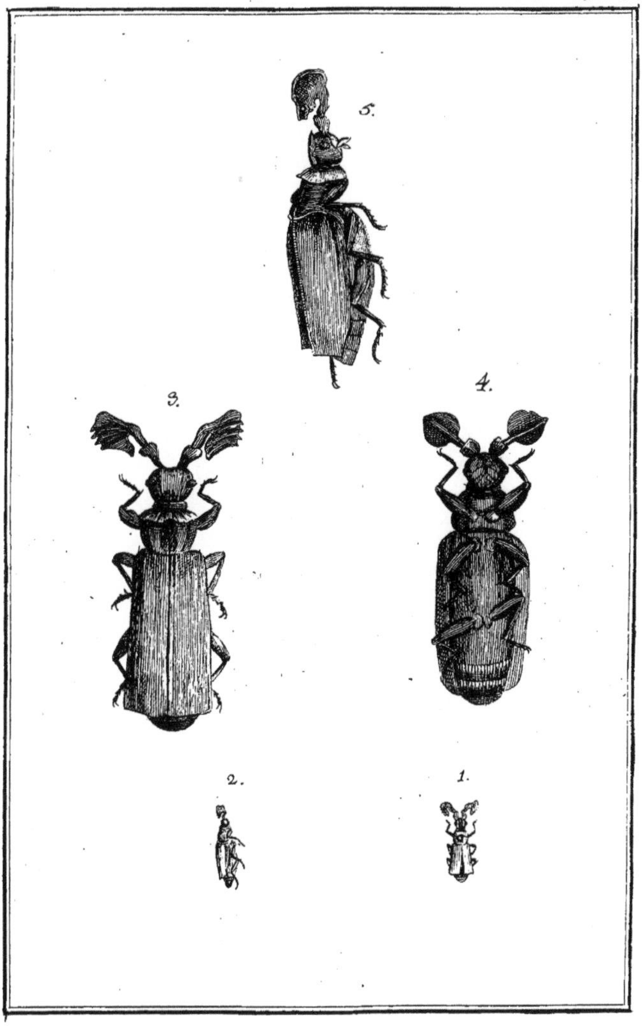

Paussus.

Der Hackenkäfer. Paussus. *)

Tafel XIII.

Dieses neue Käfergeschlecht fand Herr Andr. Dahl, so wie die im I. Heft dieses Archivs abgebildete Perspectivfliege, unter einer Menge andrer Insecten, die von dem berühmten Dr. Fothergill aus London in dem mitternächtlichen Amerika gesammelt, und dem Ritter von Linné zugesandt worden waren. Sein Geschlechtscharakter ist:

Die Fühlhörner sind kolbenförmig, zweygliedericht; die Kolbe dicht, hackenförmig.

Antennis clavatis, biarticulatis, clava solida, uncinata.

Die Art die hier abgebildet ist, nennt Hr. Dahl:

PAUSSUS microcephalus. Der kleinköpfige Hackenkäfer.

Corpus magnitudine Dermestidis lardarii, nigrum.

Caput minutissimum. Antennae cum capite thorace majores, articulis duobus; inferiore angustiore, minore; exteriore clavato, uncinato, solido, majore.

Thorax angustus, depressus, antice margine transverso, elevato.

Elytra picea, lævia, minus dura, abdomine paullo longiora, inflexa, tenuia.

Abdomen postice fere truncatum.

Pedes, uti totum corpus, nigri.

---

*) Aus: Andreas Dahl Dissertatio entomologica, Bigas Insectorum sistens &c. 40. Upsaliæ 1775. genommen.

Beobachtungen.

I. Dieser Käfer unterscheidet sich sehr von allen übrigen bekannten Käfern durch seine sonderbar gestalteten Fühlhörner, da sie nur aus zwey Gliedern, nämlich dem Stiel und Kolben bestehen, und dieser lezte vollkommen wie ein Hacken oder Angel gebildet ist.

II. Ist sein Hinterleib, wie bey einigen andern Käfern, hinten abgestuzt; aber was sonst bey diesen nicht zutrifft, so sind seine Flügeldecken länger als der Leib, ebenfalls abgestuzt, und etwas umgebogen.

III. Ist sein Brustschild schmäler als der Leib, und unterscheidet sich von dem Brustschild der übrigen Käfer durch eine quer-stehende kielförmige Erhöhung.

Erklärung der Tafel.

1. Der Käfer in natürlicher Grösse.
2. — — von der Seite anzusehen.
3. — — vergrössert von oben.
4. — — von unten.
5. — — von der Seite.

?. 14.

Schellenberg sculps:

Pap: Celtis.

Papilio Celtis.

Der Zürgel = Falter.

Tafel 14.

Ein Nachtrag zu der Geschichte desselben aus einem Brief von Herrn Joh. Nepomuk Edlen von Laicharting zu Insprук, an den Herausgeber dieses Archivs.
Vom 5. Wintermonat 1782.

Zu dem Zürgelfalter, den Sie dem zweyten Heft Ihres Archivs einverleibten, bin ich Ihnen und den Liebhabern dieser gemeinnützigen Schrift noch die diesen Sommer gesammelten Nachrichten über die Raupe, Puppe, und Eyer nachzutragen schuldig.

Da ich heuriges Frühjahr die Stelle nicht selbst besuchen konnte, wo sich diese Raupen am häufigsten aufhalten, so ersuchte ich den Herrn Bartholome Lang, Curaten zu Unterazwang mir einige zu senden, dessen Güte ich auch bey dreißig Stücke, samt dem Futter zu verdanken habe. Sie wurden den 3. May gesammelt, und ich erhielt dieselben den 5ten. Das Zürgellaub war schon etwas welk, doch da ich die Stämme in kalt Wasser setzte, so wurden sie wieder aufgefrischt, und die Raupen nagten munter daran.

Die Raupen waren nach Unterschied der Grösse in der Farbe und Zeichnung verschieden, wie solches die Abbildungen a, b, c, d, und g. darthun.

Die kleinsten Raupen fig. a. sahen anfänglich ganz dunkelbraun aus. Der Kopf schwarz, der erste Leibring gelb: über den Rücken eine lichte Linie, zu beyden Seiten unter den Luftlöchern ein weisser Streif, schwarze Füsse.

Die von der zwoten Grösse fig. b. waren um viel lichter in der Farbe. Der Kopf gelbgrün. Nach der Länge abwechslende lichte und dunkelbraune Streife: ober den Füssen wie der vorige nach der Länge weiß gestreift.

Eine dritte Raupe fig. g. hatte obenauf zu beyden Seiten der Leibringe einen breiten, schwarzen Streif. Die Freßwerkzeuge, und die Füsse schwarz. Fig. c. hatte schon die vollkommene Grösse und Schönheit. Der

(*) Kopf

Kopf gelb. Der Leib untenher grün. Die Vorder- und Mittelfüsse schwarz, über diesen nach der Länge ein weislicher Streif, darüber ein incarnatfarber, neben jedem Luftloch zwey schwarze Puncte. Ueber die Mitte von allen Ringen ein weisser Streif. Der letzte Leibring, und die Hinterfüsse bleich incarnat. Diese Raupe war die seltneste; ich fand sie unter 30. Stücken nur zweymal.

Die 4te Art fig. d. war der vorigen in der Grösse und Farbe ähnlich, nur das der incarnatfarbe Streif zu beyden Seiten über den weissen mangelte, und der letzte Leibring samt Hinterfüssen nicht blaßroth, sondern samt dem Kopf grün war.

Unter diesen 5. Gestalten, und Farben zeigten sich mir die Raupen gleich bey Empfang derselben, aber nach Verlauf einiger Täge gieng bald bey dieser, bald bey jener die Häutung vor sich, und da änderten sie in Farben, wie aus den vorhin angeführten Zeichnungen zu ersehen ist — doch konnte ich hierin nichts allgemeines, standhaltiges beobachten; denn es hatte oft fig. d. noch einen schwarzen Kopf, den die meisten schon unter fig. b. grün hatten — auch hatte eine die Grösse von fig. g. und die Zeichnung von fig. b.

Das Zürgellaub fieng nach dem 7ten Tag wieder an auszutrocknen, die Raupen frassen doch begierig, so lang es möglich war, die nicht mehr fressen konnten, spannen sich doch an, viele schon unter der Gestalt fig. b. und g. Da mir nach dem 7ten Tag noch viele Raupen übrig waren, die erst die Gestalt fig. b. und fig. g. erreicht hatten, so versuchte ich wegen der Aehnlichkeit der Blätter, Kirschenlaub vorzulegen, das sie auch gütig annahmen, ein ander Jahr kann ich mehr Versuche machen.

Die Raupen fig. c. und fig. d. verpupten sich nach 5. bis 7. Tagen; hingegen sönderte ich einige kleine unter der Gestalt fig. a. von den übrigen ab, und diese bedürfen 13. Tage, und so verhältnißmäßig die Raupen fig. b. und g. Die **Puppen** hiengen sich senkrecht auf. Der Gestalt nach am vorderen Theile eyrund, stumpf, ohne vorragende Spizen, weder an den Seiten, noch vorne. Anfänglich sind sie lichtgrün, wie in fig. e. Sie verdunkeln aber die Farbe nach 6. bis 7. Tägen, wie fig. f. anzeiget. Ein oder zwey Täge, nachdem die Puppe diese Farbe annahm, kriecht der Schmetterling aus.

Die

Die Flügel bekommen ihre vollkommene Steife binnen einer Stunde. Der Reinigungssaft, den sie bald nach dem Auskommen von sich lassen, ist bleich rosenfarb.

Ohngeachtet ich in der Fütterung aus Mangel der Blätter nicht so ordentlich zu halten konnte, daß sich viele, wie ich vorhin gemeldet, schon unter der Gestalt fig. b. und g. aus Hunger verpupten, so konnte man doch solchen Schmetterlingen in der Lebhaftigkeit der Farben nichts ankennen; denn die Verschiedenheit an Hinterflügeln, die an der untern Seite ganz Zimmetbraun sind, wie in fig. k. und die in der Grösse nach um vieles abweichen, wie fig. k. und l. weiset, finden sich auch in freyen. Und dieß ist auch das einzige, was ich bisher von Abarten ausfindig machen konnte.

Ich gabe mir viele Mühe unter den vielen Schmetterlingen, die ich vor mir hatte, in der Zeichnung, oder sonst in etwas eine Verschiedenheit zu finden, die nur gewissen Individuen eigen wäre, um etwa dadurch eine Vermuthung auf den Unterschied des Geschlechtes fassen zu können; aber ich fand kein stichhaltiges — ich versuchte noch einen andern Weg, und sperrte 16. Stücke von den neuausgekommenen Schmetterlingen in ein sehr geraumiges Glase, setzte Blumen verschiedener Art in die Mitte, und hoffte durch den natürlichen Trieb eines oder des andern eine Begattung zu bewürken, und so obige Absicht zu erzwecken; allein mein Versuch gieng fruchtlos ab; sie blieben 7. bis 8. Täge an den Wänden des Glases kleben, ohne sich zu paaren; hiermit bleibt mir die nähere Untersuchung des Geschlechtes auf ein drittes Frühjahr übrig. Auf gleiche Weise bin ich unvermögend von der Gestalt der Eyer etwas zuverläßiges zu berichten, ich sahe wohl auf einem Blatte einen kleinen Haufen kugelförmiger Eyer, wie fig. i. und h. weiset; aber da ich keine Raupen davon erhielt, so bin ich auch nicht überzeugt, ob es Eyer von diesen oder einem andern Schmetterling sind.

Als noch zur Naturgeschichte dieses Zürgelfalters gehörig muß ich anmerken, daß der Ichneumon Compunctor Lin. auch dieser Raupen nicht schonet, er flog aus 5. Puppen aus.

Und nun bleibt mir noch übrig, jenes, was ich über die Stelle im Schmetterlingssystem in meinem Schreiben vom 12ten Septemb. 1781. von Kenntniß der Raupe vermuthete, näher zu beschränken. Es war mir nothwendig wieder

wieder alle Erwartung, daß die Raupe von einem eckflüglichten Schmetterling statt dornicht, ganz kurzhaaricht, und folgsam die Puppe, ohne alle Seitenspitzen erschien: Hiemit konnte ich ihm weder nach Linné, noch nach dem Denis-Schieffermüllerischen System einen zuverläßigen Standort anweisen. In dieser Verlegenheit nahm ich meine Zuflucht zu meinen hochgeschäzten Lehrer und Freund dem Kaiserl. Rath Denis. Ich theile Ihnen die Aeusserung dieses bewährten Mannes über meine Rathserholung aus dessen Zuschrift von 20sten October dieß Jahres buchstäblich mit. „Ihr Pap. Celtis„ „heißt die Stelle im Briefe, hat mich wirklich verlegen gemacht; un„läugbar ein Nymph. Phaleratus Lin. und zu unserer eckflüglichten Familie I. „pag. 174. gehörig, und dennoch aus einer sanfthaarigen Raupe! Wenn ich „nicht mit einem erfahrnen Forscher zu thun hätte, so würde ich fragen: „Ist nicht etwa ein Wechsel mit der Raupe, oder Puppe geschehen? Hat die „Raupe nicht etwa vor der Verwandlung die Dorne verlohren? Hat sie sich „senkrecht aufgehenkt, und war die Puppe mit den gewöhnlichen Spitzen die„ser Familie versehen? Ist sie Ihnen selbst, und mehrmal ausgekrochen, „so würde ich fragen; allein da ich von Ihrer Seite aller Genauigkeit ver„sichert bin, so muß ich wirklich gestehen, daß die eigensinnige Natur auch „in diesem Beyspiele jene Erfahrung bestättige: **Keine Regel ohne Aus„nahme.** Was man allenfalls sagen könnte, wäre vielleicht, daß diese „Falterart das Verbindungsglied zwischen den Nymph. Gemmatis und Pha„leratis Linn. oder unsern Familien F. pag. 165. und I. pag. 174. abgeben „könne, indem sie der grünen sanfthaarigen Raupe nach zur erstern, dem eck„flüglichten und gefleckten Falter nach zur zweyten gehöre. Wer also mehr „auf die Raupe sähe, der könnte ihn am Ende der erstern, und wer mehr „auf den Falter sähe, könnte ihn am Anfange der zweyten Familie setzen— „so weit meine geringen bereits durch 10. Jahre ungebraucht gelegenen Ein„sichten in die Insectenkunde.„ Ich glaube, daß diese von Herrn Rath vorgeschlagene Aushilfe jedem begnügen wird; je mehr wir Entdeckungen in den Naturkörpern machen, je öfter werden wir auf Verbindungsglieder aufstossen, die uns auf den ersten Anblick in Verlegenheit setzen; aber nach scharfsichtiger Forschung sich doch anreihen lassen. Ich bin ꝛc.

Fig. 1.

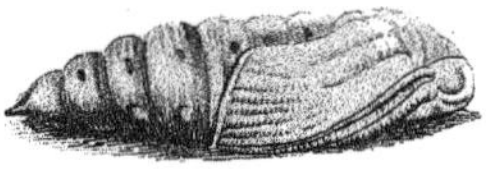

3.

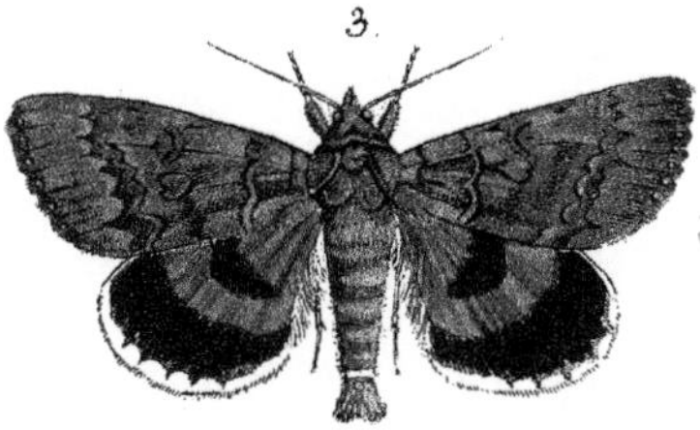

1. u 2. Eruca et Pupa Phal: fraxini. 3. Phal: Pacta

Joh. Gottfried Hübners in Halle
Beschreibung der Raupe und Puppe des blauen Ordensbandes.
Phal. Fraxini Linné.

Taf. XV. Fig. 1, 2.

Ich habe das Vergnügen die Freunde der Entomologie mit einem Insect näher bekannt zu machen, von welchem man schon lange gewünscht hat die Raupe und Puppe genauer kennen zu lernen.

Der Nachtvogel selbst ist schon lange bekannt, * auch meine Abbildung der Raupe und Puppe, welche ich hier liefere, ist nicht die erste; ich schmeichle mir aber, daß Kenner meine Arbeit nicht für überflüßig halten werden, in der Hoffnung, daß ich glücklicher gewesen, und sowol die Raupe als auch die Puppe kenntlicher nach der Natur getroffen habe, als die beyden mir bekannten Zeichnungen von dieser Raupe, welches ich jedoch Kennern zur Beurtheilung überlassen muß.

Die erste Abbildung davon stehet im Hamburgischen Magazin im XVIII. Bande, Seite 116. und ist ganz unkenntlich.

Die zweyte im Naturforscher XIVtes Stück, Seite 54. Tab. 2. Fig. 4, hat Herr Dr. Kühn in Eisenach geliefert, welche aber sehr von der meinigen sowol in Farben als Zeichnung abweicht, woran vielleicht eine Krankheit mag die Schuld gewesen seyn; denn sie starb, wie Herr Dr. Kühn selbst sagt, gleich darauf, als er sie erhielt, und daher könnte er ihre Verwandlung zur Puppe nicht beobachten.

(*) Ich

---

* Rösel 4. Tab. 28. Fig. 1.

Ich verehre den Herr Dr. Kühn, als fleißigen Naturforscher, und glaube daher, daß einige sehr beträchtliche Fehler sich ohne sein Verschulden eingeschlichen haben.

Von der Farbe selbst will ich weiter nicht urtheilen, da ich aus eigener Erfahrung weiß, wie sehr verschieden diese öfters bey einem und eben demselben Insect ist, die Hauptzeichnung aber bleibt sich doch mehrentheils gleich.

So beschreibt z. Ex. H. Dr. Kühn, acht Luftlöcher, an der Zeichnung aber stehen zehen; ich habe immer 9. Luftlöcher gefunden, auch der Kopf trift weder in Farbe noch Zeichnung mit dem meinigen überein.

An der Raupe selbst aber scheint mir noch vieles zu seyn, welches ich nicht für der Natur getreu halten kann, wovon ich nur die zwey blauen Wülste auf dem 8ten und 11ten Abschnitt anführen will; denn diese wird gewiß niemand in der natürlichen Raupe so hart als in der Zeichnung finden.

Doch genug hievon, ob ich recht oder unrecht habe, mögen Kenner durch Gegeneinanderhaltung mit der meinigen entscheiden, welche von beyden der Natur nach am kenntlichsten getroffen ist.

Dieses einzige will ich nur noch anführen, daß ich mit Herrn Dr. Kühn nicht gleicher Meinung bin, als ob sich Linné geirret und unrecht habe, wenn er als Futter der Raupe von der Phal. Fraxini, Eschen (Fraxinus excelsior) und Pappeln (Populus tremula) angiebt; denn auf diesen letzten habe ich das Jahr vorher ebenfalls 2. Raupen gefunden, und damit gefüttert, so wenig ich behaupten will, daß diese Raupen bloß von Rüstern und Birken leben, als worauf ich sie selbst gefunden, und auch wechselsweise mit diesen Blättern bis zu ihrer Verwandlung gefüttert habe.

Es war am 18ten Junii, als ich die erste Raupe an einer Rüster bey Passendorf, einem Sächsischen Dorfe bey Halle fand, ich brachte sie aber nicht zur Verwandlung, sondern sie starb einige Tage darauf, weil sie zu stark von Schlupfwespen (Ichneumons) angestochen war.

Den 29sten Juny fand ich zu meiner grösten Freude zwey Stück dergleichen an einer Birke in der Haide ohnweit Halle, welche aber schon ganz erwachsen waren, so daß ich ihre Häutungen nicht mehr beobachten konnte.

Diese waren ausserordentlich munter, und schlugen bey der geringsten Berührung mit dem Kopfe und Vordertheil des Leibes heftig um sich herum, ich mußte daher sehr behutsam beym Füttern seyn, damit sie sich nicht durch das Hin- und Herschlagen in ihrem Behältniß beschädigten.

Den 3ten und 4ten des folgenden Monats Julii fiengen sie sich an, jede für sich, in ein Birkenblatt, welches sie an die eine Seite ihres Behältnisses befestiget hatten, mit weitläufigen Fäden nezförmig wie Fillet einzuspinnen, und hatten sich den 13ten Ejusd. in die Puppe Fig. 2. verwandelt.

Ihre Farbe war rothbräunlich, und ganz mit blauem Staub belegt, in Ansehung der Lebhaftigkeit übertraf sie noch die Raupe; denn bey der allergeringsten Irritirung warf sie sich mit einer erstaunenden Geschwindigkeit von einer Seite zur andern, auch drehte sie sich, da sie am Hintertheil durch angesponnene Fäden vest saß, beständig um sich selbst herum, und dieses dauerte Stunden lang, ehe sie wieder ruhig lag, daher ich beständig in Furcht wegen ihrer Beschädigung war.

Sonst habe ich an dieser Puppe gegen andre gehalten nichts merkwürdiges gefunden, als daß sie auf den 3. und 4ten Abschnitt von hinten an gerechnet, an jeder Seite zwey Erhöhungen in der Grösse eines Steckenadelkopfes hatte, die ebenfalls blau waren, die Luftlöcher aber waren schwarz.

Den 6ten des darauf folgenden Monats August erhielt ich aus diesen beyden Puppen den Nachtvogel mit seiner ganzen Schönheit.

Die Grundfarbe dieser Raupe ist aschfärbig, mit etwas gelbbraun gemischt, und über den ganzen Leib dichte, mit schwärzlichen Puncten besäet.

Der Kopf ist erbsfarbe, und das Freßgebiß schwarz, über dem Maule stehen zwey schwarze Linien, welche in der Mitte des Kopfs zusammenstos-

sen,

sen, und einen Dreyangel bilden: Ueber diesen Dreyangel stehet ein Bogen aus doppelten schwarzen Linien, fast in der Form eines Hufeisens, das Hintertheil des Kopfes ist schwärzlich, mit etwas weiß gesprenkelt.

Gleich hinter dem Kopfe liegt der Halsschild, * welcher mehr weißlich als der Kopf, und die ganze übrige Farbe der Raupe ist: Dieser Halsschild ist ganz glatt, glänzend, und mit einer dunkeln Linie eingefaßt.

Auf dem achten Abschnitt stehet eine Wulst, oder Fleischerhöhung, mit einem schwärzlichen Schatten, wo etwas weniges blau durchscheinet, in diesem schwärzlichen Bande stehen fünf gelbliche Flecken. Auf den 11ten Abschnitt stehet noch ein dergleichen schwärzliches Band, welches aber nicht wie das auf dem 8ten Abschnitt bis an den Bauch herunter gehet, sondern nur bis in die Mitte in einer etwas schiefen Richtung noch vorne zu sich über dem letzten Luftloche verliert.

Die Seiten des Bauchs sind mit steifen weißlichen Haaren besetzt, und die Luftlöcher haben einen blaulichten schwarzen Ring, in der Mitte mit einem weissen Punct.

Unten am Bauche ist sie ganz weiß, mit sieben ziemlich grossen, schwarzen, runden Flecken, und zwar so, daß allemal zwischen jeden paar Füssen, sowol Bauch- als Lauffüssen, einer stehet.

Uebrigens hat sie bis auf den grössern Kopf einige Aehnlichkeit mit denen Raupen, von Phal. Sponsa, und Nupta. ** Rösel 1. Tab. 15. &c.

---

* Diesen vermissen wir an der Zeichnung im Naturforscher ganz.

** Im Naturforscher l. c. stehet Pacta, diese Raupe ist aber unsers Wissens noch keinem Entomologen bekannt.

Phalæna Pacta Linné.

mitgetheilt von

Herrn Joh. Gottfried Hubner in Halle.

Taf. XV. Fig. 3.

Wie viele Schwierigkeiten man öfters bey genauer Bestimmung der Insecten antrift, habe ich wohl nicht nöthig erst zu beweisen; ein jeder, welcher in diesem Fach gearbeitet hat, muß davon selbst hinlänglich überzeugt seyn, in welche Verlegenheit man öfters geräth, wenn man Insecten nach ihrem Namen bestimmen will, zumal wenn mehrere unter sich einige Aehnlichkeit haben. Diese Verwirrung wird aber dadurch noch mehr vermehret, wenn man findet, daß ein Author bey Beschreibung seines Insects z. Ex. den Rösel citirt, ein andrer aber eben dieses Citat wieder bey einem ganz andern Insect anführt. Desgleichen durch Druckfehler, so steht z. Ex. in Linné Syst. Nat. bey Phal. Nupta und Pacta einerley Tafel aus Rösel angeführt, welchen Fehler auch Herr Fabricius in sein System übergetragen hat; denn da steht bey Phal. Nupta: Roes. Inf. 4. Tab. 15, welches doch bey Linné und Fabricius: Roes. Inf. 1. Phal. 2. Tab. 15, heissen sollte.

Unter diese Verwechselungen gehören auch die drey Phalänen, Sponsa *, Nupta **, und Pacta. Da die Letztere noch wenigen bekannt, und noch in keinem entomologischen Werke abgebildet worden, so haben sie viele nur für eine Abänderung von den beyden erstern gehalten. Herr Fabricius, der zwar in seinen Speciebus das Citat aus Rösel mit Recht weggelassen, doch aber das aus Sepp irrig beybehalten hat, scheint auch für diese Meynung zu seyn — ich schmeichle mir also, den Freunden der Entomologie mit

(*) einer

* Roes. Inf. 4. Tab. 19.

** — — 1. Phal. 2. Tab. 15.

einer getreuen Abbildung der Phal. Pacta, ein angenehmes Geschenk zu machen, und dadurch für ein und allemal allen Verwechselungen und Irrungen, in Ansehung dieser drey, so nahe unter sich verwandten Phalänen, vorzubiegen.

Tafel 15. Fig: 3. ist also die wahre Pacta des Linné. Ich setze seine Beschreibung, die er in der Fauna Suec. pag. 310. N. 1166. von dieser Phaläne giebt, hieher, und man wird finden, daß dieselbe unserer Abbildung in allen Theilen entspricht.

> Corpus majusculum, cinereum. Abdomen supra rubrum. Alæ superiores supra cinereæ: strigis tribus, undatis & ocello lunari nigricante in medio, juxta maculam obliteratam. Inferiores sanguineæ: fascia nigra, arcuata, in medio; & alia majore versus marginem posticum album.

Das Hauptkennzeichen also, wodurch sie sich besonders von den zwey ähnlichen Phalänen Sponsa und Nupta unterscheidet, ist das schöne Roth, womit der ganze Hinterleib von oben bedeckt ist (Abdomen supra rubrum). Auf der untern Seite sind die Hinterflügel fast ganz weiß, und nur an der innern Seite nach dem Leibe zu röthlich, auch ist das schwarze Band mehr einer halben Mondsfigur ähnlich; denn es berührt weder den Innen- noch Aussen-Rand der Flügel.

Phal. Sponsa und Nupta sind in hiesigen Gegenden nicht selten, und wird erstere im August auf Eichen, leztere aber auf Weiden gefunden. Die Pacta hingegen findet man hier gar nicht. Die Abbildung ist von einem Exemplar genommen, das mein Freund Herr Schaller in seiner Sammlung besitzt, und das Er aus Petersburg erhalten, woselbst diese Phaläne von H. Bach gefangen worden.

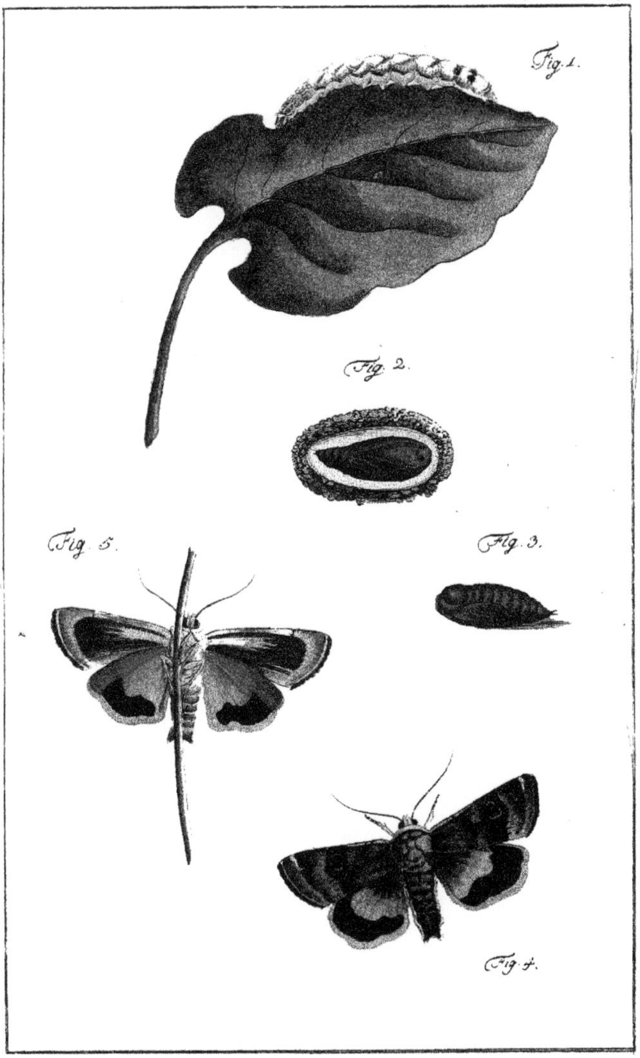

Phal: Domiduca.

Beytrag zur Naturgeschichte der Sturmhaube. Phal. Noct. Domiduca.

Taf. XVI.

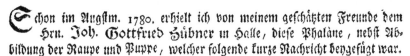

Schon im Augstm. 1780. erhielt ich von meinem geschätzten Freunde dem Hrn. Joh. Gottfried Hübner in Halle, diese Phaläne, nebst Abbildung der Raupe und Puppe, welcher folgende kurze Nachricht beygefügt war.

„ Den 22sten Aprill dieses Jahrs, bekam ich einige Raupen fig. 1. welche sich auf dem Arum maculatum Linn. aufhielten, und womit ich sie auch bis zu ihrer Verwandlung, welche in der ersten Woche im May geschahe, gefüttert habe. „

„ Ihr Ansehn in Absicht auf Farbe und Zeichnung, war eben nicht besonders schön ins Auge fallend. Die Grundfarbe war grau mit etwas dunklern Strichen gleichsam marmorirt. Hinter dem Kopfe ein weisser Strich, und hinten auf dem 10ten und 11ten Abschnitte an jeder Seite zwey schwärzliche Flecke. „

„ Bey ihrer Verwandlung hatten sie sich in ein Tönnchen fig. 2. eingesponnen, bey deren Eröfnung ich eine sehr lebhafte Puppe fig. 3. fand. Ihre Farbe war schön roth und glänzend wie laquirt, ihr Hintertheil endigte sich in zwey Spitzen. „

„ Den 2ten Heumonat erschiene die Phaläne, welche dem ersten Ansehn nach einige Aehnlichkeit mit der Phalæna fimbria Linn. hat, mit welcher sie auch vielmals verwechselt worden. Sie ist in hiesigen Gegenden sehr selten, wozu vielleicht beyträgt, daß die Raupe sehr schwehr zu finden ist. Diese bleibt niemals an ihrem gewöhnlichen Futter sitzen, sondern so bald sie sich satt gefressen hat, so verbirgt sie sich allemal in der Nähe unter dürren Blättern, oder einer Erdscholle, rollt sich zusammen, und bleibt so verborgen, bis sie der

Hunge nöthiget ihr Futter wieder zu suchen. Trift man sie also nicht just bey ihrer Mahlzeit an, so wird man lange vergeblich suchen müssen, wenn man dieses Suchen bloß auf ihr gewöhnliches Futter einschränkt.„

So weit Hr. Hübner, dem wir also die erste Entdeckung der Raupe rc. zu danken haben. Die Phaläne ist unter den Sammlern schon lange bekannt, aber von einigen, wie Hr. Hübner schon angemerkt, mit der Phal. Fimbria und Pronuba verwechselt worden. Hr. Hufnagel ist der Erste, der unsere Phaläne beschrieben, und ihr wegen ihrem besondern Halskragen den Namen Domiduca beygelegt. * Im Wiener=Verzeichniß S. 78. Nro. 19. ist sie unter dem Namen Janthina angeführt, und fast zu gleicher Zeit, nemlich im Jahr 1781. haben uns die Herren Bergsträsser und Knoch eine Abbildung von ihr geliefert. **

Herr Knoch schrieb mir unter dem 2. Septemb. 1782. „Bey der versprochenen Verwandlungsgeschichte der Phal. N. Domiduca würde noch wol zu bestätigen seyn, was E. E. mit mir für richtig angenommen zu haben scheinen, daß meine Abbildung die Hufnagelische Domiduca sey. Denn Hr. Franz von Paula Schrank sagt im II. B. der Schriften der Gesellsch. Naturf. Freunde S. 310. die von Hrn. Bergsträsser unter dem Namen Phal. Parthenii abgebildete Phaläne, sey in den Hufnagelischen Tabellen unter dem Namen Phal. Domiduca abgebildet (eigentlich beschrieben); wie er aus den Anmerkungen des Hrn. von Rottemburg ersehen, und Hr. Kühn habe sie im IXten Stück des Naturforschers abzeichnen lassen. Nun ist aber die Phaläne, so Hr. Bergsträsser und Kühn abbilden lassen Phal. N. Fimbria Linn. wofür sie ersterer auch ganz richtig ausgiebt. Hier kommen also Domiduca Hufn. und Fimbria in Collision. Die Ursach, warum Hr. von Schrank

* Berliner=Magazin III. Band. S. 404. Nro. 81.

** J. A. B. Bergsträssers Ergänzungen des Röselschen Insectenwerks. Erstes Heft. Taf. VI. fig. 1.

A. W. Knoch Beyträge zur Insectengeschichte. I. Stück. Taf. IV. fig. 5.

Schrank beyde für eins hielt, liegt ohnstreitig in der eben nicht bestimmten Beschreibung des Hrn. von Rottemburg. Er würde anders urtheilen, wenn er die Natur gesehen hätte. Denn die besondere Zeichnung am Halse und Kragen der Domiduca, welche einer Haube ähnlich, findet sich bey der Fimbria niemals, ob sie gleich in den Zeichnungen und Farben der Flügel einander sehr nahe kommen. Denn ich habe Exemplare von der Domiduca gesehen, welche nichts von dem Blauen und Olivenfarben hatten, worinn ich sie abgebildet, sondern ganz blaßröthlich braun waren. Von diesem wünschte ich eine Abbildung in Ihrem Archiv, der Veränderung wegen. Der Unterschied der Exemplare der Fimbria, so Hr. von Schrank anmerkt, betrift bloß das Geschlecht. Daß die eigentliche Hufnagelische Domiduca, so ich abgebildet, der Wiener Janthina sey, weiß ich aus einem Briefe des Hrn. Schiffermüllers an einen meiner Freunde.„

Um den Wunsch des Hrn. Knochs zu erfüllen, und der Veränderung wegen habe ich aus meinen Exemplaren, die ich von dieser Phaläne besitze, dasjenige ausgewählt, und fig. 4, 5. abbilden lassen, welches am stärksten von seiner und Hrn. Bergsträssers Abbildung abweicht. Ich habe noch andere Abweichungen, allein ich habe vorzüglich diese gewählt, weil sie das Besondere hat, daß die Farbe des Halskragens, nicht wie bey den andern, schwefelgelb, oder weißlichgrün ist, sondern aus dem Weissen ins Bräunliche fällt, dennoch aber sehr stark von der Farbe die das Bruststück oben hat, absticht.

Hr. Hufnagel giebt in seinen Tabellen folgende kurze Beschreibung von dieser Phaläne:

Phalæna Domiduca. Die Sturmhaube. Mit abwechselnden hell und dunkelbraunen, schwarz gezogenen Queerbinden, die Unterflügel oraniengelb, mit einem breiten schwarzen Rande. Berlinisches Magazin. Dritter Band. S. 404. Nr. 81.

Diese Beschreibung liesse sich nun im Nothfall auch auf die Phal. Pronuba Linn., weniger aber auf Phal. Fimbria anwenden. Was mich also am meisten bewogen hat, mit Hrn. Knoch die Sturmhaube des Hrn. Hufnagels

gels für unsere Phaläne zu halten, ist eben der Name, den er ihr beygelegt hat, und welcher am besten auf unsere Phaläne paßt. Die Erläuterung, die der Hr. von Rottemburg im Naturforscher IX. Stück Nr. 81. der Hufnagelischen Beschreibung giebt, bestärkt mich noch mehr in dieser Meynung, denn er vergleicht sie mit der Phal. Pronuba, mit welcher sie auch wegen der dunklern Farbe der Oberflügel mehrere Aehnlichkeit, als mit der Fimbria L. oder Parthenii Bergstræss. hat. Folgendes ist des Hrn. v. Rottemburgs nähere Beschreibung.

„ Nr. 81. Phal. Domiduca. Dieser Vogel hat ungemein viel Aehnlichkeit mit der phal. Pronuba. Die Grundfarbe derer Oberflügel ist blaß-röthlich-braun. Queer durch diese Flügel gehen breite dunklere Binden, die eine gleich an der Einlenkung, die andere durch die Mitte derer Oberflügel, welche beyde an der hintern Seite eine hellbraune Einfassung haben. Dergleichen hellbraune Linie gehet auch unweit des äussern Randes queer durch die Oberflügel. Zwischen den breiten Queerbinden stehet ein länglichrunder, und gleich daneben mitten in der zweyten Binde ein nierenförmiger Fleck, die beyde eine helle Einfassung haben. Die Unterflügel sind von eben der gelben Farbe, wie bey der Phal Pronuba, und haben eben dergleichen schwarze Einfassung am äussern Rande, die aber bey diesem Vogel mehr als doppelt so breit ist, als bey der Phal. Pronuba, und hier fast die Hälfte derer Unterflügel einnimmt. Der äussere Saum ist etwas gelb. Auf der untern Seite ist dieser Vogel der Phal. Pronuba ganz ähnlich, nur daß auch hier die schwarze Binde derer Unterflügel viel breiter ist. Der ganze Leib und die Füsse sind auf der untern Seite weißlich. Es hat dieser Vogel die Grösse der Phal. Pronuba; so ähnlich aber beyde einander sind, so sind es doch gewiß zwey verschiedene Arten. „

Etwas, das unsere Phaläne von der Pronuba und Fimbria wesentlich unterscheidet, ist die schwarze Farbe der Unterflügel bey ihrer Einlenkung. Dieses Schwarz fließt in einigen Exemplaren mit dem schwarzen Bande ganz zusammen, so daß in der Mitte nur noch ein gelber Fleck übrig bleibt.

J. C. Füeßly.

Tab. 17.

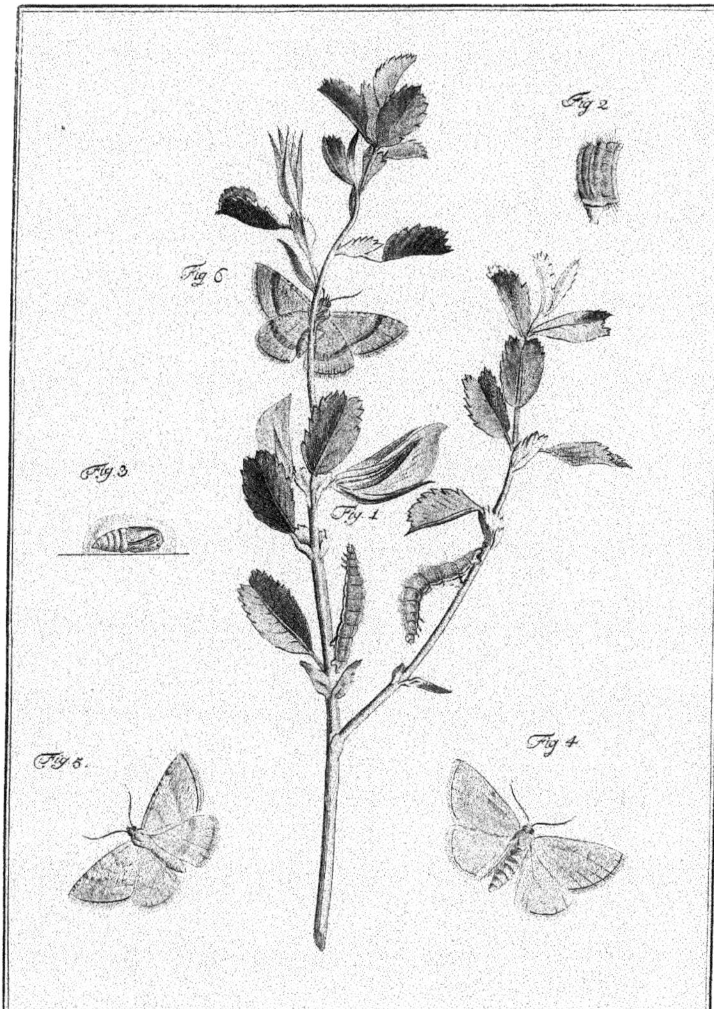

Phal: Geom: Ononaria

Phalæna Geomet. Ononaria.

Der Hauhechel - Spannmesser.

Taf. XVII.

Zu Anfang des Maymonats 1782. fand ich die Raupe fig. 1. in ziemlicher Anzahl auf dem Hauhechel (Ononis spinosa Linn.). Sie hatten fast alle schon ihre vollkommene Grösse erreicht, und spannen sich, die grösten in zwey, die kleinsten in vier Tagen in ein durchsichtiges, dünnes, weißliches Gewebe ein, worin sie bald ihre Raupenhaut ablegten, und die Puppengestalt angenommen hatten. Die Phaläne erschien in vierzehn Tagen, von der Zeit ihres Einspinnens an gerechnet.

Ich bin ausser Stande eine genaue Beschreibung der Raupe, ihrer Lebensart ꝛc. zu geben, da mich wichtige Geschäfte abhielten, sie zu beobachten. Alles was ich damals thun konnte, war dieses: Daß ich ein halb Duzend meinem Freunde Hrn. Schellenberg überschickte, und ihn ersuchte, selbige nebst der Puppe und der Phaläne getreu abzubilden. Diese Abbildung ist nun so wohl gerathen, daß dadurch eine Beschreibung entbehrlich gemacht wird. Indessen bin ich vielleicht so glücklich, diese Raupe wieder zu finden, und durch alle ihre Verwandlungen durch genau zu beobachten, in welchem Fall ich dann nicht ermangeln werde, in einem folgenden Hefte des Archivs durch einen Nachtrag diese Lücke auszufüllen, für diesmal theile ich meinen Lesern nur einige wenige, flüchtig gemachte Beobachtungen mit.

Diese Raupe ist sehr träge, und bewegt sich sehr langsam von ihrer Stelle. Ich mußte sehr behutsam im Sammeln seyn, denn so bald ich nur die Pflanze, woran sie saß, ein wenig stark berührte so fiel sie auf den Boden herunter, und blieb da eine Weile wie todt liegen. Ich habe nicht wahrgenommen, daß sie sich einen Faden gezogen hätte, wie es sonst die meisten Raupen thun, und an welchem sie sich sehr leicht wieder in die Höhe heben können. Die Puppe war nicht sonderlich lebhaft, desto mehr aber war es die Phaläne, welche bey der geringsten Berührung der Schachtel zu fliegen anfieng, und sich lange nicht wieder zur Ruhe setzte. Da ich einen Theil dieser Phalänen verschenkte, die übrigen aber durch einen Zufall verlohren, so muß ich auch ihre genaue Beschreibung bis auf diejenige Zeit aussetzen, wo ich sie neuerdings aus der Raupe werde ziehen können. Ich halte sie indessen für eine neue noch unbekannte Art, indem ich weder in dem Linnéischen und Fabriciusischen Systeme eine passende Beschreibung, noch in irgend einem mir bekannten Insectenwerk eine Abbildung habe finden können.

Erklärung der Tafel.

Fig. 1. Die Raupe auf ihrer Futterpflanze.
— 2. Der neunte Bauchring mit dem Fusse, vergrössert.
— 3. Die Puppe in ihrem Gewebe.
— 4. Die weibliche Phaläne.
— 5. Die männliche Phaläne von oben.
— 6. Dieselbe von unten.

Joh. Casp. Füeßly.

Tab. 18.

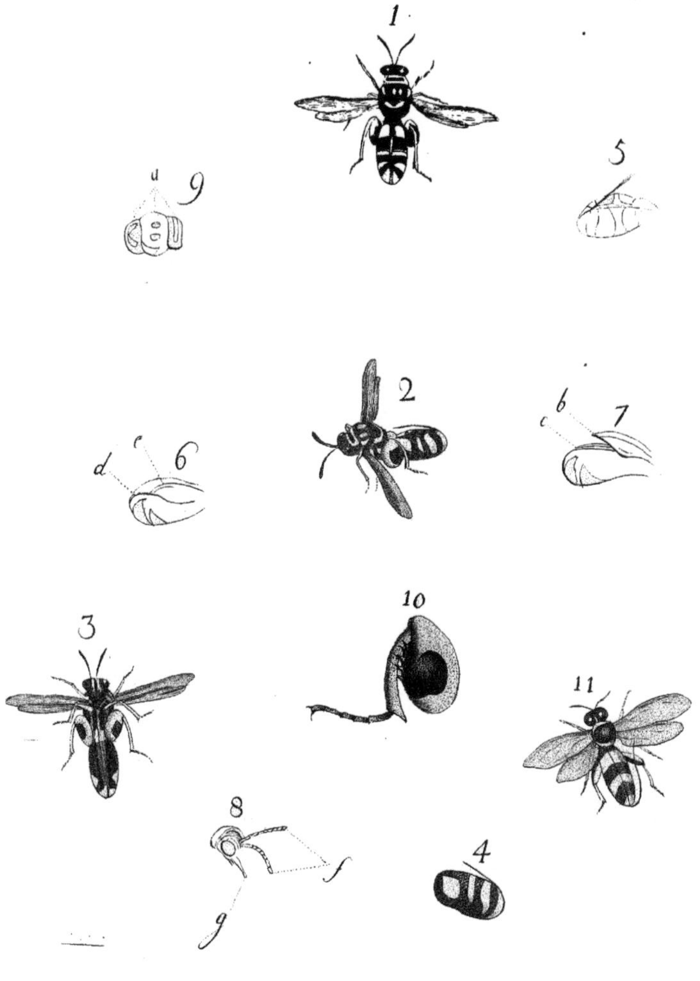

Leucoſpis dorſigera. Fabr.

Ein Beytrag zur nähern Kenntniß dieſes Inſects, von J. C. Füeßly.

Tafel XVIII.

Herr Prof. Fabricius iſt der Erſte, der dieſes Inſect, das er von Hrn. D. Allioni aus Italien erhielt, bekannt gemacht und beſchrieben hat. Fabric. Syſt. Entom. 361. 1.

Schon im Jahr 1770. fand ich zur Herbſtzeit dieſes Thierchen bey Genf, auf einigen ſchirmtragenden Pflanzen, in Geſellſchaft einiger Weſpen- und Bienen-Arten — nachher fand ich es jährlich um die gleiche Jahrszeit auch in den Gegenden um Zürich, dieſes veranlaßte Hrn. Dr. Sulzer, daſſelbe in ſeiner Geſch. d. Inſ. S. 196. Taf. XXVII. fig. 11. unter dem Namen Schenkelweſpe zu beſchreiben und abzubilden.

Hr. Fabricius hat dieſes Inſect mit Recht von der Weſpe abgeſöndert, und eine eigene Gattung (genus) daraus gemacht, nicht nur die Freßwerkzeuge, ſondern auch die übrigen Theile dieſes Thierchens weichen ſehr ſtark von denen der Weſpe ab. Die Larve, Puppe, Lebensart und Verwandlung hat man bis dahin noch nicht entdeckt.

Fig. 1. ſtellt das Inſect von oben in natürlicher Gröſſe vor. Hier bemerkt man auf dem Hinterleib die Rinne oder Canal, in welchem der von unten auf- und rückgebogene Stachel verborgen liegt.

Fig. 2. Das Inſect von der Seite, wo ſich der Stachel aus der Rinne erhoben zeigt.

Fig. 3. Das Inſect von unten. Hier zeigt ſich an dem Hinterleib eine bräunliche, lanzettförmige Schuppe, die an dem Bruſtſtücke anſitzt, und beynahe ſo lange als der Hinterleib iſt. Dieſen Theil haben die Hrrn. Fabricius und Sulzer nicht bemerkt.

Fig. 4. Der Hinterleib abgeſöndert von der Seite. Dieſer beſteht aus vier Ringen oder Stücken, die zwiſchen den gelben Flecken in einander geſchoben ſind. Das erſte Stück, von der Bruſt an gerechnet, iſt das breiteſte, die zwey folgenden ſind etwas ſchmäler; alle drey formiren

Ringe, die aber unten am Bauch nicht zusammen gehen, sondern einen schmalen Raum lassen, der von dem vierten Stücke ausgefüllt wird. Dieses sitzt so wie die Schuppe, an der Brust fest an, geht unter der erstern durch, und biegt sich gegen das Ende des Hinterleibes kielförmig in die Höhe, und schließt sich an das dritte obere Stück an.

Fig. 5. Der Hinterleib von oben mit dem aufgehobenen Stachel, welcher in einer zweyblätterigten Scheide verborgen ist.

Fig. 6. Der Hinterleib von unten. e. Die Schuppe in ihrer natürlichen Lage; sie wird auf beyden Seiten von den drey Ringen ein wenig bedeckt, und ist in der Mitte durch eine erhobene Linie getheilt. d. ist die Rinne, in welcher der Stachel liegt.

Fig. 7. Der Hinterleib von unten. b. Die Schuppe aus ihrer Lage gehoben. c. Die Rinne, in welcher der Stachel liegt. Der Stachel selbst entspringt unten auf dem kielförmigen Bauchstück, nahe bey dessen Anfang, läuft auf demselben in der Rinne liegend fort, und scheint oben wo das Bauchstück endet, festgewachsen, und nur der übrige Theil, der in der Rinne des Rückens liegt, beweglich zu seyn, aber bey genauerer Untersuchung fand ich den Stachel bis an seine Wurzel beweglich. Da ich an dem Steiß keine Oefnung entdecken kann, so vermuthe ich, daß der After nebst den Zeugungswerkzeugen an der Wurzel des Hinterleibs nahe beym Brustſtück unter der Schuppe verborgen liegen.

Fig. 8. Der Kopf des Insects, nach einem trockenen Exemplar, und überhaupt vom Künstler verfehlt. Man vergleiche Fabr. Genera Inf. 121. 114. wo die Freßorganen und Fühlhörner ꝛc. unverbesserlich beschrieben sind.

Fig. 9. Das Bruststück, das dem ersten Anschein nach, aus drey Theilen zu bestehen scheint, würklich aber nur aus zweyen, nemlich dem Hals- und Bruststück besteht. Das Schildchen hat gerade hinter dem gelben Bändchen, zwey stumpfe Dorne.

Fig. 10. Der Schenkel mit dem Schienbein und Fuß vergrössert.

Mehrere Arten dieser Gattung sind bis dahin noch nicht entdeckt worden, doch finde ich unter meines Freundes Hrn. Schellenbergs, schon vor mehr als zehn Jahren mit dem grösten Fleisse nach der Natur gemahlten Insecten, noch ein Insect abgebildet, daß sehr wahrscheinlich als eine zwote neue Art zu dieser Gattung gehört. Hr. Schellenberg konnte mir aber nicht sagen, ob er das Insect aus einer Sammlung genommen, oder selbst gefangen, das letztere scheint ihm aus gewissen dunkeln Erinnerungen das Wahrscheinlichere. Ich habe dieses Insect fig. 11. abbilden lassen.

der Insectengeschichte.

Herausgegeben

von

Johann Caspar Füeßly.

Sechster Heft.

Zürich,

Bey dem Herausgeber.

1785.

Innhalt.

1.	Chrysomela Longimana. Linn.	Taf.	XXXI.
2.	Cerambyx lineatus. Linn.	—	XXXII.
	— — — araneiformis. Linn.	—	— —
	— — — quadrimaculatus. Linn.	—	— —
	— — — tetrophthalmus. Forst.	—	— —
3.	Sphinx Kœchlini.	—	XXXIII.
4.	Phal. B. Taraxaci.	—	XXXIV.
5.	— — Dumeti. Linn.	—	XXXV.
6.	Acarus Ursellus. Das Bärthierchen.	—	XXXVI.

Nachricht.

Es gehört mit in den Plan dieses Archivs, daß die Beschreibung und Abbildung eines jeden Insectes ein einzelnes Ganzes, das mit der Beschreibung und Abbildung andrer Insecten von verschiedener Art nicht zusammen hanget, ausmache — mit einem Wort: eine Monographie sey. Ferner, daß diese Monographien nach einem beliebigen Systém in Classen, Geschlechter und Arten geordnet werden können — Desnahen werden weder die Tafeln numeriert, noch die Bogen mit den gewöhnlichen Buchstaben bezeichnet, sondern es ist dieses einem jeden Besitzer, der sie systematisch und nicht wie sie Heftweise herauskommen geordnet haben will, frey gelassen, solches nach Belieben zu thun.

Damit aber diese als auch diejenigen die sie Heftweise aufbehalten wollen, ohne Mühe wissen können, welche Beschreibung und Tafeln zusammen gehören, so werden wir könftig die Hefte nicht anderst als geheftet herausgeben, und allemal auf dem Umschlag des Heftes den Innhalt desselben, nach den Linnäischen Classen geordnet, anzeigen, mit jedem zehnten Heft aber, ein systematisches Generalverzeichniß liefern — Durch dieses hofen wir aller Verwirrung und Unordnung vorzubeugen, die, wie man uns nicht ohne Grund erinnert, aus dem Mangel der Nummern auf den Tafeln und der Bogenzeichen entstehen könnte.

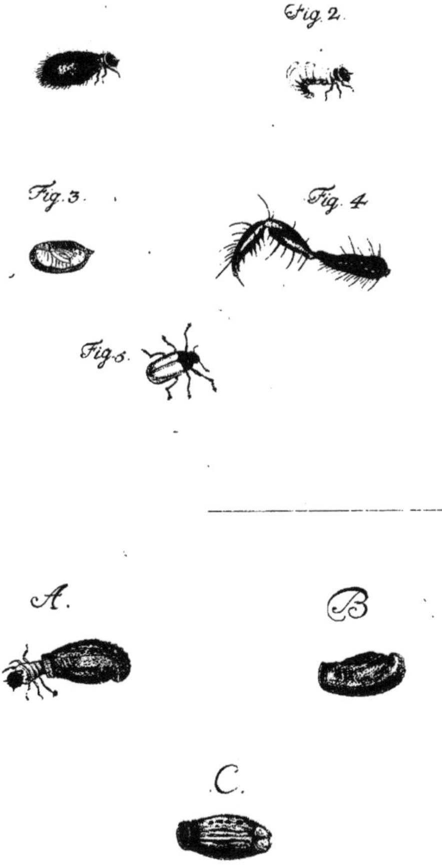

Chrysomela longimana. Linn.

Beytrag
zur
Naturgeschichte der sogenannten Sackträger.
von

Jo. Gottfried Hübner,
Notarius, und Mitglied der Gesellschaft Naturf. Freunde in Berlin.

Taf. XXXI.

Ich führe meine Leser hier in ein Feld, welches noch ganz in seine Dunkelheit eingehüllt vor uns liegt, denn, ob sich gleich verschiedene einsichtsvolle Naturforscher *) Mühe gegeben haben, einiges Licht darüber zu verbreiten, so ist es doch bisher noch keinem geglückt, die wahre Naturgeschichte dieser merkwürdigen Insekten zu entwickeln.

Es gehören daher die sogenannten Sackträger vorzüglich mit zu denenjenigen Insekten welche unsre ganze Aufmerksamkeit verdienen.

Meines Wissens ist bis jezt noch kein Sackträger bekannt, welcher zum Kafergeschlecht gehörte, **) es ist mir daher besonders angenehm, daß ich die Freunde der Entomologie mit einem dergleichen Insekt bekannt machen kann, und andre dadurch auf die Spur bringe, mehr Beobachtungen anzustellen, da der Käfer welcher daraus entsteht gar nicht selten, sondern fast aller Orten gefunden wird, dem ohngeachtet aber noch von niemand so viel mir wissend, bemerket worden ist.

Es war in der Mitte des Monats Febr. 1782. als ich an einem heitern Tage eine Excursion nach einem ohnweit Halle gelegenen Berge machte, um

 unter

*) Reaumür, Schiffermüller, Pallas, Kühn, von Paula Schrank, und von Scheven.

**) Chrysomela merdigera, sollte diese wohl hieher gezogen werden können?

unter den daselbst herum liegenden Steinen Käfer zu suchen, ehe sie ihr Winterlager wieder verlassen.

Unter diesen Steinen nun fand ich nebst vielen Käferarten, auch diesen Sackträger, welchen ich anfangs für eine Samenkapsel hielt, als ich ihn aber öfter, und zwar allemal unter Steinen fand, so machte mich dieses aufmerksam, daß ich ihn etwas näher betrachtete, und da sahe ich die Oefnung, worin die zusammengekrümmte Larve lag, ganz deutlich. *)

Ich nahm also diese mir unbekannten Thiere in einer Schachtel mit nach Hause, um sie daselbst näher zu beobachten. Das schwerste war nun ihr Futter ausfindig zu machen. Ich stach zu dem Ende einige Stücke Rasen mit verschiedenen Kräutern aus, und legte selbige mit in die Schachtel, um zu sehen von welchen sie anbeissen würden, sie lagen aber ohne sich im geringsten zu bewegen einige Tage in der Schachtel als ob sie todt wären.

Nach ohngefähr 8 Tagen als ich wieder nach meinen Sackträgern sahe, hatte sie die Stubenwärme wieder belebt, und sie krochen alle (ich hatte 5 Stück) ganz munter in der Schachtel herum.

Ohnerachtet ich nun täglich nach ihnen sahe, und sehr aufmerksam war, ihr Futter zu erfahren, so konnte ich es doch aus allem was ich ihnen vorgelegt hatte, nicht bemerken, was ihre Nahrung war.

Um dieses aber gewiß zu erfahren, nahm ich meine Sackträger, und gieng den 26ten Aprill als warmer Sonnenschein war, wieder nach demselben Berge, und gab ihnen an denselben Orte wo ich sie gefunden hatte, ihre Freyheit sich selbst ihr Futter aufzusuchen.

Als ich hier eine Zeit von etlichen Stunden auf der Erde liegend zugebracht hatte, bemerkte ich endlich, daß sie an dem daselbst stehenden Klee (Trifolium montanum) anfiengen zu fressen. Voller Freude über meine Entdeckung packte ich meine Sackträger wieder in die Schachtel, und eilte damit,

*) Ich habe diesen Umstand deßwegen hier anführen wollen, als einen Beweiß, wie nöthig es sey, über manche Dinge, welche uns öfter ganz geringe scheinen, aufmerksamer zu seyn, indem sie uns zum öftern die grösten Merkwürdigkeiten zeigen.

mit, nachdem ich ihr Futter mitgenommen, nach Hause, und habe sie damit bis zu ihrer Verwandlung gefüttert.

Um ihren innern Bau näher zu betrachten, schnitte ich einen Sack der Länge nach von einander, wo ich dann die Made fand, welche Fig. 2. in ihrer natürlichen Grösse abgebildet ist.

Es war dieselbe weißlich gelb, der Kopf und erste Abschnitt ganz dunkelbraun, die zwey darauf folgenden Abschnitte aber nur nach unten zu braun, von welchen ein dergleichen dunkler Schatten an den Seiten des Bauchs, bis nach dem hintern läuft; die 6 Lauffüsse waren von eben der braunen Farbe, und der Hinterleib unter sich nach vorne zu in einen spitzigen Winkel gekrümmt, wie bey den meisten Käfer-Larven. Fig. 4. zeigt uns einen vergrösserten Fuß dieser Larve.

Sollte sich in der Folge die Meynung des Hrn. Dr. Kühns bestätiget finden, daß diese Sackträger an die Schalenthiere gränzen, so würden meine Sackträger hierin vor den bisher bekannten den vordersten Platz behaupten, denn es scheint mir ihr Gehäuse aus einer erdartigen Materie zu bestehen, welches mit einem Gummi oder Leim zusammen gesetzt ist, welches freylich bis jezt noch unter die Geheimnisse der Natur gehört, wovon sie uns noch nicht den Vorhang geöffnet hat.

Ich bin aller angewendeten Mühe ohngeachtet nicht so glücklich gewesen, das Geheimniß zu erforschen, wie, und woraus sich dieses Thier sein Gehäuse oder Sack bauet, und besonders wo es die röthlichen Haare, womit die ganze äusserliche Oberfläche bedeckt ist, hernimmt?

Fig. 1. zeigt uns diesen Sackträger in seiner natürlichen Grösse, und Farbe.

Die äussere Fläche des Sacks ist uneben, gelblich braun und ganz mit röthlichen Haaren besetzt, inwendig ist sie ganz glatt, und schwärzlich von Farbe. Die Gestalt ist birnförmig, vorne am Halse ist die Oefnung, aus welchen sich die Larve aus- und einzieht, schief, so daß das Obertheil weiter hervor stehet, unten aber, wo sich die Larve mit ihren Füssen heraus ziehet, kürzer, welches der Larve ihren Marsch sehr erleichtert. Wer verkennt wohl

A 2 auch

auch hier an diesen unansehnlichen Thiergen den grossen Werkmeister der Natur!

Den 14ten May sahe ich, daß sie die Oefnung anfiengen zuzustopfen, und den 3ten Tag darauf hatten alle diese Oefnung verschlossen, und als ich den 24ten desselben Monats May eins von den Gehäusen oder Säcken öfnete, so fund ich die Puppe Fig. 3. darinn liegen.

Nun war ich voller Erwartung was aus diesen Gehäusen für ein Insekt entstehen würde, als ich den 19ten Junii desselben Jahres die Chrysomela longimana Linn. daraus erhielt.

Ich glaube nicht zu irren wenn ich davor halte, daß sich vielleicht mehrere aus der Abtheilung, welche Hr. Prof. Fabricius, aus des Linne Chrysomelis gemacht, und Cryptocephalus genennt hat, sich auf gleiche Art verwandeln; als Cryptocephalus tridentatus, besonders aber longipes Fabric. Syst. Ent. 105. 1. Dieser lezte Käfer ist nicht in der hiesigen Gegend, sondern ich habe ihn von Dresden, wo er sich befindet, erhalten, und deßnahen meine dortigen Freunde ersucht, auf diesen Käfer einige Aufmerksamkeit zu verwenden, ob sich meine Meynung bestätiget, daß die Larve dieses Käfers ebenfalls ein Sackträger sey.

Uebrigens ist die Chrysomela longimana Fig. 5. zu bekannt, als daß ich eine Beschreibung derselben hier beyfügen sollte.

Nachtrag von dem Herausgeber.

Vorstehender Auffsatz enthält allerdings eine höchstmerkwürdige Bemerkung, wovon wir in allen entomologischen Werken nur keine Spuhr finden — eine Bemerkuug, die selbst unsern iztlebenden grösten Entomologen, einem Fabricius und Götze, neu war! Herr Hübner hat also das Verdienst, der Erste zu seyn, der die Entdeckung gemacht: daß aus sacktragenden Larven auch Käfer entstehen. Indessen wäre Herr Dr. Amstein beynahe im Fall gewesen, Herrn Hübner dieses Verdienst streitig machen zu können, allein das Glück war ihm nur halb günstig, und ließ ihn seine Entdeckung

deckung nicht zur Vollständigkeit bringen. Folgendes schrieb er mir schon sub 28. Weinm. 1779.

„ Im 7ten Stück des Naturforschers hat Herr Kühn einige Raupen be„schrieben, die an die Schalthiere gränzen, sogenannte Sackträger. Aber „keine beschriebene scheint mir so merkwürdig, als eine Art, die mir vor „ein paar Jahren zu Handen gekommen ist. Früh im Frühjahre wurde ein „Stück an einem Hügel am Fuß einer Eiche gefunden, und bald darauf ein „anderes auf einer dürren Haide auf der Erde. Aus beyliegendem Häusgen, „und der Zeichnung, die ich damals gemacht, können Sie sich einen Begriff „von diesem wunderbaren Schnecken-Räupchen machen. Wenn sich das Thier„chen in seinem hölzernen Häusgen oder Fläschgen verbirgt, so dient ihm „der Kopf statt eines Pfropfes, und wenn es weiter will, kömmt es hervor, „und zieht es mit sich fort. Betrachten Sie die Festigkeit und Nettigkeit des „Gebäudes, in welchem das Thierchen viel sicherer ist, als der arme Schneck „in dem seinigen. Weil ich zu sorglos war, so weiß ich nicht wovon es sich „nährt, noch was daraus wird. Aus der Beschäffenheit des Häusgens und „dem Ort des Aufenthalts zu schliessen, nährt es sich etwa von vermodertem „Holze oder von Wurzeln der Bäume oder Pflanzen. Schon vor zwey Jah„ren hab' ich Ihnen das zuschicken wollen, hernach auf die Seite gelegt und „vergessen ꝛc. „

Obwohl Hr. Dr. Amstein seinen Sackträger nicht zur Verwandlung gebracht, so läßt sich doch aus der grossen Aehnlichkeit, die er mit dem Sackträger des Hrn. Hübner hat, mit ziemlicher Gewißheit schliessen, daß er ebenfalls die Larve eines Käfers, und zwar einer Gattung aus den Cryptocephalis Fabr. gewesen. Fig. A. zeigt diesen Sackträger kriechend Fig. B. den Sack auf dem Rücken liegend — Fig. C. die untere oder Bauchseite. Merkwürdig sind an diesem Sack die über den Rücken, unordentlich laufende, erhobene Linien, die sich bey dem Hintern, je länger te näher zusammenlaufend, herunter biegen, und da zwey schneckenartige Höcker bilden.

Der Stof dieses Sacks scheint pflanzenartig zu seyn. Ein mit dem Federmesser abgeschnittenes, kleines Stückgen brannte ganz zu feiner Asche, und roch wie verbrannte Holzrinde. Ich kann die Substanz am besten mit dem Auswuchs (Knorren, Maaser) der Laubbäume vergleichen. Der Sack ist übrigens so hart und fest gebaut, daß er dem stärksten Druck wiedersteht. Wie weislich hat nicht der Schöpfer da für diese Larve gesorgt! da sie ihr ganzes Leben auf der Erde an den Wurzeln der Bäume, oder unter Steinen zubringt, so hat er sie gelehrt, sich ein festes Haus zu bauen — in welchem sie ruhig liegen kann, und gar keine Gefahr läuft, von dem Fuß eines Menschen oder Thieres zertretten zu werden.

Man weiß wie unbeholfen die meisten Käfer-Larven sind; ihre Trägheit hindert sie der herannahenden Gefahr auszuweichen; ihre äussere Haut oder Bedeckung, besonders gegen dem Hintern, ist so zart und weich, daß sie auch dem kleinsten Druck nicht widersteht. Wärme und Kälte, Sonne und Regen würden ihnen bald schädlich werden. — darum hat ihnen der Schöpfer ihren Platz unter der Erde, oder im faulen Holze, oder innert den Stengeln einiger Pflanzen angewiesen, wo sie vor allen äussern Eindrücken gesichert sind — allein auch hier ist keine Regel ohne Ausnahme —! Der Schöpfer wollte, daß auch Käfer-Larven von eben so zartem Bau wie die Larven der Man- Gold- und anderer Käfer, über der Erde, unter dem freyen Himmel ihre Oekonomie treiben sollten. — Er lehrte sie daher sich selbst feste Häusgen bauen, um vor allen üblen Eindrücken der Witterung und vor den Anfällen anderer Geschöpfe gesichert zu seyn!

Und nun zum Schluß noch eine Bemerkung: Durch die Entdeckung dieser sacktragenden Larven wird des Hrn. Fabricius Trennung der Linneischen Chrysomelen, auch in Rücksicht auf ihre Larven begründet. Wie unähnlich sind nicht unsere Sacktrager den Larven der Chrysomela Populi, Alni ꝛc. ꝛc.? Wie bald wird ein zweyter Schiffermüller aufstehen, und uns auch die Käfer und übrigen Insekten mit Rücksicht auf Larve und Puppe in ein System ordnen!

Füeßli.

Beschrei-

Taf. 32.

fig. 1.

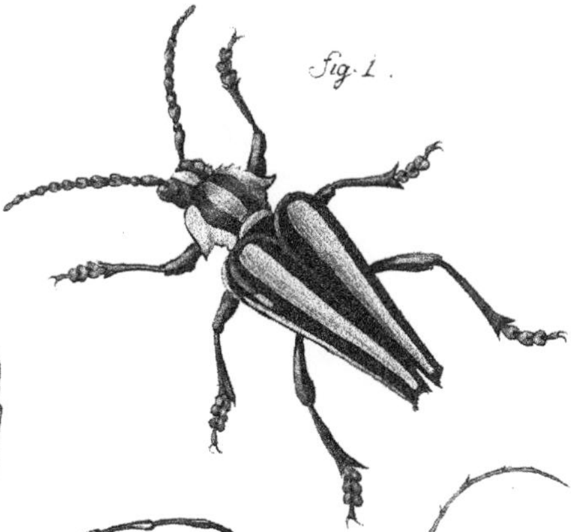

fig. 2.

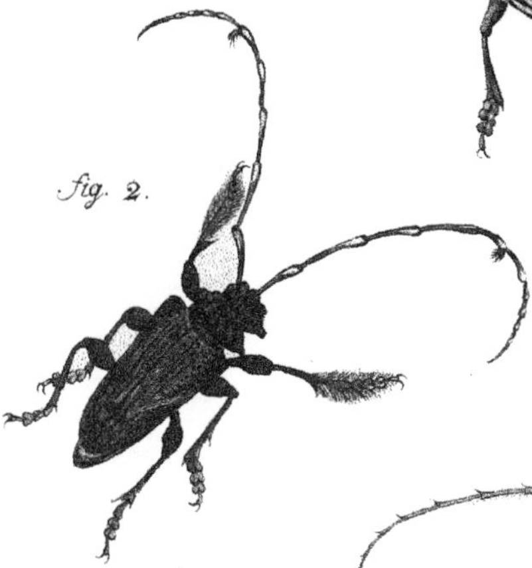

fig. 3.

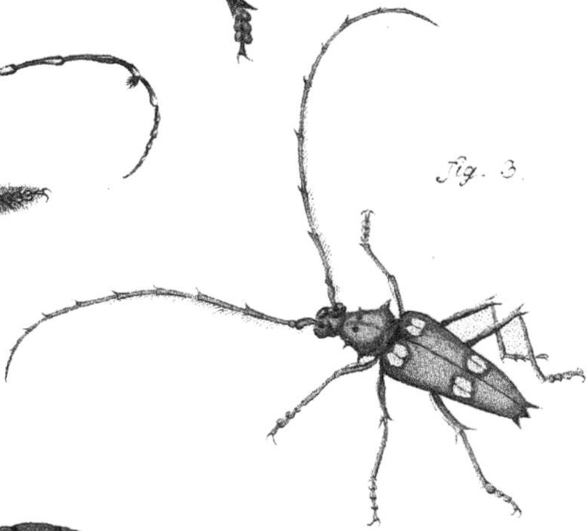

fig. 4. a

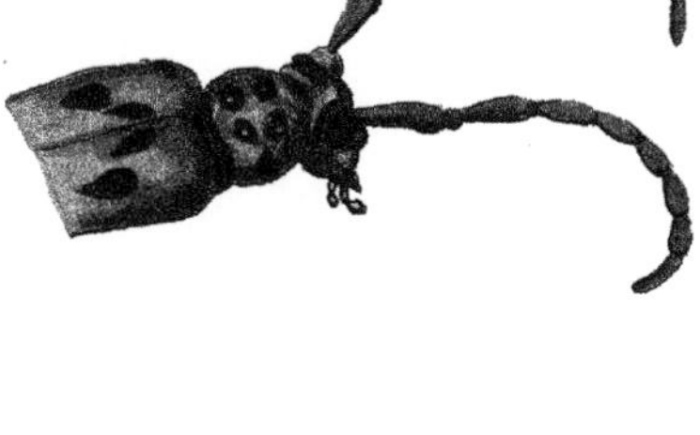

fig. 4.

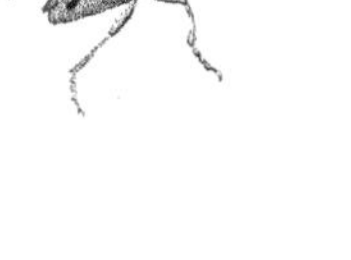

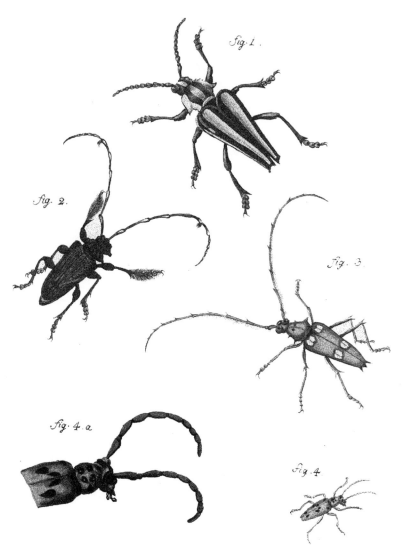

Beschreibung vier seltener Bock-Käfer (Cerambyx.)

Von
Herrn Doktor und Professor Johann Reinhold Forster.

Vom 24. Jan. 1784.

Taf. XXXII.

Weit entlegene warme und grosse Länder, haben allezeit sehr viele Insekten. Je grösser diese Länder sind, desto grösser ist die Wahrscheinlichkeit daß sie viele Insekten besitzen. Kleine Inseln, die weit entfernt von grossen Ländern sind, oder die doch wenig Verkehr mit grossen Ländern haben, besitzen nur sehr wenige Gattungen von Insekten. Die kleinen und sehr zerstreuten Inseln der Südsee, die alle vom grossen festen Lande durch grosse Oceane getrennt sind, sind an Gattungen der Insekten sehr arm. Neu-Holland hingegen, (ein Land welches so groß als Europa ist, und das nur durch Meerengen von Neu-Guinea abgeschieden ist, welches wieder nicht ferne von den moluckischen Inseln liegt, die durch eine ununterbrochene Kette fort bis an das feste Land von Asien sich ausbreiten); Neu-Holland ist reich an sehr seltenen Gattungen der schönsten Insekten. Amerika, ein sehr grosses Land, ist erstaunlich reich an allen Arten der Insekten; dagegen die Inseln, welche den mexikanischen Meerbusen einschliessen, sind so nahe an dem festen Lande, und eine Insel ist der andern wieder so nahe, und seit mehr denn hundert Jahren, haben die Einwohner dieser Inseln mit den Bewohnern des festen Landes ein so starkes Verkehr; da ihnen Faßdauben, Lebensmittel und alle Holzgeräthe vom amerikanischen festen Lande zugeführet werden, daß man sich gar nicht wundern darf, wenn man auf diesen Inseln gleichfalls eine grosse Menge von allerley Insekten antrift. Die von den Engländern, Franzosen, Holländern und andern in der Naturkunde fleißigen und forschenden Völkern besessenen Länder und Inseln, haben schon sehr ansehnliche Sammlungen von Insekten

Insekten hergegeben. Man findet in den Werken eines **Sloane**, **Brown**, **Büffon**, **d'Aubenton**, **Drury**, **Cramer** und der Frau **Merian**, die deutlichsten Beweise von diesem grossen Reichthume der schönsten Naturprodukte. Die Besitzungen der Portugiesen und Spanier in Amerika sind wegen ihrer Grösse und warmen Lage, eben so reich an Naturprodukten: allein diese Völker sind in der Aufklärung noch so weit zurück, daß man noch lange wahrscheinlicher Weise wird warten müssen, ehe man die Schätze der Natur in diesen Ländern, an Pflanzen und Thieren, so wird kennen, wie wir die aus den englischen, französischen und holländischen Besitzungen kennen. Inzwischen so sind selbst die Naturalien aus den Besitzungen der Engländer, Franzosen und Holländer nicht alle gleich bekannt; theils weil man noch immer mehr neue Insekten und Naturprodukte findet; theils weil die schon beschriebenen und vorgestellten in Werken stehen, die nicht allgemein bekannt sind, und oft wegen ihres hohen Preises sich nur allein in den Büchersammlungen der Reichen und Mächtigen befinden; daher wollen wir einige Holzböcke oder Bockkäfer die noch nicht so wie sie es verdienten, hinlänglich bekannt sind, beschreiben und richtig vorgestellt mittheilen.

Ueberhaupt ist noch ehe wir schliessen eine Anmerkung nothwendig: Die Kenntniß der Natur ist unermäßlich, und wird heutzutage den Anfängern, und denen die nicht sehr bemittelt sind, dadurch noch mehr erschweret, weil es ihnen unmöglich fällt, alle die Werke sich anzuschaffen, die man besitzen und brauchen muß, wenn man die Natur nur mittelmäßig kennen will. Und wie viele unserer Landesleute und auch Ausländer, geben sich alle Mühe, die Erforschung der Natur noch kostbarer zu machen. Sie geben uns ein paar neue Thiere und Pflanzen, unter einem Wuste von alten, bekannten und schon zehnmal vorgestellten; so, daß wenn man die Vorstellungen und Beschreibungen von ein paar neuen Thieren oder Pflanzen haben will, man auch theuer genug schon zehnmal beschriebene und vorgestellte Sachen mitkaufen muß.

Es wäre demnach zu wünschen, daß sich einige patriotische Männer verbänden, und gäben besondere Theile der Naturlehre allein ganz vollständig heraus; und daß ins künftige alle die, welche nur ein paar neue Naturprodukte

unter

unter viele alte und bekannte gesteckt, herausgeben wollten, mit Verachtung bestraft würden, und daß man das neue heraushöbe und zu dem vollständigen Werke, als einen Anhang herausgäbe; so würde dieser Sucht doch endlich einmal gewehrt werden: und man könnte doch zuletzt, die Nothwendigkeit, so viele Werke in jedem Theile der Naturkunde zu besitzen, entbehrlich machen. So machte es der sehr gelehrte Bergrath Jacquin, da er nur die Pflanzen in seine Floram Austriacam aufnahm, welche sich nicht in der Flora Danica befanden, indem man solchergestalt doch Hofnung hatte, daß wenn mehrere auf diesem uneigennützigen Plane fortarbeiten würden, man zuletzt eine vollständige und trefliche Floram Europæam bekommen würde. So ist auch der unermüdete und grosse Naturforscher Pallas willens, nur die Pflanzen seinem schönen vorhabenden Werke einzuverleiben, die noch nirgends nicht vorgestellt vorkommen. Indessen so ist doch auch der Preiß dieser Werke für einen Studierenden und Professor zu theuer, denn wer kann für die XV. Fascicul der Flora Danica 120 Rthlr. und für Jacquins Floram Austriacam 50 Ducaten, für den Hortum Vindobonensem 30 Ducaten, für die Plantas Americanas 120 Rthlr. und für die noch übrigen folgenden Theile proportionirte Summen zahlen. Es giebt freylich Leutchens die uns ihre Dienste anbieten, und Büffons schöne Werke mit elenden in Kupfer gekritzelten Vorstellungen ziemlich wohlfeil in die Hände liefern; allein was ist man durch solche elende Bilder gebessert, die die schönen Werke Gottes nur verhunzt abbilden, und die nur eine schändliche Burlesque auf die wundervollen Hervorbringungen der Schöpfung Gottes sind. Wahrheit ist in den Vorstellungen der Natur, die einzige nöthige Eigenschaft: fehlt die dem Bilde, so taugt es gar nichts, und misleitet es mehr als daß es sollte belehren. Allein wie wenige wissen, was zu einer solchen Wahrheit gehört? Ein Thier im Vorbeygehn gleichsam zu sehen, und zu zeichnen, ist nicht genug. Man muß seine Natur, seine Sitten, seine Stellungen, seine ganze Oekonomie studiren, ehe man es recht nach der Wahrheit zeichnen kann: und welcher Mahler kann sich allezeit dessen rühmen?

Den Insekten wünschte ich eine solche Bearbeitung als diejenige ist, die ich zuvor von den Pflanzen anführte. Es ist hiezu schon viel gesammelt, und man hat überall Sammlungen, welche bald den Theil der Naturgeschichte so zu liefern uns in Stand setzen würden, wenn man nur Ernst und Uneigennützigkeit genug mitbrächte. Jedoch ich fordere von einem der den Anfang machen wollte, daß er uns nicht z. Ex. in der Fauna Insectorum eines gewissen Landes, das er zu bearbeiten übernähme, nur die Linneischen Namen und specifischen Charaktere von neuem abgeschrieben lieferte mit einer guten Synonymie; sondern es müssen auch dieselben mit guten, treuen, richtigen Abbildungen begleitet seyn: Es müßte auch das Ey, die Raupe, Puppe, und ganze Verwandlung eines jeden Insekts angezeigt und vorgestellt seyn. Man müßte die Nahrung, Oekonomie, und die Feinde des Insekts und alles was ihm nützt und schadet, getreu anzeigen; auch wozu sie in der Schöpfung nützen, und wie man sich derselben, bey zu grosser schädlicher Vermehrung leicht und ohne grosse Umstände erwehren könnte. Kurz dies nenne ich erst eine vollständige Naturgeschichte der Insekten eines Landes. Freylich kann dies nicht auf einmal geliefert werden; aber doch mit der Zeit, besonders durch einen unermüdeten Beobachtungsgeist. Die Zusätze gäbe man noch, so wie man was neues entdeckte, und auf einer solchen Fauna Insectorum eines Landes nun müßten alle andere gegründet werden. So daß der die Faunam Insectorum eines zweyten Landes beschriebe; Erstlich die Zeichnung die schon in der ersten da ist, wegließe, und blos die Namen des Insekts anführte, und etwa dasjenige von seiner Verwandlung, Nahrung, Oekonomie, Feinden, Schaden und Nutzen rc. rc. was in der ersten noch nicht angezeigt wäre. Ehe wir aber so was erwarten können, wollen wir einzele Insekten, so wie sie uns vorkommen, allmählig sammeln, beschreiben und vorstellen; und also der Nachwelt Materialien zu einer solchen Bearbeitung der Insekten vorbereiten: jedoch auch verhüten, daß nichts ohne Noth doppelt vorgestellt werde; da die Kupfer die Werke dieser Art nur theuer machen.

1. Cerambyx lineatus. Der weißgestreifte Bock-Käfer.

Linn. Syst. nat. T. I. p. 624.

Dieses Insekt ist schon in Sloan's Beschreibung der Naturgeschichte von Jamaika vorgestellt, auf der 237. Tafel und in der 34. Figur. Brown hat

hat denselben vorgestellt Taf. 43. Fig. 7. Allein diese Vorstellungen befinden sich in sehr seltenen und daher kostbaren Werken. Den Sloane kauft man in England selten unter dem Preise von 10 bis 12 Guineen, und der Brown ist noch seltener und wird mit 3 bis 5 Guineen bezahlt. **Müller** in seinem Linn. Natursysteme hat ihn angeführt, und auch **Götze**; allein **Fabricius** in seinem Syst. entom. S. 160. nennt ihn Prionus lineatus, und beschreibt ihn sehr richtig.

Die Grösse desselben ist der Figur im Kupfer gleich. Die Fühlhörner (Antennæ) haben 11 plattgedrückte, allmählig spitzer zulaufende Glieder von rothbrauner Farbe. Die Freßspitzen sind fadenförmig; Der ganze Körper und die Flügeldecken sind schwarz. Der Kopf hat oben einen schmalen weissen Streif, der mit einem weissen moosartigen Haare bekleidet ist. Die Brust ist an beyden Seiten mit einem Rande versehen, dessen Seiten gekerbt, am Ende aber einen Zahn haben. Die Oberfläche des Brustschildes hat 3 weisse moosichte Streifen, und die mittelste hat nach den Flügeldecken zu einen halbzirkligen weissen Fleck. Die Flügeldecken sind hinten am Ende gekerbt und von jeder Seite der Abstutzung mit einem Zahne versehen. Mitten längst der Flügeldecke läuft ein breiter weißbemooßter Streif; am Rande der Flügeldecke aussenher ist ein schmahler weisser Streif, der nicht ganz bis zur Schulter läuft; dagegen sieht man dicht an der Brust und auch an dem Anfange der schmahlen Streife einen länglichten weißbemooßten Fleck. Die untere Brust läuft in einen stumpfen Höcker heraus, der hinten zu gespalten ist. Alle 6 Füsse sind rothbraun. Die hintersten Lenden sind unten vierfach gezähnt.

Dieser Bockkäfer wird von Jamaika todt gebracht, daher man auch von seiner Oekonomie, Nahrung, Verwandlung ꝛc. ꝛc. nichts zu sagen weiß.

2. Cerambyx araneiformis. Der spinnenförmige Bock-Käfer.

Linn. Syst. nat. T. I. p. 625. 626.

Es ist dieser Bock-Käfer von Prof. **Brünniche** zuerst beschrieben, und die Beschreibung dem sel. Ritter von **Linne** mitgetheilt worden. Aus ihm steht er in **Müllers** Syst. der Nat. S. 260. Allein er stand schon in Sloans

Beschreib. von Jamaika, Taf. 235. Fig. 24. Und noch neulich hat ihn Drury in seinem 2 Bande Taf. 35. Fig. 4. vorgestellt und beschrieben: und vor allen hat **Fabricius** in Syst. Entom. p. 164 ihn angeführt, so wie auch Götze in den entom. Beyträgen Band I. S. 432. Obgleich Drury nicht den Käfer Fig 1. auf derselben 35 Taf. als diesen spinnenformigen Bock-Käfer angiebt, so scheint er mir doch nur eine Varietät oder verschiedenes Geschlecht desselben zu seyn, denn da ich mehrere dieser Gattung gesehen, so fand ich daß dieselben sich stark verändern. Einige haben rauhe Füsse, andere nicht; einige haben den Busch Haare an dem 6ten Gelenke der Fühlhörner, bey andern fehlte derselbe; an einigen sahe man den Zahn an den Füssen, der andern fehlte; und selbst die Stacheln an der Flügeldecken Ende fehlte vielen; so wie auch die Farbe vom röthlichgrauen bis zum dunkelbraunen verschieden war. Es kamen einige auch aus Jamaika, andere aus Nord-Amerika. Der von mir gezeichnete ist aus Jamaika, und nach ihm soll auch meine Beschreibung seyn. Herr Prof. **Fabricius** hält des Drury Bock-Käfer Taf. 35. Fig 1. für eine neue Gattung, den er cancriformis nennt.

Der Körper war ohngefähr so groß als des C. ædilis, doch stärker und mehr gestaucht. Die ganze Farbe ist (nicht grau) recht dunkel rothbraun. Der Kopf ist kurz, ohne einer Schärfe. (caput non carinatum) Die Fühlhörner sind länger als der ganze Leib, und haben 11 Glieder, die rothbraun und nach vorne zu gekeult sind; an der keulformigen Spitze des 6ten Gliedes, ist ein kleiner Zahn oder Stachel von einem Büschel Haaren gänzlich umgeben, und eingehüllt. (NB. Ich rechne das kurze Glied nach dem ersten langen mit, welches von Linne und **Fabricius** scheinen übersehen zu haben, davon der erste den Büschel Haare, aber keinen Zahn gesehen, und **Fabricius** hat keine Haare entdeckt, und nur einen Zahn erblickt.) Die Brust hat in der Mitte, oben und an den Seiten, 5 runde knobbigte Erhöhungen (tuberculatus) und ist braunroth, ohne mit kleinen Löchern oder Vertiefungen getüpfelt zu seyn. Die Flügedecken sind braunroth, haben etwa 5 sehr unkenntliche Furchen, davon die an der Nath oder Fuge (sutura) nur sehr kurz, kaum 1 Viertel der Länge reichen. Auf 2 Fünftel der Länge sind die Flügeldecken mit kleinen Vertiefungen getüpfelt, und hin und wieder zwischen denselben entdeckt man

glatte,

glatte, glänzende, schön carminrothe, körnichte Erhöhungen. Gleich hinter dem getüpfelten Theile ist auf jeder Seite ein schwarzer Flecken, so wie auch einige undeutliche schwarze Querstreifen sich nach der Spitze der Flügeldecken sich befinden. Die Lenden sind alle keulförmig. Die Schenkel des vordersten Paares haben einen Zahn, nach der inwendigen Seite, die des zweyten Paares nach der äussern Seite, die hintersten sind schlicht. Die halben Schenkel des ersten Paares vom Zahne an, nebst dem Unterfusse sind unten mit gelben Haaren bewachsen.

3. Cerambyx quadrimaculatus. **Der vierfleckige Bock-Käfer.**

Linn. Syst. nat. T. I. p. 626.

Dieser Bock-Käfer ist schon in Gronov's Zoophylacio angezeigt. **Sloan** hat ihn Taf. 237. Fig. 21. vorgestellt. **Drury** hat ihn Tom. I. Taf. 37. Fig. 3. **Müller** S. 262. **Götze** S. 433. und **Fabricius** der ihn S. 180. Stenocorus nennt. Er ist beydes in Jamaika und Nord-Amerika zu Hause. Die Abbildung im **Drury** giebt nur einen schlechten Begriff vom Thiere. In Jamaika ist es grösser, und in Nord-Amerika kleiner. Vielleicht war das Original, wornach die Vorstellung beym **Drury** gemacht ist, aus Nord-Amerika.

Die Fühlhörner sind länger als der Körper, zimmtfarben, bestehen aus 11 Gliedern, die von der Spitze jedes Gliedes eine scharfe zahnartige Spitze haben, und davon die ersten 6 Glieder unten mit gelben Haaren besetzt sind. Das ganze Thier ist hellbraun, oder was man zimmtfarben nennt. Die Brust ist ein abgestutzter Kegel, mit 6 Spitzen oder Stacheln, davon 2 nahe am Kopfe an den Seiten stehen, zweene andere stehen 1 Drittel der Brust vom Kopfe ab, oben auf der Brust. Die stärksten stehen seitwärts nach hinten zu, überdem sind auf der Brust oben einige Erhöhungen. Die Flügeldecken haben jede an der abgestützten Spitze 2 Stacheln, die schräg auseinander stehen, davon der äussere der stärkste ist. Auf jeder Flügeldecke befindet sich nahe an der Brust ein glatter, glänzender, erhabener, gespaltener, blaßgelber Fleck, der in dunkelbraun eingeschlossen ist. Hinter dem letzten Drittel der Flügeldecken, sind wieder eben solche gelbe glänzende gespaltene Flecken, ebenfalls in braun eingeschlossen. Die 4 hintersten Lenden endigen sich mit einem doppelten Dorn oder Stachel.

4. Cerambyx tetrophthalmus. Der vieraugige Bock-Käfer.

Forster Nov. Spec. Insect. Cent. I. p. 41.

Götze entomol. Beytr. I. S. 476. Er findet sich im nordlichen Amerika besonders um Neu-York.

Es ist dieser merkwürdige Käfer etwa so groß als der C. scalaris. Der ganze Leib unten ist zwar schwarz, allein überall mit weissen Haaren besetzt, welches ihm ein graues Ansehen und Schimmer giebt. Die Fühlhörner sind schwärzlich, nehmen nach der Spitze ab und haben 11 Glieder. Die Freßzangen sind schwarz. Der Kopf ist ziegelroth, und da in diesem Bockkäfer-Geschlechte, die Fühlhörner von denen halbmondförmigen Augen pflegen halb umgeben zu seyn; so siehet man, daß ein solches halbmondenförmiges Auge vor jedem Fühlhorne sich befinde, und eins hinter jedem Fühlhorne, welches letztere von den beyden das Kleinste ist. Die Brust ist beynahe walzenförmig, roth, mit 4 schwarzen vertieften Flecken, die um einen runden etwas erhabenen Fleck stehen; seitwärts am Halse sind noch 2 schwarze erhabene Flecken, auch ist der hintere Rand mit einem schwarzen Striche gezeichnet. Das Schildlein (Scutellum) ist schwarz und haaricht. Die Flügeldecken sind roth mit 8 länglichten schwarzen Flecken. Auf jeder Schulter ist eins, ein Paar steht auf dem ersten Drittel der Flügeldecken; die der Fuge am nächsten, sind die kleinsten, die äussersten die grösten. Gegen die Spitze zu, sind noch 2 schwarze Flecken, und zuweilen siehet man bey einigen auf der stumpfen Spitze der Flügeldecke noch einen Fleck. Die Füsse sind grau, und haben am Unterfusse 4 Gelenke.

Taf. 33.

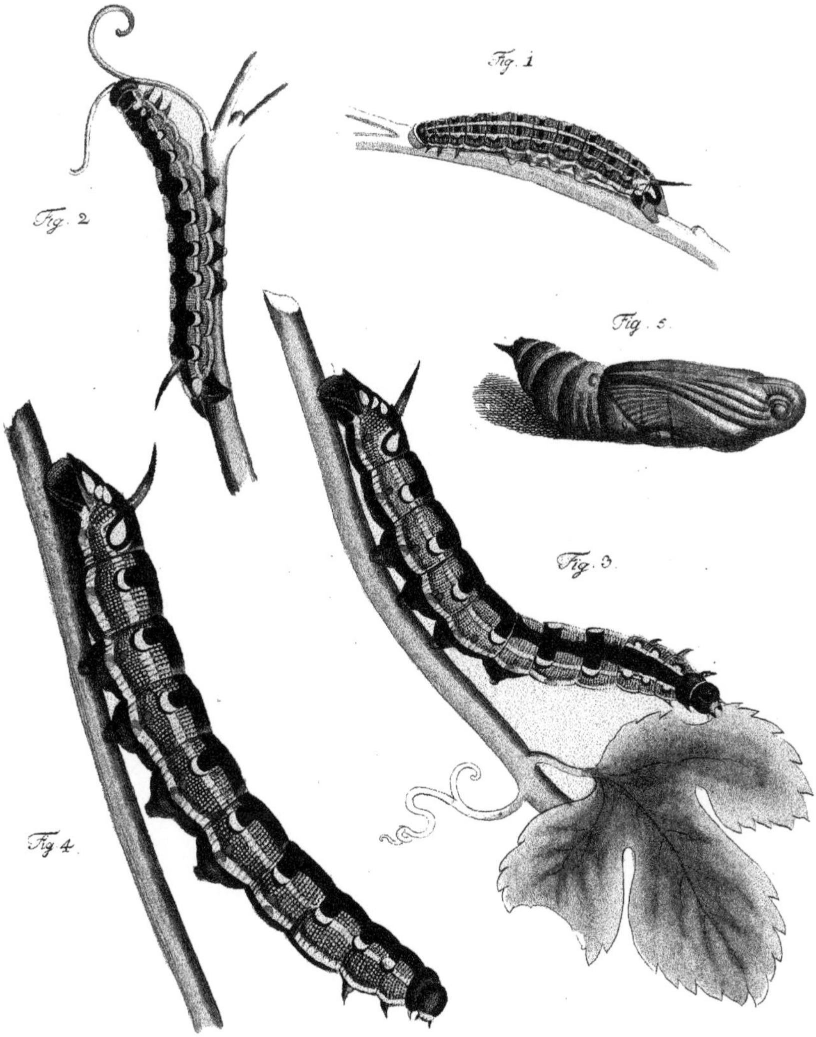

Schellenberg del. et fec.

Beytrag
zu der
Geschichte des SPHINX Kœchlini.
Taf. XXXIII. Fig. 1—5.

Es ist merkwürdig, daß, da die Spielarten so häufig unter den Schmetterlingen vorkommen, diese doch so selten unter den Raupen gefunden werden. Wie oft wird nicht der Entomologe, besonders bey den Tagfaltern, durch die vielen unter ihnen vorkommenden Abänderungen in die gröste Verlegenheit gesetzt, da ihm dagegen dieses bey ihren Raupen selten oder gar nicht begegnet. Nur die Schwärmer und ihre Raupen machen hierinn eine besondere Ausnahme. Man findet nämlich sehr selten Spielarten, wenigstens keine sehr abweichenden, unter den Erstern, da hingegen einige von den Letztern einander so unähnlich sind, daß man sie oft für eine ganz verschiedene Raupenart zu halten verleitet wird. Ein Beweis davon sind die Raupen des Sphinx ocellata, Nerii, atropos. Convolvuli, Galii, zu welchen izt noch die auf unsrer XXXIII. Tafel abgebildete Raupe des Sphinx Kœchlini kommt. Ich habe zwar schon im I. Heft dieses Archivs eine Abbildung von dieser Raupe geliefert, allein die gegenwärtige weicht von jener so sehr ab, daß gewiß Niemand diese neue Abbildung für überflüßig halten wird.

In der Mitte des Julii 1784. fand Hr. Schellenberg diese Raupe in einem Weinberge, nahe bey Winterthur. Sie hatte damals die Grösse und Farbe von Fig. 1. Hr. Sch. hielt sie anfänglich für die Raupe des Sph. Euphorbiæ, allein da er doch einige Abweichungen in Farbe und Zeichnung an ihr beobachtete, besonders aber, weil er sie an einem Weinstocke fand, dessen Blätter sie eben begierig fraß, so nahm er sie mit nach Hause, und futterte sie mit Weinblättern. Den dritten Tag häutete sie sich, und bekam

Farbe

Farbe und Zeichnung wie die Abbildung Fig. 2. Acht Tage darauf häutete sie sich noch einmal; Farbe und Zeichnung blieb aber gleich, (Fig. 3.) nur bekam sie die rothen Seitenflecken wieder die sie zuerst gehabt, aber bey der vorhergehenden Häutung verlohren hatte. Die Raupe, die nun fast ohne zu ruhen von den ihr vorgelegten Weinblättern mit einer besondern Gierigkeit fraß, wuchs in Zeit 8 Tagen zu einer solchen ansehnlichen Grösse (Fig. 4.), daß Hr. Sch. in der grösten Erwartung stand, und einen ganz neuen und ansehnlichen Schwärmer daraus zu erwarten hofte. Zehn Tage nach der zwoten Häutung verkroch sie sich unter die Blätter und umzog sich da, nach Art der Wolfsmilchsraupe mit einem lockern, netzförmigen Gespinnst. Nach vier Tagen fand sie Hr. Sch. schon zur Puppe verwandelt, die er der Puppe von Sph. Euphorbiæ und Kœchlini ähnlich fand. Nach nicht vollen drey Wochen kam endlich der sehnlichst erwartete Schwärmer zum Vorschein — und, o Wunder! es war ein leibhaftiger Sphinx Kœchlini — und Hr. Sch. sah' sich gewaltig in seiner Erwartung getäuscht.

Ich habe diesen Schwärmer mit demjenigen so Hr. **Köchlin** zuerst gefunden, und mit dem so Hr. **Schellenberg** vor vier Jahren aus der Raupe gezogen, nach welchen die Abbildung im ersten Heft des Archivs gemacht worden, verglichen, und, die Grösse abgerechnet, nicht die geringste Abweichung gefunden. Er ist um etwas grösser als jene, und als diejenigen die ich aus Italien erhalten — aber doch nicht so groß als es sich nach der Grösse der Raupe erwarten ließ.

Dieser Schwärmer scheint eigentlich in Italien zu Hause zu seyn, da man ihn izt aber einige Jahre auch in der Schweiz gefunden hat, so ist zu hoffen, daß er gleich dem Todtenkopfschwärmer bey uns auch einheimisch werden wolle. Im 4. Stück des II. Bandes **des neuen entomolog. Magazin** S. 371. macht Hr. D — — s die Bemerkung: Daß dieser Schwärmer von den Italiänern mit dem Sphinx Celerio verwechselt werde: Dieses mag theils von der Aehnlichkeit die diese Schwärmer unter sich haben, theils auch daher kommen, daß vermuthlich die Raupe des Sph. Kœchlini in Italien sich auch von Weinblättern nährt. Folgendes sind Bemerkungen des Hrn. D — — s über diesen Schwärmer.

„Der

„ Der Sph. Kœchlini findet sich in manchen Jahren ziemlich häufig in Italien, ich fieng ihn bey **Florenz** auf den Blumen der Saponaria officinalis zu Ende des Junius, auch noch im Julius in ziemlicher Menge. Ich habe Ursach zu vermuthen, daß die Raupe dieses Schwärmers sich von mehrern Pflanzen als dem Gallio nähre, denn in der Gegend wo sich der Schwärmer häufig fand, und ein paar Meilen in der Runde, wächst wenig Gallium. „

„ Ich muß übrigens der Meynung des Hrn. **Espers** beytreten, welche er wegen der Petiverschen Abbildung äussert. Ich habe Gelegenheit gehabt ein Exemplar von **Petivers** Werk zu benutzen, welches er selbst besessen, und hin und wieder mit Randglossen versehen hatte, und der darinn befindlichen Abbildung, welche, so wie die übrigen Insekten illuminirt war, zufolge, ist der Petiversche Schwärmer und Sph. Kœchlini ein und eben derselbe. Allein die im Archiv angeführte Stelle aus **Petiver** ist von Hrn. **Esper** nicht ganz richtig übersetzt worden, denn **Petiver** sagt: er habe diesen Schwärmer zuerst aus **Livorno**, nachher aber auch aus **Lisabon** erhalten, der Name Sphinx livornica gehört ihm also nicht ausschließlich. Wider die sehr getreue Abbildung im Archiv, läßt sich, die Fühlhörner ausgenommen, (welche bey einem Duzend Schwärmer die ich vor mir habe, dunkler und an der Spitze weiß sind) nichts einwenden. „

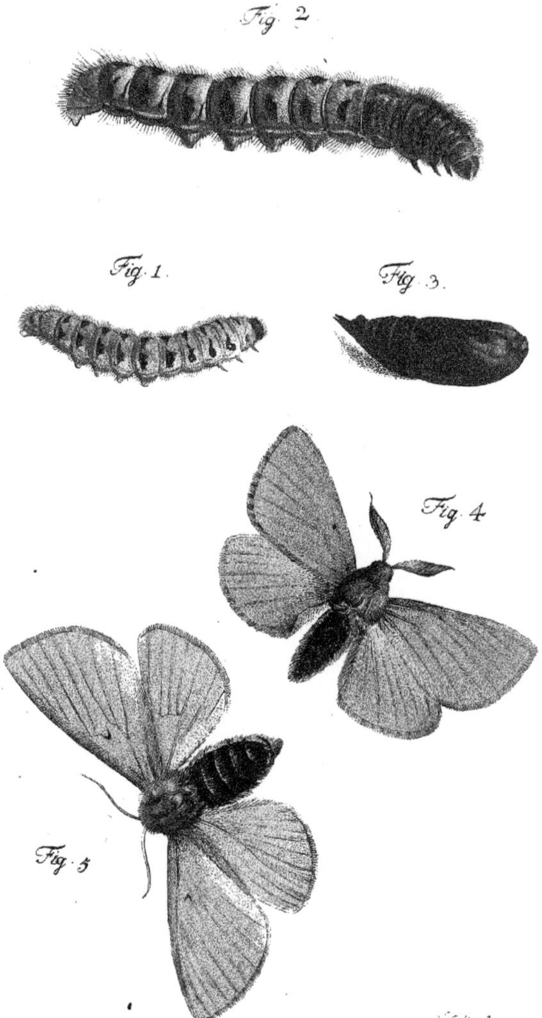

Phal: Bomb: Taraxaci.

Beytrag
zu der
Naturgeschichte der PHAL. Bombyx Taraxaci.

Taf. XXXIV. Fig. 1—5.

Die Raupe und Puppe ist so viel ich weiß noch nicht abgebildet. Die Abbildungen die ich hier liefere sind von dem geschickten Hr. Schellenberg nach einem Paar Raupen, die ich in Weingeist aus Florenz erhielt, gemacht worden. Fig. 1. zeigt die Raupe im mittlern Alter, Fig. 2. im ausgewachsenen Zustand. Nach dem Wienersystem kommt sie in die Familie K der Spinner zu stehn. Allein es ist schon im Magazin *) angemerkt worden, daß sie nicht in diese Familie gehöre, und mit der Phal. Dumeti füglich in eine eigne Familie, die zwischen K und L am besten passen würde, gebracht werden könnte. Beyde haben das eigene, daß sie sich bey der Verwandlung keine Hülse, wie die übrigen der Familie K und L machen, sondern sich nur ohne alles Gespinnst in der feuchten Erde in einer Höhlung verwandeln. Diese Raupe kommt im Frühjahr aus den Eyern, welche der Spinner, der (in Italien) zu Ende des Weinmonats auskriecht, ohne Sorgfalt und Auswahl, hin und wieder auf dem Grase fallen läßt. Man kann sie mit Salat füttern, ob sie gleich im freyen vorzüglich das Pfaffenröhrlein (Leontodon Taraxacum Linn.) liebt. Bey aller Sorgfalt, welche man bey ihrer Erziehung anwendet, verunglücken doch gemeiniglich die meisten Raupen, oder wenn man selbige bis zur Puppe bringt, so kriechen die mehresten Phalänen als Krüppel aus.

*) Neues Magazin der Entomologen. II. Band. 4tes Stück. S. 376.

Mit den in Weingeist aufbewahrten Raupen erhielt ich ein Paar lebendige, eine männliche und eine weibliche Puppe. Sie waren nur durch die Grösse unterschieden. Fig. 3. stellt die weibliche Puppe vor — die wohlgerathene Abbildung bedarf keiner Beschreibung. Sie hat Aehnlichkeit mit der Phal. Dumeti. Die Schwanzspitze endigt sich ebenfalls in zwey Dorne — mehrere Nebenspitzen habe ich an dieser Puppe nicht beobachtet, eben so wenig hat sie die zwey **harten schwarzen Knöpfe** hinter dem Kopfe, welche Hr. **Kuhn** an der Puppe der Phal. Dumeti beobachtet hat.

Als ich den 20sten des Weinmonats 1784. nach meinen Puppen sahe, so fand ich das Männchen ausgekrochen, aber ohne ausgewachsene Flügel auf dem Boden der Schachtel sitzend. Nachdem ich ihm ein Baumreis vorgehalten, so kroch es sogleich daran hinauf, und setzte sich in die zur Ausbreitung der Flügeln nöthige Lage. Drey volle Stunden blieb meine Phaläne an dem Aestgen hängen — und noch konnte ich nicht die geringste Veränderung an den Flügeln bemerken, diese waren noch eben so klein und glatt als wann die Phaläne erst ausgekrochen wäre. Da mir bis izt kein Beyspiel bekannt geworden, daß sich bey irgend einem Schmetterling die Flügel erst nach drey Stunden entwickelt hätten, so gab ich auch alle Hofnung auf, daß es izt noch bey meiner Phaläne geschehen würde oder könnte — ich setzte die Schachtel bey Seits, und erst nach zwey Stunden sahe ich wieder nach meiner Phaläne, und zu meiner Verwunderung fand ich ihre Flügel völlig entwickelt und ausgewachsen aber noch ganz weich und zurückgeschlagen, woraus ich schloß: ihre Entwickelung müsse kaum vor einer Viertelstunde und folglich erst nach Verfluß von bald **fünf Stunden** angefangen haben. Ob diese langsame Entwicklung dieser Phaläne eigen seye, oder ob es bey meiner Phaläne nur zufällig gewesen, kann ich um so weniger entscheiden, da dieses die einzige gewesen, die bey mir ausgekrochen, dann die weibliche Puppe kam nicht zum Auskriechen, sondern verdarb, nachdem die Phaläne schon ganz darinn ausgebildet gewesen.

Von

Von dieser Phaläne hat Hr. Esper Tom. III. Tab. 8. Fig. 6. 7. schon eine Abbildung geliefert — jedoch ist die Farbe des Weibchens, wenigstens in meinem Exemplar zu blaß, und scheint nach einer verflogenen Phaläne gemahlt zu seyn. Auch sagt Hr. Esper: „ Der Hinterleib ist an dem Männchen schwarz, an dem Weibchen aber mit dergleichen Ringen gezeichnet: „ ich finde nun dieses bey allen meinen weiblichen Exemplaren nicht so, auch bey diesen ist der Hinterleib, wie beym Männchen schwarz, mit wenigen gelben Haaren am Ende jeden Ringes, dabey ist noch zu merken, daß sowohl bey Männchen und Weibchen der ganze Leib unten orangenfärbig, ohne die geringste Spuhr von schwarz seye. Das vorderste Paar Beine ist bey dieser Phaläne besonders kurz — ich glaubte anfänglich, sie hätte beym Auskriechen, oder beym Bestreben sich in die Höhe zu heben, die Füsse abgebrochen, wie dieser Fall bey einigen Schmetterlingen nicht selten ist, allein bey näherer Untersuchung fand ich die Beine ganz, und besonders die Füsse mit einem Paar scharfer Klauen versehen.

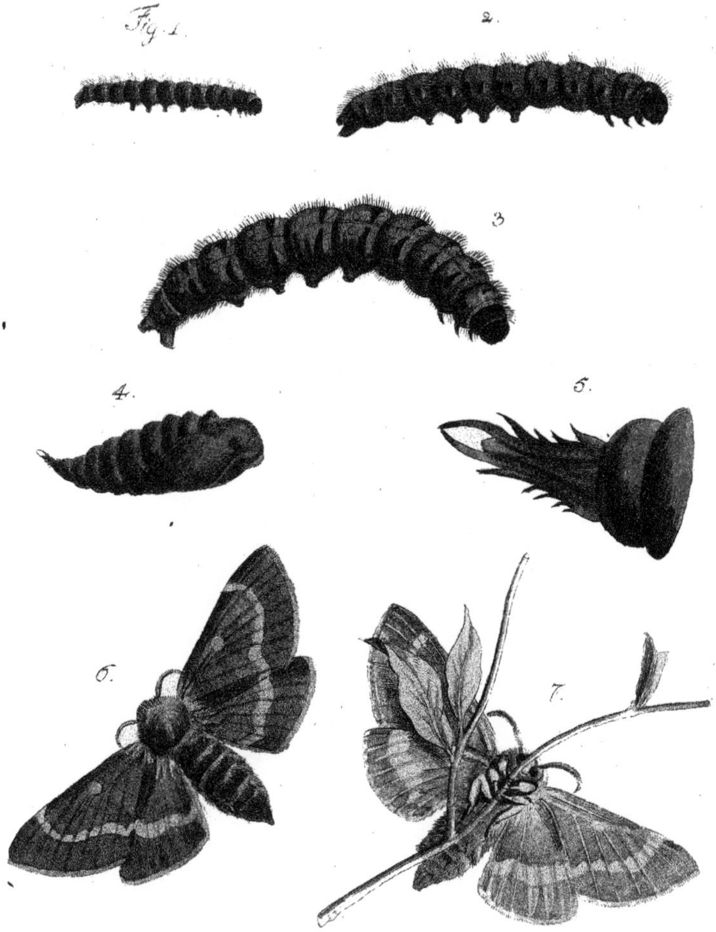

Phal: Bomb: Dumeti.

Phalæna Bombyx Dumeti. Der Heckenkriecher.

Taf. XXXV. Fig. 1 — 5.

Von diesem Insekt finden wir in verschiedenen entomologischen Werken Nachrichten und Abbildungen. Die vorzüglichsten sind folgende: **Sulzer Gesch. der Ins.** S. 159. Tab. 21. Fig. 3. eine Abbildung der weiblichen Phaläne die aber etwas zu groß gerathen, und nach einem verwischten Exemplar gemacht zu seyn scheint. **Kühn im Naturforscher** 6. St. S. 75. §. 3. Tab. 3. Fig. 1 — 4. giebt einige Nachricht von der Raupe und Puppe, welche auch nebst der männlichen Phaläne abgebildet sind. Die Abbildungen sind schlecht! **Esper** Tom. III. S. 85. Tab. 14. Fig. 3 — 4 hat alle bisherigen Nachrichten gesammelt, und eine gute Abbildung von der männlichen und weiblichen Phaläne beygefügt. **Knoch Beyträge** 3. St. S. 35. Tab. 2. Fig. 1 — 4. Dieser hat nach seiner ihm eigenen Genauigkeit die Naturgeschichte des Heckenkriechers auf das bündigste und vollständigste geliefert, jedoch nur seine Eyer und Raupe abgebildet.

Da mir die Raupe niemals, die Phaläne aber nur todt zu Handen gekommen, so bin ich ausser Stand etwas aus eigener Erfahrung von der Naturgeschichte dieses Insekts beyzubringen, ich verweise also die Liebhaber auf jene Schriftsteller, und besonders auf die **Knochischen Beyträge**. Da diese Lezteren mit dem Archiv zu einem Endzweck arbeiten, und für die Entomologie höchst wichtig und den Entomologen unentbehrlich sind, folglich ohne mein Erinnern von jedem werden angeschaft werden, so finde ich es überflüßig dasjenige was Hr. **Knoch** von diesem Insekt geschrieben hat hier zu wiederhollen. Die hier gelieferte Abbildung nebst dem wenigen was ich noch darüber anzumerken habe, müssen auch nur als ein Beytrag zur Knochischen Arbeit angesehen werden. Die hier abgebildete Raupe Fig. 1. fand Hr. **Schellenberg** in Mitte des Junii auf einer Wiese am Löwenzahn (Leon-

todon

todon Tarax Lin.) Mit dieser Pflanze zog er sie auf, bis sie, nachdem sie die Haut zweymal abgelegt, die Grösse von Fig. 3. erreicht hatte. Sie war vermuthlich ausgewachsen, und ihrer Verwandlung nahe, denn sie hörte auf zu fressen, schrumpfte zusammen und starb ohne sich in eine Puppe zu verwandeln. Diese Abbildung weicht in etwas von der Kühnschen und Knochschen ab. Bey jenen ist der Kopf und Halsring mit dem übrigen Körper gleichfarbig, bey der unsrigen hingegen schwarz. Bey jenen sind die Flecken vor den schwarzen zu, weißlich, bey der unsrigen ochergelb.

Die Puppe Fig. 4. mit ihrer vergrösserten Schwanzspitze Fig. 5. ist um der Vollständigkeit willen nach der Kühnschen Abbildung copirt. Hr. Knoch giebt die Farbe dieser Puppe ganz dunkel braunroth an, nach der Kühnschen Abbildung ist sie heller, vermuthlich ist dieses aber ein Fehler der Illumination, da die Farbe von der Puppe der Phal. Taraxi ebenfalls auch ganz dunkel braunroth ist.

Die Phaläne Fig. 6. 7. ist hier etwas selten — desto merkwürdiger ist es, daß zu Ende des Weinmonats einer meiner Freunde auf einer Wiese wohl bis zwanzig Stück dergleichen Phalänen bey einander fand, und mir auch würklich 6 Stücke, alles Weibchen, nach Hause brachte. Schade, daß der Freund kein Entomolog war, und sich also auch nicht weiter darum bekümmerte, zu untersuchen: warum sich diese Phalänen hier in so ungewohnt grosser Anzahl bey einander fanden. Ich glaube diese Erscheinung lasse sich auf zweyerley Art erklären: Entweder sind sie durch den Begattungstrieb zusammengeführt worden, oder: die Raupe lebt gesellig, und müssen folglich da wo eine grosse Anzahl derselben gelebt und sich nahe bey einander verpuppt haben, auch ganz natürlich die Phalänen in ansehnlicher Anzahl zum Vorschein kommen. Freylich zieht Hr. Knoch aus der Art, wie diese Phaläne ihre Eyer legt, den Schluß, die Raupen leben nicht gesellig, mich dünkt aber, es lasse sich dieses nicht für so gewiß behaupten, da Hr. Hufnagel doch auch nicht ohne Grund das Gegentheil gesagt haben wird. Wir wissen indessen von einigen Schmetterlingen deren Raupen gar nicht gesellig sind, wie z. E. von Papilio Iris, Cardui, Phal. dealbata und atrata daß sie in Gesellschaft leben, und oft ganze Haufen von ihnen beysammen gefunden werden, es ist also eher zu vermuthen, daß ein ähnlicher Instinkt, und nicht, daß ihre Raupen darum gesellig seyen, der Grund von jener ungewohnten Anzahl Heckenkriecher-Phalänen gewesen.

Zum Schluß muß ich noch bemerken, daß ich in meinem Verzeichniß schweiz. Insekten unter Phal. Dumeti nicht diese, sondern der Wiener Phal. Trifolii verstanden habe.

Tab. 36.

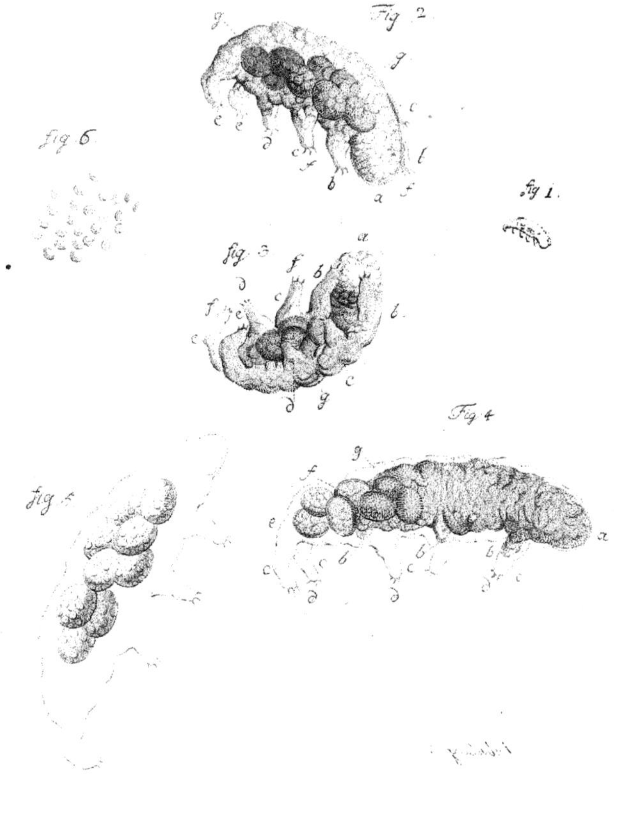

Acarus Ursellus.

Von dem Bärthierchen

von

Herrn Otho Friedrich Müller
in Kopenhagen.

Taf. XXXVI.

Hr. Göetze *) und Hr. Eichhorn **) haben fast zu gleicher Zeit dieses kleine Wasserthier entdecket und abgebildet, jener aber hat eine bessere Zeichnung, und eine richtigere und umständlichere Beschreibung gegeben. Die Aehnlichkeit dieses Thierchens im kleinen mit dem Bären im grossen ist so auffallend, daß beyde Naturforscher und alle, die es sehen, kaum eine andere Benennung wählen würden. Hr. Eichhorn nennt es den Wasserbär, Hr. Goeze aber in der Aufschrift den kleinen Wasserbär und nachher das Bärthierchen.

Hr. Eichhorn giebt ihm zehn Füsse, vier an jeder Seite und zwey hinten; auch sind in der rohen Figur zehn abgebildet, da es doch nur acht hat. Hr. Goetze hat so genau und so richtig gesehen, daß er seinen Nachfolgern wenig oder nichts weiter als seine Bemerkungen zu bestätigen, und etwa schönere Abbildungen zu liefern, übrig lässet. Mit dem Faulthier Hr. Spalanzani's ***) hat es bis auf den körnigten Körper und die vier Schwanzfäden statt den Hinterfüssen unsers Bärthierchens sehr viele Aehnlichkeit.

*) Bonnets insectol. Abhandl. 1773. S. 367 — 375. t. 4. f. 7.

**) Beyträge zur Naturgeschichte der kleinsten Wasserthiere S. 74. t. 7. f. E.

***) Opusc. phys. 2. p. 350. t. 4. f. 7. 8.

Es ist ein völliger Fremdling unter den **Infusions — oder Blasenthierchen** †) und lebt doch zwischen denselben und wahrscheinlich von gleichem Futter, nemlich den feinen aufgelösten Theilchen der Wasserlinsen. Den **Milben**, die in die Klasse der Insecten gehören, kömmt es in der Gestalt, der Zahl und dem Gebrauch seiner Füsse am nächsten, und daher konnte es in meiner Historia vermium keinen schicklichen Platz bekommen, und in dem Prodromo zoologiæ danicæ vergaß ich es anzuzeigen. Weder Fühlhörner noch Augen nimmt man an ihm wahr, und dennoch bleibt es zufolge seiner übrigen Theile ein Insect.

Hr. Goetze will zwar zwey hervorstehende **Augen**, die er auch in der Abbildung bezeichnet, bemerkt haben, allein dieß scheinet nur eine zufällige Erhebung der Haut, die ich auch gesehen habe, zu seyn, oder etwa anklebende helle kuglichte Thierchen, die sich zugleich im Wasser aufhalten, und sich nicht selten an den kleinen Bären setzen. An einem strotzte der ganze Körper von diesen Thierchen, wie der Todtengräber (Silva vespillo) von den Schmarotzermilben. Ich habe mit aller Aufmerksamkeit seine wahre Augen zu sehen gesucht, und bisweilen in den Falten der Haut vom Rücken hinab gegen die Schnautze zwey sehr kleine schwärzliche Punkte in der gewöhnlichen Entfernung der Augen wie beym **Räderthierchen** auf einen Anblick wahrzunehmen geglaubt, und diese mögen die wahre Augen seyn, wo anders solche Organen diesem Thierchen, das an den Wasserlinsen beschwerlich umher kriecht, und an derselben Unterfläche seine Nahrung suchet, nothwendig sind.

Der **Körper** bestehet aus einer durchsichtigen, muskulösen und runzlichten Haut, ist oben erhaben, hinten und vornen stumpf, unten ein wenig plat, und an jeden Seitenrand mit vier Füssen versehen. An dem Vorderrande

†) Mit diesem Namen nenne ich die Thierchen, die nicht im eigentlichsten Verstande Infusionsthierchen sind, wovon ein mehreres in meiner zum Druck fertigen Abhandlung von Erzeugung und Fortpflanzung der Infusions- und Blasenthierchen.

rande oder der Schnautze von unten glaubte ich einen mondförmigen Querstrich, welcher wahrscheinlich die Stelle des **Mundes** anzeiget, bisweilen zu sehen. Die **Füsse** bestehen aus einem häutigen konischen Gliede und sind am Ende mit drey feinen **Krallen** besetzt; sie sind einander gleich. Die sechs vordren stehen in gleicher Entfernung von einander, die zwey letztern aber so wie bey den Raupen in einem weiten Abstand und am Hinterende. Einschnitte an den Seiten des Körpers habe ich nicht bemerket, wohl aber Runzeln, die ich unmöglich für Luftröhren ansehen kann.

Den **inwendigen** schwärzlichen **Flecken** in der Mitte des Körpers habe ich von verschiedenem Gehalt angetroffen. Bey einigen erschien er unter dem Preßschieber grün, und bestand aus sehr kleinen mehlähnlichen **Körnern**; bey andern aber aus mehr oder weniger dunkeln eyförmigen **Kugeln**, die ich für Eyerstöcke, und die aus ihnen beym Zerplatzen fliessende durchsichtige Bläßgen, wie Hr. **Goetze**, für Eyer ansahe. Sie waren weit grösser als jene Körnchen, und machen den Schluß wahrscheinlich, daß jene mit den kleinkörnigten Flecken **Männchen**, die mit den hellern Kugeln unbefruchtete, und mit den dunkeln befruchtete **Weibgen** sind.

Auch habe ich, wie mein um die Naturgeschichte der Insecten und der Eingeweidwürmer sehr verdienter Freund, die Häute dieser Bärthierchen mit Füssen, Klauen und den inwendigen Eyerstöcken, wie die angefügte Abbildungen darstellen, angetroffen, hiebey aber muß ich anzeigen, daß diese Häute, da sie die grösseste Klarheit und Feinheit haben, nicht von erstorbenen Bären herrühren, sondern daß sich der kleine Bär, wie andere Insecten der siebenten Ordnung häutet, welches ich auch bey meinem **Brachwurm** *) wahrgenommen habe. Wie aber die **Eyerstöcke** in der abgeschlossenen Haut nachbleiben oder hineinkommen, würde ich schwerlich erklären können, sondern mit Hr. **Goetze** glauben müssen, daß es die nachgelassene Haut eines erstorbenen Thieres wäre, wenn ich nicht den kleinen Bären, als er eben aus der vornen geborstenen Haut zu kriechen im Begriff war, auf der

*) Vermium historia, Vol. I. p. 130.

That ertappet hätte. Ich ließ ihn alsbald in dieser Verfassung von meinem Bruder sehen und abbilden. Die mit einer neuen Haut bedeckten sechs Hinterfüsse und der hintere Körper hatten sich schon völlig aus den alten Scheiden herausgehoben und fünf Eyerstöcke in dem leeren Theil der alten Haut nachgelassen.

Es ward demnach offenbar, nicht nur, daß sich dieses Thiergen häutet, sondern, was das eigentliche sonderbare ist, und wahrscheinlich nur bey der letzten Häutung statt findet, daß es seine Eyer oder Eyerstöcke, so wie es aus der Haut kriechet, allmählig aus seinem Körper in die abgelegte Haut, wo sie bis zum Auskommen der jungen gegen alle Anfälle sicher seyn, fahren läßet. Dieses merkwürdige Verfahren setzet nothwendig eine vorhergegangene Befruchtung voraus, und machet eine Ausnahme von der allgemeinen und im ganzen weitläuftigen Insectenreiche bewährten Regel, daß die Begattung und das Eyerlegen die letzte Operation der Insecten sey, und daß alle Häutungen vor denselben hergehen. Allein alles in der Schöpfung hat seinen hinreichenden Grund; hier muß die abgelegte Haut der jungen Brut wie der Körper der sterbenden Mutter den **Schildläusen** zum Schutz dienen, und erwähnter vortreflicher Beobachter hat sogar die jungen sich in den ovalen Körperchen bewegen gesehen.

Von der ähnlichen Gestalt erhielt dieß Thierchen den Namen eines Bären, und dieser Name brachte es in den Ruf der Gefräßigkeit und der Raubbegierde; allein auch hier schloß man mit Unrecht vom ersten Ansehen und vom Namen auf die innere Eigenschaften. Der kleine Bär ist ein schwerfälliges, kaltblütiges und sanftes Thierchen; es läßet die Mitbewohner seines Tropfens mit gleicher Gleichgültigkeit als der Löwe das Hündgen um und an sich fahren. Ich habe es selten anders als auf den Rücken oder der Seite, die Pfoten abwechselnd langsam bewegen, Kopf und Hintern einwärts beugen ohne von der Stelle zu kommen, liegen gesehen; auch wenn ihm eine Faser zufällig zwischen die Füsse kam, und er sie mit den Klauen ergrif, war er doch in gleicher Verlegenheit; nur einmal sah ich einen sehr langsam einherkriechen. Auch daß ein Thier das andere frißt, ist in der kleinen Welt nicht so allgemein als in der grossen; es ist vielmehr in den meisten Fällen ein Irrthum, wenn die Mikrographen glauben gesehen zu haben, daß die mikroscopische Thierchen kleinere Thiere verschlingen, mir ist dergleichen äusserst selten vorgekommen, und ich wüßte es kaum unter hundert an zwey oder drey Arten mit Gewißheit bemerkt zu haben.

Der kleine Bär ist ein seltenes Thierchen; nur sechs oder sieben mal habe ich es in etwa fünfzehn Jahren unter den Wasserlinsen angetroffen *) Da man ihn nicht mit blossem Auge sehen kann, ihn auch mit dem Suchglas vergebens suchet, ist es ein blosser und nicht zu bestimmender Zufall, wann man ihn mit einem Tropfen zugleich aus dem Wasser hebet, und, wenn auch dieses noch ganzer Jahre vergeblicher Erwartung eintrift, ist es nicht leicht seine völlige Gestalt mit Gewißheit zu erhaschen, weil er gemeiniglich in

 Stäub-

*) Da es meinem Freunde gefallen, diesen schönen Aufsatz, der weit mehr enthält, als meine ersten Beobachtungen über den Wasserbär enthalten konnten, durch meine Hände an Hrn. **Füeßly** gehen zu lassen; so sey es mir erlaubt, eine einzige Anmerkung beyzufügen. Dies Thierchen ist so selten nicht, als Hr. **Müller** glaubt. Ich habe ihm bereits im vorigen Sommer die Oerter, und Vortheile gemeldet, wo und wie es leicht zu finden ist. Er muß aber meines Briefes sich nicht wieder erinnert haben.

Es ist unter andern die erste Nahrung mit für die jungen Froschwürmer. Im Merz, wenn es die Witterung erlaubt, findet man ihn schon häufig, sehr häufig, in dem gelben Ockerschleim, womit das Froschlaichwasser bedeckt ist. In einem Tröpfchen bey zwanzigen, dreyßigen Junge und Alte. Sonst nirgends so zahlreich, als hier. Zufälliger Weise gerathen einige unter die Meerlinsen, die denn freylich selten sind.

Im 20sten Stück des Naturforschers, in meiner Abhandlung von den jungen Froschwürmern, hab' ich davon mehr gesagt!

Goetze.

Stäubchen und Körnern wühlet, und diese seinem Körper ankleben. Ich brachte einmal bey sechs Stunden zu ihn zu betrachten und von dem, was ihm anhieng, loszumachen; ich brauchte Nadeln, Pinseln, Schweinsborsten, alles vergebens: die Berührung der Oberfläche des Tropfens setzte dieses Meer mit allen Bewohnern und Staubinseln in eine heftige Erschütterung und vereitelte die Absicht des Beobachters. Ein andermal erhielt ich in drey nach einander aufgehobenen Tropfen drey Bärthierchen; an einem waren nur kleine Wärzgen an der Stelle des dritten Fusses zu sehen. Auch habe ich junge und ältere, kleinere und grössere, oder Männchen und Weibchen angetroffen.

In der 4ten Figur, wo ich das Bärthierchen, als es im Begriff war seinen Balg auszuziehen, habe abbilden lassen, sieht man in dem erneuerten Bären nur eine schwache Spuhr des dritten Fußpaares; ich habe neulich eines solchen erwähnet, wo an dessen Stelle zwey Wärzgen sichtbar waren. Zieht er wahrscheinlich bey der Häutung dieß Paar so sehr an sich, daß es unmerkbar wird, und erst nach und nach wieder hervor kömmt? Auch sind die Klauen an den entbalgten Füssen noch nicht wahrzunehmen.

Dieses in den allgemeinen Thiergeschichten noch nicht angeführte Thierchen kann mit folgenden Namen bezeichnet werden. Acarus Urſellus corpore rugoſo, pedibus conicis.

Erklärung der Figuren.

1. Der kleine Bär im Kriechen unter der einfachen Vergrösserung.
2. Derselbe unter der zusammengesetzten.
3. Eben so auf dem Rücken.
   a. Der Kopf.
   b. Die Vorderfüsse.
   c. Das 2te Paar.

b, Der

d. Das 3te Paar.
e. Die Hinterfüsse.
f. Die Klauen.
g. Die Eyerstöcke.

4. Wie er im Begriff ist aus der Haut zu kriechen, und sich der Eyerstöcke zu entleeren.
a. Der Kopf.
b. Die aus den alten Scheiden gezogene Füsse und
c. Die Fußscheiden oder die abgezogene alte Haut der Füsse.
d. Die alten Klauen.
e. Der Balg des hintern Körpers.
f. Die in dem Balg gelassenen Eyerstöcke.
g. Die in dem Körper noch steckende.

5. Der ganze abgelegte durchsichtige Bärenbalg mit allen in der Mitte nachgelassenen ovalen Körperchen oder Eyerstöcken.

6. Die aus den Eyerstöcken gepreßte Eyer.

Zweyter Theil
oder
das 4te 5te 7te und 8te Heft.

Archiv der Insectengeschichte.

Herausgegeben

von

Johann Caspar Füeßly.

Viertes Heft.

Zürich,
Bey dem Herausgeber.
1783.

Inhalt des vierten Hefts.

Joh. Friedrich Willh. Herbsts Verzeichniß seiner Insecten-Sammlung. Erste Klasse. Erste Abtheilung. Scarabæus — Lagria.

Kritisches Verzeichniß meiner Insektensammlung,

von

Joh. Friedrich Wilh. Herbst.

Ich bin verschiedentlich aufgefordert und daran erinnert worden, endlich einmal das kritische Verzeichniß meiner Sammlung heraus zugeben, was ich schon im 4ten Bd. der Beschäftigungen naturforschender Freunde versprochen hatte. Da nicht leicht eine Sammlung so groß ist, die nicht jährlich einen Zuwachs bekommen könnte, so glaubte ich, nicht nöthig zu haben, damit zu eilen; und ich würde gern noch einige Jahre damit zurück halten, wenn mich nicht andere Ursachen verbänden, dasselbe nicht länger aufzuschieben. Denn ich finde es der Genauigkeit wegen am sichersten, die nöthigen Abbildungen selbst zu verfertigen. Ich merke aber seit wenigen Jahren eine solche Abnahme meines Gesichts, daß ich, da ich kein Jüngling mehr bin, mit Recht förchten muß, ich werde in kurzer Zeit nicht mehr geschickt seyn, eine feine und gute Zeichnung zu verfertigen; und so bald das nicht mehr ist, so wird ein solches Unternehmen kostbar und weitläuftig. Ich finde überdem in meiner Sammlung einen solchen reichen Schatz neuer und unbeschriebener Insekten, deren Bearbeitung viele Jahre erfordern wird. Daher werde ich mich auch so sehr der Kürze befleißigen, als es, unbeschadet der Deutlichkeit geschehen kann. So halte ich die häufigen Citationen bey längst bekannten Insekten für unnöthig, und dienet nur, das Papier anzufüllen; ich werde also nur allezeit diejenige Abbildung citieren, die ich für die beste halte. Nur einem Mangel hiebey kann ich nicht abhelfen; nemlich mir fehlen die Schäferschen Werke, und meine häuslichen Umstände haben die Anschaffung derselben noch nicht erlauben wollen. Ich muß es also auf Treue und Glauben annehmen, wo andre ihn citirt haben; und es kann leicht geschehen, daß ich dieses und jenes Insekt abbilde, was schon in den Schäferschen Werken zu finden ist. Bey bekannten Insekten werde ich mich gar nicht aufhalten, sondern nur anzeigen, daß ich sie besitze, und wo ich sie her habe. Ich werde dabey in Ansehung der Classenordnung dem linneischen, in Ansehung der Geschlechtsordnung aber dem fabriciussischen System folgen.

 Erste

✠ o ✠

Erste Klasse.

Käfer.

1. Schröter. Lucani.

1. Cervus. Fabric. Spec. Inſ. 2. Vœt. Tab. 29. Fig. 1. Fœmina. Vœt. Tab. 29. Fig. 2. Berlin.

Da ich beyde wirklich in der Paarung angetroffen habe, ſo zweifle ich nicht länger, daß ſie die beyden Geſchlechter einer Species ſind.

2. Parallelepipedus. Fabr. ſp. 6. Vœt. Tab. 30. Fig. 7. Hauptſächlich unten an den Weidenſtämmen. Berlin.

3. Interruptus. Fabr. ſp. 7. Vœt. Tab. 29. Fig. 1. Oſtindien.

Man findet dieſen Käfer an Grösse ausserordentlich verſchieden, die ſtärkſte Länge iſt an 2 Zoll. Der Kopf hat vorne 3 ſtarke glatte Erhöhungen, der Vorderrand über der Lippe hat 3 kleine Spitzen, die Augen ſind gelbbraun; die Fühlhörner krümmen ſich nach vornen, haben auſſer dem Wurzelgliede 8 runde faſt kugelförmige Glieder, die oberſten werden etwas gröſſer, und an der Spitze ſtehen 3 krumme kammartige Zacken. Der Bruſtſchild iſt auſſerordentlich glatt, über die Mitte läuft der Länge nach eine vertiefte Linie; er ſteht etwas weit vom Hinterleibe ab. Die Deckſchilde ſind oben platt, umſchlieſſen an den Seiten den Leib; ein jeder Flügel hat 10 breite Furchen; die drey erſten ſind inwendig glatt, und nur unten punktiert, die übrigen aber haben durchweg runde ausgehölte Punkte, die dem Käfer ein ſehr zierliches Anſehen geben. Die Vorderfüſſe haben am auſſern Rande 6 ſaubere Zähnchen.

4. Caraboides. Fabr. ſpec. 9. Vœt. Tab. 30. Fig. 8. Quedlinburg.

2 Scara-

2. Scarabæi, Dungkäfer.

a. Die ein Schildlein haben.
* Mit bewafnetem Brustschilde.

1. Typhœus. Fabr. ſp. 30. Vœt. Tab. 19. Fig. 124. 125.

Anstatt des mittelsten Horns über dem Kopfe steht bey dem Weibchen nur eine aufgeworfene erhöhete Querlinie, die Seitenhörner sind nur ganz kleine kurze Spitzen, und da der Seitenrand des Brustschildes mit dem Vorderrande bey dem Männchen glatt zusammenläuft, so biegt er sich bey dem Weibchen hinter den Augen in eine kleine Spitze um. Wenn man einen Kühfladen von der Erde aufhebt, findet man oft unter demselben ein rundes senkrecht laufendes Loch, und darin ist der Aufenthalt dieses Käfers, aber nur in Gehölzen. Berlin.

2. Alœus. Fem. Vœt. Tab. 19. Fig. 128. Ostindien.

Dem ersten Anblik nach hat er viele Aehnlichkeit mit dem Weibchen des Nasicornis, nur ist er merklich grösser. Vœt hat ihn gut beschrieben: auf dem Kopfe zwey kleine Spitzen, und eine ähnliche vorne auf dem Brustschilde in der Mitte. Ob es aber wirklich das Weibchen des Linneischen Alœus sey, wie Fabrizius sagt, will ich nicht entscheiden.

3. Nasicornis. Fabr. ſp. 33. Rösel II. ſcar. I. Tab. 6. 7. Berlin.

Die Verschiedenheit der Grösse, die einen Einfluß auf die charakterischen Kennzeichen hat, giebt leicht zu Verwirrungen Gelegenheit. Eine kleine Spielart ist kaum ein Drittel so groß; das Horn auf dem Kopfe ist nur ganz kurz, grade und spitzig; auf dem Brustschilde steht eben die Aushöhlung, die sonst nur das Weibchen hat, und über derselben in der Mitte eine kleine erhöhete Querlinie mit 3 schwachen Spitzen. Ich wage es nicht, diesen Käfer für eine eigne Art auszugeben, da ich ihn nur ein einziges mal gefunden habe.

4. Cylindricus. Fabr. ſp. 39. Vœt. Tab. 20. Fig. 131. Schweitz.

Ich kann mich noch nicht überwinden, ihn mit Laicharting und Scopoli unter die Schröter zu ſetzen, da er die meiſten Kennzeichen mit den Dungkäfern gemein hat.

** Mit gehörntem Kopfe und glatten Bruſtſchilde.

5. Rhinoceros occidentalis. Vœt. Tab. 19. Fig. 123. Oſtindien.

Herr Füeßly im Entom. Magazin I. p. 38. hält dieſen Vœtſchen Käfer für den Rhinoceros des Lin. und Fabric. Allein, da bey dieſem der Bruſtſchild aufgeworfen und höckrig iſt, ſo kann ich ſeiner Meinung nicht beypflichten; zwar meint er, der linneiſche Rhinoceros ſey nur der einländiſche naſicornis; da aber doch ſchon Röſel, und nun auch Voet, ihn für eine beſondre Species halten, ſo mag ich hierin nichts entſcheiden. Dieſer Vœtſche Käfer unterſcheidt ſich vornemlich bey dem Männchen von dem Rhinoceros Lin. durch die groſſe runde Aushöhlung auf dem Bruſtſchilde, wie bey dem Weibchen des Naſicornis. Das Horn auf dem Kopfe iſt bald nach hinten gekrümmet, etwas ſpitzig und länger, bald nur kurz, ſtumpf, grade aufgerichtet und unten ſehr breit und dicke; jene Art pflegt bräunlich roth, dieſe aber matt ſchwarz zu ſeyn, im übrigen ſind ſie ſich völlig ähnlich.

6. Piceus. Fabr. ſp. 55. Oſtindien.

Taf. XIX. Fig. 1.

Bald iſt dieſer Käfer röthlich braun, bald ganz ſchwarz; nicht ſo ganz hat er die Statur des Foſſor, wie Fabricius ſagt, ſondern er iſt nach Verhältniß breiter, ſo daß man eher ſagen könnte, er habe die Statur des Sc. Vernalis. Die 2 Hörner auf dem Kopfe ſind mehr nur eine erhöhete Querlinie, die zweymal unmerklich erhöhet iſt. Uebrigens ſtimmt Fabricius Beſchreibung genau mit meinen Exemplaren überein; ich habe ihn aus Tranquebar erhalten.

7. Subterraneus. Fabr. ſp. 58. Berlin.

Grade die Gröſſe und Geſtalt des Fimetarius, daher ich eine Abbildung für unnöthig halte. Schranks Subterraneus muß ein andrer Käfer ſeyn, da er nur einen Höcker auf dem Kopfe hat.

Tab. 19. a.

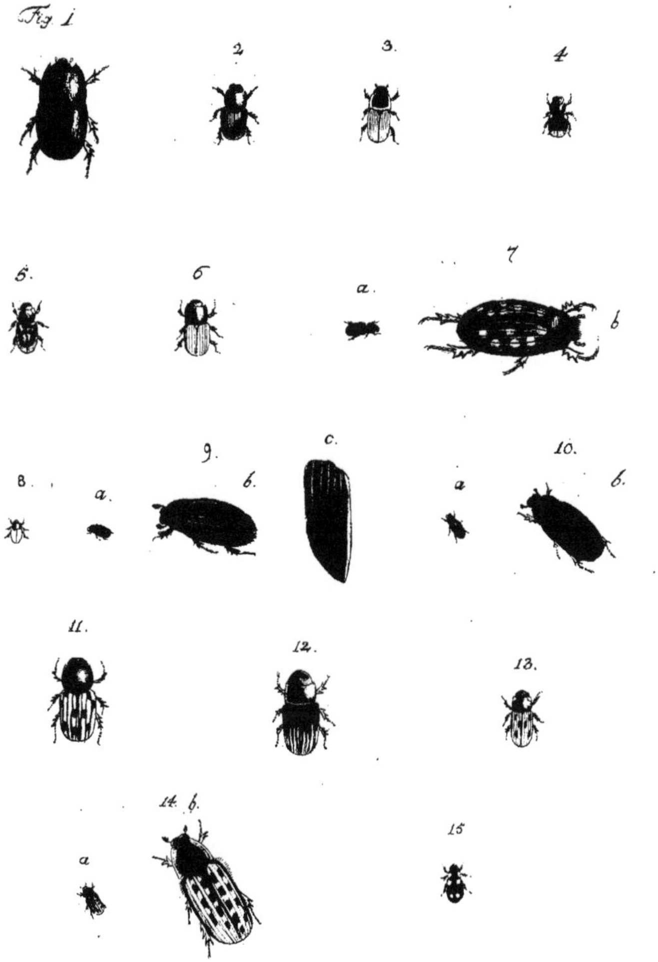

8. Fossor. Fabr. sp. 59. Berlin.

9. Fimetarius. Fabr. sp. 64. Voet. Tab. 21. Fig. 147.

Oft ist das rothe mit braun unterbrochen, wodurch die Flügel etwas schekig erscheinen; dies allein halte ich nur für eine wahre Spielart, alle übrigen aber, auch den Fimetarius griseus für eine eigne Art.

10. Erraticus. Fabr. sp. 66. Berlin.
Taf. XIX. Fig. 2.

Völlig die Grösse und Gestalt des Fimetarius; die Deckschilde nicht eigentlich braun, sondern gelblichbraun, an den Seiten mit schwarz angelauffen, welches sich hinten ganz um die Deckschilde herumzieht; der innre Rand derselben bräunlicher und breit, das Schildlein wie der Brustschild mattschwarz ohne Glanz; ich würde des Voet errabundus maculosus Fig. 146 für diesen Käfer halten, wenn er nicht zu schmal wäre; vielleicht ein Fehler des Zeichners.

* 11. Conflagratus. Berlin.

Dem ersten Anblik nach mit dem Erraticus ganz einerley, eben die Grösse, eben die Farbe und Schattierung der Deckschilde; nur dies unterscheidet ihn: der Kopf hat 3 Höcker, der Brustschild und das Schildlein sind glänzend schwarz, der innre Rand der Deckschilde ist nicht dunkler, und sie sind auch weit stärker und punktirt gefurcht, da sie bey dem vorigen nur schwach gestreift waren. Im Kuhmist. Eine Abbildung halte ich nicht nöthig.

12. Conspurcatus. Fabr. sp. 67.

Des Fabricius Citation Voet. Tab. 21 .Fig. 144. kann wohl nicht hierher gehören, wenn gleich auch Füeßli diesen Voetschen Käfer für den Conspurcatus hält; denn er soll ja, wie Fabricius selbst sagt, kleiner wie der Sordidus seyn, da doch der im Voet wohl 4 mal grösser ist; Degeer sagt: er ist so groß wie der Fimetarius; Laichartings Maaß stimmt auch damit überein; Schrank giebt ihm eine Länge von $2\frac{1}{2}$ Linien, dies alles paßt set nicht auf den Vœtschen Käfer. Es wird also hier vermuthlich manche Verwechselung vorgehen, ich selbst glaube nicht, daß ich den wahren leinnei-schen Conspurcatus habe.

13. Sordidus. Fabr. sp. 68. Berlin.
Taf. XIX. Fig. 3.

Nicht ganz genau will Fabricius Beschreibung bey meinen Käfern überein-stimmen; der Kopf ist nicht schwarz, sondern röthlich gelbbraun, der schwar-ze Punkt in dem gelben Seitenrande des Brustschilds ist sehr undeutlich und schwach, unten ist er nicht schwarz und gelb sondern braun und gelb schattiert. Ueberhaupt scheint Fabricius mit dem Worte griseus nicht grau, sondern schmutzig gelbbraun anzeigen zu wollen. Auf dem Kopfe stehen drey Höcker, wovon der Mittelste mehr nach vorne zu, etwas höher, und fast gedoppelt ist. Gemeiniglich ist der Brustschild rings herum gelbbraun eingefaßt, oft aber auch am Hinterrande nicht. Der Käfer hat die ganze Gestalt, auch meist die Grösse des Fimetarius

14. Granarius. Fabr. sp. 70. Berlin.

* 15. Sanguinolentus. Berlin.
Taf. XIX. Fig. 4.

Völlig die Gestalt des Subterraneus oder Fimetarius, nur ein Drittel kleiner. Der Kopf schwarz, mit 3 ganz schwachen Erhöhungen; der Brust-schild glänzend schwarz; die Deckschilde schwarz, punktirt gestreift, die Spi-tzen bis auf ein Drittel schön roth; auch steht oben auf dem äussern Winkel derselben noch ein verloschner rother Fleck. Unten schwarz, die Füsse dun-kel braun, der letzte Fußtheil röthlich braun.

* 16. Inquinatus. Berlin.
Taf. XIX. Fig. 5.

Ich würde diesen Käfer für den Conspurcatus halten, nur ist der Brust-schild nicht helle eingefaßt; nur oben an den äussern Ecken desselben stehet ein

ein runder röthlicher Fleck; der Kopf ist schwarz mit 3 kleinen Höckern, der Brustschild gleichfalls glänzend-schwarz, die Deckschilde bräunlich gelb, gestreift, mit schwarzen Zeichnungen, die sich nicht gut beschreiben lassen. Unten schwarz, die Füsse braun. Er ist meist ein Drittel kleiner, wie der Fimetarius.

17. Fœtidus. Berlin.
Taf. XIX. Fig. 6.

Etwas kleiner, wie der Fimetarius; der Kopf hat drey Höcker; der Brustschild ist glatt, glänzend schwarz, ohne helleren Rand; die Deckschilde sind ganz einfärbig bräunlich gelb, punktirt gestreift, die Füsse braun.

***) Kopf und Brustschild unbewafnet.

18. Stercorarius. Fabr sp. 74. Vœt. Fig. 134.

Durch zufällige Ursachen werden die Deckschilde oft ganz, oft nur an der Spitze braun. Bald ist die Farbe blau, bald schwarz, bald grünlich; unten bald blau, bald grün, bald violet glänzend.

19. Vernalis. Fabr. sp. 75. Vœt. Fig. 135. Berlin.

20. Rufipes. Fabr. sp. 84. Degeer 4. Tab. 10. Fig. 6. Berlin.

21. Testudinarius. Fabr. sp. 89. Berlin.
Taf. XIX. Fig. 7. a. b.

Er fliegt im Frühjahr häufig auf frisch gedüngeten Aeckern in der Luft herum. Ich weiß nichts zu **Fabricius** Beschreibung im Syst. Ent. hinzuzufügen; a ist seine natürliche Grösse, und b die Vergrösserung.

22. Merdarius. Fabr. sp. 90. Berlin.
23. Quisquilius. Fabr. spec. 91. Berlin.
Taf. XIX. Fig. 8.

Freylich wohl dem merdarius etwas ähnlich, aber kaum halb so groß; der Brustschild hat keine gelbe Einfassung, und die ganze Form des Käfers ist mehr rund. **Scopoli** nennet ihn mit Recht Minimus, denn er ist unter allen Mistkäfern, die ich kenne, der kleinste.

24. Porcatus. Fabr. ſpec. 92. Berlin.
Tafel XIX. Fig. 9. a, b, c.

Er fliegt häufig im Frühjahr mit dem Teſtudinarius und Aſper in der Luft über Miſthaufen. Eine Verſchiedenheit hat einen ganz unebenen Kopf- und Bruſtſchild; man könnte hieraus eine eigne ſpecies machen. Bey friſchen Exemplaren ſiehet man, daß der innere Rand der Deckſchilde roth iſt, welches ſich aber mit der Zeit verliert. Auch hat der Bruſtſchild vorne und an den Seiten eine undeutliche rothe Einfaſſung, und in der Mitte über dem Schildlein eine Kerbe. Die tiefen Furchen der Deckſchilde ſind punktirt.

25. Aſper. Fabr. ſpec. 94. Berlin.
Taf. XIX. Fig. 10. a, b.

Dem Porcatus ungemein ähnlich, nur daß der Bruſtſchild ſauber in die Quere gerippt iſt; über dem Schildlein iſt er auch eingekerbt. Die Deckſchilde haben gleichfalls bey friſchen Exemplaren einen rothen Rand. Bald iſt dieſes ſaubere Käferchen mehr glatt und glänzend, bald rauher und ohne Glanz.

* 26. Interpunctatus. Berlin.
Taf. XIX. Fig. 11.

Ich würde dieſen Käfer für des Voets Fig. 144. halten, wenn Fabric. nicht denſelben bey dem Conſpurcatus citiert hätte, woraus ich vermuthe, daß derſelbe einen bewafneten Kopf haben muß. Lange Zeit habe ich ihn für den Luridus Fabric. gehalten, mit deſſen Beſchreibung er gut übereinſtimmt; da ihn aber Fabric. aus dieſer dritten Abtheilung wieder weggenommen, wo er im Syſtem ſtand, und ihn in ſeinen Speciebus unter die zweyte geſetzt, und ſagt, daß der Kopf höckrig ſey, ſo muß ich ihn wieder für einen andern halten, weil dieſer bey allen meinen Exemplaren einen glatten Kopf hat. Er iſt etwas kleiner, als der Rufipes; Kopf und Bruſtſchild ſind glatt und ſchwarz. Die Deckſchilde ſind ſchmutzig, gelb, die Furchen ſchwarz, und zwiſchen denſelben ſtehen längliche ſchwarze Flecken immer abwechſelnd, zwiſchen der erſten und zweyten unten, zwiſchen der folgenden oben, dann wieder unten, u. ſ. w. Der innere Rand der Deckſchilde iſt braun, das Schildlein ſchwarz. Er wohnt im Kuhmiſt.

* 27.

* 27. Variegatus. Berlin.

Taf. XIX. Fig. 12.

Dem vorigen ganz ähnlich; nur sind die Deckschilde bis über die Hälfte oben ganz schwarz, und nur unten schmutzig gelb, immer zwischen einer Furche höher herauf, zwischen der folgenden wieder weniger. Vielleicht ist er nur eine Varietät des vorhergehenden. Er wohnt auf Wiesen im Kuhmist, ist aber sehr selten.

* 28. Contaminatus. Pommern.

Taf. XIX. Fig. 13.

Dem Interpunct. ähnlich, nur kleiner; der Kopf schwarz und glatt; der Brustschild glatt, schwarz, hat, wie der Kopfschild einen Rand, und ist an den Seiten bräunlichgelb eingefaßt. Die Deckschilde sind schmutzig gelb, mit etwas braun vermischt, durch feine Häärchen rauh, die Furchen bestehen blos aus feinen Punkten; zwischen denselben stehen auf jedem Flügel 4. länglichte dunkelbraune Flecke, zwey neben einander, und nach dem äussern Rande zu noch ein dunkler verworrener Strich; das Schildlein ist schwarz, die Füsse sind schmutzig gelb. Ich würde ihn für Vœt. 145. halten; er erwähnt aber nichts von der gelben Einfassung des Brustschildes.

* 29. Sus.

Taf. XIX. Fig. 14. a, b.

Ohngefehr halb so groß, wie der Fimetarius. Der Kopf braun und glänzend; der Brustschild braun, an den Seiten heller, und mit gelblichen Haaren besetzt. Die Deckschilde bräunlich gelb, durch erhöhete Linien gestreift; die dritte und fünfte, wenn man den innern Rand auch für eine erhöhete Linie annimmt, hat unterbrochene braune Banden, von ungleicher Breite; die Füsse und die untere Seite haben die Farbe des Kopfschildes, und sind mit feinen Haaren besetzt; sehr häufig im Menschenkoth auf den Wegen.

* 30. Arator. Berlin.

Die völlige Form und Gestalt des Rufipes, aber nicht viel grösser, wie der Fimetarius, flacher wie dieser, und durchgängig ganz einförmig schwarz. Kopf und Brustschild haben einen Rand. Eine Abbildung hievon zu geben, halte ich nicht nöthig.

* 31. 4-guttatus. Reppen.
Taf. XIX. Fig. 15.

Der Kopf schwarz, gerandet; der Brustschild schwarz, glatt, an beyden Seiten gelblichroth eingefaßt, nach dem Kopfe zu breiter, als hinten. Das Schildlein schwarz; die Deckschilde schwarz, glänzend, fein gestreift; oben haben sie eine gelblichrothe Binde, und meist unten auf der Spitze einen runden Fleck von eben der Farbe. Auch die Füsse sind gelblich roth; er hat die Grösse des Merdarius; auf den Wegen im Kuhmist.

* 32. Minutus. Berlin.

Er ist nicht grösser, wie der Quisquilius, aber etwas länglicher; Kopf und Brustschild glänzend schwarz; die Deckschilde haben ein schönes rothbraun, hie und da etwas dunkler schattirt, und sauber gestreift; die Füsse sind gleichfalls rothbraun; im Mist. Eine Abbildung halte ich nicht nöthig.

b. Die kein Schildlein haben.

*) Mit gehörntem Brustschilde.

33. Lunarius. Fabric. spec 108. Voet. Tab. 25. Fig. 24. 25. 26. Reppen.
34. Hispanus. Fabr. spec. 130. Ostindien.

Fabricius setzt ihn zwar unter diejenigen, die einen glatten Brustschild haben; allein das Männchen hat doch kleine Spitzen über den Kopf. Man sehe meine Beurtheilung der Schröterschen Insekten im Entomol. Magazin.

* 35. Brevipes. Ostindien.
Taf. XIX. Fig. 16.

Dieser Käfer scheint dem Seniculus, Fabr. spec. 103. sehr nahe verwandt zu seyn; allein der Kopf hat nicht zwey Hörner, sondern nur eine erhöhete Querlinie; vielleicht ist der Meinige das Weibchen vom Seniculus; denn die ganze übrige Beschreibung trift recht gut mit meinem Käfer überein.

Der

Der Rückenschild hat zwey stumpfe Hervorragungen über dem Kopfe, und ist rostfärbig eingefaßt. Die mattschwarzen, schwach gefurchten, hinten etwas bucklichen Deckschilde, haben auf der Mitte eines jeden 2. rostfärbige Punkte, drey oben hinter dem Brustschilde, und zwey unten; alle sind etwas verloschen. Die Deckschilde sind kaum so lang, wie der Leib; die Füsse sind kurz, die Keulen dick, das Schienbein der Hinterfüsse unten breit; alle oberhalb braun, die Keulen auf der Unterfläche rostfärbig.

36. Molossus. Fabr. sp. 118. Degeer. T. IV. Tab. 18. Fig. 11.

Fabricius setzt ihn unter diejenigen, die einen unbewafneten Brustschild haben, und sagt doch selbst von ihm: Thorace retuso bidentato. Dieser Käfer ist ausserordentlich an Grösse verschieden; ich habe einen, der viel kleiner ist, als die degeerische Abbildung, und auch einen, der noch einmal so groß ist. Die Deckschilde sind nicht ganz glatt, sondern schwach gefurcht; der Brustschild ist etwas gekörnt; unten ist er durch rostfarbige Haare rauh; das zweyte Fußpaar steht weit vom ersten ab, und dicht über das dritte.

** Mit unbewafneten Brustschilde.

37. Sphinx. Fabric. sp. 122. Beschäftigungen. T. IV. Tab. 7. Fig. 10. Taf. XIX. Fig. 17. Amerika.

Da unsere Schriften vielleicht in weniger Entomologen Händen sind, so habe ich ihn hier noch einmal abgebildet.

38. Taurus. Fabr. sp. 125. Vœt. Tab. 24. Fig. 16. Berlin.

Ueberall schwarz, mit wenigem Glanze. Bald sind die Hörner lang, bald kurz, bald stehen nur zwey kurze grade Spitzen; das andre Geschlecht ist ganz unbewafnet. Im Kuhmist auf sandigen Wegen.

39. Nuchicornis. Fabric. spec. 132. Vœt. Tab. 25. Fig. 18. Berlin.

40. Coenobita. Vœr. Tab. 25. Fig. 20. Berl.

Herr Füßli hält diesen Voetschen Käfer für das Männchen des Nuchicornis, aber ohne Grund. Er ist sicher eine eigne Art, weil ich ihn mit und ohne Horn habe. Er ist gemeiniglich etwas grösser, wie der Nuchicornis, der Brustschild roth kupferglänzend, die Deckschilde gelbbraun, ohne Flecken. Ich habe ihn niemals im Mist, sondern allezeit nur unter verfaulten Küchengewächsen gefunden.

41. Verticicornis. Fabr. spec. 135. Berlin.

***) Unbewafnete.

42. Sacer. Fabr. spec. 139. Vœt. Tab. 27. Fig. 39. Ostindien.

43. Koenigii. Fabr. sp. 145. Pallas Inf. Sibir. Tab. 1. Fig. 7. Ostind.

Die Grundfarbe in der Abbildung des Pallas ist schlecht gerathen; sie sollte völlig schwarz seyn. Die runzlichten, glatten Erhöhungen auf dem Brustschilde sind gar nicht ausgedrückt.

44. Schreberi. Fabr. spec. 151. Vœt. Tab. 28. Fig. 49. Berlin.

45. Ovatus. Fabr. sp. 158. Berl.
Taf. XIX. Fig. 18.

46. Thoracocircularis. Laichardt. Inf. Tyrol. No. 17.
Taf. XIX. Fig. 19. Berlin, nicht gemein.

47. Mopsus. Pallas Inf. Sybir. Tab. A. Fig. 3. Ostindien.

3. Throx. Sandkäfer.

1. Sabulosus. Fabr. sp. 1. Berlin.

* 2. Granulatus. Ostindien.
Taf. XIX. Fig. 20.

Es scheint dieser Käfer mit des Pallas pectinatus Tab. A. Fig. 10. Inf. Sybir. viele Aehnlichkeit zu haben, aber er ist doch ein anderer, welches eine genaue Vergleichung beyder Beschreibungen zeigen wird. Der Kopf ist platt, hängt perpendiculair herunter, so daß man ihn von oben nicht sieht; er hat in der Mitte zwey kleine Erhöhungen. Der Brustschild ist greis, hat keinen Rand, sondern ist sauber ausgezackt; oben hat er viele unordentliche Erhö-

Tab. 19. b.

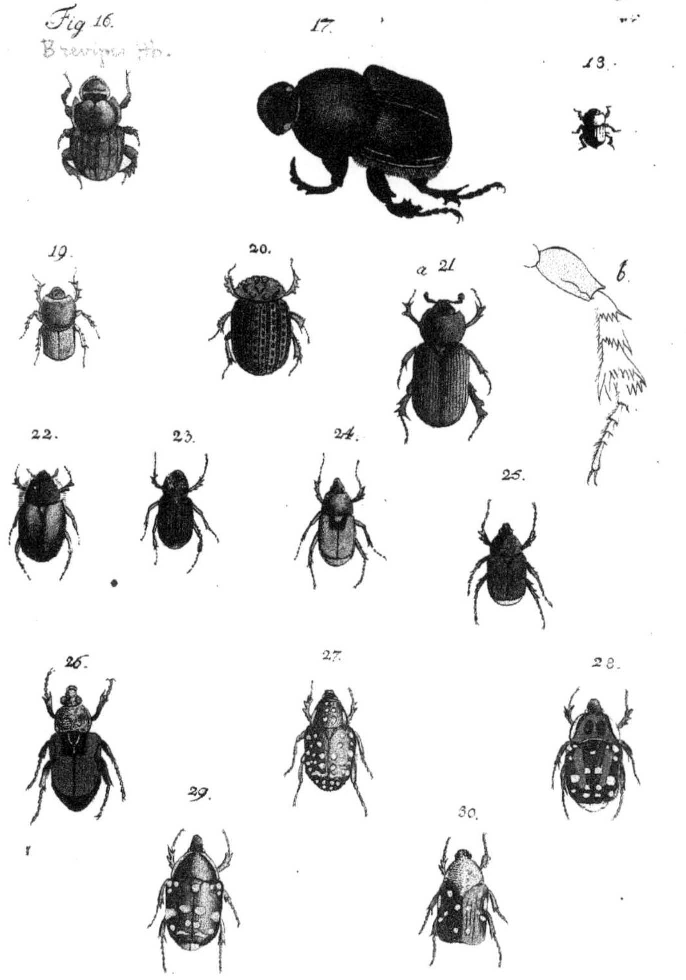

hungen, die sich schwer beschreiben lassen, doch steht auf der Mitte eine rautenförmige gezogene erhöhete Linie. Der Grund der Deckschilde ist schwarzgrau; auf jeder stehen 5. erhöhete gekörnte Linien; und zwischen einer jeden eine Reihe schwarzer, glatter, länglicher Knöpfchens, fast wie bey dem Carabus granulatus. Die 3. Lamellen der Fühlhörner sind greis, die untern Glieder braun und behaart. Das Schienbein der Vorderfüsse ist am Ende lappenförmig breit, die Schienbeine der übrigen Füsse sind an der äussern Schärfe gezackt, und an der innern behaart, und endigen sich in zwey lange Dornspitzen. Die ganze Unterfläche ist schmutzig grau. In Ansehung der Grösse ist dieser Käfer sehr verschieden.

4. Melolontha. Laubkäfer.

1. Fullo. Fabr. sp. 1. Vœt. Tab. 6. Fig. 48. 49. Berlin.
2. Vulgaris. Fabr. spec. 3. Rœsel 2. Sc. 1. Tab. 1. Berlin.
3. Solstititialis. Fabr. sp. 7. Vœt. Tab. 6. Fig. 51. 52. Berlin.
4. Spinipes. Ostindien.
   Taf. XIX. Fig. 21. a. b.

Dieser Käfer sieht dem Solstitialis so ähnlich, daß man ihn sicher dafür annehmen würde. Der Kopf ist glatt und dunkelbraun. Der Brustschild ist röthlich-hellbraun, glatt, und nicht mit weißlichen Haaren besezt, wie der Einländische. Die Deckschilde sind gelblichbraun, an den Rändern mehr bräunlich schattiert, glatt, glänzend, und schwach gefurcht. Am meisten unterscheidet er sich durch den sonderbaren und sauberen Bau der Schenkel an den mittlern und hintern Füssen; diese sind unten gewissermassen köcherförmig rund, und ringsum am Unterrande mit den saubersten Zähnchen besezt, fig. b. noch stehen meist oben und in der Mitte ausserhalb eine Reihe solcher Zähnchen, die sich nach inwendig zu verliehrt; die Schenkel der Hinterfüsse sind viel diker, als der mittleren. Unten ist der Käfer gleichfalls ganz glatt gelblichbraun, ohne Haare. Die Füsse geben durch das Vergrösserungsglaß einen ganz vortreflichen Anblick. Zwar haben die Füsse des Solstitialis etwas ähnliches, aber sie sind doch bey weitem nicht so schön ausgearbeitet.

* 5. Marginata. Frankfurt.

Taf. XIX. Fig. 22.

Dieser Käfer ist kaum halb so groß, wie der Solstitialis, dem er sonst sehr ähnlich ist. Der Kopf ist meist schwarz, die Lamellen der Fühlhörner orangegelb. Der Brustschild hat mit dem Kopfe gleiche Farbe, ist aber durch weißliche Haare ganz rauh, so daß die Grundfarbe kaum zu erkennen ist; noch länger und dichter stehen diese Haare unten auf der Brust. Die Deckschilde sind glatt, ungefurcht, gelblichbraun, unten aber, so wie am innern Rande dunkelbraun schattiert. Die Hinterfüsse sind etwas lang, und so wie alle übrigen dunkelbraun. Ich habe ihn nur zweymal in einem Sandgraben 2 Meilen von Frankfurt im Junius gefunden.

6. Lanigera. Fabr. sp. 10. Voet. Tab. VII. Fig. 59. Ostindien.

Des Voets auricolor loc. cit. ist kein andrer, als dieser Käfer; auch seine ganze Beschreibung stimmt damit überein. Füßli sezt hinzu: Statura & magnitudo solstitialis; das sagt aber Voet nicht, stimmt auch nicht mit der Natur überein, weil er nach Verhältniß viel breiter und fast noch einmal so groß ist. Der Brustschild spielet mit dem herrlichsten graßgrünen Goldglanz, und so auch der Kopf, der unter den Deckschilden hervorstehende Hinterleib, die ganze untere Fläche, und die Füsse.

7. Brunnea. Fabr. sp. 26. Voet. Tab. 7. Fig. 53. 54. Berlin.

8. Frischii. Fabr. sp. 33. Voet. Tab. 7. Fig. 55. 58. Berlin.

9. Vitis. Fabr. sp. 34. Voet. Tab. 7. Fig. 56. 57. Schweiz.

Schwer ist es, den Unterschied dieses Scar. dubius Scop. vom vorigen durch Worte auszudrücken; er ist viel hellgrüner und goldglänzender, wie ich den Frischii jemals gesehen habe.

10. Horticola. Fabr. sp. 41. Berlin.

Bey diesem Käfer ereignen sich viele Verschiedenheiten, die leicht zu Verwechselungen Gelegenheit geben. Ich glaube, man kann füglich drey verschiedene Arten annehmen.

a. Hor-

a. Horticola.

Tafel XIX. Fig. 23.

Diesen findet man am häufigsten in Gärten auf Rosen und Bäumen, auch auf dem Felde auf Weiden und Eichen. Dieser ist glatt ohne Haare, Kopf und Brustschild blaugrünlich glänzend, und so auch das Schildlein, oben die Nath, und der unten hervorstehende Leib. Die Deckschilde haben ein schönes durchscheinendes braun; unten ist er schwarz voll weißlicher Haare; auch sieht man durch das Vergrösserungsglaß wohl einige Haare auf dem Brustschilde, die aber dem blossen Auge nicht sichtbar sind. Die Lippe hat nur einen Rand, da sie bey denen beyden folgenden Arten völlig aufgeworfen ist.

b. Segetum.

Taf. XIX. Fig. 24.

Dieser sitzt am häufigsten auf den Kornähren, und wird deßhalb auch hier zu Lande der Gerstenwurm genannt; Kopf und Brustschild sind zwar auch grünglänzend, aber die Grundfarbe ist wegen der weißlichen Haare kaum zu erkennen, womit sie durchgängig überzogen ist. Die Deckschilde sind viel fahler braun, auch überall durch weißliche Haare rauh. Das Schildlein erscheint wegen der vielen Haare ganz weiß; um denselben haben die Deckschilde eine breite, schwarzliche Einfassung. Der Hinterleib und die ganze Unterseite sehen wegen der wolligten Haare ganz weiß aus. Diese Art ist etwas grösser, wie die vorige.

c. Campestris. Voet. Tab. 8. Fig. 69.

Taf. XIX. Fig. 25.

Der zweyten an Grösse gleich, aber etwas weniges schmäler. Die Farbe der Deckschilde ist etwas reiner und schöner, das Schildlein hat keine schwarze Einfassung, der Brustschild ist mit bräunlichen, die Unterseite mit weissen Haaren besetzt; man findet ihn auch an den Kornähren. Die beyden lezten Arten variiren wenig, bey der ersten aber sind die Deckschilde oft ganz dunkelbraun, meist schwarz, oft durch etwas helleres durchscheinendes braun schekig, aber allezeit glatt und glänzend. Da sich diese drey Arten allezeit auf jezt beschriebene Weise zeigen, so kann man sie wohl nicht gut, als Varietä-

ten

ten einer Art ansehen. Vielleicht hält man auch diese beyden lezten Arten für Varietäten des folgenden Agricola.

11. Agricola. Fabr. sp. 44. Voet. Tab. 8. Fig. 67. Schweiz.

Die Beschreibungen dieses Käfers weichen so von einander ab, daß sie von ganz verschiedenen Käfern zu reden scheinen. Fabricius erwähnt gar nichts von schwarzen Zeichnungen auf dem Deckschilde. Mein Agricola stimmt mit der nicht zu gutgerathenen Voetschen Abbildung überein; nämlich die Deckschilde sind fahl-braungelb mit drey schwarzen bogenförmigen gezackten Banden, die erste umgiebt das Schildlein, die zweyte geht über die Mitte der Deckschilde, und die dritte steht ganz unten; die beyden lezteren verlieren sich in die äussere schwarze Einfassung. Ausserdem ist er überall durch weißliche Haare rauh. Aus denen verschiedenen Beschreibungen dieses Käfers vermuthe ich, daß man die vorigen von mir segetum und campestris genannten Käfer für Varietäten dieses Agricola hält, zumal da sie alle die aufgeworfene Lippen haben; allein ich bin nicht dieser Meinung, theils, weil der Agricola wirklich nach Verhältnis etwas breiter und kürzer ist, theils weil Mel. segetum bey Berlin zu tausenden, campestris auch nicht selten, aber der von mir beschriebene Agricola niemals gefunden, wenigstens als eine sehr grosse Seltenheit angesehen wird, und mich däucht, dieser Grund ist entscheidend.

12. Austriaca. Schrank Inf. Austr. pag. 11. Variet. agricolæ. Linz. Taf. XIX. Fig. 26.

Mein verehrungswerther Freund, der Hr. geistl. Rath Schrank hat mir diesen Käfer zugeschickt, und zweifelt, ob er nicht eine Varietät, oder das Weibchen des Agricola sey. Allein, so ungern ich auch die Arten häufe, so wahrscheinlich ist es mir, daß er eine eigne Species ausmache; seine weit mehrere Grösse, sein ganz andrer Umriß, seine Seltenheit, weil noch niemand desselben erwähnt hat, lassen mich dies nicht allein vermuthen, sondern er hat auch was auszeichnendes am äussern Rande der Deckschilde, nämlich eine sehr starke Erhöhung, gleichsam wie ein Kniff, oder eine starke Falte, und es wundert mich, daß Hr. Schrank derselben in seiner Beschreibung nicht erwähnt. Das lebhafte Braun der Deckschilde, der ganz viereckige Fleck

um

um das Schildlein, und der Mangel aller Häärchen, womit der Agricola so reichlich besezt ist, söndert ihn auch von diesem ab.

13. Farinosa. Fabr. sp. 47. Voet. Tab. 9. Fig. 71. Schweitz.

14. Pulverulenta. Fabr. sp. 56. Berlin.

15. Philanthus. Sulzer. Inf. Tab. 1. Fig. 8. Schweitz.

Drey einander sehr nahe verwandte Käfer, die oft mit einander verwechselt werden. Pulverulenta ist bey Berlin häufig, Philantus und Farinosa gar nicht; man sehe, was ich hierüber weitläufiger im Entom. Magazin bey Beurtheilung des Laichartingschen Verzeichnisses gesagt habe.

16. Octo-punctata. Fabr. sp. Ceton. 7. Voet. Tab. 5. Fig. 42. ?

Der ganze Bau dieses Käfers erfordert es, daß er neben dem vorigen unter Melolontha und nicht unter Cetonia stehe. Fabricius hält diesen Käfer also auch für den Variabilis, wie ich bey Beurtheilung des Laichartings gesagt habe; aber denn ist es die andre goldgrünglänzende Art auch, welches wie ich vermuthe derselbe Käfer ist, den Fabricius mit Recht unter Melolontha spec. 61. gesëtzt hat, und wobey die Citation Roesel Tab. III. Fig. 3. stehen sollte, die zwar bey Nobilis steht, aber wie ich glaube, hierher gehört. Man findet den schwarzen, oder 8-punct. Fabr. gemeiniglich tod in alten eichenen Stubben, tief im Holzmehl. Bey Rüdersdorf und bey Reppen habe ich ihn gefunden.

17. Fasciatus. Fabr. sp. 1. Trichius. Voet. Tab. 5. Fig. 43. Pommern.

Auch dieser Käfer gehört dem ganzen Bau nach unter Melolontha, und kann unmöglich ein Kollege des Hemipterus seyn. Denn der ganze Habitus und Umriß eines Käfers sollte mehr die Geschlechter bestimmen, als blos die Freßwerkzeuge. Bey Berlin findet man diesen Käfer gar nicht.

5. Trichius.

1. Hemipterus. Fabr. sp. 4. Voet. Tab. 10. Fig. 88-90. Berlin.

Häufig in der Erde in den Wurzeln verfaulter Weiden an sandigten Orten.

6. Cetonia.

1. Aurata. Fabr. sp. 4. Voet. Tab. 1. Fig. 2. Berlin. Selten.
Man sehe, was ich von diesen Käfern bey Beurtheilung des laicharting-schen Verzeichnisses im Entom. Magazin gesagt habe.

2. Eremita. Fabr. sp. 15. Voet. Tab. 3. Fig. 21. Frankfurth.

3. Capensis. Fabr. sp. 18. Voet. Tab. 2. Fig. 11. Africa.

4. Hirta. Fabr. sp. 50. Voet. Tab. 4. Fig. 33. 34. Reppen.
Häufig im Frühjahre auf den wilden Ranunkeln auf den Wiesen.

5. Stictica. Fabr. sp. 51. Roesel. 2. Tab. B. Fig. 5.
Taf. XIX. Fig. 27.

Die Röselsche Abbildung hat noch niemand citirt, als Laicharting. Da aber dieselbe dem eigentlichen Bau dieses Käfers nicht gemäß ist, so habe ich ihn noch einmal abgebildet. Was aber Laicharting zugleich sagt, daß der Sc. variabilis Lin. eben dieser Käfer sey, dem kann ich nicht beypflichten.

6. Versicolor. Fabr. sp 52 Beschäftig. d. Berl. Ges. nat. Fr. T. IV. Tab. 1. Fig. 8. Ostindien.
Taf. XIX. Fig. 28.

Ich habe es aus vielen Ursachen für nöthig gefunden, diesen Käfer hier noch einmal abzubilden.

7. Variegata. Fabr. sp. 55. Ostindien.
Taf. XIX. Fig. 29.

Ich bin fast zweifelhaft, ob ich diesen Käfer für das andre Geschlecht, oder für eine Varietät des vorigen Versicolor halten soll. Auf das genaueste eben dieselbe Grösse, der ganze Bau, ja selbst auf das genaueste eben dieselben weissen Flecken; nur blos alles, was an dem Cet. Versicolor roth ist, hat hier eben die schwarze etwas glänzende Farbe, die der ganze Käfer hat.

* 8. Coerulea. Ostindien.
Taf. XIX. Fig. 30.

Dieser ungemein schöne Käfer ist noch nirgends beschrieben. Er hat eben die Grösse, und den ganzen Bau des vorigen. Kopf und Brustschild haben eine ganz ausserordentliche Glätte, und glänzen mit dem schönsten blau, welches etwas ins grüne spielet. Die Deckschilde sind stahlblau, etwas unordentlich durch ausgehöhlte Punkte gestreift; auf jedem stehen 5 runde weisse Flecken. Auch steht ein weisser Fleck auf der oben an den Seiten hervorstehenden Brust, und der bey diesem Geschlecht an den Seiten der Deckschilde befindliche Anhang oder Dorn, hat eine weisse Spitze, und oberhalb einen weissen Fleck. Der Hinterleib hat eben die 2 weissen herzförmigen Flecken, wie die beyden vorigen Arten, und so stehen auch am Bauche zu jeder Seite 2 Reihen, jede aus 4 weissen Flecken bestehend. Das allermerkwürdigste bey diesem Käfer ist: daß er kein Schildlein hat, sondern an dessen statt verlängert sich daselbst der Brustschild in einen spitzigen Winkel.

9. Alopecias. Pallas. Inf. Sibir. Tab. 1. Fig. 15. a, b. Sibirien.

Aus der Abbildung des Pallas mögte dieser Käfer schwehr zu erkennen seyn. Er ist dergestalt mit sehr langen gelben Haaren besetzt, daß man von der Grundfarbe gar nichts erkennet.

7. Hister.

1. Unicolor. Fabr. sp. 2. Sulz. Inf. Tab. 2. Fig. 8, 9. Berlin.

2. Pygmæus. Fabr. sp. 5. Berlin.

3. 2-maculatus. Fabr. sp 7. Voet. Tab. 31. Fig. 1. Berlin.

4. 4-maculatus. Fabr. sp. 8. Voet. Tab. 31. Fig. 3. Berlin.

5. Æneus. Fabr. sp. 9. Berlin.

Er ist der kleinste dieses Geschlechts, und hat einen grünen Kupferglanz.

6. Planus. Sulzer. Inf. Tab. 2. Fig. 9. Schweitz.

Warum hat Fabricius diesen Käfer aus seinem System weggelassen?

* 7. Compressus. Pommern.

Nur halb so groß, wie der Planus, nicht voll so platt, überall einfärbig schwarz und glatt, der Brustschild hat einen Rand, die Deckschilde haben nach aussen zu viertehalb Striche, wovon der halbe am meisten inwendig steht.

8. Dermestes.

1. Lardarius. Fabr. sp. 1. Schæfer Icon. Tab. 42. Fig. 3. Berlin.

Die Hattorfsche Varietät, deren Fabricius erwähnt, findet man hier auch, doch selten. Die drey schwarzen Punkte, welche sonst auf jedem Deckschilde in der aschgrauen Binde stehen, fehlen bey derselben, daher man sie doch wohl für eine eigne Art haben könnte.

2. Pellio. Fabr. sp. 5. Schæf. Icon. Tab. 42. Fig. 4. Berlin.

3. Undatus. Fabr. sp. 6. Schæf. Icon. Tab. 157. Fig. 7. a. b. Berlin.

4. 20-guttatus. Fabr. sp. 7. Sulz. Inf. Tab. 2. Fig. 3. Braunschweig.

5. Murinus. Fabr. sp. 10. Voet. Tab. 31. Fig. 11. Berlin.

6. Violaceus. Fabr. sp. 13. Degeer Tom. 5. Tab. 5. Fig. 13. Berlin.

7. Fumatus. Fabr. sp. 16. Berlin.
Taf. XX. Fig. 1.

Ich hege mit Laicharting den gleichen Zweifel, ob dieser Käfer der Fumatus Lin. sey. Ja auch der Degeersche scheint mir ein andrer zu seyn, denn das Kennzeichen elytris punctis excavatis läßt sich von dem Meinigen nicht sagen. Um die Verwirrung nicht zu vergrössern, habe ich den Meinigen doppelt so groß, wie er ist, abgebildet, und sein eigentliches Maas bey a darneben gesetzt. Er ist überall ockergelb, nur die Augen sind schwarz; die ganze Oberfläche ist mit ockergelben Haaren überzogen, die aber so glatt aufliegen, daß er dem blossen Augen ganz glatt zu seyn scheinet. Der Brustschild lauft unten an den Ecken etwas spitz zu, fast wie bey dem Springkäfer, und hat, so wie die Deckschilde einen Rand, als welche auch unten ziemlich spitz zulaufen. Die Kolbe der Fühlhörner besteht aus 3 Gelenken. Oft ist die Grundfarbe der Deckschilde schwärzlich, wodurch sie vermittelst der gelben Haare eine grünlich gelbe Farbe bekommen. Schrank nennet diesen Käfer testaceus, welcher aber nicht mit dem D. testaceus Fabricii verwechselt werden muß.

* 8. Scanicus. Fabr. sp. 22. Berlin.

Taf. XX. Fig. 2.

Ich habe dieses zierliche Käferchen doch einmal bey Berlin in einer Blume gefunden, und also ist er nicht blos in Schweden zu Hause. Fig. 2 zeigt ihn in einer zweymal vergrösserten Gestalt, und bey b ist sein wahres Maaß. Zu der genauen Beschreibung des Fabricius weiß ich nichts hinzuzufügen, als daß der Brustschild und die Deckschilde einen Rand haben, und daß dieser Käfer kein Schildlein hat.

9. Tomentosus. Fabr. sp. 17. Degeer Inf. 4. 199. Tab. 7. Fig. 18. Berlin.

Er hat viele Aehnlichkeit mit dem D. Fumatus.

* 10. Fimetarius. Berlin.

Taf. XX. Fig. 3.

Man findet diesen Käfer im Mist, aber auch wohl auf Blumen. Er ist anderthalb Linien lang, überall schmutzig braun, etwas gelblich; die Augen sind schwarz, Fühlhörner und Füsse röthlich braun. Der Brustschild hat einen Rand, fast wie die Silphæ; auch der Vorderrand desselben über dem Kopf ist aufgeworfen. Der ganze Käfer ist ziemlich gewölbt. Fig. 3. Tab XX. zeigt ihn noch etwas mehr als 2 mal so groß, wie sein wahres Maaß bey c ist.

11. Psyllius. Fabr. nitidula pedicularia. Berlin.

Taf. XX. Fig. 4.

Wegen der Fühlhörner mögte ich diesen Käfer lieber hierher setzen als zu dem Geschlecht Nitidula. Er wird oft mit dem D. Pulicarius verwechselt,

 dem

dem er auch sehr ähnlich ist. Er ist überall grünlich schwarz, die Füsse sind kurz, breit und platt. Fig. 4. Tab. XX. stellt ihn in einer 5-fachen Vergrösserung vor; sein eigentliches Maaß zeigt d. Man findet ihn häufig in Blumen.

12. Cellaris. Scopoli Ent. Carn. n. 42. Berlin.
Taf. XX. Fig. 5.

Dieses kleine Käferchen ist kaum $\frac{2}{3}$ einer Linie lang, wie sein Maas bey e zeigt. Er kriecht im Frühjahr in den Häusern an den Wänden herum. Die Scopolische Beschreibung ist sehr genau, nur sind bey den Meinigen die Augen nicht braun, sondern schwarz. Zu mehrerer Deutlichkeit habe ich Tab. XX. Fig. 5. lit. f. den Brustschild noch mehr vergrössert vorgestellet.

13. Pedicularius. Schrank. Inſ. Auſtr. No. 56. Oesterreich.
Taf. XX. Fig. 6.

Fabricius hat diesen linneischen Käfer aus seinem System weggelassen. Ich weiß zu des Hrn. Schranks Beschreibung, der ihn mir zugeschickt hat, nichts hinzuzufügen, als daß der Hinterleib, so weit er unter den Deckschilden hervor stehet, mit einer eben so harten Schale bedeckt ist, als die Flügeldecken sind. g zeigt seine eigentliche Grösse.

* 14. Rufus. Berlin.
Taf. XX. Fig. 7.

Es ist dieser Käfer zu wenig selten, als daß ich ihn für unbeschrieben halten könnte, und doch will keine einzige Beschreibung recht eintreffen. Ich würde ihn für die Silpha teſtacea Lin. halten, aber er ist nicht braun, sondern ziegelroth, deshalb kann er auch nicht der Derm. teſtaceus Schrank; nach der D. vini Laichart. seyn, der Silpha æſtiva Lin. kommt er nahe. Da er weder Schuppen noch Haare auf dem Deckschilde hat, so kann er auch nicht Derm. ferrugineus Lin. noch Derm. flaveſcens Schrank seyn. Hier ist also seine Beschreibung. Er ist überall blaßroth, fast ziegelfärbig und glatt, doch sieht man durch das Vergrösserungsglas ausgehöhlte feine Punkte. Brustschild und Deckschilde haben einen Rand; die Augen sind schwarz, so auch das

kleine

kleine Schildlein, welches etwas tief liegt. Aber das ist sehr sonderbar, daß ich einen Käfer habe, der diesem itzt beschriebenen in allen Stücken auf das genaueste gleich ist, aber das Schildlein ist etwas grösser, und hat mit den Deckschilden eine gleiche Farbe. Ist dies eine Varietät, oder eine eigne Art? Die Länge dieses Käfers ist eine Linie, wie h zeigt, und Fig. 7 stellt den vergrösserten Käfer vor. Man findt ihn so wohl auf Blumen, als im Mist.

* 15. Longicornis. Berlin.

Taf. XX. Fig. 8.

Ich würde diesen Käfer für den D. vini Laichart. halten, wegen seinen längern Fühlhörnern, und wegen seiner Aehnlichkeit mit dem D. Cellaris; aber theils ist er nicht lichtbraun, sondern dunkler, und die Deckschilde sind nicht gestreift, sondern voll ausgehöhlter Punkte. Die Fühlhörner sind noch etwas länger, als der Brustschild, und die drey letzten grösseren Glieder ziemlich weit von einander abgesetzt; die Farbe ist überall ziemlich dunkelbraun, nur die Augen sind schwarz. Auf der Mitte des Brustschilds steht eine runde Vertiefung. Ein Schildlein habe ich nicht wahrgenommen. Seine Grösse beträgt eine Linie, wie i zeigt.

9. Bostrichus.

1. Capucinus. Fabr. sp. 1. Sulzer. Inf. Tab. 2. Fig. 5. 6. Berlin.

Dieser Käfer ist an Grösse überaus verschieden; von einem Viertelzoll, und so allmählig immer grösser, bis über einen halben Zoll. Die braunrothe Farbe ist bald dunkler, bald gelblicher. Häufig habe ich ihn einmal auf einem Holzplatze an frisch angekommenen eichenen Kloben gefunden, und sonst niemals, daher ich zweifle, daß er bey Berlin zu Hause gehört.

2 Typographus. Fabr. sp. 3. Degeer Inf. 5. Tab. 6. Fig. 1. 2. Berlin.

An alten Pfählen von Fichtenholz.

3. Polygraphus. Fabr. sp. 5. Pommern.
Taf. XX. Fig. 9.

Nicht allezeit rothbraun, sondern auch gelblich. Kaum über eine halbe Linie lang, wie k zeigt.

4. Piniperda. Fabr. sp. 7. Degeer Inf. 5. Tab. 6. Fig. 8. 9.
Berlin. Sehr häufig.

An Grösse sehr verschieden.

5. Micographus. Lin. S. N. no. 12. Pommern.

Kaum von dem Typographus verschieden; vielleicht hat ihn darum Fabricius nicht mit aufgeführt.

* 6. Bidentatus. Pommern.
Taf. XX. Fig. 10.

Dieser Käfer ist dem Micographus an Grösse gleich; Kopf und Brustschild sind schwarz, schwach chagriniert; die Deckschilde sind braunroth, glatt, hinten abgestuzt, wie beym Typographus; oben am Anfang dieser Abstutzung steht auf jeder Flügeldecke ein ziemlich starker krummgebogener Zahn. Hie und da sieht man schwache Häärchen. Die Länge ist ohngefehr eine Linie, wie l. zeiget.

* 7. Limbatus. Pommern.
Taf. XX. Fig. 11.

Man könnte Fabricius Beschreibung des Derm. limbati wohl so ziemlich auf diesen Käfer anwenden; aber nicht zu gedenken, daß derselbe in Neu-Seeland zu Hause ist, so hätte Fabricius auch meinen Käfer gewiß nicht unter das Geschlecht Dermestes gesezt. Die Grösse dieses Käfers ist anderthalb Linien, dabey aber ist er ziemlich schmal. Der schwarze Kopf liegt ganz unter dem Brustschilde verborgen. Der Brustschild ist schwarz, dick, rund, gewölbt, grade wie bey dem Bostr. capucinus; durch das Vergrösserungsglaß sieht man, daß er voll gelber Haare ist. Die Deckschilde sind blaßgelblich, glatt, haben sowohl ausserhalb als innerhalb einen Rand, sind auch auf beyden Seiten schwarzbraun eingefaßt; unten haben sie einen grossen schwarzbraunen Fleck, in welchen sich die Seitenränder verliehren, so wie er selbst sich allmählig mit der Grundfarbe vermischt. Die Füsse sind dunkelbraun, der lezte Fußtheil aber helle. Seine wahre Grösse zeigt m.

10. Byrrhus.

1. Pilula. Fabr. spec. 1. Berlin.

Bey diesem Käfer-Geschlechte sind die Verwirrungen unvermeidlich, weil diese Käfer so vielen Veränderungen ausgesezt sind, je nachdem die Häärchen, mit welchen sie überzogen sind, mehr oder weniger abgeschabt sind. Meine geringe Meinung ist folgende: Den B. Pilula des Degeer und Geoffroy halte ich nicht für einerley mit dem Pilula des Linné und Fabricius. Der beyden lezteren ihrer ist der Größte von allen, über $\frac{1}{4}$ Zoll lang; die Grundfarbe ist oft braun, oft schwarz; der Länge nach stehen schwarze Streifen von schwarzen Haaren, diese sind aber von gelblichen, oft etwas glänzenden Flecken von Haaren, bald mehr, bald weniger unterbrochen, so daß es bey frischen Exemplaren scheint, als hätten die Deckschilde wellenförmige Banden in die Quere. Der Brustschild hat eben solche wellenförmige Zeichnungen, die aus gelben Haaren verursacht werden, bald mehr, bald weniger. Oft aber ist dieser Käfer aller Haare beraubt, mit welchen er überall umzogen war, und alsdenn halte ich ihn für den B. Fabric. Nun ist er überall glatt, mattschwarz, mit einem geringen Glanz.

2. Maculatus. Degeer B. Pilula. Voet. Tab. 32. Fig. 4. Berlin.

Dieses ist der B. Pilula des Degeer und Geoffr. Er erreicht nicht leicht die Grösse des Pilula, und ob er gleich im übrigen demselben sehr gleich ist, so unterscheidet er sich doch durch den grünlichen Kupferglanz; das Schildlein pflegt durch Haare schmutzig weiß zu seyn. Er hat eben die unterbrochnen Streifen auf den Deckschilden. Voet hat ihn loc. cit. gut abgebildet, niemand aber hat ihn citiert.

3. Aeneus. Fabr. sp. 4. Berlin.

Dieser ist noch kleiner, wie der vorige; überall kupfergrün, durch weißliche Haare rauh, das Schildlein ganz weiß, welches durch Haare verursacht wird. Die Deckschilde sind ganz glatt, haben weder Streifen noch Furchen.

* 4. Fasciatus. Berlin.

So groß, wie B. Maculatus; matt schwarz. Ueber die Mitte der Deckschilde geht eine breite braune Binde, die bey einigen bis an den äussern Rand geht; oft aber auch eher aufhöret; oft hat auch der Brustschild in der Mitte braune Zeichnungen, und alsdenn vermuthe ich, ist dieser Käfer Voets Tab. 32. Fig. 2.

11. Anthrenus.

1. Scrophulariæ. Fabr. sp. 2. Schäf. Jcon. Tab. 176. Fig. 4. Berlin.

Am häufigsten in Tulpen.

2. Museorum. Fabr. sp. 3. Degeer Tom. 4. Tab. 8. Fig. 11. 12.

3. Verbasci. Fabr. sp. 4. Berlin.

Etwas länger als der A. Scrophul.

* 4. Glaber. Berlin.

Fast die Form und Grösse des Derm. Pellio. Kopf und Brustschild schwarz und glatt, die Deckschilde dunkelbraun, glatt, glänzend, ohne Zeichnungen. Fühlhörner und Füsse braun. Er ist der Größte von allen, und selten.

12. Anobium.

1. Pertinax. Fabr. sp. 1. Degeer Ins. 4. Tab. 8. Fig. 24. Berlin.

Allzeit finde ich ihn hier durch gelbliche Haare scheckig, aber niemals ganz einfärbig.

* 2. Fagi. Taf. XX. Fig. 12. Berlin.

Ueberall schwarz, ausgenommen die Fühlhörner, welche braunroth sind; die drey lezten Gelenke sind oval und groß, die hinteren klein, rund und dicht neben einander. Der Brustschild ist fast, wie beym Pertinax, hinten ist er durch 2 Vertiefungen ausgehöhlt; über denselben steht noch eine dreyeckige Vertiefung, deren Seitenränder eine erhöhete Linie machen; unten geht er eben so zusammen, wie beym Pertinax, und wickelt den Kopf gewissermassen ein. Das Schildlein ist greis, die Deckschilde sind schwarz, fein gestreift, und in den Furchen stehen feine vertiefte Punkte. Die Länge des Käfers beträgt 3 Linien, wie n. zeigt.

* 3. Ferrugineum. Reppen.
Taf. XX. Fig. 13.

Anderthalb Linien lang. Der Kopf liegt unter dem Brustschilde verborgen; die Fühlhörner haben am Ende drey lange grössere Glieder, welche zusammen mehr als die Hälfte der ganzen Länge ausmachen. Der Brustschild ist etwas röthlicher wie die Deckschilde, die fast ockergelb sind. An den Seiten unterwärts vertieft er sich etwas; er geht aber auf der untern Seite nicht so sehr um den Kopf herum, wie beym A. Pertinax. Die Deckschilde sind schwach gestreift, auch mit feinen Häärchen besezt. Seine wahre Länge zeigt o. Die untere Seite, Füsse und Fühlhörner haben die Farbe der Deckschilde, die Augen aber sind schwarz.

13. Ptinus.

1. Germanus. Fabr. sp. 2. Berlin.
2. Fur. Fabr. sp. 4. Degeer Tab. 9. Fig. 5. 6. Berlin.
3. Imperialis. Fabr. sp. 5. Sulzer Inf. Tab. 2. Fig. 7. Baunschweig.
4. Latro. Fabr. sp. 6. Berlin.
5. Scotias. Fabr. sp. 8. Schrank. Ent. Inf. Austr. Seminulum. Wien.
Taf. XX. Fig. 14.

Einer der sonderbarsten Käfer, die ich kenne. Mein lieber Freund, Hr. Schrank, durch dessen Güte ich ihn erhalten habe, hat ihn auch so gut beschrieben, daß ich, um der mir vorgeschriebenen Kürze getreu zu bleiben, nur weniges hier anführen will; im übrigen verweise ich meine Leser auf die Beschreibungen des **Fabricius** und **Schranks**. Man kann nicht eigentlich von den Deckschilden sagen, daß sie connatæ sind, wie **Fabricius** thut; bey meinem Exemplare stehen sie unten von einander. **Schrank** sagt von den Fühlhörnern: Articulis omnibus æqualibus; sie gehen aber am Ende spitz zu. Keiner hat das sonderbare der Füsse angemerkt, nämlich das kleine Einlenkungsglied ist so lang, wie die Keule selbst, so daß sie ein Gelenk mehr, oder zwey Keulen über einander zu haben scheinen; am hintersten Paar fällt es am meisten in die Augen. Das sonderbarste ist der Leib, der einer kleinen braunen Blase ähnlich, und so klar und durchsichtig ist, daß man die durchgehende Stecknadel sehr gut durchscheinen sehen kann.

6. Pectinicornis. Fabr. sp. 3. Hispa. Sulz. Inf. Tab. 2. Fig. 6. **Berlin.**

Ich kann mich unmöglich entschliessen, mit **Fabricius** diesen Käfer unter das Geschlecht Hispa zu bringen. Da die Hispa im Grase lebt, so ist dieser Käfer dagegen ein wahrer Holzbohrer, und gehörte also eher unter das Dermestes Geschlecht. Ich habe ihn allezeit in trocknen Weidenstämmen gefunden, in welchen er runde Löcher bohret, wie der Typographus. Nur das Männchen hat solche kammartige Fühlhörner, beym Weibchen hingegen sind sie sägeförmig, so wie die Elateres oder Buprestides sie haben.

14. Bruchus.

1. Scabrosus. Fabr. spec. 5. **Berlin.**

Tafel XX. Fig. 15.

Nicht häufig; gemeiniglich auf den wilden Kastanienbäumen.

2. Granarius. Fabr. sp. 11. **Berlin.**

Am genauesten hat ihn **Schrank** beschrieben. Sehr häufig findet man ihn in den grossen sogenannten Saubohnen. Wegen seiner Aehnlichkeit mit dem Br. Pisi halte ich keine Abbildung nöthig.

3. Bactris. Linné S. N. sp. 4. **Indien.** Taf. XX. Fig. 16.

Fabricius hat diesen Käfer aus seinem System weggelassen, warum, ist mir unbekannt. Er ist in Ostindien zu Hause. Will man ihn aber haben, so

Tab. 20.

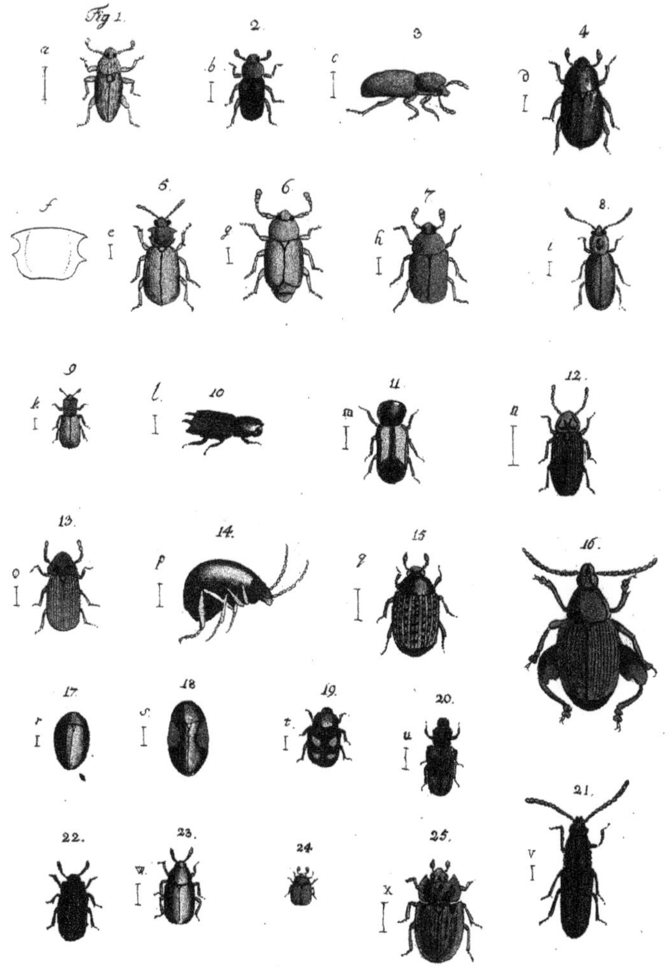

Fig 1.
a
2.
b
3
c
4
d
f
5.
e
6
g
7
h
8.
i
9
k
l.
10
11
m
12.
n
13.
o
14.
p
15
q
16.
17.
r
18
s
19.
t
20.
u
21.
v
22.
23.
w
24
25.
x

so darf man nur die Palmnüsse aufschlagen, welche die Materialisten zu verkaufen pflegen, und die gemeiniglich von den Drechselern zur Verfertigung der Stocknöpfe, und andrer feinen Sachen gebraucht werden. Freylich kann man wohl ein Dutzend aufschlagen, ehe man einen findet; am wenigsten in denen, die ein grosses, rundes Loch haben, weil er alsdenn schon ausgekrochen ist. Der Kopf stehet hervor, die Augen gleichfalls, und sind sehr stark gegittert. Die Fühlhörner haben 11 Glieder, von denen die untersten drey ziemlich rund, die übrigen mehr platt, und etwas grösser sind. Der Brustschild ist schwarz, gerandet, und hat feine vertiefte Punkte. Die Deckschilde würden schwarz seyn, sie sind aber mit einer gelbgrauen Rauhigkeit überzogen, und durch feine vertiefte Punkte gestreift. Das merkwürdigste sind die Hinterfüsse, welche ganz ausserordentlich dicke, einmal gezahnte, Keulen haben; das Schienbein ist stark einwärts gekrümmet, und der Fußtheil hat, so wie auch bey denen übrigen nur schmalen Füssen, nur zwey Glieder, nebst der Klaue. Der Hinterleib steht etwas unter den Deckschilden hervor; die Länge des Käfers ist ohngefähr ¾ Zoll.

* 4. Rufipes. Pommern.

Dem Br. Granarius ähnlich, aber kleiner, nur 1½ Linie lang; der Kopf hängt sehr herunter, und verlängert sich schon etwas, um sich den Rüsselkäfern zu nähern. Er ist schwarz, am Maule durch Haare greiß; die drey ersten Gelenke der Fühlhörner sind, wie bey dem Br. Granarius rostfärbig; eben diese Farbe haben auch die zwey ersten Paar Füsse. Der Brustschild ist schwarz, hat aber über dem Schildlein einen dreyeckigen weissen Fleck, der durch Haare verursacht wird. Die Deckschilde sind schwarz, abgekürzt, glatt, fein gefurcht, hie und da meist gesprenkelt; oben ist die Nath weiß, das Schildlein fehlet. Die Hinterkeulen sind dick, einmal gezahnt, überhaupt die Hinterfüsse schwarz; der unter den Deckschilden hervorstehende Hinterleib durch Haare greiß, mit zwey schwarzen Flecken.

15. Elophorus.

1. Aquaticus. Fabr. spec. 1. Degeer Inf. 4. Tab. 18. Fig. 5. 6. Pommern.

16. Sphæridium.

1. Scarabæoides. Fabr. sp. 1. Degeer Inf. 4. Tab. 12. Fig. 17. Berlin.
2. 2-pustulatum. Fabr. sp. 2. Berlin.
3. Melanocephalum. Fabr sp. 6. Pommern.
4. Fimetarium. Fabr. sp. 9. Berlin.

Taf. XX. Fig. 17.

Wenigstens vermuthe ich, daß der Meinige dieser Käfer sey; denn die Kleinheit sezt aller Untersuchung Grenzen. Er ist kaum ¾ einer Linie lang, wie v zeigt, eyrund, äusserst glatt und glänzend; die Deckschilde ganz ohne Striche. Kopf, Fühlhörner und Füsse sind so eingezogen, daß man sie gar nicht sehen kann, und der Käfer einem Saamenkorn gleich. Er ist überall schwarz, und hält sich im Kuhmist auf.

5. Bimaculatum. Berlin.

Taf. XX. Fig. 18.

Gewiß mit dem vorigen eines Geschlechts; gleichfalls oval, und von einer ausserordentlichen Glätte; 1½ Linie lang, überall schwarz, nur die Deckschilde haben zwey grosse, sehr lebhaft-rothe Flecken; sie sind schwach gestreift, Kopf, Fühlhörner und Füsse völlig eingezogen. s ist das Maas der Länge. Er lebt auch im Kuhmist, ist aber selten, und man findet ihn auch oft viel kleiner.

* 6. 4-maculatum. Berlin.

Taf. XX. Fig. 19.

Ohngefehr die Grösse und Gestalt des Sphær. Melanocephali. Er lebt auch im Kuhmist, ist aber sehr selten; ich habe ihn nur ein einzigesmal finden können, und da diesem die Fühlhörner fehlen, so schliesse ich nur aus der

Aehn-

Aehnlichkeit der Form, daß er hierher gehöre. Er ist kaum eine Linie lang, überall matt-schwarz, nur die glatten, ungestreiften Deckschilde haben vier gelbe Flecken, deren Gestalt aus der Abbildung zu erkennen ist.

7. Pulicarium. Fabr. sp. 12. Reppen.

Ich bin nicht gewiß, ob mein Käfer der wahre Pulicar. ist.

17. Ips.

1. 4-pustulata. Fabr. sp. 2. Degeer Inf. 4. Tab. 6. Fig. 20. 21. Berlin.

Sehr selten an Weidenstämmen.

2. Crenata. Fabr. sp. 5. Pommern.
Taf. XX. Fig. 20.

Sehr schmal, nicht viel über anderthalb Linien lang, wie u zeigt. Der Brustschild der Länge nach voll runzlicher Streifen.

* 3. 6-dentata. Berlin.

Man findet diesen Käfer nicht selten im Reis; ob er mit aus Amerika kommt, oder erst hier zu Lande sich daselbst einfindet, ist mir unbekannt. Er ist $1\frac{1}{2}$ Linien lang, wie v zeigt; der Kopfschild ziemlich lang, einigemal an den Seiten ausgezackt; die Glieder der Fühlhörner von gleicher Grösse, nur die drey lezten etwas breiter. Der Brustschild ist lang, an den Seiten sechsmal gezackt, in der Mitte steht eine erhabene Linie. Die Deckschilde schmal, durch Punkte schwach gerippt. Die Farbe überall schwarz; ich habe ihn zu mehrerer Deutlichkeit stark vergrössert vorgestellt. Degeers Tenebrio surinamensis Tom. V. Tab. 13. Fig. 12. welcher der Dermest. Surin. Linn. seyn soll, ist diesem Käfer so ähnlich, daß ich ihn gewiß für eben denselben halte, ob er gleich sagt, daß er nicht grösser, als eine Floh sey.

18. Hiſpa.

1. Atra. Fabr. ſp. 10. Beſchäftigungen. Tom. IV. Tab. 7. Fig. 6. Berlin.
2. Mutica. Fabric. ſpec. 9. Degeer Inſ. 5. Tab. 3. Fig. 1. Berlin.
Nicht häufig; im Sande, auch am Graſe.

19. Nicrophorus.

1. Germanicus. Fabr. ſp. 1. Degeer Inſ. 4. Tab. 6. Fig. 4. Berlin.
2. Veſpillo. Fabric. ſp. 2. Rœſel Inſ. 4. Tab. 1. Fig. 14.
3. Veſpilloides. Berlin.

Zwar dem N. Veſpillo ſehr ähnlich, aber doch nicht derſelbe. Der Unterſchied beſteht im folgenden: Er iſt kaum halb ſo groß. Die Kolbe der Fühlhörner iſt nicht braun, ſondern ſchwarz. Kopf und Bruſtſchild ſind nicht mit gelben Haaren beſezt; lezterer iſt nicht glatt, ſondern hat vorne 4 und hinten 3 erhöhete, glatte Buckeln; bey der Einlenkung der Deckſchilde ſteht unten ein kleiner gelber Fleck abgeſondert, der beym Veſpillo mit der gelben Bande zuſammenläuft; die unterſte gelbe Bande reicht nicht bis an den Seitenrand, ſondern iſt nur mehr ein ovaler Fleck. Der Hinterleib iſt nicht mit gelben Haaren beſezt, ſondern glatt, ſchwarz. Dieſe Unterſcheidungs-Zeichen bleiben bey allen gleich.

20. Silpha.

1. Littoralis. Fabr. ſp. 2. Sulz. Inſ. Tab. 2. Fig. 14. Berlin.

Fabricius iſt ungewiß, ob die S. Clavipes Sulz. die S. Littoralis ſey; ich würde nicht daran zweifeln, wenn nur nicht der lezte gemeiniglich zu klein angegeben würde; denn Scopoli ſagt, er ſey 4 ½ Linien lang, und Degeer ſagt, kaum ½ Zoll. Doch iſt das Maaß derſelben im Laicharting auch mehr, als ½ Zoll. So viel iſt gewiß, es giebt von der S. Clavipes Sulz. 2 Arten;

Arten; die eine hat sehr dicke Hinterkeulen, die andre nicht; jene ist grösser, und erreicht fast einen Zoll, die andre ohngefähr 9 Linien; im übrigen sind sie sich beyde so gleich, daß ich sie gewiß nur für eine Art, aber verschiedenes Geschlechts halte. Degeer sagt: er habe unter anderm ein Exemplar, welches Chokolatefärbig sey; ich habe eben ein solches, welches ich aber für eine eigne Art halte, und welche unten unter dem Namen S. livida vorkommen wird. Obige beyde habe ich bey einander in einem todten Pferde gefunden.

2. Thoracica. Fabr. spec. 6. Sulz. Inf. Tab. 2. Fig. 12. Berlin.

3. Rugosa. Fabr. sp. 9. Berlin.

Fabricius citiert hiebey sowohl Degeer Tom. 4. als auch Tom. V. Tab. 2. Fig. 21. Götze sagt in der Note von Tom. 4. pag. 108. Degeer habe Tom. V. p. 43. diese S. rugosa mit Recht unter die Tenebriones gesezt. Aber sollten sich nicht beyde irren? Der Käfer Tom. IV. kann unmöglich einerley seyn, mit dem Tom. V; denn jener hat 3 Streifen auf den Deckschilden, dieser aber nicht. Die Silpha Tom. IV. ist die wahre rugosa, und stimmt genau mit meinen Exemplaren, auch mit der Beschreibung des Fabricius überein; auch hat sie 5 Gelenke am Fußtheil der Hinterfüsse, welche die in Tom. V. nicht haben soll; meines Erachtens muß also die Citation des letztern wegfallen. Die wahre rugosa kann kein Tenebrio seyn, sondern ist der S. thoracica völlig ähnlich. Wenn aber Degeer sie als opaca beschreibt, so stimmt das nicht mit den Meinigen überein.

4. Atrata. Fabr. sp. 10. Degeer Inf. 4. Tab. 6. Fig. 15. Berl.

5. Obscura. Fabr. spec. 14. Berlin.

Der atrata sehr ähnlich, nur ist die Oberfläche unebener.

6. Sinuata. Fabr. spec. 16. Sulz. Inf. Tab. 2. Fig. 15. Silpha appendiculata. Berlin.

7. 4-punctata. Fabr. sp. 17. Schreb. Inf. Fig. 5. Berlin.

8. Ferruginea. Fabr. sp. 19. Berlin.

9. Oblonga. Fabric. Sp. 20. Berlin.
Taf. XX. Fig. 22.

Zu den 8 Streifen jedes Deckschildes müssen der aussere und innere Rand nicht mitgerechnet werden. Eine Varietät ist nur halb so groß, braun, und der Rand des Brustschildes sehr stark in die Höhe gebogen.

* 10. Livida. Pommern.

Dies ist nun der Käfer, welcher der S. littoralis so ähnlich ist; aber er ist kaum halb so groß, und die Farbe überall gelblich braun, unten, und die Füsse noch heller, nur die untersten Gelenke der Fühlhörner sind dunkel braun.

* 11. Hirta. Berlin.

Der S. sinuata an Grösse und Gestalt gleich, nur fehlen den Deckschilden die Anhänge. Kopf und Brustschild sind mit gelben glänzenden Haaren besetzt, bald mehr, bald weniger; auf letztern pflegen 2 schwarze, glatte, unbehaarte Punkte zu stehen. Die Deckschilde haben drittehalb Striche, und die gewöhnliche warzenförmige Erhöhung; die Farbe ist fahlschwarz, das Schildlein gemeiniglich mit eben solchen Haaren besetzt, als der Brustschild; auch die Deckschilde haben dergleichen, nur weniger und unmerklicher. Ich würde diesen Käfer für die S. abscissa Laich. halten, allein ich finde die Deckschilde unten nicht mehr abgestutzt, als bey der S. atrata, und ähnlichen Arten.

* 12. Carinata. Pommern.

Es wurde mir dieser Käfer unter dem Namen S. opaca zugeschickt. Allein theils ist er grösser, wie die S. atrata, da doch die S. opaca kleiner seyn soll, theils kommt auch meinem Käfer der Beyname opaca gar nicht zu, weil er ziemlich flach ist; überhaupt kommt die laichartingsche Beschreibung der S. opaca gar nicht mit meinem Käfer überein. Er hat die Form des S. atrata, ist aber grösser. Der Kopfschild ist sehr breit, stark gerandet, vorne über den Kopf aufgeworfen, und stark ausgeschnitten, übrigens glatt, doch ohne Glanz. Der Rand der Deckschilde ist sehr stark rinnenförmig erhöhet, die

drey

drey Linien sind etwas hoch; die Oberfläche zwar glatt, doch sieht man durch die Vergrösserung unzählige feine vertiefte Punkte. Die Farbe der Deckschilde ist matt, und fällt ins rothbraune: so ist auch der Brustschild, nur in der Mitte etwas dunkler.

21. Opatrum.

1. Sabulosum. Fabr. sp. 2. Berlin.

Er wird hier niemals braun, sondern allezeit schwarz gefunden.

* 2. Agricola. Berlin.

Obgleich dieser Käfer gar nicht selten ist, so finde ich doch seiner nirgends erwähnt. Ich will nicht gewiß behaupten, ob er unter dieses Geschlecht oder unter die Silphas gehört. Man findet ihn am häufigsten in dem Eichenschwamm neben der Chrysomela boleti; am meisten im Herbst findet man ihn daselbst Nesterweise. Er ist eyrund, stark gewölbt, ohngefehr eine Linie lang. Kopf und Augen sind schwarz; die letzten drey Gelenke der Fühlhörner sind grösser, der Brustschild ist matt schwarz, durch unzählige Grübchen rauh, mit einem durchscheinenden braun rothen Rande; die rostfarbigen, etwas ins schwarze fallenden Deckschilde haben jede 8 stark erhöhete glatte Linien, ausser den beyden Rändern, und die Furchen dazwischen sind durch vertiefte Punkte fein gerippt. Die Fühlhörner und Füsse sind rostfarbig, die untre Fläche aber schwarz

* 3. Quisquiliarum. Berlin.

Von der Grösse des vorigen, überall schlicht schwarz; der Brustschild chagrinartig, nur steht in der Mitte ein glatter Strich, und an jeder Seite desselben ein glatter Fleck. Die Deckschilde haben keine Striche.

22. Nitidula.

1. 2-pustulata Fabr. sp. 1. Degeer Inf. 4. Tab. 6. Fig. 22. 23. Berlin.

Häufig in geräucherten Schinken.

2. Obscura.. Fabr. sp. 2. Berlin.
Taf. XX. Fig. 23.

Nicht so häufig, dem vorigen sehr ähnlich, überall matt schwarz und glatt, die Füsse bräunlich gelb; kaum anderthalb Linien lang. wie w. zeigt.

3. Æstiva. Fabr. sp. 5. Pommern.
Taf. XX. Fig. 24.

Ziemlich gewölbt; anderthalb Linien lang, Kopf und Brustschild bräunlich roth, die Deckschilde röthlich ockergelb, mit Häärchen Reihenweise besetzt, so, daß sie wie gestreift aussehen.

4. Varia. Fabr. sp. 7. Berlin.
Tafel XX. Fig. 25.

Ich halte diesen Käfer für einerley mit des Laichartings Ostoma ferruginea, nur ist die untre Seite nicht schwarz, sondern gelbbraun. Man findet ihn sehr häufig an dem Saft der Weidenbäumen, welches seine liebste Nahrung zu seyn scheinet. Seine wahre Grösse zeigt x.

5. Colon. Fabr. sp. 9. Degeer Inf. 4. Tab. 6. Fig. 24. Berlin.

Er lebt mit dem vorigen gemeinschaftlich, und ist ihm auch sehr ähnlich aber nur halb so groß.

* 6. Silacea.

Der N. Colon an Grösse und Gestalt gleich, überall ocherfarbig ohne Flecken, etwas ins rothbraune fallend, die Augen schwarz, die Deckschilde glatt ohne Furchen, nicht so gewölbt und so breit, wie die N. æstiva. Ich würde sie für die N. ferruginea halten, aber die Deckschilde sind nicht abgekürzt.

Ehe ich nun dem System des Herrn Prof. Fabricius weiter folge, will ich hier einige Käfer beschreiben, die entweder zu einem und dem andern der bis itzt durchgegangenen Geschlechter gehören müssen, oder als neue Geschlechter anzusehen sind. Ich bin wenigstens nicht im Stande, sie irgendwo mit

Gewiß-

Gewißheit unterzubringen, und erbitte mir daher die Belehrung einsichtsvollen Entomologen.

1. Litophilus. Taf. XXI. Fig. A. a.

Ich habe diesen schönen Käfer einmal auf den Kalkbergen zu Rüdersdorf, und einmal hier bey Reppen, beyde mal aber unter einem Steine gefunden. Den Fühlhörnern nach kommt er dem Geschlecht Silpha oder auch Opatrum am nächsten, aber theils hat der Brustschild eine andre Form, theils haben die Fußblätter nur drey Glieder. Hier ist seine Beschreibung. Er ist ohngefehr zwey Linien lang, wie a. der Kopf ist dunkel braunroth, glänzend und wie die Farbe des ganzen Käfers wie durchscheinend; die Augen sind schwarz. Die Fühlhörner haben eilf Glieder; das erste ist das längste, die 7 folgenden meist rund, die 3 letzten grösser, nehmen an Breite immer zu, und das letzte ist meist grade abgestutzt; die Farbe der drey grössern ist röthlich, der hinteren schwarz. Der Brustschild ist gelbroth, glänzend glatt, vorne über den Kopf stark ausgeschnitten, udd unten gehen die äussern Winkel spitz zu; er hat an den Seiten einen Rand, und eine kleine Einbucht. Die Deckschilde sind schwarz, glatt ohne Furchen oder Punkte, oben und unten jedes Deckschildes steht ein grosser gelbrother Fleck, deren Lage und Gestalt am besten aus der Abbildung zn erkennen ist. Die untre Fläche ist gelbroth, die Brust etwas brauner, der Anus schwarz, die Huften etwas keilförmig, die Farbe der Füsse braunroth, oder rostfarbig. Bey dem andern Exemplar hat der Kopf eben die Farbe wie der Brustschild, auch die Fühlhörner, und die Flecken auf den Deckschilden sind grade durchlaufende Banden.

2 Melinus. Taf. XXI. Fig. B. b.

Ich habe diesen Käfer nur einmal hier bey Reppen in einer Blume gefangen. Seine Grösse ist kaum anderthalb Linien; er ist überall ockergelb; Kopf und Brustschild ein wenig röther. Der Kopf ist glatt, die Augen schwarz die Fühlhörner kurz, überall gleich dick, in der Mitte scheinen sie fast ein wenig dicker zu seyn, die Glieder liegen dicht an einander. Der Brustschild ist glatt, und überall gleich breit; durch eine sehr starke Vergrösserung erscheint

 er

er fein punktirt. Die Deckschilde sind glatt, durch feine Punkte schwach gestreift, welches man aber mit blossem Auge nicht sehen kann. Die Fußblätter haben 4 Glieder.

3. Cimeterius Taf. XXI. Fig. C. c.

Der Herr Prof. von Scheven in Pommern schickte mir diesen Käfer unter dem Namen Ptinus cimeterii. Allein ich trage Bedenken, ihn unter dieses Geschlecht zu setzen, theils weil die Fühlhörner anders sind, theils hauptsächlich des Brustschildes wegen. Dann dieser hat nichts mit den Ptinis gemein. Der ganze Käfer ist fadenförmig, lang gedehnt, und nach Verhältniß sehr schmal. Der Kopf steht ziemlich weit hervor, und ist fast so breit, als der Brustschild. Dieser ist sehr lang, stark gewölbt, fast wie bey den Springkäfern, glänzend glatt, an den Seiten gerandet. Die Deckschilde sind schmal, platt, ohne Furchen, ausserhalb gerandet. Die Fühlhörner sind denen des vorigen Käfers ähnlich, doch etwas länger und am Ende dicker, die Glieder sitzen auch dicht auf einander. Die Farbe des Käfers ist dunkel kastanienbraun, Kopf und Brustschild etwas dunkler.

4. Bipustulatus. Taf. XXI. Fig. D. d.

Unter den Namen Ptinus bipustulatus schickte ihn mir Herr P. von Scheven. Er ist dem vorigen ähnlich, und gehört mit ihm unter einerley Geschlecht. Die Grösse beträgt nur 2 Linien, und er ist gleichfalls sehr schmal und gedehnt. Der Kopf steht hervor, ist rostfarbig, glatt, die Augen stehen nicht an den Seiten, sondern unter dem Kopfschilde, welcher über den Mund breit herunter hängt. Die Fühlhörner nicht vorne ein wenig dicker, und die Glieder ein klein wenig mehr abgesetzt, wie beym vorigen. Der Brustschild ist lang gedehnt, hinten etwas enger, glatt, schwach gerandet, vorne rostfarbig, im übrigen schwarz. Die Deckschilde sind schmal, fein gefurcht, schwarz, die Nath rostfarbig, so auch oben die äussere Ecke, und unten die Spitze derselben. Die Füsse und Fühlhörner sind hell rostfarbig.

5. Monilicornis. Taf. XXI. Fig. E. e.

Auch diesen hat Herr Scheven unter die Ptinos gesetzt; aber es sind nicht allein die Fühlhörner, welche abweichen, sondern auch der Brustschild hat nichts mit den Ptinis gemein; man vergleiche nur den Ptinus fur mit meiner Abbildung. Die Länge des Käfers beträgt 4 Linien; die Farbe ist überall braun. Die Fühlhörner sind Paternoster ähnlich, das Fußblatt hat 5 Glieder. Der Brustschild ist kurz, und nebst den Deckschilden, welche keine Furchen haben, mit Häärchen besetzt. Die Form ist am besten aus der Abbildung zu erkennen. Der Brustschild hat keinen Rand, die Augen sind schwarz.

6. Hirtus. Taf. XXI. Fig. F. f.

Dieser Käfer, den ich nur einmal bey Berlin gefangen, kommt der Gestalt nach dem vorigen sehr nahe. Des Linné Beschreibung vom Dermestes niger, nemlich: oblongus pilosus niger, elytris molliusculis, trift genau zu, nur nicht die Fühlhörner, denn diese sind bey meinem Käfer sägenförmig wie bey denen Elateribus. Auch Fabric. Beschreibung der Hispa hirta, welches der Dermestes hirtus Lin. ist, paßt genau: antennis valde serratis atra hirta. Allein valde serratæ kann ich nicht eigentlich sagen; noch weniger aber glauben, daß mein Käfer mit der hispa atra zu einem Geschlecht gehöre. Er ist drey Linien lang, überall schwarz und glänzend, aber durch in die Höhe gerichtete Haare überall ganz rauh. Die Form hat etwas ähnliches mit den Erdkäfern, auch sind die 5-gliederiche Fußblätter ziemlich lang; die Haare sind theils schwarz, theils weiß.

7. Pilosus. Taf. XXI. Fig. G. g.

Einmal in Reppen im Fluge gefangen. Den Fühlhörnern nach könnte er unter nitidula stehen, auch Fabricii nitid. hirta und fast noch besser nit. pubescens stimmt der Beschreibung nach überein, nemlich supra griseum nitidum pilis erectis brevibus adspersum. Allein die Form des ganzen Käfers ist gar zu sehr verschieden. Die Abbildung giebt ihm zwar Aehnlichkeit mit einem Byrrho, allein es ist doch etwas nicht auszudrückendes in seiner Gestalt,

was

was ihn weit davon entfernt. Er ist nur eine Linie lang; der Kopf hängt ganz herunter, ist klein, so wie auch der Brustschild vorne enge, hinten aber viel breiter ist. Die Deckschilde sind oval und stark gewölbt; die Fühlhörner keulförmig, die Fußblätter haben 4 Glieder. Die Farbe ist schwarz und glänzend, wenn aber die Deckschilde von einander stehen, so sieht man, daß sie nicht schwarz, sondern fahl sind, überall ist er durch kurze, in die Höhe stehende Häärchen rauh, Fühlhörner und Füsse rostfarbig.

8. Dermestoides unipunctatus. Taf. XXI. Fig. H. h.

Ich hatte diesen Käfer eine Zeit lang unter die Dermestides gesetzt; er hat auch viele Aehnlichkeit mit dem oben beschriebenen Dermestes longicornis; allein die Fühlhörner haben so was eigenes, daß man wohl ein eignes Geschlecht daraus machen könnte. Sie haben nemlich zwar eine Kolbe, aber diese besteht nur aus zwey ziemlich platten und stark von einander abgesetzten Gelenken, welches mir noch von keinem Käfergeschlecht bekannt ist; die folgenden 7 Glieder sind klein, und meist rund, und die beyden letzten sind wieder viel grösser, welches auch seltsam ist, da doch sonst das zweyte Glied gemeiniglich das kleinste von allen zu seyn pflegt. Die Augen sind schwarz, übrigens der ganze Käfer braun, hie und da mit greisen Häärchen besetzt. Der Brustschild ist meist cylindrisch, aber doch oben und unten etwas enger, ohne Rand, und hat in der Mitte eine runde Vertiefung. Das Schildlein ist klein, die Deckschilde schmal, und fein gefurcht, die Fußblätter haben 4 Glieder; seine Länge ist etwas über 2 Linien.

9. Dermestoides bipunctatus. Berlin. Taf. XXI. Fig. I. i.

Dem vorigen nahe verwandt, die Fühlhörner eben so gestaltet, der Käfer selbst etwas kleiner und platter. Der Brustschild erweitert sich am Kopfe etwas, und hat scharfe Ecken, da er beym vorigen abgerundet war; auf der Mitte stehen 2 runde Vertiefungen über einander. Die Deckschilde sind viel weitläufiger gefurcht, und an der Nath schwarz. Die Farbe ist wie beym vorigen.

Tab. 21.

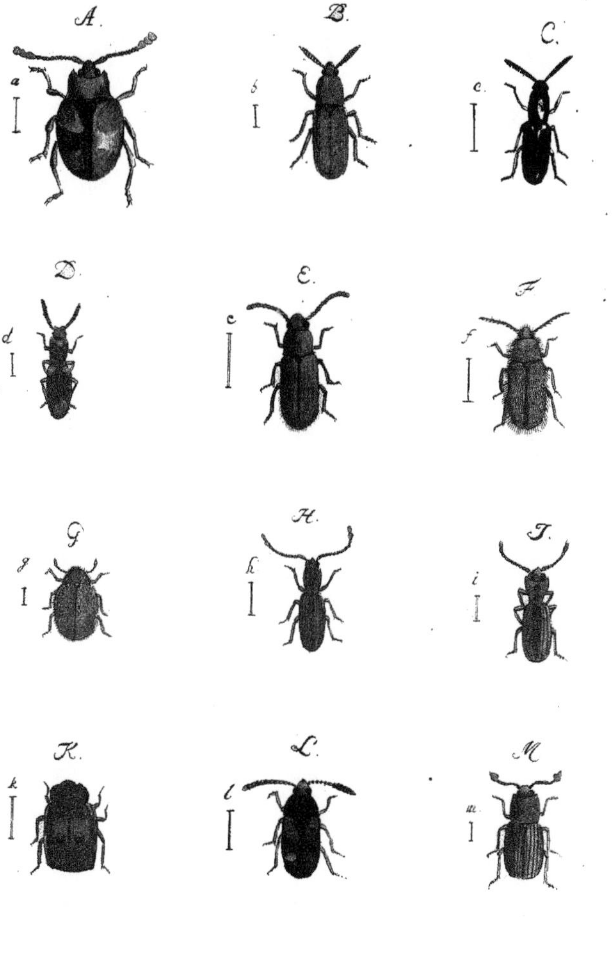

10. Dubius. Berlin. Taf. XXI. Fig. K. k.

Dieser Käfer hat beynahe die Form eines Anthreni, da aber meinem einzigen Exemplare die Fühlhörner fehlen, so weiß ich ihm auch nirgend seine Stelle hinzuweisen. Seine Gestalt ist ziemlich breit, und fast viereckig. Der Kopf hängt sehr herunter; der Brustschild ist vorne stark ausgeschnitten, nicht gerandet glatt, schwarz. Das Schildlein fehlt. Die Deckschilde sind mattschwarz, glatt, ohne Furchen, und haben einen carmesinrothen Fleck bey der Einlenkung, und einen andern in der Mitte neben der Nath, auch ist der Rand oberhalb roth eingefaßt.

11. Silphoides boleti. Reppen. Taf. XXI. Fig. L. l.

Ich habe diesen Käfer einigemal im Eichenschwamm neben der Chrysomela boleti gefunden; auch schickte ihn mir der Hr. P. Scheven unter dem Namen Silpha aprilina; allein Fühlhörner und Brustschild sind anders, als bey den Silphen; hingegen hat man einen Tenebrio, welcher ihm der Form nach ziemlich gleich kommt, nur die Fühlhörner grenzen an das Silphen-Geschlecht. Sie werden nach vorne zu allmählig dicker; das letzte Glied geht spitz zu, und ist gelb, die 4 folgenden sind dunkelbraun, und die übrigen rostfarbig; eben diese Farbe hat auch der Kopf. Der Brustschild ist glatt, schwarz schwach gerandet, oben so schmal, wie der Kopf, wird aber immer breiter, und ist unten so breit, wie die Deckschilde, an welche er dichte anschließt. Diese sind schwarz, durch sehr feine Punkte unmerklich gestreift, und haben zwey gelbrothe Flecke, einen oben, und einen meist unten, auf jedem Deckschilde. Die Fußblätter haben 4 ziemlich lang gedehnte Glieder, und sind, so wie die ganze Unterseite gelbroth.

12. Pectoralis. Reppen. Taf. XXI. Fig. M. m.

Den Fühlhörnern nach sollte dieser Käfer zu dem Geschlecht Nitidula gehören, aber die ganze übrige Form hat nichts ähnliches damit. Der Kopf ist rostfarbig, die Fühlhörner sind keulförmig, oder vielmehr nur das letzte Glied besteht aus einem grossen etwas zugespitzten Knopfe; er ist gelb, die übrigen Glieder sind klein, rund, von gleicher Grösse, rostfärbig. Der Brustschild ist platt, nach Verhältniß lang, oben und unten gleich breit, glatt, dunkelbraun, glänzend. Die Deckschilde sind ohngefähr halbmal so lang, wie der Brustschild, sehen schwarz aus, sind aber doch nur dunkelbraun, glänzend, schwach gefurcht. Die Füsse haben die Farbe der Fühlhörner.

23. Coccinella.

* 1. Livida. Berlin. Taf. XXII. Fig. 1. a.

Ich würde diesen Käfer für die Cocc. impunctata halten, mit deren Beschreibung sie im übrigen vollkommen übereinstimmt; niemand aber hat etwas davon erwähnt, daß das Schildlein schwarz ist, und daß der Brustschild fünf schwarze Flecken hat; der mittelste ist groß, und an jeder Seite desselben stehen 2 kleinere; alle sind etwas verloschen; die Farbe ist oben überall fahlgelbbräunlich; die Füsse sind etwas dunkler, und der Unterleib braun. Er ist etwas kleiner, als der Zweypunkt, wie a. zeigt.

* 2. Colon. Berlin. Taf. XXII. Fig. 1. b.

Grade dieselbe Grösse und Farbe, wie der vorige; aber der Brustschild hat nur in der Mitte einen etwas verloschenen schwarzen Fleck; das kleine Schildlein ist schwarz, und dicht unter demselben nahe an innern Rande steht auf jedem Deckschilde ein kleiner schwarzer Punkt.

3. 2-punctata. Fabr. spec. 10. Sulz. Inf. Tab. 3. Fig. 3. Berlin.
4. 5-punctata. Fabr. sp. 17. Schæf. Icon. Tab. 9. Fig. 8. Berlin.
5. 7-punctata. Fabr. sp. 22. Degeer Inf. 5. Tab. 10. Fig. 14. Berlin.

In Ansehung der Grösse der schwarzen Flecke sehr verschieden.

* 6. Variabilis. Berlin. Taf. XXII. Fig. 3. c.

Dieser gar nicht seltene Käfer ist nicht allzeit einerley gezeichnet. Er ist etwas grösser, wie der Zweypunkt, etwas mehr länglicht. Die Farbe ist überall röthlich gelb. Die Augen sind schwarz. Der Hinterrand des Kopfes hat

hat 2 bogenförmige schwarze Flecke, diese fehlen oft; der Brustschild hat 4 fast herzförmige Flecke, die in einem halben Cirkel stehen; oben, unten, und an den Seiten steht noch ein schwarzer Punkt; oft fehlen einige dieser Punkte, oft alle. Die Deckschilde haben unter dem Schildlein einen gemeinschaftlichen Fleck; jedes hat noch 5 Flecken, 3 in der Mitte fast in einer Reihe neben einander, einer oben, und einer unten; der, welcher am nächsten am innern Rande stehet, ist oft sehr groß, und beyde sind wie in einander gelaufen; wenn dies nicht ist, so daß diese beyden Flecken klein und abgesondert stehen, denn pflegen die beyden auf dem Kopfe, und einige Punkte des Brustschildes zu fehlen; auch fehlet wohl der unterste auf den Deckschilden, wenigstens sind alsdenn alle Punkte und Flecken viel kleiner; manchmal ist auch der gemeinschaftliche Punkt unter dem Schildlein abgesondert, und alsdenn würde man noch einen Punkt mehr zu zählen haben, welches aber überhaupt eine mißliche Sache ist; die Zeichnungen des Brustschildes scheinen doch etwas beständiger zu seyn.

* 7. Oblonga. Reppen. Taf. XXII. Fig. 4. d.

Er hat die völlige Gestalt und Grösse des 13 Punkts, doch mögte ich ihn nicht gerne für eine Varietät halten; auch muß er der Cocc. notata Laichart. ähnlich seyn; der Kopf ist über der gelben Lippe auch gelb, hat aber am Hinterrande 2 oben halbcirkelförmige Flecke, die fast die ganze Grösse des Kopfschildes einnehmen; in dem gelben Theil stehen noch 2 kleine schwarze Punkte. Der Brustschild ist glänzend-schwarz, vorne und an den Seiten zierlich gelb eingefaßt. Die Deckschilde haben eilf schwarze Flecken; der gemeinschaftliche ist lang und schmal, ein grosser steht am äusseren Winkel, ein kleiner dicht neben dem gemeinschaftlichen, ein ganz grosser eckigter etwas unter der Mitte dicht neben der Nath, neben denselben ein kleiner, und noch einer etwas drunter, wie die Abbildung am besten zeigen wird.

8. 13-punctata. Fabric. spec 38. Schæf. Icon. Tab. 48. Fig. 6. Berlin.

Bey allen meinen Exemplaren hat der Brustschild einen sehr breiten, gelben Seitenrand, in welchem ein schwarzer Punkt stehet.

9. 14-punctata. Fabr. sp. 39. Berlin. Taf. XXII. Fig. 5. e.

So oft ich auch diesen Käfer gefunden, ist er doch allzeit genau, wie die Abbildung, und niemals die Flecken zusammengelaufen. Scopolis Beschreibung des Brustschildes will nicht passen. Schranks Beschreibung trift am besten ein.

10. Ocellata. Fabr. sp. 40. Degeer Ins. 5. Tab. 11. Fig. 1. Berlin.

Auf den Fichten; aber sehr selten.

11. 16-punctata. Fabr. sp. 41. Berlin. Taf. XXII. Fig. 6. f.

Wenn gleich Fabricius Italien zum Vaterlande angiebt, so habe ich ihn doch einmal in einem Jahre ziemlich häufig in dem berlinischen Thiergarten gefunden; aber nachher habe ich ihn niemals wieder ansichtig werden können. Ich fund ihn im späten Herbst an einem heiteren Tage an den Stämmen der Lindenbäume. Die Farbe ist bald röthlicher, bald blaßgelber; bey den letzteren waren die Punkte kleiner und mehr abgesondert, bey den ersten grösser, und etwas zusammengelaufen. Er ist meist so groß, wie der Oblongo-guttata. Der Kopf hat 6 Punkte in 2 Reihen, 3 nämlich über einander. Der Brustschild hat 9 Punkte, deren Gestalt und Lage am besten aus der Abbildung erkannt werden kann. Schranks sechszehnpunkt ist ein ganz andrer Käfer, der mit dem Fabric. in keinen Stücken übereinkömmt.

* 12. Gemella. Berlin. Taf. XXII. Fig. 7. g.

Wenn gleich dieser Käfer 18 Punkte hat, so kann ich ihn doch nicht für Fabricii C. 18-punctata halten; denn er ist nicht gelb, sondern roth, der Brustschild nicht gelb eingefaßt, sondern überall blaßroth, etwas gelblich; Schranks Beschreibung der Cocc. 16-punct. stimmt in den meisten Stücken zusammen, nur hat dieser zwey Punkte mehr. Der Brustschild hat 7 Punkte, und die Deckschilde 18, immer 2 dicht neben einander, und gemeiniglich etwas in einander geflossen, und einer unten allein. Die Nath ist schwarz, in der Mitte am breitesten. Er ist sehr gemein.

13. 12 - punctata? Fabr. sp. 32. Berlin. Taf. XXII. Fig. 8. h.

Ich bin nicht gewiß, ob dieser Käfer der 12 - punct. des Linné und Fabricii sey, wie er von einigen Entomologen davor gehalten wird. Der Brustschild hat nicht 4, sondern 6 schwarze Punkte; und von den äussern Flecken der Deckschilde sagt Fabricius: extimis linearibus repandis; was er aber hier vor einen Fleck oder Punkt angiebt, das sollte man eher für 4 Punkte halten, die durch Linien mit einander verbunden sind. Dieser Käfer ist im Frühjahr sehr häufig, und sitzt in ganzen Haufen bey einander.

14. 19 - punctata. Fabr. sp. 43. Berlin. Etwas selten. Taf. XXII. Fig. 9. i.

Die Stellung der Punkte ist bey meinem Exemplar etwas anders, als Fabricius sie angiebt; die Grundfarbe röthlich; der Kopf hat 2 schwarze Flecke.

15. 20 - punctata. Fabr. sp. 44. Berl. Etwas selten. Taf. XXII. Fig. 10. k.

Ich stimme der Laichartingschen Meinung über diesen Käfer völlig bey. Die Deckschilde sind sehr weich.

16. 24 - punctata. Fabr. spec. 47. Berlin. Taf. XXII. Fig. 11. l.

Die Punkte sind etwas verloschen. Der Brustschild hat in der Mitte einen verloschnen schwarzen Fleck. Am häufigsten finde ihn auf dem Saamen der Brennesseln.

* 17. Centumpunctata. Indien. Taf. XXII. Fig. 13.

Unter diesen Namen bekam ich diesen Käfer vor einigen Jahren aus der Auction der Gronovischen Insektensammlung zu Leiden. Er ist ein Riese seines Geschlechts; sieben und eine halbe Linien lang, sehr hoch gewölbt, vorne sind die Deckschilde sehr breit, meist 5 Linien, hinten aber gehen sie spitz zu, so daß sie eine herzförmige Gestalt haben. Der Kopf und Brustschild sind nach Verhältniß nur klein und platt, einfarbig halb durchsichtig braun, lezterer gerandet. Die Deckschilde sind röthlichgelb, mit unzähligen grossen und kleinen, oft in einander gelaufenen schwarzen Punkten. Merkwürdig ist es, daß ein jeder Punkt einen vertieften glatt ausgehöhlten Mittelpunkt hat; auch bey denen zusammengelaufenen weiß man aus diesen vertieften Punkten, wie viele ihrer sind. Unten haben die Deckschilde einen sehr breiten Rand, der sich um den Leib schließt. Die Unterseite ist ganz platt, und nebst den Füssen einfärbig schwarz.

* 18. Trilineata. Taf. XXII. Fig. 12. m.

8. Da mir dieser Käfer von ausserhalb zugeschickt ist, so kann ich sein eigentliches Vaterland nicht bestimmen. Er ist etwas länglicht, der schwarze Kopf hat 2 kleine gelbe Flecke; der Brustschild ist schwarz; nur oben haben die äussern Ecken einen grossen gelben Flecken. Die Deckschilde sind gelb, von oben laufen 3 schwarze Linien bis auf die Mitte, wo sie von einer schwarzen Querlinie aufgenommen werden, die nicht ganz bis an die äusseren Ränder der Deckschilde reicht; unten auf jedem stehen noch zwey in einander gelaufene schwarze Flecken, von welchen der innere noch einmal so groß ist, wie der äussere. Die Füsse sind schwarz, so wie die ganze Unterseite.

19. Conglomerata. Fabr. sp. 49. Berlin. Taf. XXII. Fig. 14. 15. n. o.

Wenigstens mit Laichartings Beschreibung ziemlich übereinstimmend. Man thut wirklich Unrecht, wenn man die gelbe Farbe für die Grundfarbe annimmt, wie aus der Abbildung Fig. 14. am besten zu erkennen ist, wo es gleich in die Augen fällt, daß die Grundfarbe schwarz, und die Flecken gelb sind; selten aber sind die Zeichnungen so deutlich; nur einmal fand ich ihn so, und er war zugleich grösser, wie gewöhnlich; am häufigsten findet man ihn, wie Fig. 15; aber man wird immer die Grundzeichnung von Fig. 14. darinn erkennen. Der schwarze Fleck auf dem Kopfschilde ist was unbeständiges. Sulz. Cocc. fimbriata ist wohl kein andrer. Da aber Geoffroy die Deckschilde für roth ausgiebt, so bin ich zweifelhaft, ob sein Käfer mit dem Meinigen eben dieselbe species sey: Denn so häufig dieser Käfer auch ist, so habe ich ihn doch niemals anders als mit gelben Flecken gefunden. Im übrigen stimme ich dem Urtheil Laichartings bey.

20. 10-guttata. Fabr. sp. 51. Berlin. Taf. XXII. Fig. 16. p. q. 16gutta

An Grösse ist dieser Käfer ungemein verschieden, wie p. q. zeigt. Auf den Obstbäumen und Weiden am gewöhnlichsten.

21. 14-guttata. Fabr. sp. 52. Schæf. Icon. Tab. 9. Fig. 11. Berlin. Taf. XXII. Fig. 17. r.

Der Brustschild hat nur 2 weisse Flecke, unten am äusseren Winkel. Er könnte leicht mit dem folgenden verwechselt werden, darum habe ich beyde abgebildet.

22. 15-guttata. Fabr. sp. 53. Berlin. Taf. XXII. Fig. 18. s. bis 7.gutt

Eigentlich hat er auch nur 14 Flecken; denn der gemeinschaftliche ist das Schildlein, welches weiß ist. Der Brustschild hat 4 weisse Flecken; einen oben am äusseren Winkel, und zwey unten in der Mitte. Die Deckschilde haben einen weissen Rand. Die Grösse ist sehr verschieden, und die Grundfarbe bald fahl, bald dunkel.

* 23. Ornata. Berlin. Taf. XXII. Fig. 19. t. octodecimguttata var. γ.

Die Grundfarbe dunkel-gelbbraun. Der Brustschild hat einen breiten, weissen Rand, und unten in der Mitte zwey weisse Flecken. Die Deckschilde haben 18 weisse Flecken, wenn man die 2 ganz kleinen mitrechnet, welche oben neben dem Fleck am äusseren Winkel stehen. Die Gestalt und Lage derselben ist am besten aus der Abbildung zu erkennen.

24. 20-guttata. Fabr. sp. 56. Berlin. Taf. XXII. Fig. 20. u. tigrina.

Der Brustschild hat einen breiten ausgezackten Rand, gleich als 2 grosse in einandergelaufene Flecken, noch steht ein weisser Fleck oben in der Mitte, und zwey unten.

25. Oblongo-guttata. Fabr. sp. 57. Schæf. 10. Tab. 9. Fig. 10. Berlin.

* 26. 12-guttata. Berlin. Taf. XXII. Fig. 10. v.

Ich hätte diesen Käfer schon auf die C. 10-guttata folgen lassen sollen; allein ich fand ihn erst nachher in meiner Sammlung. Er ist nicht einerley mit

mit Schrank 12-guttata Inſ. Auſtr. p. 61. n. 111. denn der Bruſtſchild hat nicht einen weiſſen Rand, ſondern nur unten einen Fleck. Die Stellung der Tropfen iſt anders, nämlich 1. 2. 2. 1. und die Grundfarbe iſt nicht gelb, ſondern gelbbraun.

27. 2-puſtulata. Fabr. ſp. 61. **Berlin.** Taf. XXII. Fig. 22. w.

Bey dieſem Käfer ſind viele Uneinigkeiten; faſt ein jeder hat eine andere Beſchreibung. **Fabricius** hat 4 Käfer mit 2 rothen Punkten, und keine Beſchreibung will mit den Meinigen paſſen. **Schranks** und **Laicharting**s 2-puſtulata iſt eine andere, als die Meinige; **Degeers** 2-puſtulata iſt der Meinigen ähnlicher, aber doch auch verſchieden. Warum ich die gegenwärtige für die 2-puſtulata halte, da ſie doch auch nicht genau mit der Linneiſchen Beſchreibung übereinkömmt, iſt, theils weil ſie häufig ſeyn ſoll, welches ich nur von dieſer ſagen kann, theils weil die Deckſchilde einen Rand haben ſollen. Will man ſie aber darum nicht für die 2-puſtulata gelten laſſen, ſo gebe man ihr einen andern Namen. Hier iſt die Beſchreibung: Vor der Stirn ſtehen zwey kleine gelbe Punkte; die Augen ſind braun. Der Bruſtſchild iſt gerandet, und hat eine gelbe Einfaſſung an den Seiten; auch am Vorderrande ſteht eine ſchmale Einfaſſung von gelben Haaren. Die ſchwarzen, glatten Deckſchilde haben einen Rand; meiſt oben am äuſſeren Rande ſteht ein breiter, gelber Fleck, wie eine halbe Binde, und neben demſelben noch ein gelber Punkt, der mit dem Flecken zuſammenläuft. Die Füſſe und der Anus ſind gelbbraun.

* 28. Reppenſis. **Reppen.** Selten. Taf. XXII. Fig. 23. x.

Der ganze Käfer iſt glänzend-ſchwarz, etwas mehr länglicht, als der vorige; Bruſtſchild und Flügeldecken haben keinen Rand; erſteres hat oben auf den äuſſeren Winkeln einen groſſen rothgelben Fleck, und unten auf den Spitzen der Deckſchilde ſteht gleichfalls ein rothgelber cirkelrunder Fleck. Die Füſſe ſind ſchwarz.

* 29. Campeſtris. **Reppen.** Selten. Taf. XXII. Fig. 24. y.

Ich fand ihn nur einmal im Frühjahr auf dem Brachäcker. Er iſt dem vorigen ähnlich, nur mehr rund, die Flecken auf dem Bruſtſchilde ſind kleiner,

Tab. 22.

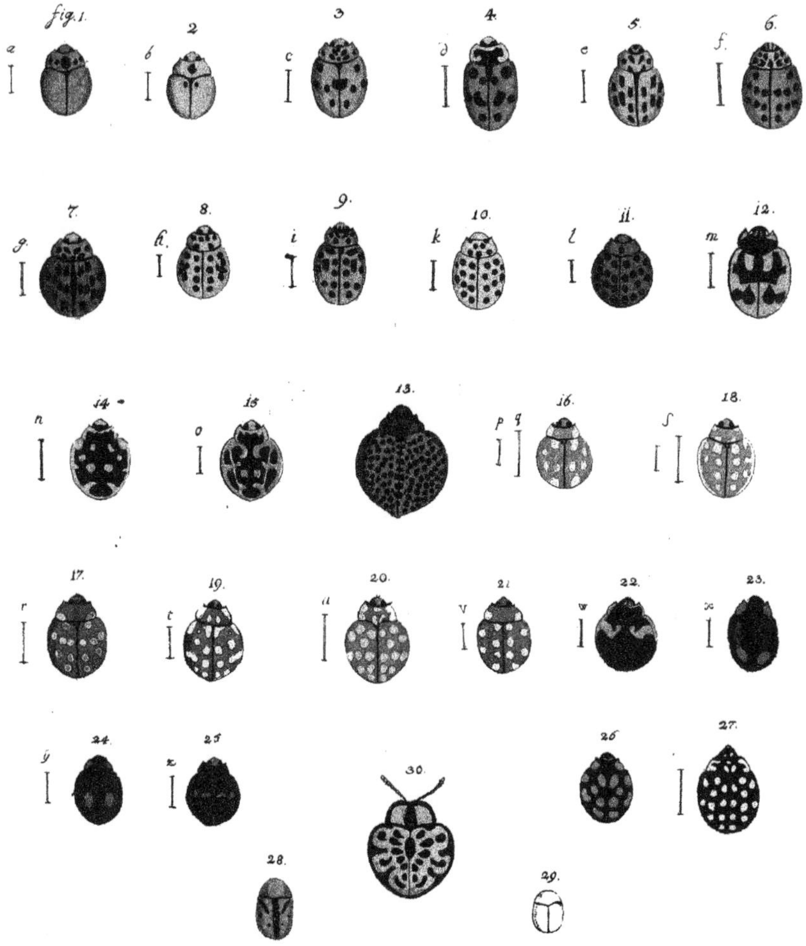

und der cirkelrunde Fleck auf den Deckschilden steht grade auf der Mitte. Die Vorderfüsse sind rothgelb.

30. Fasciata. Geoffr. Inſ. 1. p. 334. n. 26. Reppen. Taf. XXII. Fig. 25. z.

Ich halte diesen Käfer mit dem Hr. Staatsr. Müller für eine eigne Art. Die Deckschilde sind stark gerandet; niemand hat angemerkt, daß der Kopf rothbraun ist. Ich habe ihn nur einmal an den Weiden gefunden.

31. 4-pustulata. Fabr. ſp. 63. Schæf. Icon. Tab. 30. Fig. 16. 17. Berlin.
32. 6-pustulata. Fabr. ſp. 64. Schæf. Icon. Tab. 30. Fig. 12. Berlin.

Ob wirklich der mit 4 Flecken nur eine Abart sey von dem mit 6 Flecken, mag ich nicht entscheiden; ähnlich sind sie sich freylich sehr; jener aber ist hier häufig, der lezte selten.

33. 10-pustulata. Fabr. ſp. 66. Berlin.
* 34. Ruſſica. Rußland. Taf. XXII. Fig. 26.

Ich habe diesen Käfer aus Rußland erhalten. Er ist völlig so groß, wie der 7 Punkt. Der Kopf hat 2 kleine gelbe Punkte; der Brustschild auf den äusseren Ecken hat einen gelben Fleck; die Deckschilde haben 12 grosse röthlich-gelbe Flecke. Die Füsse und die Brust sind schwarz; der Bauch hat eine breite gelbe Einfassung. Es muß dieser Käfer nicht mit der 12-pustulata Fabricii verwechselt werden.

35. 14-pustulata. Fabr. ſp. 68. Schæf. Icon. Tab. 30. Fig. 10. Berl.
36. Tigrina. Fabr. ſp. 74. Berlin. Taf. XXII. Fig. 27.

Ich gestehe es, daß Degeers Meinung sehr wahrscheinlich ist, daß dieser Käfer mit der 20-guttata einerley sey; eben die Grösse; eben die Zeichnung des Brustschildes; eben die Lage der Flecken. Zwar finde ich auf der Stirne der tigrina zwey weisse Flecken, die bey jener fehlen; da ich aber von beyden nur ein einziges Exemplar habe, und Degeer nichts davon erwähnet, so ist es möglich, daß dieselben nicht bey allen Exemplaren gefunden werden, und also auch kein Unterscheidungszeichen abgeben können. Beyde Käfer sind hier selten.

24. Cassida.

1. Viridis. Fabr. sp. 1. Rœsel Ins. 2. Sc. 3. Tab. 6. Berlin.

2. Affinis. Fabr. spec. 3. Berlin.

Am meisten hält sich die Larve auf der Melde auf; ich halte den Käfer mit der C. maculata Fabr. sp. 2. für einerley species, denn die schwarzen Flecken sind sehr verschieden, bald findet man wenige, bald viele, und die grüne Grundfarbe wird oft durch das Alter greis.

3. Vibex. Fabr. sp. 4.

Der Cassida viridis sehr ähnlich.

4. Nebulosa. Fabr. sp. 5. Schæf. Icon. Tab. 27. Fig. 4.

5. Murræa. Fabr. spec. 6. Taf. XXII. Fig. 29.

Gewöhnlich ist sie roth mit schwarzen Sprenkeln, wovon die meisten an der Nath stehen; eine seltene Varietät habe ich Fig. 29. abgebildet; der vom äusseren Winkel bis mitten auf das Feld gehende schwarze Strich auf den Deckschilden ist nicht allzeit so deutlich, wie bey diesem Exemplare, aber etwas davon pflegt doch allzeit sichtbar zu seyn. Die Deckschilde sind nur ganz schwach reihenweise punktirt, und die ganze Gestalt etwas schmäler, wie bey der C. viridis.

6. Ferruginea. Fabr. sp. 7. Taf. XXII. Fig. 29.

Kleiner, breiter, und durch tiefe Punkte enge gefurcht. Fabricius muthmasset, daß vielleicht alle diese Käfer nur Varietäten wären. Dieser Meinung bin ich nicht. Die Farbe ist freylich nicht beständig; aber ihre Statur ist nicht so ganz gleichförmig; einige sind nach Verhältniß schmäler, andre breiter; einige sind glatt, andre bald enger, bald weitläufiger punktirt; andre stark gerippt.

7. Nobilis. Fabr. sp. 17. Schæf. Icon. Tab. 56. Fig. 6.

8. Ornata. Indien. Tafel XXII. Fig. 30.

Dieser indianische Käfer ist sehr schön gezeichnet. Der Brustschild ist

gelb,

gelb, mit einem blauen Rande, und in der Mitte steht der Länge nach ein blauer Streif. Die Grundfarbe der Deckschilde ist schwer zu bestimmen, ob sie blau mit gelben, oder gelb mit blauen Zeichnungen sey; genug, an jeder Aussenseite stehen 3 gelbe Ringe. Uebrigens kann die Zeichnung am besten aus der Abbildung erkannt werden. Die Fühlhörner sind unten gelblich, die lezten Glieder aber schwarz, die Füsse schwarz, der Leib braun; auf jedem Ringe des Bauches an jeder Seite steht ein röthlicher Fleck. Der Käfer ist der Cass. annulata Fabr. sp. 39. sehr ähnlich, und vielleicht nur eine Varietät.

9. Fusca. Laichart. Cass. sp. 4. Berlin.

Fast röthlich wie Cass. murræa, viel kleiner als viridis, ausser der erhöheten Nath hat jede Flügeldecke nur zwey erhabene Streifen.

25. Chrysomela.

1. Tenebricosa. Fabr. spec. 1. Berlin. Taf. XXIII. Fig. 1.

Die Grundfarbe spielt ins Blaue. Die Deckschilde haben unten eben die spitzigen Anhänge, wie die Tenebriones; daher ich diesen Käfer lieber mit Linné unter dieses Geschlecht setzen mögte.

* 2. Gigas. Indien. Taf. XXIII. Fig. 2.

Dieser grosse Käfer pranget überall mit dem herrlichsten Blau, nur allein die Augen sind gelbbraun. Der Brustschild ist gerandet, und ist so wie die Deckschilde ungemein glatt, ohne Punkte oder Furchen. Da nichts an ihm ins Grüne spielt, so kann ich ihn auch nicht für die Chr. asiatica Fabr. sp. 15. halten, und des Brustschildes wegen nicht für die Cyanea Fabr. sp. 50. unten ist er gleichfalls blau.

3 Gibbosa. Fabr. sp. 8. Gronov. Zooph. Tab. 14. Fig. 5. Indien. Taf. XXIII. Fig. 3.

Ich habe diesen schönen Käfer aus der Gronovischen Sammlung erhalten, und ob derselbe gleich in seinem Zoophylacio abgebildet ist, so ist dieses Werk doch in zu wenigen Händen, als daß ich meine Abbildung für überflüßig halten sollte. Der ganze Käfer ist schwarz, nur die Deckschilde sind röthlich-gelb, die Spitzen derselben haben eine breite schwarze Binde; oben auf der Spitze des Buckels steht ein grosser schwarzer Flecken, oder eine abgebrochene Binde; ihr gegenüber am äusseren Rande stehet noch ein schwarzer Fleck, gewissermassen wie eine Fortsetzung dieser abgebrochenen Binde; ausserdem sind die Deckschilde noch mit vielen schwarzen Punkten besezt, die zugleich tief eingedrückt sind, und auch auf den grossen Flecken stehen solche eingedruckte Punkte. Hätte **Fabricius** nicht den Gronovium citiert, so würde ich aus seiner Beschreibung diesen Käfer nicht erkannt haben; denn elytris fasciis duabus punctisque baseos nigris, kann man von diesem Käfer wohl nicht sagen, sondern eher von der jezt folgenden Art. Aber sonderbar ist es, daß er eben diesen Käfer noch einmal unter dem Geschlecht Erotylus anführt; seine Beschreibung ist daselbst etwas anders, und trift genauer zu, aber er muß doch eben diesen Käfer gemeint haben, weil die Citationen eben dieselben sind.

* 4. Gronvoii. **Indien.** Taf. XXIII. Fig. 4.

Ich gebe ihr diesen Namen, weil ich sie aus der Gronovischen Sammlung erhalten habe. Dieser Käfer ist über einen halben Zoll lang, ziemlich gewölbt, überall schwarz und glatt; die Deckschilde sind gelb, oben steht ein grosser, gemeinschaftlicher Fleck, gleich einer abgebrochenen Binde; neben demselben steht auf beyden Seiten ein schwarzer Punkt. Mitten über die Deckschilde geht eine breite, auf beyden Seiten ausgezackte Binde, und eine andere unten über die Spitze derselben; ausserdem haben sie einen schwarzen Rand.

* 5. Indica. **Indien.** Taf. XXIII. Fig. 5.

Auch dieser Käfer ist aus der Gronovischen Sammlung. Kopf, Brustschild und Füsse sind schwarz; die Deckschilde halbdurchsichtig, braun, mit 3 gelben Binden; die erste ist nur kurz, und eher ein Fleck zu nennen, und stehet oben an der Einlenkung, die zwey andern Binden sind unordentlich ausgezackt, und die eine geht etwas über, die andere etwas unter die Mitte der Deckschilde. Der Unterleib ist gelb. Er unterscheidet sich von der Chr. fasciata.

Fabr.

Fabr. ſp. 68. durch den ganz ſchwarzen Kopf, ſchwarze Füſſe, braune Grundfarbe der Deckſchilde, und gelben Unterleib.

6. Graminis. Fabr. ſp. 16. Schæf. Icon. Tab. 21. Fig. 10. Berlin.

Weder ſind die lezten Glieder der Fühlhörner bey meinem Exemplar braun, noch der Bruſtſchild vorne concav, wie Degeer von dieſem Käfer ſagt; auch iſt die Länge des Meinigen nur 3 ¾ Linien rheiniſch; da Degeer 4 ½ und Schrank 4 ⅓ Linien zur Länge angiebt.

7. Hæmoptera. Fabric. ſpec. 18. Degeer Inſ. 5. Tab. 9. Fig. 13. Berlin.

Die Fußblätter ſind bey den Meinigen nicht roth.

8. Populi. Fabr. ſp. 20. Schæf. Icon. Tab. 47. Fig. 4. 5. Berlin.

9. Staphylæa. Fabr. ſp. 21. Degeer Inſ. 5. Tab. 8. Fig. 24. Pommern.

Der Bruſtſchild hat einen breiten Rand, welches niemand anmerkt.

10. Polita. Fabr. ſpec. 23. Schæf. Icon. Tab. 65. Fig. 9. Berlin.

11. Boleti. Fabric. ſp. 25. Schæf. Icon. Tab. 77. Fig. 6. Reppen.

Nur in den ſchwammigten Auswüchſen der Eichen wird man ihn finden; in einem ſolchen Schwamme lebt eine ganze Colonie; wenn derſelbe abgeſtoſſen wird, ſo verlaſſen ſie ihn, kriechen am Stamme in die Höhe, und ſuchen ſich in die kleinen Ueberbleibſel ſo gut als möglich, zu verbergen.

12. 10-punctata. Fabr. ſp. 33. Schæf. Icon. Tab. 21. Fig. 13. Berlin.

Oft iſt die Lippe roth; der Bruſtſchild hat bald einen zwey- bald einen dreylappigen, ſchwarzen Fleck. Das Schildlein iſt allezeit ſchwarz; die Punkte auf den Deckſchilden oft gröſſer, und etwas in einander gelaufen.

13. Polygoni. Fabr. ſp. 43. Schæf. Icon. Tab. 161. Fig. 4. Berlin.

14. Cerealis. Fabr. ſp. 45. Schæf. Icon. Tab. 1. Fig. 3. Reppen.

Oft iſt das Rothe ins Gold-ſpielende nur ein mattes Grün, welches mit dem Blauen wenig abſticht. Man findet ihn auch auf dem Graſe.

15. Faſtuoſa. Fabr. ſp. 48. Reppen. Taf. XXIII. Fig. 6.

Zu manchen Jahren häufig auf den Himbeeren und Neſſeln in Gärten.

16. Speciosa. Fabr. sp. 49. Taf. XXIII. Fig. 7.

Dem vorigen an Zeichnung völlig gleich, aber wohl zweymal so groß, ohngefähr wie Chr. populi; alles ist grün-goldglänzend, jedes Deckschild hat 2 roth-goldglänzende, breite Streifen. Da ich ihn gekauft, so weiß ich sein eigentliches Vaterland nicht. Da Scopoli der Ch. speciosa nur die Länge von 3 Linien giebt, so bin ich zweifelhaft, ob der Meinige nicht noch eine verschiedene Species ist.

17. Limbata. Fabr. sp. 52. Schæf. Icon. Tab. 21. Fig. 20. Berlin.
18. Sanguinolenta. Fabr. sp. 53. Degeer Inf. 5. Tab. 8. Fig. 26. Berlin.
19. Marginata. Fabr. sp. 54. Schæf. Ic. Tab. 21. Fig. 19. Berlin.

Fabricius citiert bey dieser sowohl als bey der sanguinolenta des Sulzers Tab. 3. Fig. 10; eine kann es doch nur seyn. Laicharting's Beschreibung kömmt mit der Meinigen genau überein.

* 20. Lomata. Berlin. Taf. XXIII. Fig. 8.

Nur einmal ist mir dieser Käfer vorgekommen. Er ist kleiner, wie die Chr. marginata, und grösser wie die Chr. marginella. Kopf, Brustschild, und Deckschilde haben ein schönes glänzendes Blau; leztere haben ausserhalb einen rothen Rand; auch durch die stärkste Vergrösserung findet man sie nur ganz unmerklich punktiert; die übrigen Theile sind schwarz. Ich würde diesen Käfer für die Chr. marginella Laichart. halten; allein der Brustschild ist gar nicht punktirt.

21. Marginella. Fabr. sp. 55. Berlin. Taf. XXIII. Fig. 9.

Kleiner wie der vorige, dunkelblau; die Deckschilde sind punktirt gestreift; der Brustschild, so wie die Flügeldecken haben einen röthlichgelben Rand.

22. Hannoveriana. Fabr. sp. 56. Berlin. Taf. XXIII. Fig. 10.

Nicht gewiß bin ich, ob dieses der citierte Käfer, oder nur eine Varietät der Chr. marginella ist; er ist derselben in allen Stücken ähnlich, nur ein wenig grösser, und wo unten an der Spitze der Deckschilde der gelbe Rand aufhöret,

höret, da fällt in demselben eine kleine gelbe Linie, die mit der Nath meist parallel ist; ob diese nun die vitta sey, kann ich nicht entscheiden. Ich habe ihn zur Deutlichkeit vergrössert abgebildet.

* 23. Potentillæ. Berlin. Taf. XXIII. Fig. 11.

Vielleicht nur ein Varietät des vorigen, dem er in allen Stücken gleich ist, nur steht die gelbe Linie etwas höher, und fällt nicht in den Seitenrand; wie aus der vergrösserten Abbildung zu ersehen ist.

* 24. Rannuculi. Pommern. Taf. XXIII. Fig. 12.

Auch dieser Käfer ist dem vorigen an Gestalt und Grösse völlig ähnlich, so daß ich nicht gewiß behaupten kann, ob er eine Varietät derselben, oder eine eigne Species sey. Neben der Nath geht eine gelbrothe Linie, welche unten in den gelbrothen Seitenrand fällt, oben in der Gegend des Schildleins sich von demselben etwas abbiegt, und bis an die Einlenkung der Deckschilde reicht; der Brustschild ist unordentlich, die Deckschilde aber sind reihenweise punktirt; übrigens ist er überall schwarzblau. Die Grösse von allen ist wie die Chr. marginella Fig. 9.

25. Bulgarensis. Schrank Enum. Inf. Austr. p. 70. n. 127. Oesterreich. Taf. XXIII. Fig. 13.

Der Brustschild hat einen breiten aufgeworfenen Seitenrand, übrigens wie in der Beschreibung loc. cit. Da der Herr geistl. Rath Schrank mir ihn selbst zugeschickt hat, so bin ich gewiß, daß dieses seine Chr. bulgarensis ist.

26. Metallica. Laich. Inf. pag. 144. no. 3. Oesterreich Taf. XXIII. Fig. 14.

Völlig die Gestalt und Grösse des vorigen, nur überall röthlich kupferglänzend. Die Laichartingsche Beschreibung stimmt auf das genaueste überein. Ich bin auch seiner Meinung, daß die Chr. cuprea Fabr. Aehnlichkeit hat, ja vielleicht eben dieselbe ist. Schrank schickte mir aber diesen Käfer unter dem Namen Chr. menthæ wie er sie in seinen Beyträgen genannt hat. In

seiner

seiner Enum. Ins. Austr. hält er diese für einerley mit der Chr. vitellinæ Lin. allein im 2ten Stück des neuen Entomol. Magazins nimmt er diese Meinung wieder zurück, hauptsächlich wegen der Citationen im Fabricius; es lassen sich diese auch unmöglich mit einander vereinigen. Ich finde in meiner Sammlung einen Käfer, der noch grösser ist, als der itzt beschriebene; vielleicht mögte dieser die Coc. vitellinæ des Scopolis seyn; ich halte ihn aber nur für eine Abart der Chr. metallica, der er in den meisten Stucken ganz ähnlich ist. Man könnte also annehmen, daß die Chr. metallica des Laichartings, Menthæ des Schrank, und Vitellinæ des Schranks, Geoffroy und Scopoli einerley Käfer sey.

* 27. Centaura. Berlin. Taf. XXIII Fig. 15.

Etwas über 2 Linien lang, eyrund, überall goldgrün glänzend; der Brustschild und die Flügeldecken spielen ins rothe, beyde sind gerandet und voller feiner Punkte. Auch der Bauch und die Füsse sind goldgrün, die Fußblätter braun, und die Fühlhörner schwarz.

* 28. Taraxaci. Berlin. Taf. XXIII Fig. 16.

Auf dieser Blum fand ich nur einmal den Käfer. Nicht viel über eine Linie lang, etwas schmaler, wie die vorigen, überall ungemein roth goldglänzend, die Deckschilde reihenweise punktirt, der Brustschild ungemein schwach punktirt, auch haben beyde einen kaum sichtbaren Rand. Auch unten spielet der Käfer etwas ins goldgrüne, nur die Fühlhörner sind schwarz.

* 29. Adonidis. Fabr. sp. 10. Oesterreich. Taf. XXIII. Fig. 17.

Dieser Käfer ist mir als ein ungarisches Insekt mit mehrern zugeschickt worden. Er hat die völlige Gestalt der obigen 10-punctata no. 12. nur ist er grösser; 4 Linien lang; der Kopf, Brustschild und Deckschilde haben eine röthlich gelbe Farbe; am Hinterrande des Kopfs steht ein zweylappiger schwarzer Fleck, die Augen und Fühlhörner sind schwarz. Der Brustschild hat in der Mitte der Länge nach einen breiten schwarzen Fleck, der unten etwas breiter ist, oberhalb an jeder Seite, nahe am Seitenrande steht noch ein schwarzer

zer Punkt; der Rand ist kaum sichtbar. Das Schildlein ist schwarz. Auf der Nath steht der länge nach ein schwarzer oben etwas breiterer Streif, der aber nicht ganz bis an das Schildlein reicht. Ein noch breiterer schwarzer Streif steht auf der Mitte jedes Deckschildes, der oben und unten spitz zugehet aber nirgends bis an den äussern Rand reichet. Der Unterleib und die Füsse sind schwarz, die Fußsohlen gelblich.

30. Litura. Fabr. sp. 57. Berlin. Taf. XXIII. Fig. 18. a.

Nicht nur in Engelland sondern auch bey Berlin wird dieser Käfer gefunden, oft ziemlich häufig auf dem Spartio scopario, welches sein liebster Aufenthalt zu seyn scheint. Das Weibchen ist etwas grösser, und diesem fehlt auch der schwarze Streif auf den Deckschilden. Der Brustschild ist nach Verhältniß sehr breit und stark gewölbt, allzeit röthlicher gelb, ungerandet, die Füsse, Fühlhörner und Kopf haben die Farbe der Deckschilde, die Augen sind schwarz. Die Deckschilde sind reihenweise punktirt; die schwarzen Streifen reichen weder oben noch unten bis ans Ende; das Schildlein ist dunkelbraun, die Nath schwarz, manchmal nur schwach braun, das Schildlein hat oft mit den Deckschilden gleiche Farbe. Er ist nicht viel über eine Linie lang, wie a. zeigt. Der äusseren Gestalt nach sollte dieser Käfer so wie der folgende unter dem Geschlecht Cryptocephalus stehen.

* 31. Minuta. Berlin. Taf. XXIII. Fig. 19. b.

Dieser kleine Käfer hat eben die Gestalt, wie der vorige, aber er ist kaum eine Linie lang; Kopf und Brustschild sind ungemein glatt und röthlichgelb, so auch die Füsse, und die untersten Gelenke der Fühlhörner, die letzten Gelenke sind schwarz, auch die Augen. Die Deckschilde sind etwas blasser gelb, oben und unten jedes Deckschildes stehen zwey vermischte und in einander gelaufene schwarze Flecken, auch sind sie reihenweise braun punktirt; das Schildlein ist schwarz, und so auch die Brust und der Bauch. Seine wahre Grösse zeigt b. Bey einer Verschiedenheit fehlen die vermischten Flecke auf den Deckschilden.

* 32. Scutellata. Pommern. Taf. XXIII. Fig. 20. c.

Nicht grösser, wie der vorige, wie c. zeigt, aber nicht so hoch gewölbt, sondern flacher. Oberhalb ist die Farbe überall rothgelb; die Augen sind schwarz. Auf den Deckschilden stehet in der Mitte um das Schildlein herum ein gemeinschaftlicher schwarzer Fleck; etwas unter der Mitte steht auf jedem neben der Nath ein ovaler schwarzer Fleck, und neben demselben ein wenig höher noch ein kleinerer. Fühlhörner und Füsse sind auch rothgelb, so auch die vier letzten Ringe des Bauches, die zwey ersten aber sind schwarz, und haben nur an den Seiten einen rothgelben Fleck; die Brust ist schwarz.

33. Tanaceti, Fabr. sp. 70. Rœsel Jns. 2. Scar. 3. Tab. 5. Berlin.

Ich stimme Laichartings Urtheil völlig bey, daß die röselsche Abbildung die wahre Chr. tanaceti vorstelle, welche von Fabricius unrichtig bey Chr. goettingensis angeführt wird. Auch hier sind beyde Arten, die schwarze und die fahle sehr gemein.

34. Alni. Fabr. 72. Degeer Inf. 5. Tab. 9. Fig. 18. Berlin.

35. Betulæ. Fabr. sp. 76. Rœsel II. Scar. 3. Tab. 1. Berlin.

So wohl die Röselsche als die Degeersche Abbildung scheinen mir zu rund und nicht nach Verhältniß länglich und schmal genug zu seyn.

36. Vitellinæ. Fabr. sp. 78. Berlin.

Die Röselsche Abbildung der Chr. betulæ welche Fabricius auch bey diesem Käfer wieder anführt, mögte ich gern für die wahre vitellinæ halten; sie unterscheidet sich sichtbahrlich von der Chr. betulæ weil sie viel runder und gewölbter ist, ich müßte denn noch eine andre Art für die vitellinæ halten; auch sind die Meinigen mehr blau als grün zu nennen.

* 37. Similis. Berlin.

Grade so groß, so rund und gewölbt, wie meine Chr. vitellinæ daher ich keine Abbildung für nöthig halte. Ueberall blau unten, und die Füsse schwarz, die ersten Gelenke der Fühlhörner rothgelb, und so auch oben der

After. Ich würde ihn für die Chr. hæmorrhoidalis halten; allein er ist nicht schwarz, sondern blau, und die Deckschilde sind nicht reihenweise, sonder unordentlich ganz fein punktirt.

* 38. Rufipes. Berlin

Auf den Weiden nicht selten. Er ist auch der Chr. vitellinæ an Gestalt und Grösse gleich, nur verlängern sich am Ende die Deckschilde in eine stumpfe Spitze. Er ist überall grünlich glänzend, und fein chagrinirt, auch die untre Seite und die Hüften haben diese Farbe; aber die Lippe, die Fühlhörner und die übrigen Glieder der Füsse sind gelbroth.

39. Aenea. Fabr. sp. 80. Degeer Inf. 5. Tab. 9. Fig. 4. Berlin.

Selten aber doch zuweilen findet man diesen Käfer ganz stahlblau.

40. Coccinea. Fabr. sp. 83. Degeer Jnf. 5. Tab. 9. Fig. 1. Berlin.

Es gehört dieser Käfer unter die seltene hiesiger Gegend. Gemeiniglich habe ich ihn im späten Herbst an den Weidenstämmen gefunden.

41. 20-punctata. Fabr. sp. 86. Bergstræsser. Tab. 13. Fig. 10. Bayern.

Herr Schrank, von dem ich diesen Käfer habe, hat ihn auch recht gut beschrieben.

* 42. Raphani. Berlin. Taf. XXIII. Fig. 21.

Auf dem wilden Meerrettig oft sehr häufig, ich kann ihn aber bey keinem Schriftsteller finden; es ist auch schwehr ihn von ähnlichen unterscheidend zu beschreiben. Vielleicht trägt dies etwas zu seiner Kenntniß bey, daß das Weibchen eben wie Chr. tanaceti und polygoni, wann es schwanger ist, einen ungemein aufgeschwollenen Leib hat, den die Deckschilden kaum halb bedecken. Er ist ohngefehr 2 Linien lang, und glänzet überall mit dem schönsten grün, der Kopf und Brustschild etwas weniges mehr blau, die Deckschilde in gewissen Richtungen etwas röthlich. Die Fühlhörner haben auch ein solches grün, nur die letzten Gelenke sind schwarz. Die untre Seite und Füsse sind auch glänzend goldgrün, nur die Fußblätter sind schwarz. Daher kann er nicht die Chr. armoraciæ seyn, ob ihm gleich dieser Name zukäme, weil derselbe unten schwarz seyn, und seine Deckschilde gestreift punktirt seyn sollen, die bey diesem chagrinartig sind.

* 43. Orychalca. Pommern. Taf. XXIII. Fig. 22.

Herr von Scheven hat mir diesen Käfer zugeschickt. Er hat die Statur und Grösse der Chr. polita. Kopf, Brustschild und Flügeldecken sind schwarz, mit einem geringen blaulichten Schein. Der Brustschild hat einen breiten Seitenrand. Am kenntlichsten wird er dadurch, daß auf jedem Deckschilde 7 Reihen Punkte ziemlich weitläufig nnd allzeit Paarweise neben einander stehen, nur neben der Nath steht eine einfache Reihe. Die Fühlhörner und Füsse sind schwarz, der Bauch aber braun.

* 44. Nigripes. Berlin.

Dem vorigen in allen Stücken gleich; nur ist er blau, und die Deckschilde sind nicht Reihenweise sondern chagrinartig punktirt. Der Bauch ist gleichfalls braun, die Füsse schwarz, so wie die Fühlhörner, daher kann er nicht Chr. vulgatissima seyn

* 45. Glabra, Pommern.

Nicht grösser wie Chr. marginella. Oben überall stahlblau, der Brustschild chagrinirt, die Deckschilde reihenweise fein punktirt. Unten überall schwarz.

Springende.

46. Oleracea. Fabr. sp. 94. Berlin.

47. Hyosciami. Fabr. sp. 97. Berlin.

Auch die Lippe und die untersten Glieder der Fühlhörner sind braun.

48. Nitidula. Fabr. sp. 99. Schæf. ic. Tab. 87. Fig. 5. Reppen.

Auf den Elsen, nnd ist hier allzeit blau; der goldglänzende Brustschild unterscheidet sie hinreichend von allen übrigen.

49. Helxines. Fabr. sp. 100. Sulz. Inf. Tab. 3. Fig. 12.

50. Atricilla. Fabr. sp. 104. Berlin.

Kaum so groß, wie eine Floh. Der Kopf schwarz, der Brustschild röthlich-gelbbraun, die Deckschilde blasser fahl, gestreift punktiert; Fühlhörner und Füsse haben eben diese Farbe, die dicken Hinterkeulen aber sind braun.

51. Nemorum. Fabr. sp. 114. Sulz. Inf. Tab. 3. Fig. 11. Berlin.

52. Hemisphæríca. Fabr. sp. 116. Berlin.

Dieser Käfer ist häufig auf den Weiden. Ich habe aber bey Reppen einen Käfer gefunden, der der Chr. hemisphærica in der ganzen Gestalt gleich, nur ein wenig kleiner und blaßgelb ist; er hat aber keine Springfüsse; sollte dies eine andre species seyn, so müßte sie unter den ersteren stehen, und könnte orbiculata genennt werden. Man vergleiche hiemit, was Hr. Schrank bey der Nitidula in der Enum. Inf. Austr. p. 86. bemerkt.

* 53. Flavipes. Berlin.

Ueberall stahlblau, die Deckschilde glatt, ganz schwach chagriniert, die untersten Glieder der Fühlhörner bräunlichgelb, die lezten schwarz. Die Füsse bräunlichgelb, aber die Hinterkeulen am Ende schwarz. Er ist etwas grösser, wie Chr. helxines, und die Lippe ist nicht gelb, wie bey Chr. hyosciami.

* 54. Pedicularia. Berlin.

Oben überall etwas matt, goldgrün-glänzend, Kopf, Brustschild, und Flügeldecken sehr fein chagriniert. Die Fühlhörner hellbräunlich, bis auf die 4 lezten Gelenke, welche schwarz sind; unten schwarz, die Füsse bräunlich; die Hinterkeulen etwas dunkler und punktirt. Er hat kaum die Grösse einer Laus.

* 55. Minimus. Berlin.

Halb so groß, wie eine Floh, schwärzlich-grün, die Deckschilde kaum sichtbar punktirt, aber nicht reihenweise. Die Fühlhörner unten gelbbraun, oben schwarz; die Füsse bräunlichgelb, die Hinterkeulen braun.

26. Cryptocephalus.

1. Longipes. Fabr. sp. 1. Schæf. Ic. Tab. 6. Fig. 3. Pommern.

2. 4-punctatus. Fabr. sp. 3. Degeer Inſ. 5. Tab. 10. Fig. 7. Berlin.
Ich habe ihn allezeit nur auf jungen Birken gefunden.

3. Tridentatus. Fabr. sp. 8. Degeer Inſ. 5. Tab. 10. Fig. 10. Berlin.
Von 2 Linien bis zu 5 Linien an Länge. Oft haben die Deckschilde oben auf der Ecke einen schwarzen Punkt.

4. 4-maculatus. Fabr. sp. 14. Schæf. Icon. Tab. 6. Fig. 6. 7. Berlin.
Sollte dieser und der Cr. Scopolinus nicht einerley species seyn?

5. 2-punctatus. Fabr. sp. 19. Pommern.
Sollte es wirklich nur eine Varietät seyn, wenn die Deckschilde anstatt der Punkte der Länge nach einen schwarzen Streif haben? Ich habe nur diese lezte Art. Es müßte aber auch noch angemerkt werden, daß der erhöhete Rand der Deckschilde ringsherum schwarz ist, und daß die drey ersten Gelenke der Fühlhörner gelb sind.

6. Vitis. Fabr. sp. 23. Berlin.
Die drey ersten Gelenke der Fühlhörner sind röthlichgelb.

7. 6-punctatus. Fabr. spec. 27. Degeer Inſ. 5. Tab. 10 Fig. 9. Sachsen.
Die Deckschilde bald roth, bald gelb.

8. Sericeus. Fabr. sp. 32. Sulz. Hist. Inſ. Tab. 3. Fig. 13. Berlin.
In der Farbe sehr unbeständig.

9. Nitens. Fabr. sp. 33. Berlin.
Das Maul und die ersten Gelenke der Fühlhörner sind allezeit röthlichgelb, aber nicht die Füsse; diese sind bald röthlichgelb, bald stahlblau, wie der ganze Käfer.

10. Vittatus. Fabr. sp. 36. Berlin. Taf. XXIII. Fig. 23.
Auf dem Grase, aber nicht häufig.

11. Moræi. Fabr. sp. 37. Schæf. Icon. Tab. 30. Fig. 5. Berlin.
Gleichfalls im Grase.

12. Labiatus. Fabr. sp. 49. Berlin.

Die Hüften der Hinterfüsse haben einen schwarzen Fleck; die Deckschilde sind gestreift punktiert.

* 13. Assimilis. Berlin.

Dem vorigen sehr ähnlich, nur etwas grösser; die Schwärze der Deckschilde fällt etwas ins Blaue; auch sind sie nicht eigentlich gestreift punktiert. Der Kopf hat 2 ganz kleine gelbe Flecken; die Lippen und die ersten Gelenke der Fühlhörner sind gelb, so auch die Vorderfüsse, die andern beyden Paare aber sind schwarz, oft in den Gelenken mit schwachem Gelb schattiert.

14. Barbareæ. Linné S. N. Chrysomel. 85. Berlin.

Fast wohl nur eine Varietät des Cryptoceph. labiatus; denn er unterscheidet sich von jener nur blos durch 2 gelbe Flecken vor der Stirn. Fabricius hat ihn nicht in sein System aufgenommen.

* 15. Ornatus. Berlin. Taf. XXIII. Fig. 24.

Auch dieser Käfer ist dem Crypt. labiatus sehr ähnlich, nur etwas grösser. Der Kopf ist schwarz, mit einem 2 lappigten gelbrothen Fleck; die Lippe ist gelb, auch die ersten Gelenke der Fühlhörner. Der schwarze Brustschild hat oben in der Mitte bis zur Hälfte einen gelben Strich; über demselben hat er einen gelben Rand; unter dem Strich stehen 2 andre neben einander; an den Seiten steht ein vertiefter Punkt. Die Deckschilde sind schwarz und punktirt gestreift. Er muß viel Aehnlichkeit haben mit dem Cryptoceph. frenatus des Laichartings; seine wahre Grösse zeigt d.

* 16. Peregrinus. Indien. Taf. XXIII. Fig. 25.

Meist 5 Linien lang, Kopf, Brustschild, und Deckschilde blau, alles übrige schwarz. Weder der Brustschild noch die Flügeldecken sind punktirt. Die Fühlhörner sind lang; die untersten Glieder oberhalb etwas braun. Seine Gestalt ist aus der Abbildung zu erkennen.

17. Parenthesis. Schrank im 2ten Stück des neuen Entomol. Magazins. pag. 153. Berlin.

Hr. Schrank sagt loc. cit. seine Chrys. bipunctata sey wahrscheinlich nicht die Chr. marginata Linné; allein er hat ja auch in seiner Enumer. Inf. Austr. sie nicht davor ausgegeben; es soll also wohl anstatt Chr. marginata vielmehr bipunctata heissen. Ferner sagt er: er glaube, daß er die wahre Chr. marginata Linn. nicht kenne; denn seine Chr. marginata scheint mir keine andre, als eben die zu seyn, die er im Magazin parenthesis nennet; ja ich weiß dies gewiß, da er mir selbst diesen Käfer unter dem Namen Chr. marginata zugeschickt hat, welcher aber zuverläßig ein Cryptocephalus ist.

18. Hieroglyphicus. Laichart. pag. 182. Berlin. Taf. XXIII. Fig. 26. e.

Es ist dieser Käfer offenbar einerley mit des Hr. Schrank Chrysomel. flavoguttata; und da die Zeichnungen sehr veränderlich sind, so kann er leicht noch mehr Namen haben. Seine wahre Grösse zeigt e.

27. Cistela.

1. Ceramboides. Fabr. sp. 4. Berlin. Taf. XXIII. Fig. 27.

Es kommt dieser Käfer den Lepturen nahe. Der Brustschild hat nicht allezeit gleiche Farbe mit den Deckschilden, sondern ist auch wohl schwarz. Hr. Schrank scheint den Brustschild beständig als schwarz anzugeben, welches aber nicht zutrift. Der Kopf ist völlig wie bey den Bockkäfern.

2. Sulphurea. Fabr. sp. 6. Taf. XXIII. Fig. 28.

Dieser Käfer kommt nun der Gestalt nach den Carabis sehr nahe. Die Augen sind schwarz, die Fühlhörner braun; übrigens ist er schwefelgelb. Der Brustschild hat an den Seiten eine tiefe Höhlung.

3. Murina. Fabr. sp. 9. Reppen. Taf. XXIII. Fig. 29.

Es hält sich dieser Käfer nicht selten in den hohlen Eichbäumen auf. Er hat die Grösse und Gestalt der Cist. sulphurea. Der Kopf und Brustschild

schild sind mattschwarz, die Deckschilde schmutzig-braun, gestreift; die Fühlhörner und Füsse etwas heller durchsichtig-braun.

4. Luperus. Schæf. Element. Tab. 80. Berlin. Taf. XXIII. Fig. 30.

Nicht mit Gewißheit kann ich diesen Käfer für den Schäferschen Luperus ausgeben, weil der Meinige wenigstens zweymal grösser ist, als seine Abbildung. Er ist überall schwarz; die Deckschilde haben einen grünlichen Glanz; die langen Fühlhörner sind schwarz, nur das erste Gelenke rothgelb; das lezte Glied der Fühlspitzen ist sehr groß, herzförmig, und zugespitzt. Die Füsse sind röthlichgelb und lang.

* 5. Betulæ. Berlin. Taf. XXIII. Fig. 31.

Obgleich dieser Käfer gar nicht selten ist, und oft auf den Birken gefunden wird, so finde ich doch nicht, daß er wo beschrieben wäre, es müste ihn denn Fabricius unter ein ganz anders Geschlecht gebracht haben, welches mir nicht bekannt genug ist. Er wird meist 5 Linien lang seyn. Der Kopf ist schwarz, die Fühlhörner lang und schwarz; so auch der Brustschild, welcher fast scheibenförmig rund ist; er hat einige Vertiefungen, und ist mit schwarzen Haaren besezt. Die Deckschilde sind helle fahlbraun, oft etwas dunkler, schwach gestreift, das Schildlein schwarz, wie auch die ziemlich langen Füsse.

* 6. Reppensis. Reppen. Taf. XXIII. Fig. 32.

Ohngefehr 2 Linien lang, oder etwas drüber; der Kopf schwarz, die ersten Gelenke der Fühlhörner rothgelb, die lezten schwarz; der Brustschild ist wie bey der Cist. Ceramboides vorne sehr enge, nicht breiter wie der Kopf, wird aber hinten so breit, wie die Deckschilde; er ist schwarz, und spielet am Lichte mit gelben Häärchen. Die Deckschilde sind gelbbraun, ungestreift. Die Füsse haben eben diese Farbe. Nur einmal habe ich ihn gefunden.

28. Crioceris.

1. Nymphеæ. Fabr. spec. 3. Degeer Inf. 5. Tab. 20. Fig. 1. 2. Berlin.

Die Grundfarbe der Deckschilde fällt ins schwärzliche.

2. Capreæ. Fabr. sp. 4. Berlin.

Der vorigen sehr ähnlich, einfarbig, aschgrau, etwas ins Braune fallend. Auf der Mitte des Brustschildes steht ein schwarzer Fleck, und oben ist die äussere Ecke der Deckschilde schwarz.

3. Calmariensis. Fabr. sp. 6. Berlin.

Gleichfalls der Cr. nympheæ ähnlich. Der Kopf hat einen dreyeckigen schwarzen Fleck; der Brustschild 3 schwarze Flecken neben einander; die Deckschilde neben dem Schildlein einen schwarzen Strich, der ohngefehr bis auf den dritten Theil der Deckschilde herunter geht; neben dem äusseren Rande geht ein breiter schwarzer Streif von oben bis zu Ende herunter; der Leib ist schwarz, die Füsse fahlbraun.

* 4. Parva. Berlin.

Kaum halb so groß, wie Cuprea, der sie ähnlich ist. Der Kopf hat 2 schwarze Flecken, die durch eine Furche getheilt worden; die ersten Gelenke der Fühlhörner sind röthlichgelb, die übrigen braun; Kopf, Brustschild, Flügeldecken und Füsse sind gelbbraun; die oberen Ecken der Deckschilde fallen ins schwarze.

* 5. Pallida. Berlin.

Fast noch etwas grösser, wie C. nympheæ, aber etwas mehr gewölbt. Der Kopf schwarz, die Fühlhörner gelblich, nur die lezten Glieder sind braun. Der Brustschild fahlgelb, an den Seiten geht er in der Mitte in eine stumpfe Spitze aus. Die Deckschilde haben die Farbe des Brustschildes, sind schwach chagrinirt. Das Schildlein ist dunkel, die Hüften sind schwarz; an der untern Spitze, nebst den übrigen Fußgliedern fahl.

6. 4-maculata. Fabr. sp. 16. Berlin.
Taf. XXIII. Fig. 33.

Fabricius giebt zwar den Cap zum Vaterlande dieses Käfers an; allein in seiner ganzen Beschreibung ist nichts, was nicht auch von diesem berlinischen Käfer gesagt werden könnte, es müßte denn die Grösse seyn, welche nicht angegeben

gegeben ist. Der Kopf ist vorne, nebst der Lippe, röthlichgelb, hinten schwarz; der Brustschild und die Deckschilde sind gleichfalls röthlich-gelbbraun; auf den lezteren stehen zwey schwarze Flecke, der eine oben bey der Wurzel, der andre meist unten; dieser ist grösser, und fast wie eine Binde anzusehen; Fühlhörner, Brust und Füsse, haben die Farbe der Deckschilde; der Bauch ist schwarz.

7. Merdigera. Fabr. spec. 19. Schæfer Icon. Tab. 4. Fig. 4. Berlin.
* 8. Rufipes. Berlin.

Ganz genau, wie Cr. merdigera, nur ein wenig grösser; sie unterscheidet sich vornehmlich dadurch: der Kopf, die Lippe, die drey ersten Gelenke der Fühlhörner sind roth, die Hüften roth, am Ende schwarz; die Schienbeine, und die Wurzel der Fußblätter gleichfalls roth; alle diese Theile sind bey der Cr. merdigera schwarz.

9. 12-punctata. Fabr. sp. 20. Schæf. Icon. Tab. 4. Fig. 5. Berlin.

Auch das Schildlein ist schwarz.

10. Cyanella. Fabr. sp. 30. Berlin. Taf. XXIII. Fig. 34.

Ueberall stahlblau; nur die Fühlhörner und untersten Gelenke der Füsse schwarz.

11. Melanopa. Fabr. sp. 31. Sulz. Inf. Tab. 3. Fig. 19. Berlin.
* 12. Erytrocephala. Berlin.

Dieses niedliche Käferchen ist mir nur einmal vorgekommen. Er ist kaum halb so groß, als die Cr. melanopa. Der Kopf und Brustschild sind hellroth und sehr glatt; die Augen schwarz, die untersten Glieder der Fühlhörner roth, die übrigen schwarz; die Deckschilde sind schwarz, sehr stark, aber sauber chagrinartig; die Füsse röthlichgelb.

13. Asparagi. Fabr. sp. 35. Rœsel Inf. 2. Scar. 3. Tab. 4.

14. Phellandrii. Fabr. sp. 36. Degeer Inf. 5. Tab. 9. Fig. 34.

29. Lagria.

1. Hirta. Fabr. sp. 11. Degeer Inf. 5. Tab. 2. Fig. 23. 24. Berlin.
An Grösse sehr verschieden.

* 2. Ruficollis. Berlin. Taf. XXIII. Fig. 35.

Dieser schöne und seltene Käfer ist mir nur einmal vorgekommen. Der Kopf ist schwarz; die Fühlhörner gleichfalls, und gewissermassen sägeförmig. Der Brustschild cylindrisch, am Kopf etwas breiter, als unten, schön glänzend roth; auch der Kopf hat hinten am Brustschilde einen rothen Rand. Die Deckschilde sind schwarzblau, schmal, gestreift punktirt; der ganze Käfer mit subtilen Haaren besetzt; unten ist er überall schwarz; auch die Unterflügel. Seine Länge ist etwas über 4 Linien.

30. Curculio.

1. Mit unbewafneten Hüften.

1. Palmarum. Fabr. sp. 2. Indien.

Das Schildlein verlängert sich in eine lange schmale Spitzen; der unter den Deckschilden hervorstehende Hinterleib hat an jeder Seite eine Reihe steifer Borsten.

2. Pini. Fabric. spec. 13. Frisch Inf. 11. Tab. 23. Fig. 5. Berlin.

Man sehe, was ich hierüber bey Beurtheilung des Laichartingschen Verzeichnisses im neuen Entomol. Magazin gesagt habe.

3. Colon. Fabr. spec. 16. Schæf. Icon. Tab. 155. Fig. 2. Berlin.
Taf. XXIV. Fig. 1.

Die Seitenränder des Brustschildes sind oft gelb, anstatt weiß; die Deckschilde sind nicht eigentlich gestreift, sondern haben reihenweise stehende, ausgehöhlte Punkte; die Grundfarbe ist oft braun, anstatt greis, die weissen Punkte fehlen oft. Ueberhaupt ist wohl kein Käfergeschlecht unsicherer zu bestimmen, als

Tab. 23.

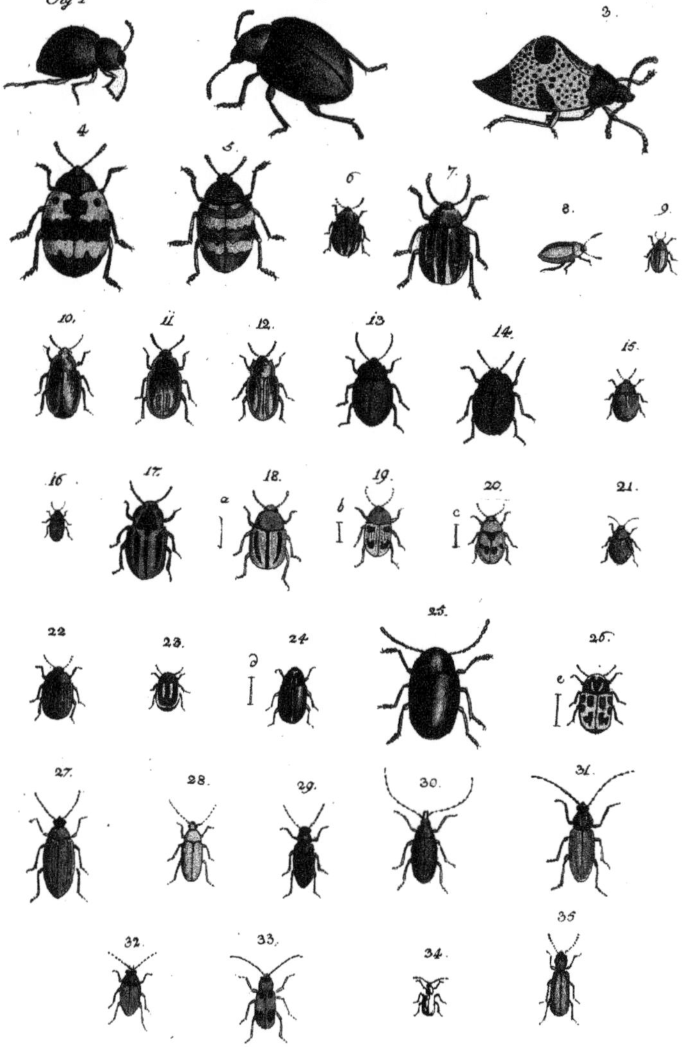

Fig 1
2
3.
4
5.
6
7.
8.
9.
10.
11
12.
13
14.
15.
16.
17.
a
18.
b
19.
c
20.
21.
22
23.
24
25.
e
26.
27.
28.
29.
30.
31.
32.
33.
34.
35

als dieses; der Blumenstaub verändert ihre Farbe; überdem sind sie gemeiniglich mit feinen Häärchen überzogen; und je nachdem dieselben viel oder wenig abgeschabt sind, bekommen sie ein ganz anderes Ansehen. Selbst die Dornen an den Schenkeln sind sehr trüglich; so erwähnt Fabricius von diesem nicht, daß er Dornen habe, und bringt ihn auch unter die Abtheilung der Ungedornten; Linné aber sagt von ihm: Femoribus anticis subdentatis; und ich habe Exemplare, bey denen die Vorderhüften völlig gedornt sind. Laicharting setzt auf jede Flügeldecke zwey weisse Punkte, die ich niemals gefunden habe; und da er die Schäfersche Abbilduug lieber bey einer andern species anführen will, so ist es am besten, daß ich meinen C. Colon abbilde, um die Verwirrung nicht zu vermehren.

* 4. Semicolon. Berlin.

Er ist dem C. Colon an Grösse und Gestalt völlig gleich; nur überall mattschwarz; zuweilen stehen 2 verloschne weißliche Flecken auf jedem Deckschilde, aber nicht allzeit. Fast ist er nur als eine Verschiedenheit des vorigen anzusehen.

5. Equiseti. Fabr. sp. 20. Berlin. Taf. XXIV. Fig. 2.

Zwar wohl dem C. lapathi ähnlich, aber doch nicht derselbe; kaum halb so groß, der Schnabel nicht so dick. Bey meinem einzigen Exemplare sind die Deckschilde nicht stachlich; da aber diese Stacheln nur Haarbüschel zu seyn pflegen, so kann er sie verlohren haben.

6. Bachus. Fabr. sp. 22. Sulz. Inf. Tab. 4. Fig. 4. Berlin.
7. Betulæ. Fabr. sp. 23. Schæf. Icon. Tab. 6. Fig. 4. Berlin.
8. Nigrirostris. Fabr. sp. 33. Berlin. Taf. XXIV. Fig. 3.

Man muß, wie schon gesagt, bey diesem Geschlecht schon zufrieden seyn, wenn nur die meisten Kennzeichen eintreffen. Es ist dieser Käfer klein, kaum 1 ½ Linien lang; der Schnabel schwarz, der Kopf braun, der Brustschild rund, grün, mit 2 braunen Längsstrichen; die Deckschilde grün, ungefleckt, die Hüften unbewafnet, die Füsse braun, alles, wie in der Beschreibung; nur wird der Brustschild als bucklich angegeben, welches man von dem Meinigen nicht sagen kann. So unentbehrlich sind Abbildungen bey solchen zweifelhaften Kennzeichen. Die Grundfarbe der Deckschilde ist schwarz, welche oft hie und da durchscheinet.

9. Pericarpius. Fabr. sp. 37. Berlin. Taf. XXIV. Fig. 4. b.

Kaum anderthalb Linien lang, wie b. zeigt; der Schnabel dick, nicht sehr lang. Der Brustschild chagrinartig, unten im äusseren Winkel einen weissen Fleck. Die Deckschilde schwarz, gestreift, und in den Streifen punktirt; am meisten kenntlich durch den weissen Strich am Anfang der Nath.

10. Alliariæ. Fabr. sp. 40. Frisch Ins. 9. 35. Tab. 18. Berlin.

Niemand merkt an, daß die Deckschilde gestreift, und in den Streifen punktirt sind, welches doch viel zur Unterscheidung beyträgt.

11. Cyaneus. Fabr. sp. 41. Berlin. Taf. XXIV. Fig. 5. c.

Mit dem Rüssel kaum 2 Linien lang, der Brustschild schmal, cylindrisch, der Hinterleib kugelförmig, überall blau. Er sitzt häufig an den Stielen der Malva.

12. Flavipes. Fabr. sp. 47. Berlin.

Grade die Gestalt, wie der vorige C. cyaneus, aber noch kleiner, ganz schwarz, nur die Hüften sind rothgelb.

13. Frumentarius. Fabr. sp. 49. Berlin.

14. Crux. Fabr. sp. 52. Berlin. Taf. XXIV. Fig. 6. d.

Mein einziges Exemplar hat drey weisse Punkte hinten am Brustschilde, im übrigen stimmt er genau mit der Beschreibung überein. Der Käfer ist nur eine Linie lang, wie d. zeigt.

15. Rumicis. Fabr. sp. 55. Degeer Ins. 5. Tab. 7. Fig. 10. 11. Berlin.

16. Granarius. Fabr. sp. 56. Berlin.

Wohl am häufigsten im Waizen.

17. Paraplecticus. Fabr. sp. 62. Schæf. Icon. Tab. 44. Fig. 1. Berlin.

18. Angustatus. Fabr. sp. 66. Taf. XXIV. Fig. 7.

Es ist mir dieser Käfer als ein ungarisches Insekt zugeschickt. Er ist mit dem Schnabel 9 Linien lang, cylindrischrund, überall schwarz; die Deckschilde haben einige schwache wellenförmige Zeichnungen; der Brustschild ist punktirt; das übrige, wie in der Beschreibung.

19. Ascanii. Fabr. sp. 67. Berlin. Taf. XXIV. Fig. 8.

Eben wie der vorige gestaltet, aber fast die Hälfte kleiner; gemeiniglich ist er durch Blumenstaub gelb oder braunroth; die Grundfarbe aber ist überall mattschwarz, der Brustschild fein punktirt, die Deckschilde punktirt gestreift, an den Seiten läuft von oben bis unten eine breite weisse Streife; sie soll zwar, nach dem Linné, blau seyn; allein so habe ich ihn hier niemals gefunden, doch glaube ich nicht, daß ich mich bey diesem Käfer irre.

* 20. Cylindricus. Berlin.

Ich würde ihn für den C. linearis Fabr. halten, aber die Füsse sind nicht pechbraun, und der Schnabel ist nicht oberhalb dünner. Er ist dem vorigen C. ascanii so ähnlich, daß ich keine Abbildung für nöthig halte; es fehlet ihm nur der weisse Streif an den Seiten; dies ist das einzige, wodurch er sich unterscheidet; die Wurzel der Fühlhörner ist pechbraun.

* 21. Latus. Ungarn. Taf. XXIV. Fig. 9.

Zwar wohl auch die Gestalt der vorigen, aber sehr breit, oben etwas platt. Er ist überall schwarz, aber mit gelben Blumenstaub überzogen. Die Fühlhörner sind gebrochen, der Brustschild chagrinartig, in der Mitte der Länge nach eine erhöhete Linie; die Deckschilde ziemlich stark gefurcht, und uneben.

* 22. Ungaricus. Ungarn. Taf. XXIV. Fig. 10.

Es ist mir dieser Käfer als ein ungarisches Insekt zugeschickt. Er hat die Grösse und Gestalt des C. Bachus, der Schnabel ist schwarz, und ziemlich dünne. Die Fühlhörner sind nicht gebrochen; der Kopf ist schwarz. Der

Brustschild rund, purpurroth. Die Deckschilde sind gleichfalls purpurroth, doch etwas heller; in der Mitte stehet oben um das Schildlein herum ein grosser, meist runder Fleck, welcher sich allmählig in der schwarzen Einfassung der Nath verliehrt; das Schildlein ist schwarz, und so auch der äussere erhöhete Rand der Deckschilde, die Füsse und die ganze Unterseite Auch sind die Deckschilde durch aufgerichtstehende schwarze Haare rauh.

* 23. Cyanocephalus. Reppen. Taf. XXIV. Fig. 11.

So wenig selten auch dieser Käfer ist, so getraue ich mir doch nicht, irgend eine Beschreibung auf denselben anzuwenden. Man findet ihn auf den Birken oft sehr häufig. Der Schnabel ist schwarz, die Fühlhörner sind nicht gebrochen; der Kopf ist stahlblau, nebst dem Brustschilde cylindrisch=rund, hie und da stehen auch wohl weißliche Häärchen. Der Brustschild ist nicht breiter, als der Kopf, roth und glatt; das Schildlein schwarz, die Deckschilde röthlich=gelbbräunlich, gestreift punktirt, voll feiner Häärchen; unten ist er schwarz, die Hüften spielen etwas ins Grüne. Seine Länge ist ohne den Rüssel zwey Linien.

24. Acridulus. Fabr. sp. 46. Berlin. Taf. XXIV. Fig. 12.

Er ist ohne Rüssel zwey Linien lang. Der Rüssel ist schwarz, die Fühlhörner sind gebrochen, röthlichbraun; der Brustschild rund, in der Mitte am dicksten, pechbraun, stark chagrinartig. Die Deckschilde pechbraun, fein gestreift, und in den Streifen punktirt, voll kurzer, gelber Haare, die nur durch die Lupe sichtbar sind; unten schwarz, punktirt, die Füsse pechbraun, unbewafnet.

* 25. Striatus. Berlin. Taf. XXIV. Fig. 13.

Nicht sehr gemein, aber sehr verschieden; überall aschgrau, welches durch Häärchen verursacht wird, womit er überall überzogen ist. Der Brustschild ziemlich rund, mit 3 weißlichen Streifen; die Deckschilde aschgrau; die erhöheten Linien etwas weißlicher; oben von der Einlenkung an geht auf jedem Deckschilde in der Mitte ein schwarzer Strich bis auf ein Drittel der Länge herunter, und einer, auch wohl zwey schwarze Striche, die alsdenn unten

zusam-

Archiv der Insectengeschichte.

Herausgegeben von

Johann Caspar Füeßly.

Fünftes Heft. Erste Abtheilung.

Zürich,
Bey dem Herausgeber.
1784.

Innhalt.

Joh. Friedrich Wilh. Herbsts Verzeichnis seiner Insektensammlung. Fortsetzung. Curculio — Dytiscus. Mit 6. Tafeln und den Bogen K — Q.

Nachricht.

Da ich von Herrn Herbst die Zeichnungen und das Manuscript zu der ersten Klasse seines Verzeichnisses schon vor einem Jahr erhalten, so hätte freylich nach seinem

seinem und meinem Wunsch diese erste Klasse (die Käfer) schon früher im Druck können und sollen erscheinen — Allein, der Mangel an Illuministen hat mir die frühere Ausgabe geradezu unmöglich gemacht. Ich hoffte immer noch, doch auf die Jubilate-Messe die Klasse der Käfer ganz liefern zu können, allein auch dieses ist mir aus dem gleichen Grunde nicht möglich — ich bin also genöthiget, dieses fünfte Heft zu theilen, und izt den Liebhabern nur die erste Abtheilung zu liefern. Die zwote Abtheilung, die aus einer Supplementstafel zu Taf. 28. und den Tafeln 29 und 30, und den Bogen R — T. besteht, und womit die erste Klasse beschlossen wird, soll spätestens 4 Wochen nach der Messe folgen.

Der Herausgeber.

zusammenstossen, stehen auf der Mitte jedes Deckschildes, die aber weder ganz bis oben herauf, noch bis ganz herunter gehen. Wenn dieser Käfer allzeit so gezeichnet wäre, würde er leicht zu kennen seyn; aber fast keiner sieht den andern völlig gleich. Oft hat der Brustschild einen schwachen Kupferglanz, die Deckschilde sind anstatt der schwarzen Striche durch braune Striche und Flecken scheckig; kurz, wenn man nicht auf seine ganze Bauart sieht, ist es schwer, eine sichere Beschreibung von ihm zu geben. Er ist ohngefähr 3 Linien lang, und in seinem ganzen Ansehen dem C. polygoni so ähnlich, daß man in Versuchung geräth, ihn dafür anzunehmen.

* 26. Canus. Berlin. Taf. XXIV. Fig. 14. e.

Die Bauart ist, wie gesagt, oft das einzige, wodurch sich ein Käfer vom andern absöndert, und diese läßt sich besser durch den Pinsel, als durch Worte ausdrücken. Dieser Käfer ist ziemlich kugelförmig, anderthalb Linien lang, und überall durch Haare aschgrau. Die Deckschilde sind etwas kürzer, als der Hinterleib; der Rüssel ziemlich lang, die Fühlhörner gebrochen; die aschgraue Farbe obwärts etwas gelblich. Bey Fig. 14. ist er vergrössert vorgestellt, und e. zeigt seine eigentliche Grösse.

* 27. Cruciger. Berlin. Taf. XXIV. Fig. 15.

Der Käfer ist ohngefähr 2 Linien lang, überall kohlschwarz, nur die untersten Gelenke der gebrochenen Fühlhörner und die Fußblätter sind braun, der Schnabel lang und dünne; die Deckschilde kürzer, als der Hinterleib, gestreift, oben bey der Einlenkung auf dem Schildlein, um und neben demselben, stehen einige weisse Flecke, die ein etwas undeutliches Kreutz bilden; die Hüften sind unbewafnet.

* 28. Grus. Pommern.

Nicht völlig anderthalb Linien lang, der schwarze Schnabel lang; die Fühlhörner gebrochen, der Kopf schwarz, glatt, der Brustschild schwarz, etwas rauh; die Deckschilde schwarz, auch etwas rauh, fein punktirt gestreift; die Hüften nach Verhältniß lang, keulförmig, unbewafnet, schwarz, der ganze Leib unterwärts aschgrau.

* 29. Alauda. Pommern. Taf. XXIV. Fig. 16. f.

Ziemlich kugelförmig, fast wie ein Bruchus gestaltet, ohne Schnabel kaum anderthalb Linien lang, dick, der Schnabel ziemlich lang, schwarz; die Fühlhörner gebrochen, über den ganzen Leib aschgrau, mit Häärchen überzogen, der Brustschild hat in der Mitte eine schwarze Schattierung; mitten auf dem Rücken sieht ein schwarzes Querband, über demselben einige schwarzen Flecke. Unten an der Spitze steht neben der Nath ein erhöheter schwarzer Strich. Die Füsse allein sind braun, durch weisse Haare bandiert; f zeigt seine wahre Grösse.

* 30. Urticarius. Pommern.

Kaum so groß, wie eine Floh, überall braun, durch weißliche Haare etwas wellenförmig gezeichnet; die Füsse röthlichgelb.

* 31. Punctum album. Berlin. Taf. XXIV. Fig. 17.

In den gelben Schilfblumen. Er hat die Grösse und Gestalt des Curc. Scrophulariæ, ist überall kohlschwarz; die Fühlhörner sind rothgelb, gebrochen, die Kolbe schwarz, der Schnabel ist mit weißlichgelben, etwas glänzenden Puder bestreuet, und so auch die Seiten des Käfers, die Unterseite, und die Füsse; der Kopf hat eine kielförmige Erhöhung; der Brustschild ist chagrinartig, brennend schwarz, und so auch die Deckschilde, welche kürzer als der Hinterleib sind, gestreift; recht auf der Mitte der Nath steht ein weisser Punkt. Der Hinterleib geht spitz zu, die Hüften sind lang und keulförmig, unbewafnet.

* 32. Albovittatus. Reppen.

Er ist nicht über eine Linie lang, überall gelblichgrau; über den Deckschilden geht der Länge nach ein vermischter weisser Streif, und ein andrer am äussern Rande. Der Schnabel ist schwarz, die obere Hälfte der Hüften schwarz, die untere Hälfte rothgelb, die Schienbeine rothgelb, die Fußblätter schwarz.

* 33. Lineola alba. Reppen.

Nicht grösser, wie eine Floh, aber gewölbt und breit, überall pechbraun;

die

die Deckschilde gestreift, mit weissen Häärchen besetzt; eine weisse, kurze Linie steht auf der Nath unter dem Schildlein, und ein weisser Punkt auf dem äusseren Winkel zwischen dem Brustschilde und den Flügeldecken.

* 34. Bicolor. Reppen.

An Grösse und Gestalt wie der Cur. granarius, nur ist der Brustschild nicht so lang. Er ist überall pechbraun; die innere Hälfte der Deckschilde dunkel, die äussere Hälfte helle, überall aber durch weißliche Haare scheckig. Der Rüssel ist schwarz; die Füsse sind hell mattbraun.

2. Mit bewafneten Hüften.

35. Abietis. Fabr. sp. 84. Berlin.

Man sehe, was ich bey Beurtheilung des Laicharting's im 3ten Stück des Entomol. Magazins gesagt habe.

36. Lapathi. Fabric. spec. 86. Degeer Inf. 5. Tab. 7. Fig. 1. 2. Berlin.

Degeer sagt: Die Hüften sind unbewafnet, und Fabricius giebt sie als zweymal gezahnt an, und so sind sie auch bey den meinigen. Hieraus schließt Laicharting, es sey dieser Käfer einerley mit C. equiseti; da ich diesen Tab. XXIV. Fig. 2. abgebildet, so wird man aus der Vergleichung erkennen, daß beyde Käfer wirklich verschieden sind; aber das folgt daraus, daß die Dorne an den Hüften ein sehr unsicheres Kennzeichen abgeben. Ich habe den C. lapathi allzeit nur an jungen Weidenstämmen gefunden.

37. Germanus. Fabr. sp. 94 Sulz. Gesch. Tab. IV. Fig. 8.

Niemals habe ich diesen Käfer bey Berlin finden können, obgleich Frisch seiner erwähnt, sondern ich habe ihn aus Ungarn erhalten.

39. Scrophulariæ. Fabr. sp. 95. Degeer Inf. 5. Tab. 6 Fig. 17-20. Berl.

Die vom Degeer angegebenen Varietäten finden sich hier auch, und noch eine kleinere Art, die kaum halb so groß ist.

40. 5-punctatus Fabr. sp. 97. Taf. XXIV. Fig. 18. g.

Im System hat Fabricius diesen Käfer so genau beschrieben, daß ich wenig zuzusetzen weiß. Er ist 1 ½ Linien lang, wie g zeigt; die Farbe mattröthlich, kupferglänzend, die Füsse röthlichbraun, die weissen Flecke werden durch Häärchen verursachet; ausser denen im System angezeigten stehet auch noch einer auf dem Kopfe, einer auf dem Schnabel, und einer auf jeder Hüfte; unten ist er ganz durch weisse Häärchen greiß.

41. Villosus. Fabr. spec. 102. Berlin. Taf. XXIV. Fig. 19.

Es hat dieser Käfer die Gestalt des Curc. nucum, nur ist er etwas kleiner; unter allen mir bekannten hat er den längsten Rüssel; überall ist er haarig, schwarz, scheckig, und hat, wie in der Beschreibung, einen verloschnen greisen Strich auf der Mitte des Brustschildes, ein weißliches Schildlein, und unterwärts eine weisse, etwas scheckigte Binde. Der Rüssel hat in der Mitte eine rothbraue, halbdurchsichtige Stelle, auch die gebrochnen Fühlhörner sind rothbraun.

42. Cerasi. Fabr. sp. 104. Berlin.

Ohngefähr anderthalb Linien lang, überall schwarz, ohne Glanz, der Brustschild stark chagrinartig; die Deckschilde fein gerippt, die Zwischenräume nicht glatt, sondern auch fein punktirt. Es ist schwer, durch Worte ihn von ähnlichen zu unterscheiden; der Rüssel hat kaum die Länge des Brustschildes.

43. Nucum. Fabr. sp. 106. Rœsel T. III. Tab. 67. Fig. 6. 7. Berlin.

44. Druparum. Fabr. sp. 113. Sulz. Inf. Tab. III. Fig. 21. Berlin.

45. Pomorum. Fabr. sp. 115. Frisch Inf. 1. Tab. 8. Berlin.

* 46. Cinnamomi. Indien. Taf. XXIV. Fig. 20. h. i.

Ich habe diesen Käfer in einer Zimmetröhre gefunden. Er ist zwar dem C. anchorago ähnlich; aber er weicht doch auch in vielen Stücken zu sehr ab, daß ich ihn also lieber für eine eigene species halten mögte. Er ist überall zimmetbraun, der Hinterleib 4 Linien, der Brustschild meist 3 Linien, und der Rüssel etwas über 3 Linien lang. Von den Fühlhörnern hat mein Exemplar nur das erste Gelenke, welches aber länger ist, als beym C. anchorago in der Degeerschen Abbildung; der Brustschild ist rund und glatt; den sonder-

sonderbaren Bau des Rüssels habe ich bey h. vergrössert vorgestellt; die Vorderhälfte desselben ist vorne breiter als hinten, ausgehöhlt, mit einem aufgeworfenen, zackigten Rande, am Ende läuft er an beyden Seiten in eine in die Höhe gerichtete Spitze aus; vorne sitzen 2 Zangen; die zweyte Hälfte des Rüssels hinter den Fühlhörnern ist rund, voll scharfer Körner, wovon einige reihenweise stehen. Die Augen sind groß, schwarz und glänzend; die Vorderfüsse viel länger, die Hüften haben einen starken Dorn. Die Deckschilde sind stark punktirt gefurcht; oben steht auf jedem ein pomeranzen-gelber Strich, und darneben ein kleiner gelber Punkt. Weiter herunter ein gelber Punkt, etwas drunter zwey länglichte Punkte, meist neben einander, weiter drunter 4 länglichte Punkte neben einander, und meist unten noch zwey solche gelbe Punkte. Die Deckschilde haben unten eine sonderbare Gestalt, die vom C. anchorago nicht angemerkt wird, daher ich diesen Käfer für eine andre Art halte; sie biegen sich ganz herunter, und umschliessen die Spitze des Leibes, bleiben eben so breit wie oben, und sind nur bogenförmig ausgeschnitten, in der Mitte mit einer kleinen Spitze, wie auf der Unterseite bey i. am besten zu erkennen ist.

47. Carbonarius. Lin. S. N. n. 48. **Berlin.** Taf. XXIV. Fig. 21.

Fabricius hat diesen Käfer nicht. **Scopolis** C. Carbonarius scheint ein andrer zu seyn. Er ist ohngefähr 3 Linien lang; überall recht schwarz, doch ohne Glanz. Kopf und Brustschild sind gekörnt; die Deckschilde durch sehr tiefe Punkte gestreift, und die Rippen sind gleichfalls körnicht. An Grösse ist dieser Käfer ziemlich verschieden.

* 48. Assimilis. **Berlin.**

Grade die völlige Gestalt und Grösse des Carbonarius; nur sind die Deckschilde blau, und viel feiner, auch etwas weitläufiger gestreift punktirt, und die Zwischenräume sind glätter; die schwarzen Füsse sind gleichfalls insgesamt bewafnet; er ist nicht selten.

* 49. Glaber. **Berlin.**

Auch dieser Käfer ist nicht selten, doch will keine Beschreibung recht pas-

 sen.

sen. Er ist meist 2 Linien lang, überall glänzend-schwarz, vornehmlich der Brustschild; doch erscheint er durch die Lupe gekörnt; die Deckschilde sind nicht tief gestreift. Unten ist er punktirt, auch die Füsse; die Vorderhüften sind bald bewafnet, bald nicht.

* 50. Rhei. Berlin.

Ohne Rüssel 3 Linien lang, überall schwarz, ohne Glanz; die Fühlhörner dunkelbraun, gebrochen, die Kolbe grau, der Brustschild schwach punktirt; die Deckschilde punktirt gestreift, überall voll weißlicher, haarigter Flecken, auch unten voll weißlicher Haare; die Füsse sind unbewafnet; er gehört also zur ersten Abtheilung, und ist nur übersehen worden.

* 51. Rhamni. Reppen.

Dieser hat auch unbewafnete Füsse, und gehört zur ersten Abtheilung; er ist dem C. Rhei ähnlich, aber doch nicht derselbe. Er ist ohne Rüssel meist 4 Linien lang, überall mattschwarz, der Rüssel länger, wie beym vorigen, glänzend-schwarz, der Brustschild gekörnt, die Deckschilde schwach gefurcht, aber nicht durch Punkte, sondern glatt; hie und da durch gelbliche Häärchen etwas scheckig; vornehmlich steht auf jedem Deckschilde meist unten ein gelber, haarigter Punkt, doch ist dies ein unsicheres Kennzeichen, weil die Haare oft abgerieben werden.

* 52. Hæmhorroidalis. Reppen.

Ohne Rüssel, nur eine Linie lang; der Rüssel nach Verhältniß lang; der Käfer überall schwarz, der Brustschild punktirt, die Deckschilde punktirt gestreift, unten an der Spitze etwas röthlich, welches man aber nicht anders sehen kann, als wenn sie offen sind; die Füsse ziemlich lang, die Hüften insgesamt bewafnet. Ich würde ihn für den Aterrimus halten, wenn der Brustschild gezahnt wäre.

* 53. Curvirostris. Reppen.

Anderthalb Linien lang, der Schnabel noch mehr gekrümmet, wie gewöhnlich, überall wegen der weißlichen Haare fahlschwarz; der Brustschild etwas

was breit, punktirt; die Deckschilde gestreift, etwas kürzer, als der Hinterleib; die Kolben der Fühlhörner braun, die Hüften unbewafnet, und gehört also auch zur ersten Abtheilung.

* 54. Cardui. Berlin. Taf. XXIV. Fig. 22. k.

Anderthalb Linien lang, rund und bucklich, gelblich-aschgrau; der Rüssel schließt gewöhnlich fest an den Leib; der Brustschild ist oben am Kopf in die Höhe gerichtet, und hat einige Erhöhungen; die Deckschilde sind gewölbt, etwas kürzer, als der Leib, oben gefurcht, welches sich nach unten zu verliert, unten steht neben der Nath ein kleiner gelber Strich, auch ist das Schildlein gelb, und ein gelber Punkt steht ausserhalb an der Seite zwischen den Deckschilden und dem Brustschilde. Die Füsse sind kurz, dick, die Hüften insgesamt bewafnet.

* 55. Vanellus. Berlin. Taf. XXIV. Fig. 23. l.

Nicht viel über eine Linie lang, vornehmlich daran kenntlich, daß Kopf und Brustschild nach Verhältniß des Hinterleibs sehr kurz sind; der Schnabel schließt am Leibe an, der Brustschild ist glatt, schwach behaart; die Deckschilde sind gestreift, die Füsse hellbräunlich, die hintern Hüften oft etwas schwärzlicher, alle aber unbewafnet.

3. Springende.

56. Viminalis. Fabr. sp. 126. Degeer Ins. 5. Tab. 8. Fig. 5. Berlin.

Zwey Linien lang; der Brustschild sehr kurz, die Brust unten schwarz, das übrige fahlröthlich-gelbbraun.

4. Kurzrüssel mit unbewafneten Hüften.

57. Imperialis. Fabr. sp. 129. Naturf. 10. Tab. 2. Fig. 1. Brasilien.

An Grösse sehr verschieden, von 1 und von 1½ Zoll.

58. Viridis. Fabr. sp. 139. Sulz. Ins. Tab. 3. Fig. 24. Halle.

59. Nebulosus. Fab. sp. 142. Knoch Beyträg. 1. St. T. 6. Fig. 8. Berl.

Das Männchen ist auf den Deckschilden ganz anders gezeichnet, als das

Weib-

Weibchen, nämlich fast einfärbig weißgrau, oben und unten mit einem verloschnen braunen Punkt. Pallas hat in den Icon. Inſ. Sibir. Tab. B. Fig. 10. einen Käfer abgebildet, der dem Männchen des Curc. nebuloſ. sehr ähnlich ist; er nennt ihn Curcul. tetragrammus.

60. Sulciroſtris. Fabr. ſp. 143. Müller Linn. Uebers. T. 5. 1. B. Tab. 4. Fig. 14. Berlin.

61. Incanus. Fabr. ſp. 147. Berlin. Taf. XXIV. Fig. 24.

Auf den Fichten sehr gemein, die Oberflügel scheinen zusammengewachsen zu seyn. Geoffroy sagt, elytris ſtriatis; sie sind aber nur ganz unmerklich gestreift punktirt.

62. Polygoni. Fabr. ſp. 151. Berlin.

So verschieden an Farbe und Zeichnungen, daß es fast nicht möglich ist, etwas gewisses und bestimmtes von ihm zu sagen; er ist ohngefähr 3 Linien lang.

63. Lineatus. Fabr. ſp. 155. Schæf. Icon. Tab. 103. Fig. 8. Berlin.

64. Raucus. Fabr. ſp. 150. Berlin. Taf. XXIV. Fig. 25.

Wenigstens stimmen die meisten Kennzeichen überein; nur das trift nicht zu, daß der Brustschild durch kleine erhabene Punkte rauh wäre, sondern er ist mit aschgrauen Haaren glatt überzogen; ich habe ihn nur in einem Jahre nach einer Ueberschwemmung auf den Wiesen gefunden; die Fühlhörner sind braun. Am besten ist dieser, er mag nun der C. raucus, oder ein andrer seyn, daran zu erkennen, daß auf den Deckschilden immer 2 Reihen vertiefter Punkte dicht neben einander stehen, und alsdann kommt ein etwas breiterer Zwischenraum, welcher mehr weiß zu seyn pflegt, und durch kleine, braune Flecken unterbrochen wird.

65. Spengleri. Fabr. ſpec. 174. Beschäftigungen. Tom. IV. Tab. 7. Fig. 7. Ostindien.

* 66. Albiroſtris. Berlin. Taf. XXIV. Fig. 26. m.

Es ist dieser Käfer mit dem C. albinus und latiroſtris nahe verwandt; seine stärkste Grösse ist 3 Linien, wie m. zeigt. Der Rüssel ist gleichfalls sehr

breit,

breit, platt, weiß, perpendiculair herunter hangend, die Fühlhörner nicht gebrochen, sondern schnurförmig; am Ende eine Kolbe, die an der Spitze weiß ist; die Augen sind groß, über denselben stehet ein weisser Fleck. Kopf und Brustschild sind durch dunkelers und matteres Schwarz scheckig, der Vorderrand des Brustschildes aschgrau; die Deckschilde etwas mattschwarz, auf jeder stehen 2 stark erhöhete, brennendschwarze Linien, die oberwärts einen weissen Fleck haben; fast die ganze hintere Hälfte der Deckschilde ist weiß, auf dieser weissen Grundfarbe stehen aber wieder einige blumenförmige, schwarze Zeichnungen; das Schildlein ist weiß, und die Füsse schwarz und weiß scheckig. Ich habe ihn allzeit im späten Herbst an jungen Weidenstämmen gefunden.

* 67. Tenebricosus. Berlin. Taf. XXIV. Fig. 27.

Er ist mit dem Rüssel 5 Linien lang, überall glänzend schwarz, nur die Augen braun; die Deckschilde sind zusammengewachsen, und laufen unten in eine kleine Spitze aus, wodurch sie den Tenebrionen ähnlich werden; sie sind etwas grob, aber nicht sehr tief reihenweise punktirt; der Brustschild ist ganz schwach punktirt, die Fühlhörner gebrochen. Er ist sehr selten, und dem Umriß nach zwar dem Curc. Tenebriodes, Pallas Inf. Sibir. Tab. 13. Fig. 20. ähnlich, aber doch nicht derselbe.

* 68. Faber. Reppen. Taf. XXIV. Fig. 28.

Der Brustschild ist nach Verhältniß etwas breiter, wie gewöhnlich, und sieht durch die Lupe grade so aus, wie beym Weibchen des Cerambix faber; er ist auch stark gekörnt. Die Deckschilde sind zusammengewachsen, umschliessen unten den Leib sehr weit, sind glatt, mit 8 ziemlich weitläufigen Reihen vertiefter Punkte auf jedem. Der Schnabel ist kurz, und meist so breit, wie der Kopf; er ist überall schwarz, nur die Fühlhörner sind braun.

* 69. Major. Berlin. Taf. XXIV. Fig. 29.

Er ist unter denen mir bekannten innländischen der Größte; über 8 Linien lang, der Rüssel wohl so lang, wie der Brustschild; daher man nicht recht zu bestimmen weiß, ob man ihn unter die Lang- oder Kurzrüssel setzen soll; er ist zwar eigentlich schwarz, aber durch weißliche Haare überall aschgrau. Der Brustschild nicht nur punktirt, sondern auch durch grosse Unebenheiten runzlich; in der Mitte über dem Schildlein geht er spitz zu, das Schildlein scheint gänzlich zu fehlen; die Deckschilde sind punktirt gestreift, die Füsse unbewafnet.

70. Austriacus. Oesterreich. Schrank Enum Inf. Austr. No 231.

Durch Herrn Schrank erhalten. Die breite, rothe Seiteneinfassung ist mehr nur ein röthliches Grau zu nennen, und die ganze Unterseite hat eben diese Farbe; die Fühlhörner sind braun, die Kolbe weiß.

71. Danubialis. Schrank Enum. Inf. Austr. No. 214. Oesterreich.

Er gehört unter die Langrüssel mit gezahnten Hüften, und ist nur von mir übersehen worden.

* 72. Splendidus. Berlin. Taf. XXIV. Fig. 30.

Sehr schmal, ohngefähr 3 Linien lang, überall mit einem schönen Grün überzogen, die Fühlhörner und Füsse helle mattbräunlich, doch sind die Hüften auch mit einigem Grün bestreuet und unbewafnet. Die Augen sind groß und dunkelbraun; die Deckschilde punktirt gestreift.

Es giebt mehrere Käfer dieser Art, die vermuthlich nur Spielarten sind; so finde ich eine etwas kleinere Art, die blos darinn verschieden ist, daß der Hinterleib etwas ründer, und die Augen kleiner und schwarz sind. Wieder eine etwas grössere Art spielt in Gold mit dem herrlichsten Graßgrün, die Kolben der Fühlhörner sind dunkelbraun.

* 73. Trivialis. Berlin.

Er ist meist 3 Linien lang, überall aschgrau, der Brustschild hat 3 verloschne, weisse Linien, und die Deckschilde einige braune Sprenkeln; auch scheinet hie und da die schwarze Grundfarbe durch. Seine äussere Gestalt ist dem C. polygoni am ähnlichsten.

* 74. Arenarius. Berlin.

Die völlige Gestalt des C. ligustici, aber kaum halb so groß; Kopf und Brust-

Brustschild schwarz, mit einzelnen weißlichen Haaren besezt, der Brustschild stark gekörnt. Die Deckschilde zusammengewachsen, bräunlichgrau, gestreift punktirt, die Füsse schwarz, doch die Hüften nahe am Gelenke braun.

* 75. Candidus. Berlin. Taf. XXIV. Fig. 31.

Dieser Käfer ist sehr gemein, und doch finde ich ihn nirgends beschrieben. Er ist dem C. nebulosus ähnlich; aber doch eine eigne Art, viel kleiner, die Deckschilde fast ganz weiß, mit 2 wellenförmigen, schwarzen Binden; oben fällt das Weisse oft ins bräunliche; der Brustschild schwarz, runzlich, an den Seiten weiß, scheckig, der Rüssel schwarz; unten ist er, nebst den Füssen, scheckig greis.

* 76. Globatus. Berlin. Taf. XXIV. Fig. 32.

Auch dieser Käfer ist hier sehr häufig, die Grösse ist sehr verschieden, die Abbildung zeigt eine der größten Art. Kopf und Brustschild sind bräunlich, welches oft einen schwachen Kupferglanz hat, glatt, auf dem Brustschilde stehen in der Mitte zwey aschgraue, bogenförmige Längsstriche, so daß der dazwischen liegende Grund ein grosser, runder Fleck zu seyn scheinet, die Seiten haben auch eine aschgraue Einfassung. Der Hinterleib ist meist kugelförmig, punktirt gestreift, und die Zwischenräume sind abwechselnde graue und bräunliche Banden, auf welchen noch zuweilen verloschne, weißliche Flecken stehen. Die Fühlhörner sind braun, die Füsse und Unterseite greis; die Deckschilde zusammengewachsen.

* 77. Viverra. Pommern.

Nicht voll anderthalb Linien lang, überall schmutziggrau, der Rüssel breit, die Fühlhörner braun, der Brustschild hat am Halse einen Wulst, der Länge nach in der Mitte eine Furche, überall spitzige Körner; die Deckschilde gestreift; auf den Zwischenräumen steht allzeit eine Reihe steifer Spitzen; wegen der Kleinheit des Käfers kann man selbst durch die Lupe nicht gewiß erkennen, ob es steife Borsten oder Stacheln sind. Die Füsse sind ziemlich dick und kurz.

* 78. Ocellatus. Berlin.

Zwey Linien lang, überall aschgrau, der Brustschild meist kugelrund, gekörnt; die Deckschilde auch meist rund, gestreift; am besten unterscheidet er sich von ähnlichen, durch die Augen, welche auch tod roth, goldglänzend sind, so wie die Augen der Hemerobien. Er ist mir nur einmal vorgekommen.

* 79. Piricola. Pommern.

Der Rüssel ist so lang, daß man zweifelhaft ist, unter welche Abtheilung man ihn bringen soll; auch hat er nicht die kugelförmige Gestalt der vorigen, sondern ist sehr schmal, kaum 2 Linien lang, überall braunschwarz, der Brustschild stark gekörnt, die Deckschilde tief gefurcht; die Unterseite, Füsse und Fühlhörner mehr röthlichbraun.

* 80. Granulatus Reppen. Taf. XXIV. Fig. 33.

Nur einmal kam er mir vor; er ist volle drey Linien lang, bräunlichgrau, eyförmig, der Brustschild ist stark gekörnt, und diese Körner haben zum Theil das Ansehen rother durchscheinender Korallen; die Deckschilde sind zusammengewachsen, zwar etwas gefurcht, aber doch überall stark gekörnt; in jeder Furche steht eine Reihe etwas grösserer Körner. Die Hüften sind dick, und scheinen einen kleinen Ansatz von einem Dorn zu haben.

* 81. Piniperda. Reppen.

Er hat das völlige Ansehen des Dermestes piniperda, aber einen kurzen, schmalen, stumpfen, grade herunterhangenden Rüssel; der Käfer ist kaum 1 $\frac{1}{3}$ Linien lang, braunroth, der Brustschild etwas lang, fein punktirt, die Deckschilde punktirt gestreift; die Hüften, und die Füsse überhaupt sind ganz wieder die Natur dieses Käfergeschlechts ganz platt, und ziemlich breit; auch haben die Hüften einen kleinen Ansatz vom Stachel.

* 82. Suturalis. Reppen. Taf. XXIV. Fig. 34.

Lang gedehnt, schmal, 3 Linien lang, überall aschgrau, hie und da durch etwas Braun scheckig, die Nath weiß, und so auch die Seiten, und die ganze Unterseite, nebst Füssen; die Fühlhörner und Augen schwarz.

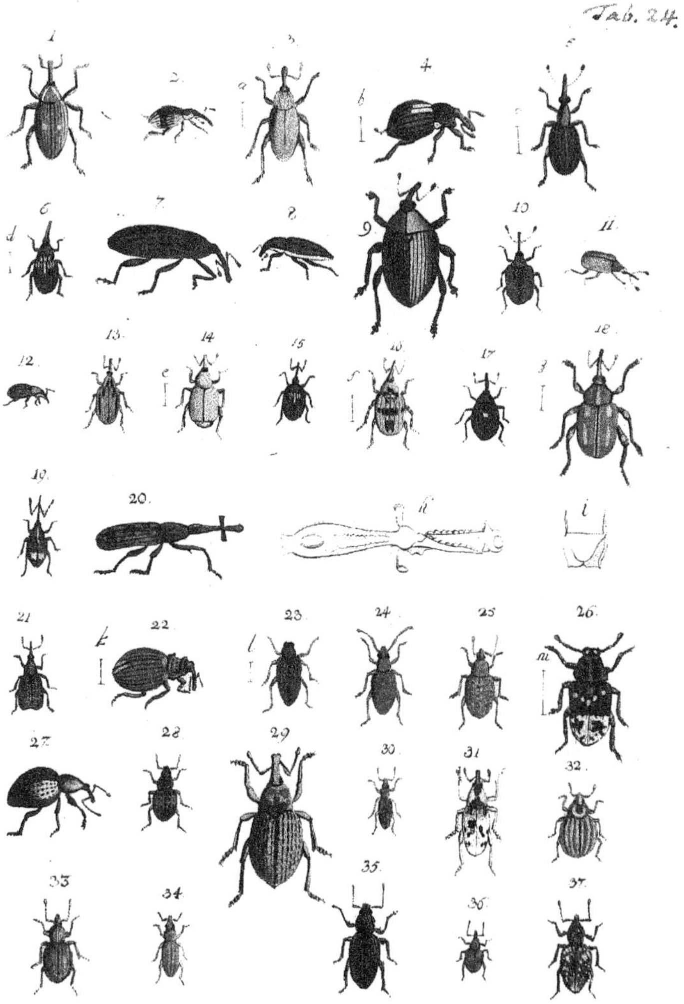
Tab. 24.

* 83. Eremita. Berlin.

Zwey Linien lang, der Rüssel ziemlich lang und dünne, schwarz, die Fühlhörner braun, der Brustschild schwarz, ganz schwach punktirt, oft mit gelblichen Haaren besezt; die Deckschilde hellbraun, punktirt gestreift, durch gelbliche Haare scheckig.

* 84. Bruchoides. Reppen.

Er sieht einem Bruchus sehr ähnlich, rund und dick, nicht viel über eine halbe Linie lang, der Rüssel hängt grade herunter; Brustschild und Flügeldecken sind schwarz, gekörnt, gestreift; die Deckschilde etwas kürzer, als der Leib, voll greiser Häärchen, die Füsse hell fahlbraun.

5. Kurzrüssel mit gedornten Schenkeln.

85. Ligustici, Fabr. sp. 209. Schæf. Icon. Tab. 2. Fig. 12. Berlin.

86. Sulcatus? Fabr. sp. 212. Berlin. Taf. XXIV. Fig. 35.

Nicht mit Gewißheit halte ich diesen Käfer für den Sulcatus; denn die Deckschilde sind nicht rostfärbig gefleckt, sondern haben nur hie und da weißliche, haarigte Flecken; die übrigen Kennzeichen treffen zu; der Brustschild ist stark gekörnt, die Augen braun. Was Laicharting vom Curc. Gemmatus sagt, trift genau mit diesem Käfer überein.

87. Gemmatus. Fabr. sp. 213. Berlin.

Er ist etwas runder, wie der vorige; mein einziges Exemplar hat auf den Deckschilden unordentliche, silberglänzende Flecken; die Abbildung im Naturforscher gefällt mir nicht.

88. Pyri. Fabr. sp. 217. Sulz. Inf. Tab. 3. Fig. 23. Berlin.

89. Argentatus. Fabr. sp. 218. Sulz. Inf. Tab. 4. Fig. 9. Berlin.

Bald blaugrün, bald goldgrün-glänzend; bald sind die Füsse gelbbraun, bald schwarz, mit einem grünen Staub bestreuet.

90. Ovatus. Fabr. spec. 221. Berlin. Taf. XXIV. Fig. 36.

Sehr häufig auf den Fichten; überall pechbraun.

91. Fullo. Schrank Enum. Inſ. Auſtr. 221. Oeſterreich. Taf. XXIV. F. 37.

Die weißlichen Flecke auf den Deckſchilden haben einen ſchwachen Silberglanz. Im Entom. Magazin hält Hr. Schrank dieſen Käfer für des Scopoli Curc. triſtis, welcher aber nicht mit dem C. triſtis Fabr. verwechſelt werden muß.

92. Coeleſtinus. Scopol. Entom. Carn. No. 96. Berlin.

* 93. Floricola.

Er hat die völlige Geſtalt des C. pyri, iſt aber nicht völlig 3 Linien lang, überall ſchwarz; die Deckſchilde zuweilen voll greiſer Haare; das lange Gelenke der Fühlhörner iſt ſchwarz, unten braunroth, die folgenden alle braunroth, bis auf den Knopf, der wieder ſchwarz iſt. Eine kleinere Art, die vielleicht das andre Geſchlecht iſt, hat eine grünlichſchwarze Farbe, voll weißlicher Haare; alle Füſſe und die Fühlhörner ſind rothgelb.

31. Attelabus.

1. Coryli. Fabr. ſp. 1. Degeer Inſ. 5. Tab. 8. Fig. 3. Berlin.

Gewöhnlich ſind die Hüften des erſten Fußpaares ganz roth, des zweyten an der Spitze ſchwarz, des dritten oben und unten ſchwarz; der Hals auch unten roth; das Einlenkungsglied der Vorderhüften, welches viel länger iſt, als bey den andern beyden Paaren, iſt roth, mit einer ſchwarzen Spitze, am zweyten Paare roth und ſchwarz gefleckt, am dritten Paare ganz ſchwarz, mit einem rothen Fleck. Ich beſitze aber eine andre Art; dieſe hat einen ſchwarzen Fleck auf der Mitte des Bruſtſchildes, unten der Hals, die Hüften und ihre Wurzelglieder ſind ganz ſchwarz.

2. Curculionoides. Fabr. ſp. 3. Schæf. Ic. Tab. 75. Fig. 8. Berlin.

Ich habe ein Exemplar, bey welchem die Schenkel roth ſind, und an den Spitzen ſchwarz.

3. Ruficollis. Fabr. ſp. 4. Berlin. Taf. XXV. Fig. 1. a.

Ich bin nicht gewiß, ob mein Käfer der Ruficollis Fabr. iſt; die Beſchreibung ſtimmt genau überein, auſſer daß der Bauch nicht ſchwarz, ſondern roth iſt, und daß man nicht genau von meinem Käfer ſagen kann: ſtatura Coryli. Das iſt gewiß, daß mein Käfer der Curcul. ruficollis des Linné und Schrank iſt; dieſen hat Fabricius unter die Rüſſelkäfer nicht mit aufgeführet; aber er hat auch hier den Linné nicht citiert; wie mag das zugehen? Die Geſtalt des Käfers iſt ſo, daß man ihn ſo gut unter die Curculiones als Attelabos ſetzen kann. Der Rüſſel iſt ziemlich lang, ſchaufelförmig, platt, am Ende breiter, roth; die Fühlhörner keulförmig, ſo daß die Glieder am Ende breiter werden, unten braunroth, am Ende braun; der Kopf ſchwarz, der Bruſtſchild vorne breiter, platt, ſchwach gewölbt, glatt, roth; die Deckſchilde ſtahlblau, reihenweiſe fein punktirt; die Füſſe hellgelblich, die Unterſeite bräunlichgelb, die Länge 2 Linien. Im ſpätern Herbſt fand ich dieſen ſehr ſeltenen Käfer einigemal an jungen Weidenſtämmen; ſeine wahre Gröſſe zeigt a.

4. Betulæ. Fabr. ſp. 6. Berlin.

32. Clerus.

1. Mutillarius. Fabr. ſp. 1. Berlin. Taf. XXV. Fig. 2.

Von verſchiedener Gröſſe; die Abbildung zeigt ein vorzüglich groſſes Exemplar, wie man es ſelten findet. Er iſt viel ſeltener, als der Cl. formicarius. Schranks Dermeſt. formicaroides Enum. Inſ. Auſtr. No. 34. iſt eben dieſer Käfer.

2. Formicarius. Fabr. ſp. 4. Sulz. Inſ. Tab. 4. Fig. 8. Berlin.

3. 2-faſciatus. Fabr. ſp. 7. Sibirien. Taf. XXV. Fig. 3.

Bey meinem Exemplar iſt der Kopf nicht grün, ſondern eben ſo blau, wie die Deckſchilde; er kommt dem Cl. apiarius am nächſten.

4. Apiarius. Fabr. ſp. 9. Sulz. Inſ. Tab. 4. Fig. 6. Berlin.

5. Formicarius minor. Sulz. Inſ. Tab. 4. Fig. 13. b. Frankf.

33. Notoxus.

1. Mollis. Fabr. sp. 1. Degeer Inf. 5. Tab. 5. Fig. 6. Berlin.
2. Monoceros. Fabr. sp. 2. Berlin. Taf. XXV. Fig. 4.

Den vorigen Not. mollis hat Fabricius unter ein eigenes Geschlecht gebracht, so ähnlich auch sein ganzer Bau dem Clerus apiarius ist, nur sind die Fühlhörner etwas anders. Diesen Not. monoceros giebt er ihm nun zum Gefährten, dessen Fühlhörner doch auch anders, nämlich nicht am Ende dicker, sondern fadenförmig sind, und dessen übrigen Bau gar nichts übereinstimmiges hat. Sollten blos die Freßwerkzeuge diesen übrigen Gründen das Gewicht halten?

34. Spondylis.

1. Buprestoides. Fabr. sp. 1. Degeer Inf. 5. Tab. 3. Fig. 21. Berlin.

35. Prionus.

1. Longimanus Fabr. sp. 1. Rœsel Inf. 2. Tab. 1. Fig. 2. Indien.

Das Weibchen ist überhaupt fast noch einmal so groß, als das Männchen. Ich kenne keinen Käfer, dessen Schönheit und Sonderbarkeit mit diesem verglichen werden könnte.

2. Faber. Fabr. sp. 4. Schæf. Icon. Tab. 72. Fig. 3. Berlin.

Das Männchen unterscheidet sich ganz vom Weibchen, jenes ist pechbraun, dieses schwarz; jenes hat einen glatten Brustschild, mit 2 grossen, etwas erhöheten, glänzenden Flecken; dieses hingegen hat einen sehr runzelichen Brustschild.

3. Coriarius. Fabr. sp. 9. Rœsel Inf. 2. Tab. 1. Fig. 1. 2. Berlin.

Der Ceramb. imbricornis ist nicht eine Varietät, sondern das Männchen von diesem.

4. Thomæ. Fabr. sp. 15. Beschäftigung. T. IV. Tab. 7. Fig. 9. Indien.

36. Cerambix.

1. Aedilis. Fabr. sp. 1. Voet. Inf. T. II. Tab. IV. Fig. D. u. Fig. 2. Berl.

2. Araneiformis. Fabr. sp. 2. Drury Inf. 1. Tab. 35. Fig. 4. Indien.

Fabricius sagt: am fünften Gelenke der Fühlhörner sey ein Zahn; Linné aber sagt: es sey ein Bündel Haare, beydes finde ich an meinem Exemplare nicht; übrigens trift die Linneische Beschreibung genau zu. Der Voetsche Käfer Tom. 2. Tab. 8. Fig. 23. ist diesem sehr ähnlich.

3. Moschatus. Fabr. sp. 9. Voet. Tom. II. Tab. 6. Fig. 14. 15. Berl.

4. Cerdo. Fabr. sp. 18. Voet. Tom. II. Tab. IV. Fig. 5. Berlin.

5. Heros. Scopol. Ent. Carn. 163. Voet. Tom. II. Tab. V. Fig. 9. Berl.

6. Alpinus. Fabr. sp. 19. Schæf. Icon. Tab. 123. Fig. 1. Berlin.

Er ist hier selten; man muß ihn hauptsächlich in Büchenholz suchen.

7. Succinctus. Fabr. sp. 21. Voet. T. II. Tab. 6. Fig. 16. T. 7. Fig. 1. Ind.

8. Fasciatus. Fabr. sp. 23. Indien. Taf. XXV. Fig. 5.

Es ist zwar dieser Käfer schon in den Schröterschen Abhandlungen abgebildet; da aber diese vermuthlich nicht in aller Entomol. Händen sind, so habe ich es nicht für überflüßig geachtet, ihn noch einmal abzubilden. Die Deckschilde haben ein vortrefliches Sammt-schwarz, worauf sich die breite weißgelbliche Binde vortreflich ausnimmt. Fabricius giebt zwar die Deckschilde als blau an, und so ist auch die Schrötersche Abbildung, aber bey meinem Exemplare ist es anders. Die Hinterfüsse sind sehr lang; das übrige, wie in der Beschreibung des Systems. So eben bekomme ich den zweyten Heft von des Hrn. Pallas Icon. Inf. Sibir. zu Gesicht, wo dieser Käfer gleichfalls Tab. F. Fig. 4. abgebildet ist, nur ist dessen Gestalt etwas kürzer.

9. Nebulosus. Fabr. sp. 26. Sulz. Inf. Tab. 4. Fig. 7. mas. Voet. T. II. Tab. IV. Fig. 4. Berlin.

Er ist dem C. Aedilis sehr ähnlich, nur kleiner, schwärzlicher, und ohne gelbe Punkte auf dem Brustschilde; doch findet man an dem Weibchen einige schwache Spuren davon. Die Grösse ist sehr verschieden, und variiret zwischen 3 und 6 Linien; die kleinen sehen dem C. hispidus ähnlich.

10. Hispidus. Fabr. sp. 27. Degeer Ins. 5. Tab. 3. Fig. 17. **Berlin.**

Er variiret zwischen 2 und $3\frac{1}{2}$ Linie. Meine Exemplare haben so wenig, wie die Degeerschen am Ende der Deckschilde 2 Stacheln.

37. Lamia.

1. Textor. Fabr. sp. 7. Bergstræsser Nom. Tab. 1. Fig. 8. **Pommern.**
2. Sutor. Fabr. sp. 15. Vœt. Tom. II. Tab. 5. Fig. 7. **Berlin.**
3. Koehleri. Fabr. sp. 20. Schæf. Icon. Tab. 1. Fig. 1. **Magdeburg.**

* 4. Ungarica. **Ungarn.** Taf. XXV. Fig. 6.

Es wird dieser Käfer gemeiniglich für eine Varietät des Lam. Kœhleri gehalten; da man ihn aber allzeit grade so gezeichnet findet, wie der abgebildete, er auch nicht mit jenem zugleich an einerley Ort gefunden wird, so wüßte ich nicht, warum er nicht eine eigene Species zu seyn verdiente. Dazu kömmt noch, daß bey diesem Käfer die Fühlhörner viel länger und dünner sind, als bey jenem. Der schwarze Brustschild hat eine breite, rothe Querbinde, die in der Mitte bisweilen abgebrochen ist. Die Flügeldecken sind roth, an der Spitze schwarz; und von da geht die Nath herauf eine breite schwarze Längsbinde bis meist an die Hälfte. Alle übrigen Theile des Käfers sind schwarz.

5. Curculionoides. Fabr. sp. 28. Schæf. Icon. Tab. 39. Fig. 1. **Zürich.**
6. Tristis. Fabr. sp. 29. **Kärnthen.** Taf. XXV. Fig. 7.

An Grösse sehr verschieden; die Fühlhörner gemeiniglich kaum so lang, wie der Leib; doch habe ich auch Exemplare, deren Fühlhörner etwas länger sind. Ich kann ihn kaum mit Scopoli für eine Varietät des Textor halten. Die Schienbeine der Mittel- und Hinterfüsse haben in der Mitte einen stumpfen Zahn.

7. Fuli-

7. Fuliginator. Fabr. sp. 34. Voet Tom. II. Tab. 8. Fig. 30. Braunschw.

8. Carinata. Fabr. sp. 35. Sibirien. Taf. XXV. Fig. 8.

Mein Exemplar ist doch viel kleiner, als der B. fuliginator; die erhöhete Seitenlinie der Deckschilde ist nicht allzeit durch weisse Haare rauh, sondern oft so glatt, wie die Deckschilde; das übrige, wie in der Beschreibung.

9. Pedestris. Fabr. sp. 41. Ungarn. Taf. XXV. Fig. 9.

Die Deckschilde haben fast die Gestalt, wie bey den Prachtkäfern, ziemlich glänzend schwarz, ohne Striche; die weisse Längsbinde besteht aus Häärchen, und ist oft abgerieben; manchmal zeigt sich noch eine halbe, verloschne zwischen der Nath und der äusseren Binde. Das erste Gelenke der Fühlhörner und die Füsse sind braunroth, welches, wie Scopoli sagt, nicht allzeit eintrift.

10. Rubus. Fabr. spec. 44. Degeer Inf. 5. Tab. 13. Fig. 16. Ostindien.

Die Degeerische Abbildung ist nicht sonderlich; besser die in den Schröterschen Abhandlungen. Man sehe, was ich bey Beurtheilung desselben im neuen Entomol. Magazin gesagt habe.

11. Fulvus. Schrank Enum. Inf. Austr. N. 263. Oesterreich. Taf. XXV. Fig. 10.

Er hat der Gestalt nach viele Aehnlichkeit mit dem obigen Siberischen L. carinata. Aus Ungarn habe ich die von Hr. Schrank bemerkte Verschiedenheit bekommen, da die Deckschilde oberwärts schwarz sind.

* 12. Scopoli. Ungarn. Taf. XXV. Fig. 11.

Unter diesem Namen ist er mir aus Ungarn geschickt, ob ich gleich im Scopoli keine Beschreibung desselben finde. Er ist kaum einen halben Zoll lang, und überall schwarz. Ueber die Mitte des Kopfs läuft eine weisse Längslinie, auch haben die Augen ringsherum eine weisse Einfassung. Der Brustschild hat an den Seiten einen Dorn, über die Mitte läuft eine weisse Längslinie, und an den Seiten hinter dem Dorn steht ein weisser Strich. Die Deckschilde sind schwarz, mit einer weissen Nath und 3 weissen Streifen, wovon die eine am äussern Rande herunterläuft.

38. Stenocorus.

1. Meridianus. Fabr. spec. 1. Schæf. Icon. Tab. 3. Fig. 13. Oesterreich.

2. Festivus. Fabr. sp. 5. Sulz. Inf. Tab. 5. Fig. 6. Taf. XXV. Fig. 12. Ind.

Da mein Exemplar von der Sulzerschen Abbildung abweicht, so habe ich es noch einmal abgebildet.

* 3. Ruficollis. Taf. XXV. Fig. 13.

Ich habe diesen Käfer einmal mit in einer Sammlung gekauft, daher ich sein eigentliches Vaterland nicht bestimmen kann; weil aber in dieser Sammlung kein einziger Ausländer war, so halte ich auch diesen nicht dafür. Zwar finde ich im Vœt. Tom. II. Tab. V. Fig. 10. einen indianischen Käfer, der diesem ungemein ähnlich ist, doch ist dessen Kopf blau, und die Füsse schwarz, und also ist er doch wohl nicht derselbe. Es ist dieser Käfer 9 Linien lang; Kopf und Brustschild, Fühlhörner, Füsse, und der Bauch sind bräunlichroth, Augen und Brust schwarz, die Deckschilde schwärzlich blau. Der Brustschild hat an den Seiten einen Dorn, und mitten auf zwey runde Hügel. Die Fühlhörner sind nicht so lang, wie der Leib, und überall fast gleich dick. Die Deckschilde haben keine Furchen oder Linien, sondern sind fein chagrinirt.

39. Rhagium.

1. Inquisitor. Fabric. spec. 1. Degeer Inf. 5. Tab. 4. Fig. 7. Berlin.

Ich kann Fabricium nicht beypflichten, der diese und die folgende Art nur für Varietäten hält, sondern ich trete der Degeerschen Meinung bey.

2. Mordax. Degeer Inf. 5. Tab. 4. Fig. 6. Taf. XXV. Fig. 14. Berl.

Der Käfer ist nicht nur noch einmal so groß, wie der vorige, sondern auch viel plumper, der Kopf sehr dick, und hat hinter dem Auge eine Beule; die Deckschilde haben keine stark erhobene Linien, hingegen 2 rostfärbige Querbinden; dies alles unterscheidet ihn hinreichend vom Rh. inquisitor; die Fühlhörner

Tab. 25.

hörner sind unten dick, und laufen spitz zu. Da die Degeersche Abbildung nicht deutlich genug ist, so habe ich ihn noch einmal abgebildet.

3. Cursor. Fabr. sp. 1. Sulz. Inſ. Tab. 5. Fig. 7. Schweiz.

4. Bifasciatum. Fabr. sp. 4. Sulz. Inſ. Tab. 5. Fig. 8. Berlin.

Hr. Schrank sagt im neuen Entomol. Magazin, sein Ceramb. elegans sey dieser bifasciatus: alsdenn ist aber auch sein Cer. bifasciatus eben dieser Käfer, weil er bey demselben den Geoffroy anführt, den Fabricius ebenfalls bey diesem Käfer citiert.

* 5. Cantharinum. Taf. XXV. Fig. 15.

Es hat dieser Käfer fast das Ansehen einer Cantharis. Seiner weichen Deckschilde wegen sollte er fast unter die Lepturen stehen; allein der Brustschild hat an den Seiten einen Dorn. Oben ist er überall schwarz, aber durch gelbliche Häärchen fahl. Die Brust und die ersten Bauchringe sind dieser Häärchen wegen goldglänzend; die drey lezten Bauchringe, so wie der ganze Rücken sind gelbroth, so auch die Füsse, doch sind die Spitzen der Hüften und Schienbeine schwarz; die Fußblätter sind lang gedehnt, vorzüglich das erste Glied. Auch die Glieder der Fühlhörner sind gedehnt, die 2 ersten unten gelbroth, oben schwarz; die übrigen schwarz, das lezte wieder gelbroth, und das längste von allen. Es hat der Käfer viele Aehnlichkeit mit dem Stenoc. meridianus; vielleicht gehört er wenigstens unter dieses Geschlecht.

40. Saperda.

1. Carcharias. Fabr. sp. 1. Degeer Inſ. 5. Tab. 3. Fig. 19. Berlin.
2. Scalaris. Fabr. sp. 2. Schæf. Ic. Tab. 38. Fig. 5. Berlin.
3. Oculata. Fabr. sp. 4. Degeer Inſ. 5. Tab. 3. Fig. 20. Berlin.
4. Linearis. Fabr. sp. 6. Berlin. Taf. XXVI. Fig. 1.

Ueberall rein schwarz, chagriniert, nur die Füsse gelb; am häufigsten findet man ihn auf den Haselstauden.

5. Cardui. Fabr. ſp. 16. **Berlin.** Taf. XXVI. Fig. 2.

Von ſehr verſchiedener Gröſſe; die Abbildung zeigt eine der gröſten: Er iſt der ganzen Geſtalt nach dem Sap. populneus am ähnlichſten; die gelbliche Nath finde ich an keinem Exemplar, die auch Scopoli vermißte; alle Gelenke der Fühlhörner ſind halb gelblich weiß, halb ſchwarz; der ganze Käfer ſcheint wie mit gelblichem Staub überzogen.

6. Populnea. Fabr. ſp. 18. Schæf. Icon. Tab. 48. Fig. 5. **Berlin.**

7. 8-punctata. Fabr. ſp. 20. Sulz. Inſ. Tab. 5. Fig. 10. **Schweiz.**

Fabricius ſagt zwar, daß er mit vielen ſchwarzen Punkten beſtreuet ſey; aber es ſtehen nur auf jedem Deckſchilde 4 unter einander.

8. Præuſta. Fabr. ſp. 25. Schæf. Ic. Tab. 52. Fig. 8.

9. Erythrocephala. Schrank Enum. Inſ. Auſtr. No. 270. **Berlin.** Taf. XXVI. Fig. 3.

Es iſt dieſer Käfer weder an Gröſſe noch Zeichnung gleich; er variirt zwiſchen 4 bis 6 Linien. Bald iſt der Bruſtſchild ſchwarz, wie die Flügeldecken, bald hat er in der Mitte einen oft kleinen, oft gröſſeren rothen Fleck; niemals habe ich den Bruſtſchild ganz roth gefunden, wie er von Hr. **Schrank** angegeben wird. Ich glaube bemerkt zu haben, daß diejenigen mit ungefleckten ſchwarzen Bruſtſchilde das eine Geſchlecht von den andern ſind. Es ſcheint dieſer Käfer vorzüglich die Wolfsmilch zu lieben, weil ich ihn ſowohl einzeln als gepaart auf derſelben, und niemals ſonſt wo gefunden habe.

10. Lineola. Fabr. ſp. 26. Taf. XXVI. Fig. 4. **Oeſterreich.**

Eben dieſen Käfer hat Hr. **Schrank** unter dem Namen Ceramb. puſtulatus, ſowohl in ſeiner Enum. Inſ. Auſtr. als auch in ſeinen Beyträgen pag. 66. beſchrieben. Daß dieſe rothe Linie auf dem Bruſtſchilde zugleich gewiſſermaſſen eine kielförmige Erhöhung hat, iſt von niemanden angemerkt.

11. Coeruleſcens. Schrank Enum. Inſ. Auſtr. No. 271. Taf. XXVI. Fig. 5. **Berlin.**

Doch findet man ihn ſelten. Ich weiß zur Schrankiſchen Beſchreibung nichts hinzuzufügen.

* 12. Livida. Berlin. Taf. XXVI. Fig. 7.

Er muß dem Sap. ferruginea Fabric. ähnlich seyn; für eben denselben kann ich ihn nicht halten, denn die Fühlhörner sind nicht so lang, wie der Körper und schwarz, und die Hüften sind nicht keulförmig. Der Kopf ist schwarz, der Brustschild matt-rostfärbig, voll schwarzer Körner; an den Seiten etwas hervorstehend, als wolle ein Dorn hervorkommen. Die Deckschilde fahlgelb, chagriniert; die Füsse schwarz.

* 13. Cyanea. Pommern. Taf. XXVI. Fig. 6.

Ohngefähr 3 Linien lang, überall blau; Brustschild und Kopf cylindrisch rund, fein chagriniert; die Deckschilde etwas stärker gekörnt, Fühlhörner und Füsse schwarz.

41. Callidium.

1. Bajulus. Fabr. sp. 1. Sulz. Inf. Tab. 4. Fig. 29. Berlin.

So ausserordentlich an Grösse verschieden, daß man sie kaum für einerley Species halten sollte.

2. Fennicum. Fabr. sp. 2. Berlin. Taf. XXVI. Fig. 8.

Gleichfalls an Grösse sehr verschieden; niemals habe ich ihn in Fichten, oft aber häufig in den Wurzeln der Weidenstämme gefunden. Der Brustschild ist nicht allzeit gleich, oft rostfärbig mit drey schwarzen etwas erhöheten Punkten, oft ist die Rostfarbe überall mit schwarz vermischt. Fühlhörner und Füsse sind rostfärbig, doch die Keule an den Hüften mit schwarz überzogen.

3. Clavipes. Fabr. sp. 4. Reppen. Taf. XXVI. Fig. 9.

Auch an Grösse sehr verschieden, von 7 Linien bis zu einem Zoll. Ueberall mattschwarz, chagriniert, die Keulen glänzend schwarz, die Fußsohlen rostfärbig.

4. Violaceum. Fabr. sp. 5. Frisch Inf. 12. Tab. 3. Taf. XXVI. Fig. 10.

Bald einfärbig blau, bald violet.

5. Femoratum. Fabr. ſp. 6. Schæf. Icon. Tab. 55. Fig. 7.

Dem Clavipes ſehr ähnlich, nur ſind die Hüften roth.

* 6. Ungaricum. Ungarn. Taf. XXVI. Fig. 11.

Ich habe dieſen Käfer aus Ungarn erhalten; er iſt 8 Linien lang, platt, Kopf und Fühlhörner ſchwarz, der Bruſtſchild ſchwarz, auſſerhalb mit einem ſchwachen Kupferglanz, gekörnt; in der Mitte ſteht ein groſſer, glatter, ſchwarzer, etwas erhöheter Fleck. Die Deckſchilde ſind lederartig, blau-kupfergrün, oben grob nervigt, nach unten zu feiner chagriniert; die Füſſe ſchwarz, die Hüften keulförmig, die Fußblätter bräunlich.

* 7. Aeneum. Berlin. Taf. XXVI. Fig. 12.

Er iſt dem vorigen ähnlich, 6 Linien lang, platt, Kopf und Bruſtſchild kupfergrün, chagriniert; die Deckſchilde lederartig, nervigt, oben kupfergrün, nach unten zu verliehrt ſich das Grüne allmählig ins Braune; unten iſt die Bruſt auch grün, Fühlhörner, Füſſe, und Leib braun.

8. Ruſticum. Fabr. ſp. 10. Schæf. Ic. Tab. 63. Fig. 6. Berlin.

An Gröſſe ſehr verſchieden.

9. Stigma. Fabric. ſpec. 11. Degeer Inſ. 5. Tab. 14. Fig. 13. Amerika.

10. Sanguineum. Fabr. ſp. 16. Schæf. Icon. Tab. 64. Fig. 7. Berlin.

Oft zu hunderten in einem Haufen an dem Saft der Weidenſtämme.

11. Striatum. Fabr. ſp. 23. Taf. XXVI. Fig. 13.

In ſeiner ganzen Structur dem ruſtico ſehr ähnlich; die Deckſchilde ſind gemeiniglich ſchwarz, oft aber auch braun; die Striche auf den Deckſchilden nicht ſehr ſtark.

12. Undatum. Fabr. ſp. 27. Schæf. Ic. Tab. 68. Fig. 1. Oeſterreich.

13. Arcuatum. Fabr. ſp. 35. Berlin. Taf. XXVI. Fig. 14.

Es fehlet zwar nicht an Abbildungen dieſes Käfers; allein keine Abbildung und keine Beſchreibung will recht eintreffen; am wenigſten die in Schranks Enum. Inſ. Auſtr. Hier iſt alſo die Beſchreibung meines Käfers.

Er

Er ist überall recht brennend schwarz, ohne Glanz; vor der Stirn stehen 2 citronengelbe Flecke dicht neben einander, hinten hat der Kopf einen gelben Ring oder Einfassung. Der dicke runde Brustschild hat oben eine gelbe Einfassung, und in der Mitte desselben eine abgebrochene gelbe Binde. Die Deckschilde haben oben an der äussern Ecke eine gelbe Einfassung; das Schildlein ist gelb, etwas unter demselben steht ein gelber Fleck, und an jeder Seite einer, welche 4 zusammen in einer rautenförmigen Lage liegen. Unter dem mittelsten Fleck stehen wieder 4 neben einander; die zwey äussern sind vielmehr Striche zu nennen, und alle zusammen sehen wie eine unterbrochne Binde aus; weiter herunter stehet eine nach hintenzu gekrümmte gelbe Binde; weiter herunter wieder eine, welche in der Mitte grade, nach aussen zu aber heruntergebogen ist; endlich steht ganz unten eine in die Höhe gekrümmete Linie. Unten haben die Bauchringe eine breite gelbe Einfassung; an den Seiten des Leibes dicht neben den Deckschilden steht ein breiter gelber Fleck, ein kleinerer ganz oben an den Seiten der Brust, unten ist die Brust gelb eingefaßt. Die Fühlhörner sind dick, rothbraun, so auch die Füsse, doch sind die keulformigen Hüften mit dunkelbraun vermischt. An den Weidenstämmen wird er am häufigsten gefunden.

14. Arietis. Fabr. sp. 36. Taf. XXVI. Fig. 15.

An Grösse sehr verschieden, welches leicht zu Verwirrungen Gelegenheit geben kann, zumal da die Zeichnungen nicht allzeit genau einerley sind; die zweyte bogenförmige Binde zieht sich oft an der Nath bis oben zum Schildlein hinauf, oft aber auch nicht. Bald sind die Füsse durchweg, nebst den Fühlhörnern hellbraun; bald sind die Hüften schwarz; ja ich habe ein grosses Exemplar, bey dem die Fühlhörner nur an der Spitze braun, übrigens aber, so wie alle Füsse, schwarz sind. Die gelbe Einfassung des Vorderrandes am Brustschilde ist oft ganz, oft unterbrochen, und so auch am Hinterrande, wo sie auch wohl gänzlich fehlet. Die Bauchringe sind gelb eingefaßt, an den Seiten des Leibes neben den Deckschilden steht ein breiter, gelber Fleck. Die Hüften der Hinterfüsse sind lang gedehnt. Ein halber Zoll ist die stärkste Länge des Käfers.

15. Plebejum. Fab. sp. 37. Schæf. Ic. Tab. 2. Fig. 7. Berlin.

Ich weiß wirklich nicht, ob man diesen Käfer für eine eigene Species, oder nur für eine Varietät des vorigen halten soll. Die Zeichnungen sind ganz genau eben dieselben, nur ist an diesem alles weiß, was an dem vorigen gelb war. Es wird zwar im System gesagt, daß der Brustschild ungefleckt sey; aber ich habe Exemplare mit eben der Einfassung, wie bey jenem, nur ist sie weiß. Die Grösse ist eben so unbeständig, und so auch die Zeichnung auf den Deckschilden, nur habe ich die Füsse allzeit schwarz gefunden. Unten findet man auch die Bauchringe und den Seitenfleck.

* 16. Ornatum. Ostindien. Taf. XXVI. Fig. 16.

Auch dieser ist dem vorigen sehr ähnlich, nur sind die Zeichnungen viel breiter, grünlichgelb, auch der Brustschild ist gelb, mit einer schwarzen Binde in der Mitte; unten ist er überall gelb, wie mit Puder bestreuet; die Fühlhörner und Füsse sind schwarz.

* 17. Fasciatum. Ostindien. Taf. XXVI. Fig. 17.

Der Kopf schwarz, mit 2 gelben Flecken vor der Stirne, ausserdem mit gelben Puder bestreuet. Der Brustschild schwarz, mit 2 gelben Binden, auch wohl überall gelb; die Deckschilde bald schwarz, bald braun, mit 5 gelben Binden, wovon die zweyte und dritte etwas gebogen; Fühlhörner und Füsse roth; unten ganz gelb. Wäre das gelbe weiß, so würde ich ihn für den Call. florale Fabric. sp. 33. halten; vielleicht ist er nur eine Verschiedenheit desselben.

* 18. Confusum. Berlin. Taf. XXVI. Fig 18.

Ueber einen halben Zoll lang, nicht allzeit an Grösse gleich; überall schwarz, hie und da durch weißliche Haare greis, vornehmlich werden durch diese Haare auf den Deckschilden vier weißliche, undeutliche, wellenförmige Binden gezeichnet, wovon die dritte sehr stark gebogen ist, auch sieht man auf dem Brustschilde 6 undeutliche weisse Punkte, 4 vorne neben einander und 2 darunter; diese fehlen oft gänzlich, oft zum Theil, je nachdem die Haare abgescheuret sind. Die Fühlhörner sind dunkelbraun, die Füsse schwarz, bisweilen

weilen ins braune fallend. Unten ist er durch Härchen greis. Man findet ihn auf den Weiden.

19. Detritum. Fabr. sp. 40. Schæf. Icon. Tab. 38. Fig. 9. Berlin. Auch an Grösse sehr verschieden.

20. Verbasci. Fabr. sp. 43. Berlin. Fig. XXVI. Fig. 19.

Den im Sulzer Tab. 5. Fig. 12. abgebildeten Käfer kann ich nicht für die wahre Leptur. verbasci Linn. erkennen, weil sie mit der Beschreibung gar nicht übereinkömmt. Es ist dieser Käfer sehr selten, schmal, und fast cylindrischrund, überall grüngelb; der Brustschild hat 4 schwarze Flecke neben einander, wovon die mittelsten zusammengelaufen sind. Die drey Binden auf den Deckschilden sollte man eher Flecke nennen, der oberste ist halbmondförmig, die andern 2 etwas verwischt; die Spitze unten ist abgestuzt, und der Hinterleib steht etwas hervor. Fühlhörner und Füsse sind schwarz. Ich habe diesen Käfer niemals auf dem Verbasco, sondern allzeit auf den Elsen gefunden.

21. Mysticum. Fab. sp. 45. Schæf. Icon. Tab. 2. Fig. 9. Berlin.

* 22. Hieroglyphicum. Berlin. Taf XXVI. Fig. 20.

Grade wie der mysticum an Gestalt, Grösse und Zeichnung, nur sind die Deckschilde am Anfang nicht braunroth, sondern überall schwarz. Vielleicht ist er die Leptura figurata Schrank Enum. Inf. Austr. No. 306.

23. Alni. Fabr. sp. 46. Berlin Taf. XXVI. Fig. 21.

Oben sind die Deckschilde rostfärbig, unten braun; die zwey Binden sind gelblich, und gebogen.

42. Donacia.

1. Aquatica, aut crassipes. Fabric. spec. 1. Degeer Inf. 5. Tab. 4. Fig. 14. 15. Berlin.

2. Simplex. Fabr. sp. 2. Berlin.

Eben die Grösse, nur haben beyde Geschlechter keine bewafnete Hinterfüsse. Vermuthlich ist dieser des Degeers Leptura aquatica mutica.

3. Fasciata. Degeer Leptur. 20. Reppen.

Da sich diese Arten unter einander begatten, so ist es schwer, sie zu bestimmen. Ich habe welche, mit dem herrlichen Purpurstreif, deren Füsse gedornt, und auch solche, wo sie nicht gedornt sind; auch traf ich einen in der Begattung an, wo das Weibchen keinen Purpurstreif hatte, und beyde hatten unbewafnete Füsse.

* 4. Sericea. Reppen.

Diesen fand ich häufig auf feuchten Wiesen, grünglänzend; die Hinterfüsse gedornt, und alle Füsse nebst den Fühlhörnern schwarzbraun.

* 5. Palustris. Pommern.

Schwärzlich violet, die Hinterfüsse bewafnet; alle Füsse nebst Fühlhörner hell röthlichbraun.

* 6. Cinerea. Pommern.

Ueberall aschfarbig, hie und da blickt ein schwacher Kupferglanz durch; die Füsse unbewafnet.

43. Leptura.

1. Melanura. Fabr. sp. 2. Schæf. Icon. Tab. 39. Fig. 4. Berlin.

Da dieser Käfer hier häufig ist, so habe ich leicht die Bemerkung machen können, die niemand angezeigt hat, nämlich, daß das Männchen sich am besten dadurch unterscheidet, daß es in der Mitte auf den Deckschilden einen schwarzen Fleck hat, wie ein Dreyeck, der an der Nath breit ist, und ausserhalb in einen Winkel ausläuft; von diesem Fleck an, bis an die schwarze Spitzen ist die Nath schwarz; kurz, er hat eben die Zeichnung, wie die Leptura hastata, nur daß er kaum ein Drittel so groß ist; das Weibchen hat blos schwarze Spitzen an den Deckschilden, und die erhöhete Nathlinie ist schwarz. Beyde Geschlechter habe ich nie anders, als mit braunrothen Deckschilden gefunden.

L. bifasciata. Schönh. III 475. 7. Schrank En. p. 259. Schäff. Ic. * 2. Tab. 33. f. 4 ♀. f. 5 ♂. Harrer. Panz. Brahm Ins. Kal. I. p. 138. [illegible].

Tab. 26.

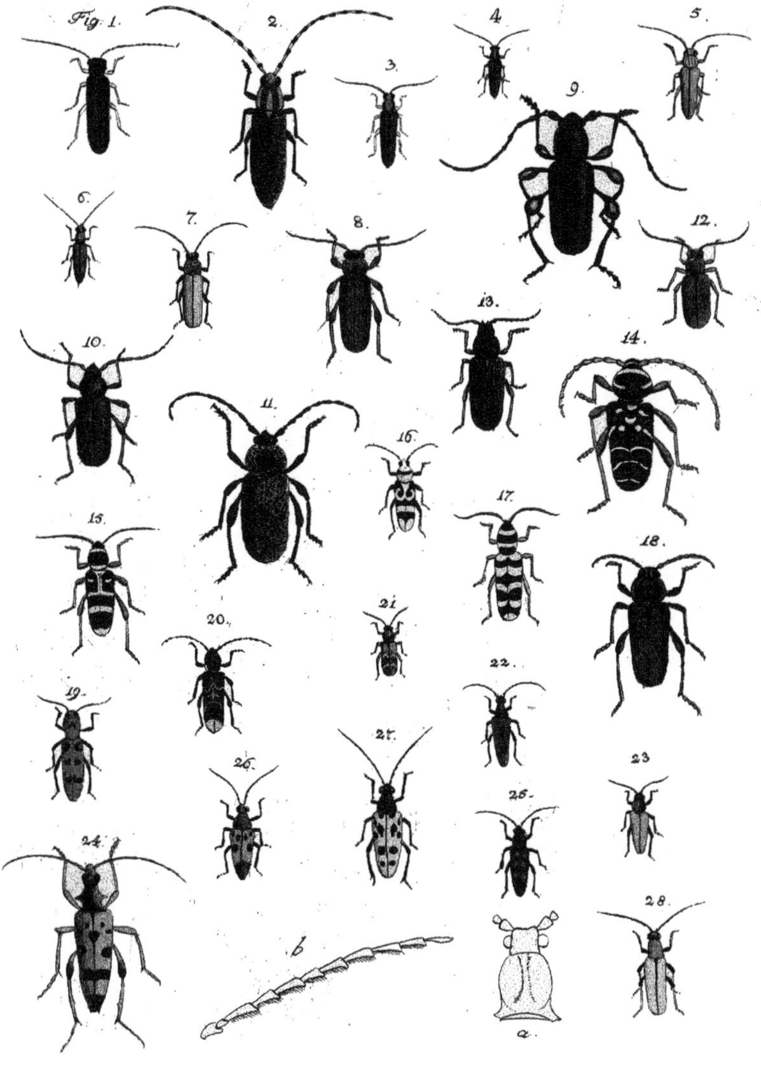
Fig. 1.
2.
3.
4
5.
6.
7.
8.
9.
10.
11.
12.
13.
14.
15.
16.
17.
18.
19.
20.
21
22.
23
24.
25.
26.
27.
28.
a.
b

* 2. Similis. Berlin. Taf. XXVI. Fig. 22. L. melanura ♀ Schönh.

Nur einmal fand ich ihn. Er ist an Gestalt dem vorigen völlig gleich, ein weniges grösser. Die braunrothen Deckschilde haben eine schwarze Spitze, und von da geht über die Nath eine breite schwarze Längsbinde.

3. Livida. Fabr. sp. 3. Berlin. Taf. XXVI. Fig. 23.

Etwas kleiner und nach Verhältniß breiter, als die L. melanura.

4. Sanguinolenta. Fabr. sp. 4. Schæf. Icon. Tab. 39. Fig. 9. Berlin.
5. Rubra. Fabr. sp. 6. Sulz. Inf. Tab. 5. Fig. 30. Berlin.
6. Testacea. Fabr. sp. 7. Schæf. Icon. Tab. 39. Fig. 3. Berlin.
7. Nigra. Fabr. sp. 13. Schæf. Ic. Tab. 39. Fig. 7. Berlin.
* 8. Melanaria. Pommern. L. atra

Noch einmal so groß, wie die L. nigra, und überall schwarz, selbst der Bauch.

9. 4-Maculata. Fabr. sp. 15. Schæf. Ic. Tab. 1. Fig. 7. Magdeburg.
10. Attenuata. Fabr. sq. 18. Schæf. Ic. Tab. 39. Fig. 6. Berlin.

Ohne Grund hält Scopoli die Lept. 4 fasciata für das Weibchen der L. attenuata; die Deckschilde sehen sich zwar ähnlich, aber nicht die Füsse, welche bey jener Art schwarz, bey dieser aber gelbbraun, und die Hinterkeulen am Ende schwarz sind. Auch ist der Bauch bey der L. attenuata roth, bey der 4-fasciata aber schwarz.

* 11. Armata Berlin. Taf. XXVI. Fig. 24.

Diesen Käfer könnte man eher für das andre Geschlecht der L. attenuata halten, wenn ich nicht beyde Geschlechter besässe. Vorzüglich unterscheidet er sich durch den Seitendorn am Brustschilde, welcher nebst dem Kopfe schwarz ist. Die Fühlhörner sind rostfärbig, jedes Glied aber an der Spitze schwarz. Die Deckschilde sind gelb, meist oben stehen 2 schwarze Punkte, wovon der äusserste ganz am Rande stehet; gleich darunter steht ein gemeinschaftlicher herzförmiger schwarzer Fleck. Darunter eine in der Mitte abgebrochene schwarze Binde; darunter eine schmälere Binde, und endlich eine an der Spitze. Die

Spitze ist ausgeschnitten, und ausserhalb zugespitzt. Die Füsse sind rostfärbig, die Hüften und Schienbeine der Hinterfüsse am Ende schwarz, so wie die Fußblätter aller Füsse. Merkwürdig ist es, daß das eine Geschlecht an den Schienbeinen der Hinterfüsse in der Mitte eine erweiterte, lappenförmige Spitze hat, wie solches aus der Abbildung zu erkennen ist; vermuthlich ist es das Männchen, weil auch der ganze Käfer etwas schmäler ist.

12. 4-fasciata. Fabr. sp. 19. Schæf. Ic. Tab. 59. Fig. 6. Berlin.

Das Männchen unterscheidet sich blos dadurch, daß es etwas schmäler ist.

13. 6-guttata. Fabr. sp. 21. Berlin. Taf. XXVI. Fig. 25.

Sehr selten; nur einmal ist er mir vorgekommen. Er ist überall schwarz; die Deckschilde sind unten abgestuzt.

14. Collaris. Fabr. sp. 23. Schæf. Ic. Tab. 58. Fig. 9. Berlin.
15. Hastata. Sulz. Hist. Inf. Tab. V. Fig. 11. Schweiz.
16. Cerambiciformis. Schrank Enum. Inf. Austr. No. 290. Ungarn. Taf. XXVI. Fig. 26. L. octo-maculata. Schrank ... 489. 49.

Ich habe diesen Käfer aus Ungarn bekommen; die oberste Binde besteht bey meinen Exemplaren nicht aus 4, sondern nur aus 3 Flecken. Alle schwarze Zeichnungen sind fahl, wegen der gelblichen Haare, womit der ganze Käfer überzogen ist. Merkwürdig ist es, daß bey meinen Exemplaren neben der zweyten, abgebrochnen Binde, noch ein kleiner schwarzer Fleck, bald auf dem einen, bald auf dem andern Deckschilde stehet, niemals aber auf beyden.

* 17. Russica. Rußland. Taf. XXVI. Fig. 27. L. 12-maculata Fabr.

Ich habe diesen Käfer aus Rußland erhalten. Er ist schwarz, durch weißliche Haare fahl; die Deckschilde sind hellgelb, oben gleich bey der Einlenkung steht ein kleiner schwarzer Fleck; darauf am äussern Rande ein schwarzer Strich; darauf ein grosser, unten zugespitzter Fleck fast auf der Mitte; gleich darunter ein kleiner am äussern Rande; weiter darunter ein grosser, runder Fleck in der Mitte, und unter demselben noch ein kleiner meist am Ende.

* 18. Lævis. Pommern.

Ohngefähr halb so groß, wie die L. nigra, schwarz, der Brustschild etwas weniges durch Haare glänzend; die Deckschilde mattschwarz, fein gekörnt. Die Fühlhörner gelbbraun, jedes Glied an der Spitze schwarz; die Vorderfüsse rostfärbig, auf der Hüfte steht oben ein schwarzer Fleck; die Fußblätter sind schwarz; die Hüften der andern zwey Paare, sind an der Spitze schwarz, und so auch die Fußblätter; der Bauch ist durch Haare glänzend.

* 19. Solstitialis. Berlin. L. laevis Fab.

Kaum 3 Linien lang; Kopf und Brustschild schwarz, mit Haaren besezt; die Deckschilde bräunlichgelb, der erhöhete Rand ringsherum schwarz; die untersten Gelenke der Fühlhörner rostfärbig, die obersten schwärzlich. Der Bauch schwarz; die Füsse mit den Deckschilden gleichfarbig.

* 20. Splendida. Reppen. L. praeusta Fbr

Dritthalb Linien lang, zwar ist die Grundfarbe schwarz, aber er ist überall mit gelben glänzenden Haaren überzogen; nur die Spitzen der Deckschilde nicht, welche rein schwarz sind. Das erste Gelenke der Fühlhörner ist rostfarbig, die übrigen dunkelbraun. Die Füsse röthlichgelb, die Fußblätter schwarz. Der Ueberzug der Deckschilde scheint eher aus glänzenden Staub, als aus Häärchen zu bestehen. Der Käfer ist schmal, und nähert sich dem Geschlecht Necydalis.

* 44. Lepturoides.

1. Linearis. Reppen. Taf. XXVI. Fig. 28. a. b.

Es ist dieses ein neues Käfergeschlecht, welches gewissermassen den Uebergang zu den Springkäfern zu machen scheint. Er hat zwar Aehnlichkeit mit den Lepturen; aber er weicht doch auch sehr ab. Der Brustschild nähert sich den Springkäfern, weil er unten in eine, obgleich schief abgestuzte Spitze ausläuft, wie a zeigt, und in der Mitte eine Furche hat. Die Fühlhörner sind halbsägeförmig, Fig. b. mit Häärchen eingefaßt. Dem Maule fehlet der Büschel,

schel, den die Lepturen haben, und die Füsse haben am Fußblatte 5 Glieder. Die Deckschilde sind fast so weich, wie bey den Cantharideu.

Es ist dieser Käfer an 5 Linien lang, fast überall von gleicher Breite; der Kopf schwarz, die Lippe rostfarbig, so wie das ganze Gebiß; die Fühlhörner stehen nicht vor den Augen, sondern sie sind unter der Lippe eingelenkt, schwarz, die 2 ersten Glieder an der Spitze rostfarbig. Der Brustschild ist in der Mitte kugelförmig gewölbt, bald ganz roth, bald braunschwarz, und nur die in eine Spitze auslaufenden Seitenecken bräunlichgelb; der Länge nach steht eine Furche, das Schildlein ist in die Höhe gebogen, schwarz. Die Deckschilde weich, rauh, fahlgelb, mit 9 Reihen vertiefter Punkte. Die Hüften schwarz, die übrigen Glieder blaßgelb; der Bauch schwarz, der Seitenrand gelb, so wie der lezte Ring unten gelb eingefaßt ist. Die Unterflügel schwärzlich.

45. Lampyris.

1. Noctiluca. Fabr. sp. 1. Frankfurt.

Bey Frankfurth fliegen diese Käfer ziemlich häufig, und noch häufiger in Westphalen. Bey Berlin habe ich sie niemals gefunden. Die Augen des Männchen sind ausserordentlich groß, und der ganze Käfer verdient eine genauere Zergliederung, welches ich bis zu einer andern Gelegenheit verspare.

46. Pyrochroa.

1. Coccinea. Fabr. sp. 1. Schæf. Ic. Tab. 90. Fig. 4. Berlin.
2. Sanguinea. Fabr. sp. 2. Schæf. Ic. Tab. 24. Fig. 1. Berlin.
3. Satrapa. Schrank Enum. Inf. Austr. No. 324. Oesterreich.

Fabricius scheint diesen Käfer nur für eine Varietät der ersten Pyr. Coccinea zu halten, da er sagt: Daß der Kopf bald schwarz, bald roth sey; dadurch unterscheiden sich freylich beyde Käfer am leichtesten, die sich sonst sehr

ähn-

ähnlich sind; allein es ist dies nicht das einzige Unterscheidungszeichen. Bey der Pyr. Coccinea ist auch das Schildlein schwarz, aber bey der P. Satrapa roth; diese hat vertiefte Punkte auf dem Brustschilde, die jener fehlen. Dies alles, nebst der etwas fahleren Farbe, zeigt wohl eine verschiedene Art an. Leske hält diesen Käfer für die Canthar. pectinicornis Lin. Allein ich traue es Linné zu, daß er die grosse Aehnlichkeit dieses Käfers mit der Lamp. Coccinea, und die wenige Aehnlichkeit mit einer Cantharis, wohl bemerkt, und wenn er diesen Käfer gekannt, ihn gewiß nicht unter die Canthariden gesetzt hätte, da er die Lamp. Coccinea kannte.

* 4. Aurora. Pommern.

Der Gestalt nach der Pyr. sanguinea ähnlich, aber doch noch schmaler, 5 Linien lang, die Deckschilde etwas dunkelroth; ausser dem stark erhöheten Rande ringsherum hat noch jedes Deckschild 4 stark erhöhete Linien, in jedem dazwischen liegendem Raume stehen noch 2 Reihen vertiefter Punkte paarweise neben einander. Der Brustschild ist roth, doch in der Mitte mit Schwarz vermischt, durch erhöhete Linien gitterförmig. Der Käfer selbst ist platt, schwarz, die Füsse etwas breit, platt; die Fühlhörner nicht kammartig, sondern sie bestehen aus schwarzen, meist cylindrischen Gliedern.

* 47. Pterophorus.

Taf. XXVII. Fig. 1. a, b.

Dieses ist wieder ein neues, sehr merkwürdiges Käfergeschlecht. Ich habe diesen Käfer nur einmal in Reppen auf meinem Hofe im Fluge gefangen. Seine äusserliche Gestalt kömmt einer Necydalis nahe; doch sind die Fühlhörner nicht so fadenförmig, und der Fußtheil hat 4 Glieder, der bey jener nur 3 Glieder hat. Das Merkwürdigste sind die Freßwerkzeuge, welche bey Fig. 1. b. vergrössert vorgestellet sind. Das Maul ist ein blosses Loch, wenigstens habe ich durch die stärkste Vergrösserung nicht mehr entdecken können; auf demselben hängt die Lippe herab, welche mit Haaren eingefaßt ist;

Kinnbacken oder Zangen sind gar nicht da. Da die übrigen Käfer 2 Paar Fühlspitzen haben, so ist hier nur ein Paar, die aber von allen übrigen abweichen. Sie bestehen aus 3 Gliedern: das erste ist klein; das zweyte das längste, rund, und wird vorne sehr breit; das dritte kürzer, aber es wird noch breiter; auf demselben sitzt ein dicker, grosser Büschel, der schon ohne Vergrösserung sehr in die Augen fällt. Beym Leben des Thiers sahe er aus, wie dicht an einander sitzende Lamellen, fast wie der Knopf der Fühlhörner bey den Mistkäfern; aber im Tode nahm er die Gestalt an, wie die Abbildung zeigt. Ob ich gleich das schöne Hofmannische Mikroscop habe, so ist es mir doch nicht möglich gewesen, recht zu erkennen, woraus dieser Büschel besteht; er erscheint immer wie ein Pinsel, der aber aus lauter schmalen Streifen besteht, wovon einige mit Haaren eingefaßt zu seyn scheinen. Er ist schwarz, und sitzt dicht unter dem Maule. Gleich über demselben auch dicht am Maule sind die Fühlhörner eingelenkt, deren Glieder, ausser dem zweyten kleinerem Gliede fast von gleicher Grösse, meist cylindrisch, doch oben etwas breiter sind. Die Augen stehen breit hervor, sind sehr stark gegittert. Der Kopf hängt herunter, und ist, der Augen wegen, breiter, als der Brustschild. Dieser (Fig. 1. a.) ist meist cylindrisch, unten etwas breiter, und hebt sich oben etwas über den Kopf in die Höhe. Das Schildlein ist ziemlich lang, und unten stumpf abgerundet. So viel zur Beschreibung der Geschlechtskennzeichen.

Dieser Käfer nun ist volle 3 Linien lang; der Kopf, die Fühlhörner, und büschelförmigen Freßspitzen sind schwarz, die Lippe bräunlichgelb; auch stehen um das Maule herum einige braungelbliche Wärzchen. Der Brustschild ist oben rostfärbig, welches sich aber nach unten zu bald ins Schwarze verliehrt. Die Deckschilde sind kürzer, als der Leib, weich, laufen unten spitz zu, schwarz, oben bey der Wurzel rostfärbig, welche Farbe auch an der Nath bis über die Hälfte herunterläuft, doch immer schmäler wird, und sich endlich verliehrt. Die Unterflügel schwärzlich, der Rücken schwarz; aber so weit er unter den Deckschilden hervorstehet, röthlichgelb. Die Füsse bräunlichgelb, platt, die Brust schwärzlich, der Bauch gelb.

unter nach dem Halsschild zu schwarz

Sollte ich diesen Käfer noch öfters finden, so würde ich bey der Zergliederung der Freßwerkzeuge gewiß noch manches entdecken, was ich jezt nicht habe anführen können, da ich dies einzige Exemplar nicht gern verderben wollte.

48. Cucujus.

1. Depressus. Fabr. sp. 1. Archiv der Ins. Gesch. 2. Stück. Tab. 1. Fig. 1 - 4. Halle.

2. Coeruleus. Archiv der Ins. Gesch. 2. St. Tab. 1. Fig. 5. 6. Berl.

3. Planatus. Archiv der Ins. Gesch. 2. St. Tab. 1. Fig. 7. 8. Berl.

49. Cantharis.

1. Fusca. Fabr. sp. 1. Schæf. Icon. Tab. 16. Fig. 10. Berlin.

Der Fleck auf dem Deckschilde ist bald groß, bald klein, der Kopf schwarz, welches ein wesentlicher Umstand ist; die Lippe und das Gebiß rothgelb, so auch die ersten Gelenke der Fühlhörner; die Füsse bald ganz schwarz, bald aber sind die Hüften rothgelb, mit schwarzen Spitzen.

* 2. Rufipes. Berlin.

Der vorigen sehr nahe, etwas kleiner; der Brustschild hat keinen schwarzen Fleck; der Kopf mit dem Brustschilde gleichfarbig, doch steht bisweilen ein kleiner halbrunder Fleck am hintern Rande. Die Vorderfüsse sind ganz rothgelb; bey den Mittleren haben die Hüften eine kleine schwarze Spitze; bey den hintersten ist fast die ganze Hälfte derselben, so wie die Schienbeine schwarz.

3. Livida. Fabr. sp. 2. Berlin.

Der schwarze Punkt auf dem Kopfe, und die dunkelern Knie, welche Degeer erwähnt, fehlen bey den Meinigen; überhaupt sind die Zeichnungen dieses ganzen Geschlechts sehr unbeständig.

4. Obscura. Fabr. spec. 3. Berlin.
5. Atra. Fabr. sp. 7. Berlin.

Nur die ersten Gelenke der Fühlhörner, und die Schienbeine sind oberhalb gelblich.

6. Melanura. Fabr. sp. 16. Schæf. Icon. Tab. 16. Fig. 14. Berlin.
7. Minima. Fabr. sp. 18. Berlin.
8. Testacea. Fabr. sp. 19. Berlin.
9. Biguttata. Fabr. spec. 20. Berlin.
* 10. Melanocephala. Berlin.

Der C. livida ähnlich, etwas kleiner; Kopf und Brustschild ganz schwarz; die Fühlhörner am Anfang gelblich, darauf schwarz; die Deckschilde fahlgelb, mit schwarzen Spitzen; die Füsse rostfarbig, der Leib schwarz.

* 11. Bicolor. Berlin.

Der C. fusca sehr ähnlich, aber kaum den vierten Theil so groß; der Kopf schwarz, die Fühlhörner unten rothgelb, oben schwarz, der Brustschild rothgelb, so auch der Leib und die Füsse; die Deckschilde fahlschwarz, so wie bey der C. fusca.

50. Malachius.

1. Aeneus. Fabr. sp. 1. Sulz. Inf. Tab. 6. Fig. 5. Berlin.
2. Bipustulatus. Fabr. sp. 2. Schæf. Icon. Tab. 18. Fig. 10. 11. Berl.
3. Fasciatus. Fabr. sp. 5. Schæf. Icon. Tab. 189. Fig. 3. Berlin.
* 4. Bipunctatus. Berlin.

Grade so groß, wie der fasciatus; aber anstatt, daß bey jenem die Deckschilde grün waren, mit 2 rothen Binden, so sind sie bey diesem roth, mit einem schwärzlichen Fleck etwas unter der Mitte der Deckschilde.

* 5 Rufus. Berlin.

Selten, meist 3 Linien lang; der Kopf schwarz, so auch der Brustschild; welcher aber einen breiten, rothen Seitenrand hat; die Deckschilde ganz ein-

einfarbigroth; drey Ringe des Hinterleibes stehen unter demselben hervor, und sind schwarz, mit einer gelbrothen Einfassung; Fühlhörner und Füsse sind schwarz.

51. Necydalis.

1. Major. Fab. Lept. abbreviata. 25. Degeer Inf. 5. Tab. 5. Fig. 1. Berlin.

Fabricius setzt zwar diesen Käfer unter die Lepturen; allein ich habe meine Gründe, warum ich hiebey lieber dem Linné folge. Er hält sich auf alten Weiden auf.

2. Minor. Fabr. Leptura dimidiata. Sulz. Inf. Tab. 7. Fig. 51. Berlin.
3. Umbellatarum. Fabr. Lept. 28. Sulz. Inf. Tab. 6. Fig. 1. Berlin.
4. Coerulea. Fabr. sp. 7. Sulz. Inf. Tab. 6. Fig. 2.

Die Schienbeine der Vorderfüsse gelblich.

* 5. Striata. Berlin.

Ueberall blaßgrünlich; die Deckschilde haben 4 erhöhete Linien, wovon aber die zweyte von innen nicht einmal bis zur Hälfte herunter geht.

* 6. Glauca. Berlin.

Brustschild und Flügeldecken schön indigblau; alles übrige schwarz; 5 Linien lang. Selten.

7. Flavescens. Schrank Enum. Inf. Austr. No. 315. Oesterreich.
8. Ustulata. Schrank Enum. Inf. Austr. No. 319. Berlin.

Das Weibchen ist ganz von Männchen verschieden; es ist grösser, hat einen rothgelben Brustschild, da jenes einen schwarzen hat; die breite schwarze Einfassung der Deckschilde fehlt, sondern blos der erhöhete Rand und die unterste Spitze sind schwarz.

9. Viridissima. Fabr. sp. 1. Degeer Inf. 5. Tab. 1. Fig. 13. Berl.

Bey meinen Exemplaren sind die Füsse rostfarbig, und die Hüften haben oben einen schwarzen Strich.

52. Elater.

1. Phosphorus. Fabr. sp. 2. Degeer Inf. 4. Tab. 18. Fig. 2. Amerika. Taf. XXVII. Fig. 2.

Ich würde meinen Käfer der Grösse wegen eher für den El. noctilucus halten, wenn nicht Degeer es als ein Kennzeichen dieses Käfers angäbe, daß sich die gelben Flecke des Brustschildes auch auf der untern Seite zeigen, welches ich auch bey meinem Käfer finde, aber beym El. noctilucus nicht seyn soll. Keiner hat angemerkt, daß der Brustschild am Hinterrande in der Mitte einen stumpfen Zahn hat. Der Käfer würde schwarz seyn, wenn er nicht überall mit einem gelben wolligtem Wesen überzogen wäre. Die Füsse sind kurz.

* 2. Indicus. Amerika. Taf. XXVII. Fig. 3.

Nicht so groß, wie der vorige, und nach Verhältniß schmäler. Der Kopf schwarz; so auch der Brustschild, stark gewölbt, punktirt, der ganze Seitenrand röthlichgelb, mit einer hackenformigen Ausbucht in der Mitte; auch unten ist dieser Rand sichtbar, und wird vermuthlich beym Leben leuchten. Die Deckschilde braunschwarz, punktirt gestreift, auch etwas mit einer fahlen Rauhigkeit überzogen.

3. Fuscipes. Fabric. spec. 9. Ostindien. Taf. XXVII. Fig. 4.

Noch grösser, wie der Phosphorus, überall reinschwarz; Fühlhörner und Füsse braun, der Brustschild punktirt, an den Seiten etwas ausgehöhlt, die Deckschilde gestreift. Er ist zwar schon in den Schröterschen Abhandlungen abgebildet, doch halte ich die Meinige nicht für überflüßig.

4. Punctatus. Beschäftig. Tom. IV. Tab. 7. Fig. 1.

Diesen von mir beschriebenen Käfer hat Hr. Schrank in seiner Enum. Inf. Austr. No. 343. Carborarius genannt.

5. Aterrimus. Fabr. sp. 14.

Zwar die Beschreibung trift genau zu; wenn aber Hr. Schrank sagt,

daß,

daß, wenn sein El. punctatus die weissen Punkte verlohren hat, er dem aterrimus auf das ähnlichste sey, so will das bey mir nicht eintreffen, weil mein El. aterrimus einen weit kürzern und höher gewölbten Brustschild, auch allzeit etwas Glanz hat.

6. Murinus. Fabr. spec. 15. Schæf. Icon. Tab. 4. Fig. 6.

7. Tessellatus. Fabr. sp. 16. Taf. XXVII. Fig. 5. Berlin.

Die hiebey citierte Abbildung Schæf. Icon. Tab. 4 Fig. 7. mögte wohl nicht richtig seyn, wenn der Käfer kupferfarbig seyn soll; ich habe daher den Schäferschen Käfer undulatus genannt. Der tessellatus ist viel grösser, schwach kupferglänzend, mit runden, weißlichen Flecken, grade wie in der Linneischen Beschreibung; oft stehen diese Flecken bandenweise neben einander; die Klauen roth: Aber ein noch weit sichereres, von niemanden bemerktes Kennzeichen dieses Käfers sind 2 stumpfe Spitzen am Hinterrande des Brustschildes grade über das Schildlein.

* 8. Undulatus. Schæf. Ic. Tab. 4. Fig. 7. Berlin.

Er sieht aus, wie gewässerter Band, indem die ganze schwarze Oberfläche voll gelber wellenförmiger Zeichnungen ist, die durch etwas glänzende Häärchen verursacht werden.

9. Aeneus. Fabr. sp. 18. Sulz. Inf. Tab. 6. Fig. 8. Berlin.

* 10. Coeruleus. Berlin.

Dem El. Aeneus sehr ähnlich, aber überall stahlblau; die Füsse nicht roth, sondern schwarzbraun.

11. Pectinicornis. Fabr. sp. 19. Sulz. Inf. Tab. 5. Fig. 36. Berlin.

12. Cruciatus. Fabr. sp. 21. Sulz. Inf. Tab. 6. Fig. 10. Berlin.

13. Castaneus. Fabr. sp. 23. Schæf. Ic. Tab. 11. Fig. 9. Pommern.

Das Schildlein schwarz; die röthlichgelben Deckschilde gestreift.

14. Marginatus. Fabr. sp. 30. Berlin.

Nicht mit Gewißheit, denn die Deckschilde haben zwar am innern Rande eine breite schwarze Einfassung, aber nicht am äussern; zuweilen nur ist der

der erhöhete Rand schwärzlich; der Brustschild ist in der Mitte schwarz; Fühlhörner und Füsse blaß.

15. Thoracicus. Fabr. sp. 32. Berlin.

Im Frühjahr an den Mauern.

16. Ruficollis. Fabr. sp. 33. Schæf. Ic. Tab. 31. Fig. 3. Berlin.

17. Brunneus. Fabr. sp. 34. Berlin. Taf. XXVII. Fig. 6.

Der Brustschild hat nicht nur in der Mitte einen schwarzen Fleck, sondern auch einen schwarzen Rand; unten ist er eben so gezeichnet; der Kopf schwarz, und so auch das Schildlein, und die oberste Hälfte des Leibes, alles übrige ist braun. Er ist selten.

18. Sanguineus. Fabr. sp. 36. Schæf. El. Tab. 60. Fig. 2.

Oft schön groß, und ein reines roth. Die Varietäten wollen nicht alle Entomologen für Spielarten gelten lassen. So nennt der Hr. von Scheven eine kleinere Art, bey welcher das rothe etwas brauner ist, El. pomorum; eine andre Art mit schwarzen Spitzen, El. glycereus; noch finde ich eine Art, bey welcher der ganze innere Rand schwarz ist. Am wenigsten kann wohl der mit einem grossen gemeinschaftlichen schwarzen Flecken eine Varietät seyn.

19. Balteatus. Fabr. sp. 37. Schæf. Ic. Tab. 77. Fig. 2. Berlin.

20. Striatus. Fabr. sp. 40. Berlin.

21. Minutus. Fabr. sp. 41. Berlin.

22. Pulchellus. Fabr. sp. 44. Berlin. Taf. XXVII. Fig. 7. a.

Er ist der kleinste unter allen bekannten dieses Geschlechts.

23. 2-pustulatus. Fabr. sp. 47. Berlin. Taf. XXVII. Fig. 8.

Er gehört unter die seltenen.

24. Sanguinolentus. Schrank Enum. Inf. Austr. N. 341. Berlin. Taf. XXVII. Fig. 9.

Dies ist nun die vom Fabricio vermuthete Spielart des El. sanguineus mit dem grossen gemeinschäftlichen Fleck mitten auf den Deckschilden. Die Abbildung in Schranks Beyträgen Tab. 3. Fig. 15. ist viel zu groß.

25. Pur-

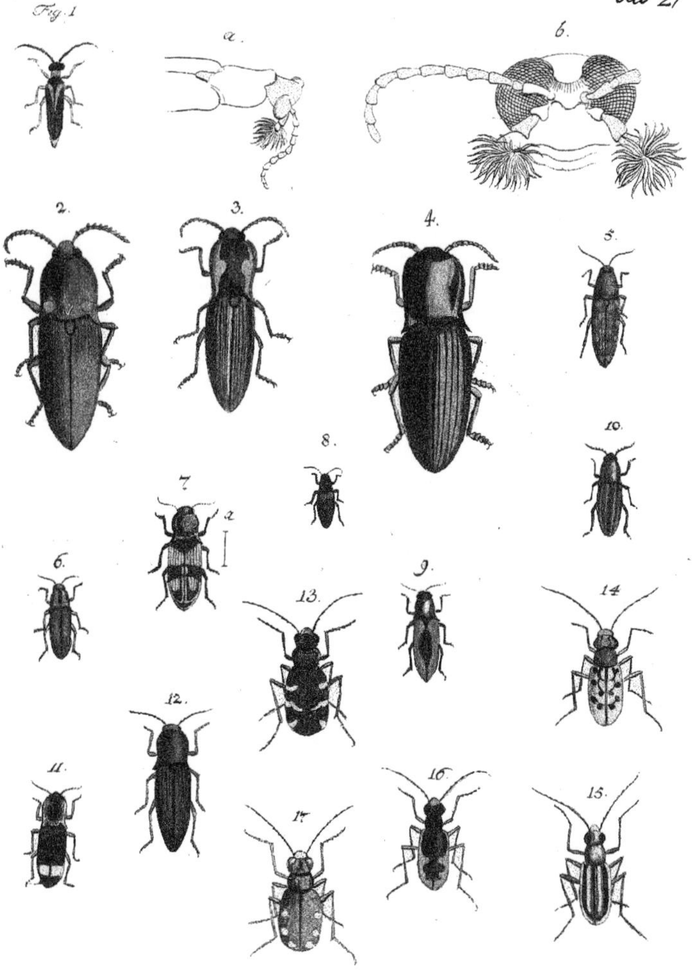
Fig. 1
a.
b.
2.
3.
4.
5.
8.
10.
7
a
6.
13.
9.
14
12.
11.
16.
15.
17

25. Purpureus. Schrank Enum. Inſ. Auſtr. No. 350. Oeſterreich. Taf. XXVII. Fig. 10.

Der Zweifel des Hrn. Schrank, ob dieſer Käfer eine Spielart des El. ſanguinei ſey, iſt ganz ungegründet, theils wegen des mit rothen Haaren ganz überzogenen Bruſtſchildes, theils wegen der 2 ſtark erhöheten Linien auf jedem Deckſchilde, theils auch ſeiner ganzen Geſtalt wegen, indem er viel platter iſt, wie der El. ſanguineus.

* 26. Querceus. Reppen. Taf. XXVII. Fig. 11.

Es iſt mir dieſer Käfer zwar als ein ungariſches Inſekt zugeſchickt, allein ich habe ihn doch auch bey Reppen in einem hohlen Eichbaum gefunden. Er iſt überall braun, Kopf und Bruſtſchild durch gelbe glänzende Haare gewäſſert, gekörnt, der Bruſtſchild etwas lang. Die Deckſchilde gleichfalls punktirt, ohne Striche, meiſt unten ſteht eine gelbe Binde, die aus glänzenden Häärchen beſteht, ſo wie auch an der Wurzel ſolche gelbe Haare ſtehen. Die Unterſeite, ſo wie die Fühlhörner und Füſſe haben eben die braune Farbe; an den Bauchringen ſtehen auch gelbe Haare.

27. Fuſcus minor. Degeer Inſ. 4. no. 4. Berlin.

* 28. Rufipes. Berlin. Taf. XXVII. Fig. 12.

Ob der rufipes des Geoffroy, will ich nicht behaupten, da ich denſelben nicht bey der Hand habe. Ich würde ihn für den fuſcus major Degeer no. 3. halten, weil er eben die ſchmale zugeſpitzte Geſtalt des vorigen hat, allein die Deckſchilde ſind nicht braun, ſondern ſchwarz, überall mit gelblichen Haaren überzogen, daher er gegen das Licht etwas ins gelbe ſpielet. Er iſt einer der längſten, überall ſchwarz, der Bruſtſchild punktirt, die Deckſchilde punktirt geſtreift; die Füſſe allein ſind braunroth, und die Glieder der Fühlhörner braunroth eingefaßt.

29. Marginatus. Fabr. ſp. 43. Berlin.

Nur iſt bey den Meinigen der Leib nicht ſchwarz, ſondern hat eben die braune Farbe der Deckſchilde, und ſo auch die Fühlhörner und Füſſe.

* 30. Hirtus. Berlin.

Er hat eben die Grösse des vorigen rufipes, ist aber etwas breiter, glänzend schwarz, doch wenn man ihn gegen das Licht hält, so findet man ihn durch Härchen rauh; der Brustschild punktirt, die Deckschilde gestreift, Fühlhörner und Füsse schwarz.

31. Niger. Lin. Syst. N. no. 33. Schæf. Ic. t. 174. f. 4. Berlin.

* 32. Vulgaris. Berlin.

Vier Linien lang, Kopf, Fühlhörner, Brustschild, und Leib schwarz, die Deckschilde braun, mit einer schwarzen Nath, die Füsse noch etwas blasser, doch sind die Hüften meist schwarz, die Deckschilde punktirt gestreift.

* 33. Nigrinus.

In allem ganz genau, wie der vorige El. niger, aber nur halb so groß, nemlich 3 Linien lang.

* 34. Griseus. Berlin.

Ueberall dunkelbraungrau, etwas über 4 Linien lang, der Brustschild kurz, dick, gewölbt, die Deckschilde punktirt gestreift, unten schwarz, Fühlhörner und Füsse braun.

* 35. Cinereus. Berlin.

Eben die Grösse und Gestalt des vorigen, der Brustschild auch kurz, hoch gewölbt, aber überall schwarz, durch Härchen grau, etwas schillernd, die Fußblätter rostfarbig.

* 36. Equiseti. Berlin.

Die Gestalt des vorigen, 3 Linien lang, der Brustschild stark gewölbt, überall schwarz, nur die Füsse blaßgelb, die Deckschilde stark gestreift.

37. Obscurus. Lin. S. N. n. 25. Berlin.

Zwar wohl nach dem Linne, aber nicht nach dem Fabricius, denn jener giebt den Brustschild und die Flügeldecken als braun an, dieser aber als schwarz. Der Brustschild ist etwas dunkler, als die Deckschilde, und gleichfalls dick und hoch gewölbt.

53. Cicindela.

1. Campestris. Fabr. sp. 3. Vœt. Inf. Tab. 40. Fig. 4. Berlin.

Die Anzahl der weissen Flecke ist nicht beständig; einige haben auch etwas unter dem Schildlein dicht neben der Nath auf jedem Deckschilde einen schwarzen Punkt, andre nicht.

2. Hybrida. Fabr. sp. 4. Vœt. Tab. 40. Fig. 3. Berlin.

3. Sylvatica. Fabr. sp. 5. Vœt. Tab. 40. Fig. 2. Berlin. Taf. XXVII. Fig. 13.

4. Germanica. Fabr. sp. 11. Frankfurt.

Schreber sagt zwar, daß ein weisser Punkt an der Wurzel der Deckschilde stehen soll, dieser aber ist oft abwesend.

5. Capensis. Fabr. sp. 10. Taf. XXVII. Fig. 14.

Nicht mit Gewißheit, weil die Zeichnung mit der Sulzerschen Tab. 6. Fig. 11. auch mit der in Vœt. Tab. 40. Fig. 5. nicht genau übereinstimmet, doch habe ich ihn auch vom Cap erhalten.

6. Quadrilineata. Fabr. sp. 15. Ostindien. Taf. XXVII. Fig. 15.

Die Beschreibung ist so genau, daß ich nichts hinzuzufügen weiß.

7. Biramosa. Fabr. sp. 16. Ostindien. Taf. XXVII. Fig. 16.

Es giebt zwar Fabricius Deutschland zum Vaterlande an, allein ich habe ihn weder jemals gefangen, noch in irgend einer Sammlung einländischer Käfer gesehen, hingegen habe ich ihn einigemal aus Ostindien erhalten.

8. 6-guttata. Fabr. sp. 17. Amerika. Taf. XXVII. Fig. 17.

Er pranget mit dem herrlichsten blaugrün; die Füsse sind blau, die Augen weiß.

54. Elaphrus.

1. Riparius. Fabr. sp. 1. Degeer Inf. 4. Tab. 4. Fig. 9. Berlin.

2. Flavipes. Fabr. sp. 2. Berlin.

Ich finde aber auf den Deckschilden keine schwarze Flecke, sondern nur hie und da eingedruckte Punkte, auch haben sie einen schwachen Kupferglanz, sind aber nicht braun.

3. Semipunctatus. Fabr. sp. 5. Berlin.

Fabricius citiert hiebey Degeer's Cicindela aquatica, und macht doch aus der Linneischen Cicind. aquatica eine eigne Species; wie soll man das verstehen? Seine Beschreibung von der C. aquatica ist so, daß sie auch eben so gut auf diesen Semipunct. passet; ich glaube daher mich Recht, beyde für einerley Species halten zu können.

55. Buprestis.

1. Gigantea. Fabr. sp. 3. Amerika. Taf. XXVIII. Fig. 1.

Es fehlt gar nicht an Abbildungen, aber keine ist genau. Er spielt überall mit grün und roth, je nachdem man ihn hält. Der Brustschild ist ungemein glatt, die zwey dunkeln Flecke, von denen Degeer sagt, finde ich nicht. Jeder Deckschild hat 4 breite erhöhete Linien, und die Zwischenräume sind runzlich; die Augen braun, die Füsse dunkelgrün; der After stehet etwas hervor.

2. Chrysis. Fabr. sp. 18. Degeer Inf. 4. Tab. 17. Fig. 9. Taf. XXVIII. Fig. 2. Ostindien.

Die Schönheit der Farben kann durch keinen Pinsel ausgedrückt werden, vornemlich die untere Seite, deren Glanz unaussprechlich ist. Die Füsse, welche an dem Degeerschen Exemplar fehlten, sind stahlblau, die Schienbeine unten braun, so wie die 5 platten Glieder der Fußblätter. Die grossen

Augen

Suppl. zu Tab. 28.

5

6

9.

12.

15.

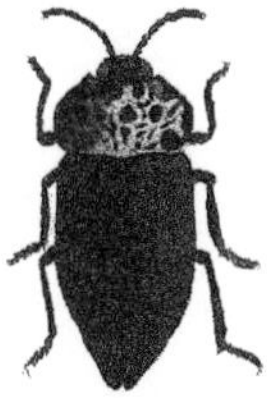

Augen, und das Gebiß sind braun. Der hellbraune After steht hervor, und hat 4 Spitzen. Jeder Bauchring läuft an den Seiten in eine stumpfe Spitze aus. Die Fühlhörner sind schwarz, aber die daran sitzenden Kammzähne braun; die 4 untersten Glieder derselben sind nicht kammartig, sondern cylindrisch. Dieser Käfer variirt sehr. Bald ist die braune Farbe der Deckschilde hell, bald dunkel; die Füsse oft ganz braun, der Brustschild bald einfarbig grün goldglänzend, bald laufen auf demselben 3 kupferroth glänzende Streifen der Länge nach herunter. Die Abbildung in Hrn. **Schröters** Abhandlungen 1 Thl. Tab. 2. Fig. 3. ist gut.

3. Ignita. Fabr. sp. 12. **China.** Taf. XXVIII. Fig. 3.

Er hat auch einen unaussprechlichen Glanz. Jeder Deckschild hat 4 erhöhete Linien; der Raum zwischen der dritten und vierten ist roth kupferglänzend. Die Augen sind sehr groß, stark gewölbt. Unten glänzet er wie Messing, und spielet ins grasgrüne.

4. Mariana. Fabr. sp. 20. Taf. XXVIII. Fig. 4.

Nicht alle Entomologen sind in Ansehung dieses Käfers einig. **Fabricius** citiert des Schæf. Ic. Tab. 49. Fig. 1. und von den meisten wird auch dieser für den B. Mariana angenommen. Es wäre also auch eine unnütze Wortklauberey, wieder eine andre Benennung dieses Käfers einzuführen, da diese nun einmal so allgemein ist. Der **Degeersche** B. Mariana scheint mein B. Berolinensis zu seyn, dessen Deckschilde so spitz zulaufen.

5. Berolinensis. **Beschäftig. der Naturf. Freunde.** Tom. IV. Tab. 7. Fig. 5. **Berlin.** Taf. XXVIII. Fig. 5.

Von der Grösse, wie der im **Degeer** Inf. 4. Tab. 4. Fig. 18. abgebildete, habe ich ihn nie gefunden; auch stimmt die Beschreibung nicht ganz genau überein. Er ist überall kupferroth glänzend. Man findet ihn viel seltener, als den B Mariana.

6. Chrysostigma. Fabr. sp. 26. Taf. XXVIII. Fig. 6.

Man sehe, was ich in den Schriften der Berlinischen Nat. Gesellsch.

Tom. I. pag. 93. gesagt habe; nur muß ich Degeer Recht geben, es sind wirklich drey vertiefte Goldpunkte auf jedem Deckschilde, nur ist der dritte gleich oben an der Wurzel bey kleinen Exemplaren, die ich damals nur hatte, nicht sehr sichtbar; man findet ihn von drey bis zu 6 Linien, die kleinen sind glatter, roth kupferglänzend, da die Grossen meist schwarz sind.

7. 8-guttata. Fabr. sp. 32. Degeer Ins. IV. Tab. 4. Fig. 20. Taf. XXVIII. Fig. 7. a, b. Berlin.

Gemeiniglich oben blau, bisweilen auch mattschwarz; die Unterseite verdient wohl eine Abbildung, welche ich bey Fig. 7. b vergrössert gegeben habe.

8. Flavopunctata. Degeer Ins. 4. no. 2. Taf. XXVIII. Fig. 8.

Degeer macht aus diesem Käfer eine eigne Art, sagt aber doch, daß er dem B. octo-punctata nahe verwandt sey. Vielleicht ist es gar das andre Geschlecht, denn er ist allzeit grösser, wie jener. Seine Zeichnungen sind so verschieden, daß kein einziges Exemplar mit dem andern übereinstimmt. Oft sind auf jedem Deckschilde auch 4 gelbe Flecke, aber ganz verwischt, oft aber auch ganz unordentliche verwischte gelbe Zeichnungen. Und so auch unten findet man oft eben die gelben Flecke, wie bey dem B. 8-punctata, oft wenigere, oft gar nur zwey am After, und denn sieht er unten grade so aus, wie der unten folgende B. hæmorrhoidalis. Die Grundfarbe ist oben allzeit schwarz, höchstens etwas weniges ins grünliche spielend, und unten ist er auch nur schwach kupferfarbig. Die gelben Zeichnungen vor der Stirn sind eben so unbeständig.

9. Fascicularis. Fabr. sp. 33. Vom Cap. Taf. XXVIII. Fig. 9.

Bey meinem Exemplar ist die Grundfarbe überall schwarz; die Deckschilde sind keineswegs gestreift, wie im System steht, sondern, wie der Brustschild, ausserordentlich runzlich.

10. Variolaris. Fabr. sp. 34. Vom Cap. Taf. XXVIII. Fig. 10.

Nicht mit Gewißheit, denn die erhöhete Längslinie auf dem Rücken des

Brustschildes fehlet. Er ist dem vorigen B. Fascicularis ungemein ähnlich, eben so runzlich, überall kupferglänzend, anstatt der 5 Reihen Haarbüschel stehen auf jedem Deckschilde 5 Reihen aschgrauer eingedruckter Punkte. Es ist mir bedenklich, ob nicht dieser Käfer mit dem B. Fascicularis eine einzige Art sey, und ob nicht diesem nur die Haarbüschel abgefallen, oder mit Vorsatz abgerieben sind.

11. Sibirica. Fabr. sp. 37. Sibirien. Taf. XXVIII. Fig. 11.

Bey meinem Exemplar ist die Farbe nicht schwarz, sondern matt kupferroth, die Füsse etwas glänzender; übrigens wie in der Beschreibung des Systems.

12. Hæmorrhoidalis. Schriften der Berl. Naturf. Gesellsch. Tom. I. pag. 97. Berlin. Taf. XXVIII. Fig. 12.

Also, wie Hr. Schranck versichert, nicht der B. Rustica; er hat dieselbe Gestalt des B. 8-guttata, oder noch besser des Flavopunctata, mit dem er überhaupt sehr viel ähnliches hat; auch habe ich sie immer gemeinschaftlich an einem Orte gefunden; sie haben auch die gelbe Zeichnung vor dem Kopfe, und die gelbe Einfassung des Brustschildes gemein, übrigens wie in der oben citierten Beschreibung.

13. Quercus. Schriften der Berl. Naturf. Ges. pag. 90. no. 1. Berlin. Taf. XXVIII. Fig. 13.

Ich weiß zu der oben angeführten Beschreibung nichts hinzuzusetzen, worauf ich den Leser verweise.

14. Lugubris. Fabr. sp. 42. Ungarn. Taf. XXVIII. Fig. 14.

Schwarz, ohne Glanz, nur die Nath rothglänzend, unten kupferroth, übrigens wie in der Beschreibung.

15. Tenebrionis. Fabr. sp. 43. Schweitz. Taf. XXVIII. Fig. 15.

Matt schwarz, der Brustschild wie Bildhauerarbeit.

16. Cya-

16. Cyanea. Fabr. ſp. 61. Berlin. Taf. XXVIII. Fig. 16.

Dem Bau nach dem B. chryſoſtigma ähnlich, etwa 3 Linien lang, blau.

17. 4-punctata. Fabr. ſp. 50. Berlin. Taf. XXVIII. Fig. 17.

Ich berufe mich auf meine Beſchreibung in den Schriften der Berlin. Naturf. Geſellſch. Tom. I. pag. 96.

18. Manca. Fabr. ſp. 52. Halle. Taf. XXVIII. Fig. 18.

Die völlige Statur des vorigen, aber etwas gröſſer. Das Hauptkennzeichen trift ein, nemlich ein kupferrothglänzender Bruſtſchild, mit zwey ſchwarzen Streifen; in andern Stücken trift die Beſchreibung nicht ein; denn der Kopf iſt nicht kupfrig, ſondern ſchwarz, die Deckſchilde ſind nicht geſtreift, ſondern lederartig, glatt, fein gekörnt. Unten iſt der Käfer ſchön kupferroth glänzend.

19. Minuta. Fabr. ſp. 53. Berlin. Taf. XXVIII. Fig. 19.

Siehe Schriften der Berl. Naturf. Geſellſch. Tom. I. pag. 98. Fig. a. zeigt ſeine wahre Gröſſe.

20. Nitidula. Fabr. ſp. 58. Berlin. Taf. XXVIII. Fig. 20.

Die völlige Geſtalt des B. 4-punctata.

21. Viridis. Fabr. ſp. 54. Berlin. Taf XXVIII. Fig. 21.

Ich nannte ihn in den Schriften der Berl. Naturf. Geſellſch. pag. 99. B. elongata. Es giebt 2 Arten, eine gröſſere kupferroth, eine kleinere grün; ich bin noch nicht gewiß, ob ſie wirklich nur eine Species ausmachen. Die gröſſere Art ſcheint Hr. Schranks B. linearis, vielleicht auch B. atra Lin. zu ſeyn.

22. Biguttata. Fabr. ſp. 55. Halle. Taf. XXVIII. Fig. 22.

Die drey weiſſen Punkte auf dem Bauche ſtehen auf den drey erſten R[illegible]ngen an beyden Seiten.

23. 11-maculata. Ungarn. Taf. XXVIII. Fig. 23.

Wieder eine ganz andere Bauart. Vielleicht eine Varietät des 9-maculata,

Tab. 28. a.

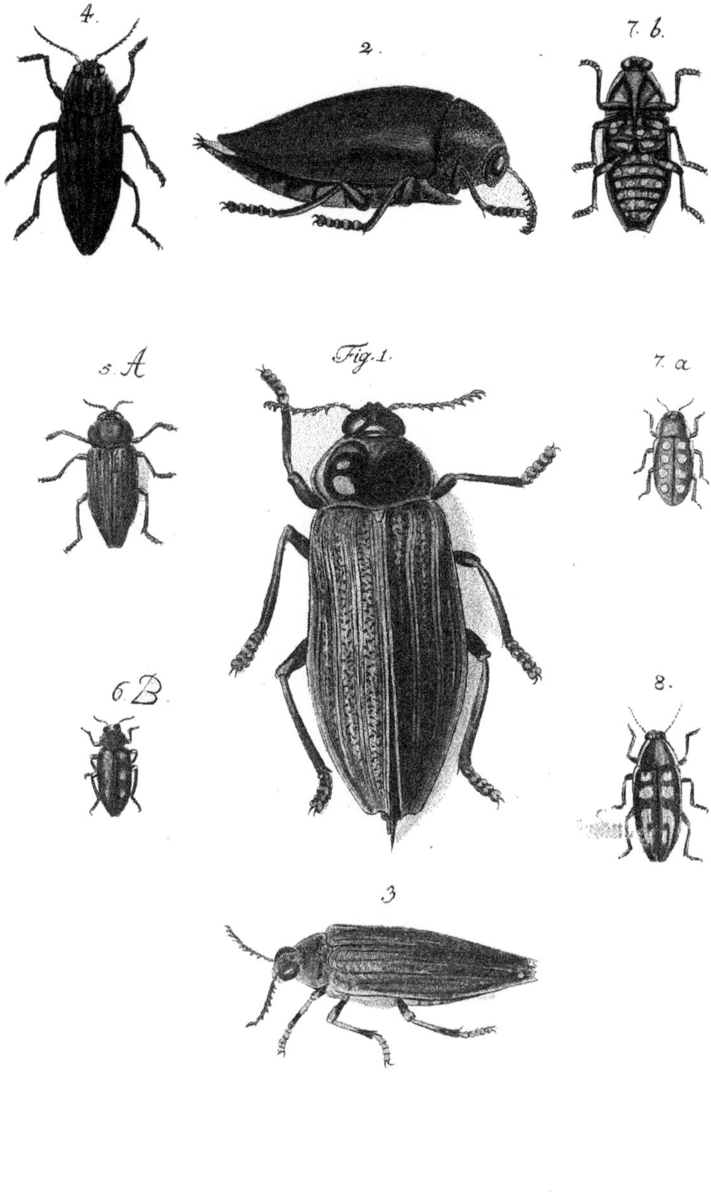

lata, den ich nicht kenne. Der Brustschild ist kurz, dick, rund, oben etwas platt gedruckt, der ganze Käfer cylindrisch, überall glänzend schwarz, etwas ins blaue spielend, mitten vor der Stirn steht ein runder gelber Fleck; viere sind auf dem Brustschilde neben einander, und drey auf jedem Deckschilde unter einander.

* 24. 6-maculata. Ungarn.

Eben so gebauet, wie der vorige, nur fehlen die gelben Flecke auf dem Brustschild und vor der Stirn.

56. Hydrophilus.

1. Piceus. Fabr. sp. 1. Bergsträss. Nom. 1. Tab. 6. Fig. 3.

Ganz unrecht citiert Fabricius hiebey meinen Dytiscus hastatus, den ich in den Beschäftigungen unsrer Gesellschaft Tom. IV. Tab. 7. Fig. 2. beschrieben habe. Ich hatte blos gesagt, daß er den Spieß unter dem Bauche mit dem Dytiscus piceus gemein habe, dies macht ihn aber noch nicht zu eben demselben Käfer.

2. Hastatus. Beschäftig. Tom. IV. Tab. 7. Fig. 2. Ostindien.

Was ich, als ich diesen Käfer beschrieb, nicht gewiß wußte, kann ich nun mit Gewißheit sagen, nemlich, daß er in Ostindien zu Hause ist, als woher ich ihn einigemal bekommen habe. Er unterscheidet sich von allen übrigen Wasserkäfern durch seine schmale langgedehnte Gestalt. Vielleicht ist Fabricii Hydroph. olivaceus kein andrer Käfer, weil sich in dessen Beschreibung alles auch von dem Meinigen sagen läßt.

3. Caraboides. Fabr. sp. 3. Rosel. II. Tab. 4. Fig. 1. 2. Berlin.

4. Scarabæoides? Fabr. sp. 5. Berlin.

Nicht mit Gewißheit, denn er ist nicht 2 mal, sondern wol 6 mal so klein, als der Dyt. Carab.; kaum 3 Linien lang, sonst mit der Beschreibung übereineinstimmig; Kopf und Brustschild ganz fein punktirt, jedes Deckschild hat 9 Streifen.

5. Luridus. Fabr. sp. 8. Degeer Inf. 4. Tab. 15. Fig. 1. 2. Berlin.

* 6. Tricolor. Berlin.

Er ist nur eine Linie lang, Kopf und Brustschild überaus glatt, schwarz, so auch der Knopf an den Fühlhörnern; die Deckschilde pechbraun, doch geht diese Farbe unten an der Spitze in ein blasses weißgelb über; durch das Vergrösserungsglas sieht man, daß der obere Rand der Deckschilde schwarz eingefaßt ist, welches sich auch etwas an der Nath herunterzieht; auch sieht man kaum sichtbare punktirte Reihen. Der Unterleib ist schwarz, die Füsse rothbraun. Er scheint dem Hydroph. bipunct. Fabr. sp. 10. nahe verwandt zu seyn. Die Fühlhörner haben oben einen Knopf, der aber nicht, wie bey den vorigen, gespalten ist; nur durch die stärkste Vergrösserung kann man kaum wahrnehmen, daß er aus 4 Gliedern besteht; das darunter stehende ist viel kleiner, die drey folgenden ganz klein, und die 3 untersten wieder ein merkliches grösser; man sehe Tab. XXVIII. Fig. A. b.

* 7. Cordiger. Berlin. Taf. XXVIII. Fig. A. a; b.

Kaum eine Linie lang. Der Kopf schwarz und glatt, die Fühlhörner gelblichbraun, der Knopf aber dunkel, übrigens ist ihr Bau wie bey der vorigen Art, Fig. b. Der Brustschild schwarz, glatt, an den Seiten braunlichgelb eingefaßt; die Deckschilde bräunlichgelb, auf der Mitte steht ein gemeinschaftlicher, herzförmiger, schwarzer Fleck; unten ist der Käfer schwarz, die Füsse pechbraun, ganz platt, und die Schienbeine am äussern Rande fein gezahnt.

8. Orbicularis. Fabr. sp. 6. Berlin.

Nur anderthalb Linien lang, überall schwarz, doch die Füsse dunkelpechbraun, die Fußblätter heller. Die ganze Oberfläche erscheint durchs Vergrösserungsglas ungemein fein punktirt.

57. Dytiſcus.

1. Latiſſimus. Fabr. ſp. 1. Bergſtr. Nom. 1. Tab. 5. Fig. 1. 2. Tab. 9. Fig. 3. Berlin.

2. Marginalis. Fabr. ſp. 2. Röſel Inſ. II. Tab. 1. Aquat. Fig. 9. 11.

3. Limbatus. Fabr. ſp. 5. Oſtindien.

An Gröſſe und Geſtalt wie der D. marginalis, die gelbe Einfaſſung aber viel breiter; auf jedem Deckſchilde ſtehen 3 kaum merkliche Linien, die aus kurzen vertieften Strichen von ungleicher Länge beſtehen, welche ſehr weit von einander abſtehen. Die Schwimmfüſſe ſind ſehr breit und dick.

* 4. Aciculatus. Oſtindien.

Die Gröſſe und Geſtalt des vorigen; auch an jeder Seite des Bauchs die 3 roſtfarbigen Flecke; der gelbe Rand iſt ſchmaler und röthlicher; die Deckſchilde ſind nicht glatt, ſondern es laufen der Länge nach lauter abgebrochene vertiefte Striche dicht und verworren durch einander, als wären ſie mit einer Stecknadel fein bekritzelt, doch nur bis ohngefehr 2 Drittel herunter, denn unten ſind ſie glatt, ſo auch auf beyden Seiten der Nath ziemlich breit. Vielleicht iſt dieſer Käfer das andre Geſchlecht des vorigen.

5. Striatus. Fabr. ſp. 8. Degeer Inſ. 4. Tab. 15. Fig. 16. Berlin.

6. Cinereus. Fabr. ſp. 11. Röſel 2. Tab. 3. Aquat. Fig. 6. Berlin.

7. Tranſverſalis. Fabr. ſp. 18. Bergſtr. Nom. 1. Tab. 5. Fig. 6. Berlin.

Nur einmal habe ich ihn finden können; der Geſtalt nach dem D. ſtriatus am ähnlichſten, aber etwas kleiner. Der Kopf hat vorne eine breite, hinten ausgezackte röthlich gelbe Einfaſſung, über derſelben ſtehen noch 2 gelbe Flecke. Der Bruſtſchild iſt an den Seiten und vorne breit gelbroth eingefaßt. Die Deckſchilde haben einen gelben Auſſenrand, aus welchen einige Strahlen oder feine gelbe Striche nach innen zu auslaufen; oben nicht weit von der Einlenkung steht ein schmales gelbes Querband, welches aber weder die Nath noch den Seitenrand berührt.

8. Tardus. Beschäft. Tom. IV. Tab. 7. Fig. 3. Berlin.

Fabricius hält diesen von mir loc. cit. beschriebenen Käfer für einerley mit seinen Dyt. Hermanni; allein es treffen doch nicht alle Kennzeichen überein; die Deckschilde sind nicht glatt, sondern wie narbigtes Leder, auch nicht an der Spitze abgestutzt; auch haben sie einen breiten rothgelben Seitenrand, davon Fabricius nichts erwähnt; die Spitze des Bauchs ist auch nicht schwarz. Die rothgelbe vordere Einfassung der Deckschilde zieht sich noch etwas an der Nath herunter, und diese hat einen erhöheten Rand. Die Deckschilde sind nicht schwarz, sondern dunkel pechbraun.

9. Ovatus. Fabr. sp. 30. Degeer Ins. 4. Tab. 15. Fig. 17 — 19. Berlin.

Es ist fast von keinen Käfern schwerer, sie genau zu bestimmen, als von den Wasserkäfern, weil die Farben so unbeständig, oft auch nur durchscheinend und scheckig sind. Wenn also nicht die Grösse und Gestalt genau angegeben wird, so sind die Verwechslungen unvermeidlich. Die Degeersche Abbildung des Dyt. ovatus stimmt mit meinem Käfer gut überein, nicht aber so gut die Beschreibung; allein meine Exemplare selbst stimmen nicht zusammen. Es ist also mein Käfer kaum 2 Linien lang, dick, die untere Seite sehr gewölbt, rostfarbig, Kopf und Brustschild auch rostfarbig, die Deckschilde pechbraun, doch verliehrt sich diese Farbe an den Seiten, oft auch an der Wurzel, in Rostfarbe: sie sind ganz glatt, doch ohne Glanz, ohne Punkte oder Striche; oft fällt die Farbe der Deckschilde durchweg ins rostfarbige.

10. Bipustulatus. Fabr. sp. 15. Berlin.

Ohngefehr 5 Linien lang, überall schwarz, die Deckschilde haben weder Furchen noch Punkte. Die beyden rothen Punkte auf dem Kopfe fehlen oft gänzlich, und denn ist dieser Käfer der Dytisc. ater, Degeer no. 7. Selten fällt der erhöhete Seitenrand des Brustschildes oberhalb ins rostfarbige. Des Hrn. D. Schranck Dyt. immaculatus ist eben dieser Käfer.

11. Un-

11. Undulatus. Schrank Enum. Inſ. Auſtr. no. 379. Berlin.

Oft ſteht am Auſſenrande in der Mitte ein weißlicher Fleck, auch wohl ein verloſchener, nahe an der Spitze; Wenn man den Käfer aus dem Waſſer nimmt, iſt alles ſehr deutlich, ſo bald er aber trocken wird, werden die Zeichnungen undeutlich; ſo geht es faſt mit allen Waſſerkäfern. Hr. P. Götze hält dieſen Käfer für einerley mit Fabric. D. Hermanni, woran ich aber zweifle, weil derſelbe ſtark gewölbt ſeyn ſoll, dieſer aber ganz flach iſt.

12. Fuſculus. Schrank. Enum. Inſ. Auſt. no. 382. Oeſterreich.

* 13. Oculatus. Berlin.

Meiſt 5 Linien lang, oval, glatt, der Kopf aſchfarbig, mit einem ſchwarzen Hinterrande, auch 2 ſchwarzen dreyeckigen Flecken zwiſchen den Augen. Der Bruſtſchild roſtfarbig. Die Deckſchilde braunſchwarz, durch die Lupe aber ſchwarz und gelb dicht geſprenkelt, der Auſſenrand ziemlich breit gelb, längſt der Nath läuft auch ein ſchmaler gelber Strich; Unten iſt er überall hellpechbraun, das letzte Glied der Fühlhörner ſchwarz. Er iſt nicht ſelten, in Sümpfen.

14. Clavicornis. Degeer Inſ. 4. no. 10.

Etwas über anderthalb Linien lang; der Kopf roſtfarbig, hinten etwas dunkler, die Augen ſchwarz; die Gelenke der Fühlhörner werden nach oben zu immer dicker, das letzte zugeſpitzt; der Bruſtſchild roſtfarbig, in der Mitte etwas dunkler ſchattirt, glatt. Die Deckſchilde pechbraun, nach oben zu roſtfarbig ſchattirt, glatt, die Hohlpunkte auf den Deckſchilden ſind kaum durch die Lupe zu erkennen; unten dunkelbraun, die Füſſe roſtfarbig.

* 15. Ornatus. Berlin. Taf. XXVIII. Fig. B.

Einer der ſchönſten unter den Waſſerkäfern. Vier Linien lang, der Kopf ſchwarz, über dem Maule roſtfarbig; auch ſtehen 2 roſtfarbige runde Flecke zwiſchen den Augen; der Bruſtſchild roſtfarbig, am Hinterrande ſchwarz; die Deckſchilde ſchwarz, mit roſtfarbigen Zeichnungen, die ſich nicht beſchreiben laſſen, ſondern aus der Abbildung zu erkennen ſind; unten iſt er pechbraun, Füſſe und Fühlhörner fast rostfarbig. Eine Varietät hat braune Deckschilde, auf welchen die Zeichnungen breiter und gelb sind, so wie der ganze Käfer an Farbe blasser ist.

16. Unilineatus. Schrank Enum. Inſ. Auſtr. no. 384. Berlin.

Man setze zur Schrankschen Beschreibung noch hinzu: daß der gelbe Seitenrand unten gespalten ist; die 3 ersten Gelenke der Fühlhörner sind gelb, die übrigen schwarz.

17. Inaequalis. Fabr. ſp. 35. Berlin.

Kaum eine Linie lang, ziemlich rund, der Kopf rostfarbig, um die Augen herum schwarz, die untere Hälfte der Fühlhörner gelb, die obere schwarz; die vordere Hälfte des Brustschildes röthlich gelb, die hintere schwarz. Die Deckschilde schwarz, fein punktirt, an der Aussenseite ein breiter, unten etwas gespaltener, und einigemal stark ausgezackter gelber Rand; auch steht noch oben bey der Wurzel ein grosser, meist hackenförmiger Fleck. Der Bauch ist ziemlich gewölbt, und nebst den Füssen rothbraun. Des Hrn. Rath Schranks Dyt. fimbriatus ist wohl zu groß, um eben dieser Käfer seyn zu können.

* 18. Diſpar. Berlin.

An Grösse sehr verschieden, von 1 ½ Linien bis 3 Linien. Der ganze Käfer ungemein glatt, oval, der Kopf glänzend schwarz, mit einer breiten gelben Einfassung über dem Maule. Brustschild und Flügeldecken ein halbdurchsichtiges pechbraun, durch dunklere Schattirungen etwas scheckig. Unten ist er nebst den Hüften schwarz, die übrigen Glieder der Füsse rostfarbig; die Hüften sind ziemlich breit und platt, bey den kleinern auch pechbraun.

* 19. Sordidus. Berlin.

Zwey Linien lang, schmal eyrund; Kopf, Augen, Brustschild schwarz, die Fühlhörner rostfarbig, an der Spitze schwarz; die Deckschilde dunkel braunschwarz, ziemlich matt; an den Seiten etwas heller, doch ohne einen eigent-

eigentlichen abgesetzten Rand zu haben; unten schwarz, die Füsse röthlich-pechbraun.

* 20. Insulanus. Pommern.

Kaum 2 Linien lang, ziemlich gewölbt, der Kopf bräunlichgelb, die Augen schwarz; der Brustschild hat die Farbe des Kopfs, hinten eine schmale schwarze Einfassung. Die Deckschilde schwarz, punktirt, mit einer röthlichgelben Einfassung, auch einigen gleichfarbigen Längs- und Queerstrichen, gewissermassen gitterförmig. Die untere Seite stark gewölbt, punktirt, und nebst den Füssen und Fühlhörnern rothbraun.

* 21. Aquaticus. Berlin.

Etwas über 2 Linien lang, schmal eyrund; der Kopf bräunlichroth, die Augen schwarz, der Brustschild schwarz, mit einer gelbbräunlichrothen Einfassung und einer gleichfarbigen Binde über die Mitte, die an den Seiten breiter wird, und sich im Seitenrande verliert; die Deckschilde schwarz, rauh, mit einem verloschenen rostfarbigen Seitenrande. Unten ist er nebst den Füssen bräunlichroth, der Bauch aber ist schwarz.

* 22. Parvulus. Berlin.

Nicht voll 1 $\frac{1}{2}$ Linie lang, Kopf und Brustschild röthlich gelb, die Deckschilde schwarz, mit einem breiten gelben Seitenrand, und 2 gelben Streifen an der Wurzel bis meist auf die Hälfte; die Unterseite, Füsse und Fühlhörner rothpechbraun, das letzte Glied der Fühlhörner nebst den Augen schwarz; er ist also in vielen Stücken von Hrn. Schranks Dyt. minimus verschieden.

* 23. Piceolus. Berlin.

Drey und eine halbe Linie lang, flach, schmal oval, glatt, Kopf und Brustschild braunroth, die Deckschilde pechbraun, nach hinten zu schwärzlich, der Seitenrand ist verloschen gelbroth. Unten ist der ganze Käfer schwarz, Füsse und Fühlhörner aber pechbraunröthlich.

* 24. Simplex. Berlin.

Grade wie der D. undulatus an Grösse und Gestalt, aber überall schwarz,

der

der Kopf, und der Seitenrand des Brustschildes und der Flügeldecken verloschen pechbraun, die Fühlhörner und Füsse pechbraun.

* 25. Capricornis. Berlin. Taf. XXVIII. Fig. C. und b. c.

Zwey Linien lang, und hauptsächlich seiner Fühlhörner wegen merkwürdig, die drey ersten Gelenke nehmen immer an Breite zu, das vierte ist ausserordentlich groß und breit, das fünfte sehr kurz, fast so breit, als das vierte, und gehet fast in eine stumpfe Spitze aus, die 6 folgenden nehmen immer wieder an Breite ab, und laufen ganz spitz zu, wie solches aus der Abbildung b am besten erkannt werden kann. Sie sind, wie der Kopf bräunlich gelb, der Brustschild hat eben diese Farbe, nur ist er in der Mitte oberwärts etwas dunkler schattiret; die Augen sind schwarz; die Deckschilde sind braun, an den Seiten etwas heller schattiert, voll unordentlicher vertiefter Punkte; unten ist er nebst den Füssen bräunlich gelb, der Bauch meist schwarz, und unter den Augen ein grosser schwarzer Flecke. Die wahre Grösse zeigt c.

* 26. Variolosus. Berlin.

An Grösse und Gestalt grade wie der vorige D. capricornis, nemlich 2 Linien lang, oval, hinten etwas spitzig zulaufend, flach. Kopf und Brustschild ziemlich blaßgelb, so auch die Fühlhörner, deren 3 letzten Glieder nur braun sind, die Augen schwarz; die Deckschilde glatt, grünlichbraungelb, durch dunklere Schattirungen etwas scheckig; unten braungelb, die Hinterfüsse nach Verhältniß dick, und kastanienbraun, oft ist die Farbe der Deckschilde ganz fahlbraun.

27. Orbicularis. Berlin.

Kaum eine Linie lang, ziemlich rund, sehr glatt, der Kopf schwarz, Brustschild und Flügeldecken gelbbraun, durchscheinend, hie und da verloschen schwarz gefleckt, unten schwarz, Füsse und Fühlhörner rostfarbig.

* 28. Pedicularius. Berlin.

Eine halbe Linien lang, glatt, der Kopf schwarz, Brustschild und Flügeldecken dunkelbraun, und so auch unten, die Füsse pechbraun.

Archiv der Insectengeschichte.

Herausgegeben

von

Johann Caspar Füeßly.

Fünfter Heft. Zwote Abtheilung.

Zürich,
Bey dem Herausgeber.
1784.

Innhalt.

Joh. Friedrich Wilh. Herbsts Verzeichnis seiner Insektensammlung. Fortsetzung. Gyrinus — Pæderus. Mit 3. Tafeln und den Bogen R — T.

Nachricht.

Da mir von Herrn Herbst zu den Tafeln dieses und des vorhergehenden 4ten Heftes nur die Abbildungen, und nicht die Insekten in Natura gesandt worden, so

ließ

[redacted]

Tab 28. 6.

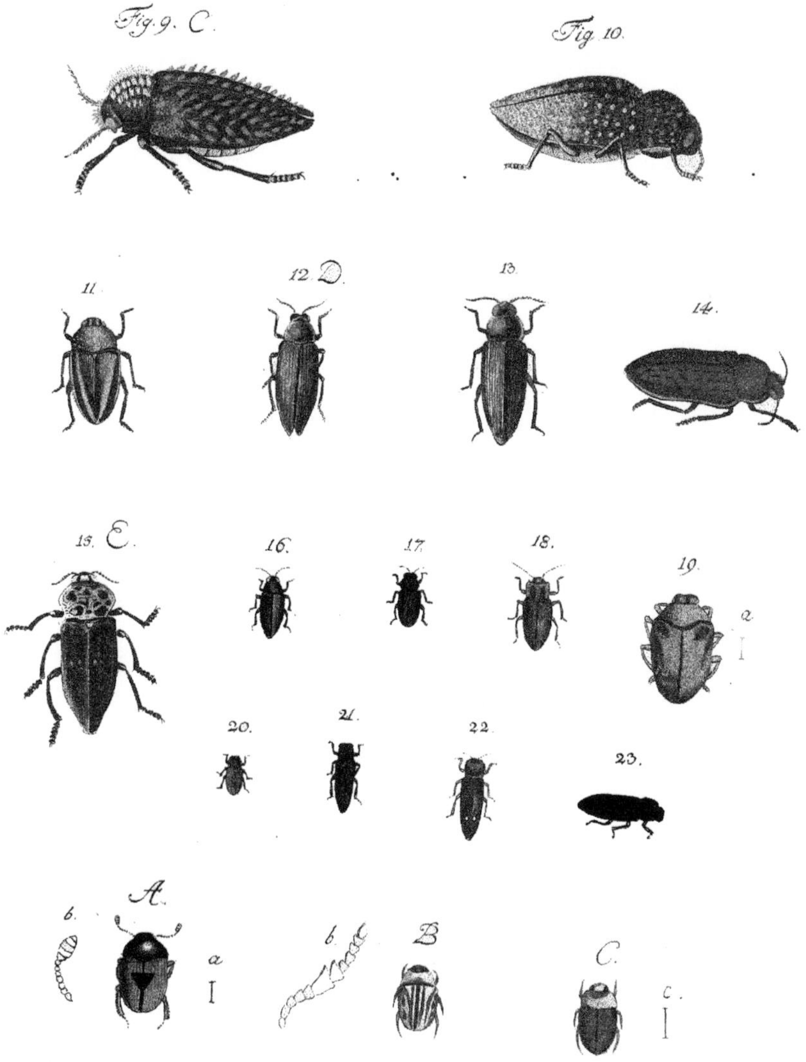

* 29. Marginellus. Berlin.

Eine Linie lang, der Kopf schwarz, desgleichen der Brustschild, welcher an den Seiten eine breite schwefelgelbe Einfassung hat. Die Deckschilde sind fahlgelb, ziemlich gewölbt, mit verloschnen schwärzlichen Flecken, und unzähligen reihenweise stehenden schwarzen Pünktchen; unten und an den Seiten sind sie blaßgelb. Unten schwarz, die Füsse bräunlichgelb. Manchmal erreicht er die Grösse von 1 und eine halbe Linie.

* 30. Seminulum. Berlin.

Nicht viel über eine Linie lang, glatt, oval, stark gewölbt; Kopf und Brustschild schwarz, die Deckschilde braunroth, hinten an der Spitze ganz roth, durchscheinend. Unten schwarz, die Füsse rostfarbig.

* 31. Oblongus. Berlin.

Er ist dem D. fusculus sehr ähnlich, schmal eyrund, zwey Linien lang, der Kopf rostfarbig, so auch die Fühlhörner, die aber nach oben zu braun werden. Der Brustschild matt verloschen schwarz, etwas rauh; desgleichen die Deckschilde, die nur oben an der äussern Seite etwas ins rostfarbige fallen; sie sind auch rauh, und haben wenigen Glanz. Unten ist er ganz schwarz, die Füsse rostfarbig.

58. Gyrinus.

Natator. Fabr. sp. 1. Rosel T. III. Tab. 31.

59. Carabus.

1. Majores. Grössere.

1. Coriaceus. Fabr. sp. 1. Vœr. 1. Tab. 38 Fig. 43. Berlin.

2. Violaceus. Fabr. sp. 3. Bergstr. Nom. Tab. 2. Fig. 14. Pommern.

3. Cya-

3. Cyaneus. Fabr. sp. 4. Vœt. Tab. 37. Fig. 30. Pommern.

In der Voetschen Abbildung sind die erhobenen länglichen Punkte auf den Deckschilden nicht deutlich genug ausgedrückt.

4. Quadriguttatus. Fabr. sp. 7. Vom Cap. Taf. XXIX. Fig. 1.

Die Anzahl der weissen Tropfen auf den Deckschilden scheint etwas unbeständiges zu seyn; denn mein Exemplar hat auf dem einen Deckschilde ausser denen im System angezeigten, noch einen, der auf dem andern Deckschilde fehlet. Vœt. hat Tab. 39. Fig. 46. einen Käfer abgebildet, der dem Meinigen so vollkommen gleichet, daß er fast nothwendig eben derselbe seyn muß, nur hat er auf jedem Deckschilde 5 weisse Tropfen; auch halte ich den Tab. 38. Fig. 45. für eben diesen Käfer, wenn ihm gleich die weissen Tropfen gänzlich fehlen.

5. Hortensis. Fabr. sp. 10. Vœt. 1. Tab. 37. Fig. 33. Berlin.

Die im System citierte Degeersche Abbildung Tom. 5. Tab. 3. Fig. 1. kann unmöglich hieher gehören. Meines Wissens hat Degeer diesen Käfer gar nicht abgebildet.

6. Conuexus. Fabr. sp. 14. Taf. XXIX. Fig. 2.

Nicht mit Gewißheit, denn die Beschreibung trift zwar gut ein, nur nicht, daß er halb so groß seyn soll, wie der C. violaceus, da der Meinige hingegen noch ein gutes Theil grösser ist, wie jener; übrigens aber ihm sehr ähnlich.

7. Auratus. Fabr. sp. 15. Vœt. 1. Tab. 36. Fig. 21. Berlin.

8. Granulatus. Fabr. sp. 17. Vœt. Tab. 37. Fig. 31. Berlin.

Es giebt von diesem Käfer 2 Arten, die eine ist grösser, rothkupferglänzend, die andere kleinere vom Vœt. loc. cit. abgebildete ist viel schwärzlicher, mit einem schwachen Kupferglanz. Bey beyden sind die Hüften bald roth, bald schwarz. Nur finde ich an der grossen Art das Wurzelglied der Fühlhörner allezeit roth, welches an der kleinen Art schwarz ist. Hr. Schrank nimmt

nimmt auch beyde für eine Art an, aber seine grosse Art hat nur 10 Linien, die bey mir 1 Zoll rhein. hat.

9. Nitens. Fabr. sp. 22. Voet. Tab. 38. Fig. 41. Berlin.

10. Inquisitor. Fabr. sp. 23. Voet. Tab. 38. Fig. 39. Pommern.

Das Maaß stimmt nicht mit des Hrn. Schranks Käfer überein, welcher 13 und eine halbe Linie angiebt, da meiner nur 8 Linien lang ist.

11. Sycophanta. Fabr. sp. 25. Voet. Tab. 37. Fig. 32. Berlin.

12. Cephalotes. Fabr. sp. 27. Voet. Tab. 33. Fig. 2. Berlin.

Die hiebey citierte Degeersche Abbildung eines Tenebrionis Tom. 5. Tab. 13. Fig. 8. gehört zuverläßig nicht hieher, da beyde Käfer himmelweit von einander verschieden sind.

13. Leucophtalmus. Fabr. sp. 29. Bergstr. Nom. Tab. 1. Fig. 13. Berlin.

Bey diesem und dem vorhergehenden will auch das von Hrn. Schrank angegebene Maaß nicht eintreffen; dieser Käfer ist bey mir allzeit eine starke Linie grösser wie der vorige, nemlich 10 und eine halbe Linie, und der vorige 9 und eine halbe Linie, bey Hrn. Schrank aber ist der vorige grösser, nemlich 9 Linien, und dieser gar nur 6 und eine halbe Linie.

14. Aeneo-punctatus. Degeer Inſ. 4. Tab. 3. Fig. 12. Voet. 1. Tab. 37. Fig. 35.

Einer der schönsten Käfer; die Voetsche Abbildung ist zu klein, und die grossen kupferfärbigen Hohlpunkte sind nicht groß genug. Anstatt der glänzend kupfergrünen Grundfarbe der Deckschilde findet man sie hier allzeit matt schwarz. Es pflegt sich dieser Käfer gern im Gehölze unter Rasen aufzuhalten; auch habe ich ihn nur ganz früh im Jahre finden können.

* 15. Auropunctatus. Berlin.

Es ist dieser Käfer dem Car. inquisitor sehr ähnlich, aber grösser, sonst, auch vornemlich in Ansehung des Brustschildes, an Gestalt gleich; hauptsächlich unterscheidet er sich dadurch, daß die Deckschilde gar nicht gestreift sind, dagegen sind sie ganz dicht mit wellenförmigen Querstrichen besetzt, die man aber nur durch die Lupe sehen kann; sie scheinen also dem blossen Auge ganz glatt zu seyn, worauf 3 Reihen eingedrückter Goldpunkte stehen. Bald ist der Käfer mattgrünlich, und alsdenn haben die Goldpunkte einen schönen, grünen Glanz; bald aber ist der Käfer schwarz, ohne Glanz, und alsdenn haben auch die Goldpunkte wenigen Glanz; die Länge ist meist einen Zoll.

* 16. Arcensis. Pommern.

Er ist der Gestalt nach der kleinen Art des C. granulatus ähnlich; an 9 Linien lang, roth kupferglänzend, vornemlich der Kopf, und die Ränder der Deckschilde. Diese sind schwach gestreift, und der dazwischen ligende Raum wieder in die Quere fein gestreift, wodurch sie körnerartig werden; ausserdem stehen auf jedem drey Reihen länglichter, erhabener Puckeln. Unten ist er schwarz.

* 17. Cylindricus. Berlin. Taf. XXIX. Fig. 3.

Er ist mir nur einmal vorgekommen. Der ganze Käfer hat eine cylindrische Gestalt; er ist etwas über 9 Linien lang; der Kopf groß, weit hervorstehend, und fast so breit, wie der Brustschild; die Fühlhörner kurz, kaum so lang, wie der Brustschild, unten schwarz, an den Spitzen grau; die Augen braun. Der Brustschild lang gedehnt, glatt, hinten fast so breit, als vorne, ganz hinten ist zu beyden Seiten eine starke Vertiefung, wodurch der Seitenrand unten das Ansehen einer Falte bekommt. Vorne ist der Brustschild etwas breiter, als die Deckschilde; in der Mitte läuft der Länge nach eine schwache vertiefte Linie. Die Deckschilde sind cylindrich, nemlich überall gleich breit, jede hat 9 tiefe Furchen, und auf der ersten am äussern Rande stehen eingedruckte Punkte; sie sind zwar nicht zusammengewachsen, doch scheinen die Unterflügel zu fehlen. Die Hinterhüften aber haben bey der Einlenkung einen breiten, ziemlich langen Anhang; und an den Schienbeinen der Vorderfüsse steht am Ende ausser dem gewöhnlichen Dorn noch ein andrer starker unter jenem. Der ganze Käfer ist schwarz. Es ist dieser Käfer aus

vielen

vielen Umständen vom Car. spinipes und latus wesentlich verschieden. Die Fühlhörner sind unten schwarz, und oben greiß.

2. Minores. Kleinere.

18. Interruptus. Fabr. sp. 40. Ostindien. Taf. XXIX. Fig. 4. a.

Es hat dieser Käfer einige Aehnlichkeit mit einem Lucano; auch sieht er dem Car. leucophtalmus gleich. Das merkwürdigste bey demselben sind die Füsse, welches **Fabricius** nicht anmerkt; denn die Vorderfüsse haben solche platte, viermal gezahnte Schienbeine, wie die Scarabæi, sind auch dicker, als die übrigen; die Schienbeine der beyden übrigen Paare haben auch am aussern Rande unten einen Dorn, und eine Reihe steifstehender Borsten. Vermuthlich soll Vœt. Tab. XXXIII. Fig. 2. diesen Käfer vorstellen, allein das besondere der Füsse ist nicht angezeigt. Ich habe einen solchen Vorderfuß bey a vergrössert vorgestellt.

19. Bimaculatus. Fabr. sp. 45. Vœt. Tab. 34. Fig. 10. 11. Ostindien.

Bald ist der Kopf und Brustschild ganz einfarbig gelbroth, bald ist die Farbe des Kopfs blassergelb, mit einem viereckigen schwarzen Fleck, und der Brustschild schwarz, mit 2 grossen ovalen gelben Flecken an den Seiten. Ob dies nun wirklich nur Varietäten sind, wie **Fabricius** sagt, oder eigne Species, lasse ich unentschieden. Bey einländischen Insekten pflegen wir weit unerheblichere Abweichungen für eigene Species zu halten; und ich habe beyde Arten dieses Käfers gleich ofte aus Ostindien erhalten, woraus ich schliesse, daß beyde gleich häufig daselbst seyn müssen, welches den Begriff von einer Varietät sehr unbestimmt macht.

20. Coerulescens. Fabr. sp. 49. Berlin.

Wenn man blos auf die Farbe sieht, so ist es fast unmöglich, dieses Geschlecht richtig zu bestimmen, weil fast keines in Farben unbeständiger ist. Nothwendig muß allzeit die Grösse angegeben werden, obgleich auch dies nicht hinreichend seyn wird, allen Verwirrungen vorzubeugen. Man sieht es oft gleich Käfern an, daß sie verschiedene Arten sind, aber man kann ihren Unterschied nicht beschreiben. Bey diesem Käfer wird zum Kennzeichen angegeben, daß die Fühlhörner an der Wurzel roth sind; dies ist bey allen meinen Exemplaren nicht, sondern sie sind ganz schwarz. Der Käfer ist 5 und eine halbe Linie lang, Kopf und Brustschild stahlblau, die Deckschilde etwas röthlichblau, unten ist er schwarzblau; die Augen bräunlich weiß. Bey dem einen Geschlecht sind die Fußblätter der Vorderfüsse viel breiter, als bey dem andern; einen solchen Fuß habe ich Taf. 29. bey Fig. 5. b. vergrössert vorgestellet.

21. Latus. Fabr. sp. 54. Schæf. Ic. Tab. 194. Fig. 7. Berlin.

22. Ferugineus. Fabr. sp. 56. Berlin. Taf. XXIX. Fig. 6. c.

Auch hier will die Beschreibung nicht recht zutreffen. Die Deckschilde sind nicht dunkler, sonder heller, wie der Brustschild und der Kopf, welche gemeiniglich röther sind; auch ist der Brustschild nicht platt, wie Degeer sagt, sondern noch stärker gewölbt, wie gewöhnlich; ich bin also nicht gewiß, ob mein Käfer der Linneische ferrugineus ist. Gemeiniglich ist er 4 Linien lang; ich habe aber auch ein einzelnes Exemplar, welches etwas über 5 Linien Länge hat, und bey welchem sich die Nath hinten in eine kleine Spitze verlängert, wie c zeiget; sollte dies eine eigne Art seyn?

23. Multipunctatus. Fabr. sp. 58. Berlin.

Vier Linien lang, schwarz und glänzend, auf den Deckschilden ein schwacher Kupferglanz, der hauptsächlich an den Rändern sichtbar ist; sie sind runzlich, und auf jedem stehen 6 eingedruckte Goldpunkte in 2 Reihen, erst 4 neben der Nath, und 2 nebenan; über dem Brustschilde geht der Länge nach eine vertiefte Linie; unten hat er nebst den Hüften auch einen schwachen Kupferglanz.

24. 6-punctatus. Fabr. sp. 60. Vœt. 1. Tab. 33. Fig. 4. Berlin.

25. Marginatus. Fabr. sp. 61. Berlin.

Vielleicht Vœt. 1. Tab. 35. Fig. 19. Ueberall grün glänzend, zwischen

3 und 4 Linien lang, die Ränder der Deckschilde und die Schienbeine gelb, die Hüften und Fühlhörner pechbraun, die Schienbeine der Vorderfüsse haben 2 Dornen übereinander, und alle einige Reihen steifer Borsten.

26. Cinctus. Fabr. sp. 62. Ostindien. Taf. XXIX. Fig. 7.

Er ist gewissermassen der vorige im grossen; 7 Linien lang; sein Unterschied besteht vornemlich darin: die Unterseite ist nicht grün, sondern schwarz oder dunkelbraun, der Bauch gelb eingefaßt, die Füsse durchweg blaßgelb, und die Deckschilde stark gestreift. Die Vorderschienbeine sind auch 2 mal gedornt.

27. Limbatus. Fabr. sp. 63. Beschäftig. Tom. IV. Tab. 7. Fig. 4.

Ich hatte diesen Käfer in den Beschäftigungen der Berl. Naturf. Gesellschaft loc. cit. Carabus dubius genannt; im zweyten Bande der Schriften dieser Gesellschaft pag. 136. hält der Hr. Staatsrath Müller diesen Käfer für seinen Dytiscus curculinus. Ich zeigte in der Note, daß dies nicht seyn könnte, gab ihm aber darin Recht, daß dieser Carabus dubius ein Wasserkäfer sey. Nun muß ich dies noch einmal zurücknehmen, und ihn wieder vor einen Erdkäfer ausgeben, nachdem ich einige 80 Stück gefangen, und seine Natur habe besser untersuchen können. Er kann nicht schwimmen, sondern bleibt, wie alle Käfer, die nicht Wasserkäfer sind, auf der Oberfläche des Wassers liegen, und sucht sich ängstlich zu retten. Es ist ihm aber doch das Wasser unentbehrlich; daher hält er sich am feuchten Ufer eines Sumpfes auf. Niemals habe ich ihn, wie Fabricius sagt, unter Steinen gefunden, aber allzeit gewiß am Ufer eines Sumpfs zwischen Aeckern, an welchem er mit grosser Geschwindigkeit umherläuft; ich habe diese Käfer auch viele Wochen lang auf der Stube in nasser Erde erhalten, weil ich ihre Fortpflanzung zu untersuchen wünschte, so bald aber die Erde nur ein wenig trocken zu werden anfieng, waren sie tod. Fabricius nimmt die grüne Farbe zur Grundfarbe an, und die gelbe zur Zeichnung, welches mir gar nicht natürlich zu seyn scheinet. Die ganze äussere Form des Käfers weichet ganz von der gewöhnlichen ab, und es ist noch die Frage, ob nicht dieser Käfer ein eigenes Geschlecht ausmache.

28. Me-

28. Melanocephalus. Fabr. sp. 64. Vœt. 1. Tab. 35. Fig. 15. Berlin.

Von 3 bis 4 Linien, die Deckschilde nicht allezeit schwarz, sondern auch wohl pechbraun; auch unten rostfarbig, nur der Bauch schwarz.

29. Cyanocephalus. Fabr. sp. 65. Schæf. Ic. Tab. 10. Fig. 14. Berlin.

Die Spitzen der Hüften schwarz.

30. Crux major. Fabr. sp. 67. Schæf. Ic. Tab. 1. Fig. 13. Berlin.

31. Germanus. Fabr. sp. 71. Schæf. Ic. Tab. 31. Fig. 13. Berlin.

Kopf und Brustschild breit, letzteres chagrinartig rauh, unten ganz schwarz, die Vorderschienbeine 2 mal über einander gedornt, wovon der unterste eine schwarze Spitze hat.

32. 4-pustulatus. Fabr. sp. 75. Ostindien. Taf. XXIX. Fig. 8. d.

Bey meinem einzigen Exemplar ist der Kopf nicht gelb, sondern schwarz, die Lippe rostfarbig, der Brustschild nicht gelb, sondern rostfarbig, übrigens wie in der Beschreibung, die Füsse blaßgelb. Seine wahre Grösse zeigt d, und Fig. 8. die Vergrösserung.

33. Vaporariorum. Fabr. sp. 76. Vœt. 1. Tab. 35. Fig. 18. Berlin.

34. Meridianus. Fabr. sp. 77. Berlin.

Kaum 2 Linien lang.

35. 4-guttatus. Fabr. sp. 80. Berlin. Taf. XXIX. Fig. 9. e.

Nicht mit Gewißheit, denn der Brustschild ist eher herzförmig als rund zu nennen, auch nicht schwarz, sondern grünlichschwarz. Der Käfer ist kaum 2 Linien lang; die weissen Punkte auf den Deckschilden fallen ins rostfarbige. Seine wahre Grösse zeigt e.

36. Ustulatus. Fabr. sp. 81. Vœt. 1. Tab. 34. Fig. 7.

Die Deckschilde sind stahlblau, oft grünlich.

37. Atri-

37. Atricapillus. Fabr. sp. 82. Taf. XXIX. Fig. 10. f.

Nicht mit Gewißheit, ob es dieser, oder Car. pilicornis ist, denn die kurze Beschreibung passet auf beyde; vielleicht ist es gar noch eine eigne Art, denn der Brustschild ist fein in die Quere gerippt, welches niemand anmerkt. Die Länge des Käfers beträgt 3 Linien, der Kopf ist dunkelrostfarbig, Fühlhörner und Brustschild sind etwas röther, die Fühlhörner behaart, der Brustschild hat der Länge nach in der Mitte eine vertiefte Linie; die Deckschilde sind schwarzbraun, unten grade abgestutzt, gefurcht; der Bauch schwarzbraun, die Brust und Füsse hell braungelb. Seine wahre Grösse zeigt f, und Fig. 10. die Vergrösserung.

* 38. Marchicus. Berlin.

Er ist dem Car. germanus und noch mehr dem Car. teutonus des Hrn. Schrank ähnlich, von welchem er in folgenden Stücken abweicht. Der Kopf ist grünlich blau, wie der Brustschild, und nicht schwarz; kein eingedrückter Punkt steht auf der Stirn; alle 4 Freßspitzen nebst der Wurzel der Fühlhörner sind rostfarbig, die übrigen Glieder derselben braun. Unten ist er überall schwarz, nur die Füsse sind braungelb. Vom Germanus ist er leicht zu unterscheiden, weil er viel schmaler ist.

39. Nitidulus. Schrank Enum. Inf. Austr. no. 401. Berlin.

Auch dieser Käfer stimmt nicht genau mit Hrn. Schranks Beschreibung überein; der Hauptumstand trift zu, daß nemlich die Deckschilde matter grün, mit bräunlichen Haaren überzogen, und ganz dicht fein punktirt sind. Darinnen aber weicht er ab: die Fühlspitzen sind schwarz, nur die Spitze der Glieder rostfarbig; die Fühlhörner sind schwarz, das Wurzelglied rostfarbig, die Füsse pechbraun, die Brust schwarz. Indessen alle diese Kennzeichen sind unsicher; denn ich finde auch diesen Käfer mit rostforbigen Hüften, da die übrigen Glieder schwarz sind; ein andermal wieder mit ganz schwarzen Füssen; ja ich habe einen, der überall schwarz ist, und doch zeigt seine ganze Bauart, daß er mit zu eben dieser Species gehöre. Er ist etwas breit und platt; das Männchen hat gleichfalls die 3 ersten Fußblätter der Vorderfüsse viel breiter und grösser. Der Käfer riecht im Leben ausserordentlich stark nach Schafmist.

* 40. Indicus. Ostindien. Taf. XXIX. Fig. 11.

Er hat die völlige Gestalt unser kleinern Erdkäfer, vornemlich des Car. latus; nur die mehrere Grösse unterscheidet ihn. Er ist 9 Linien lang, überall schwarz, nur die Spitzen der Fühlhörner sind röthlich grau, die Augen braun. Auf dem Brustschilde steht unten an beyden Seiten ein kurzer tiefer Strich. Jedes Deckschild hat 7 Furchen. Die Vorderfüsse des Männchen haben breitere Fußblätter, welche unten mit röthlichen Haaren besetzt sind.

* 41. Splendidus. Ostindien.

Grade wie der no. 26. beschriebene und abgebildete Car. cinctus, nur daß die Deckschilde nicht gelb eingefaßt sind.

* 42. Marginellus. Ostindien.

Auch wie unsre kleinen Erdkäfer gestaltet; 7 und eine halbe Linie lang, ziemlich schmal; Kopf und Brustschild dunkel pechbraun, letzteres hat einen blaßgelben Seitenrand; die Augen sind weiß, die Deckschilde noch dunkler pechbraun, wie der Brustschild; jedes hat 8 feine Streife, die Füsse sind blaß gelb, und wie der Car. spinipes mit feinen Dornen besetzt; unten ist der Käfer heller braun; die Fühlhörner sind mit den Füssen gleichfarbig.

43. Frischii. Bergstr. Nom. Berlin.

Acht bis 9 Linien lang, überall rein schwarz, die Augen weiß, der Brustschild hat, wie bey mehreren, in der Mitte der Länge nach eine Furche, und unten an den Seitenecken einen Kerb oder vertieften Strich. Jeder Deckschild hat 8 tiefe Furchen.

44. Varius. Degeer Inf. 4. no. 15. Car. æneus. Berlin.

Ohngefehr 3 Linien lang. Einige halten ihn für den Car. vulgaris. Degeer hat ihn genau beschrieben.

* 45. Unicolor. Berlin.

Grade die Gestalt des vorigen, wodurch er sich leicht kenntlich macht, etwas

was kleiner, überall schwarz, der Brustschild hat unter dem Halse eine schmale rostfarbige Einfassung. Die Füsse pechbraun, die Schienbeine sind mit Dornen besetzt; die Fühlhörner rostfarbig, der Brustschild ganz glatt.

46. Mülleri. Mülleri Zool. Dan. prodr. no. 842. Berlin.

Der Hr. Staatsrath Müller nennt ihn 6-punctatus; welcher Name schon einem andern gegeben ist. Er ist etwas über 3 Linien lang, schwarz mit einem sehr schwachen Kupferglanz; die Deckschilde punktirt gestreift, auf jedem 3 vertiefte Punkte neben der Nath; nur die Schienbeine sind in meinem Exemplare pechbraun.

* 47. Obscurus. Berlin. Taf. XXIX. Fig. 12. g.

Ob es der Carab. obscurus, Müll. Zool. Dan. Prodr. no. 819. sey, will ich nicht mit Gewißheit sagen, da ich dies Buch nicht bey der Hand habe. Die kurze Beschreibung in Goeze entomol. Beyträgen pag 661. no. 48. Niger, elytris pedibusque obscure testaceis, könnte wohl zutreffen, nur sind die Füsse nebst den Fühlhörnern nicht wohl dunkelbraun zu nennen, sondern sie haben die bey den Insecten so gewöhnliche bräunlichgelbe durchsichtige Farbe. Der Käfer ist 3 Linien lang; Kopf und Brustschild schwarz, ziemlich schmal, in der Mitte eine Furche; die Deckschilde sind braun, jedes mit 8 punktirten Streifen; unten ist der Käfer ganz dunkel kastanienbraun.

* 48. Pelidnus. Berlin.

Eben die Grösse, auch fast eben die Gestalt des vorigen, nur ist der Brustschild etwas breiter nud mehr scheibenförmig rund; Kopf und Brustschild sind schwarz, letzteres hat eine Furche in der Mitte, auch wie gewöhnlich gerändet; die Deckschilde sind fahl, schmutzigbraungelb, jedes mit 8 schwachen nicht punktirten Streifen; unten ist er schwarz, die Füsse bräunlichgelb, doch die untern Glieder nebst den Fühlhörnern mehr kastanienbraun. Er sieht dem vorigen sehr ähnlich, ist aber doch eine eigene Art.

49. Rufescens. Scopoli Ann. hist. no. 103. Berlin.

Der Käfer ist etwas über 2 Linien lang, überall matt rothbraun, nicht durch-

durchscheinend. Der Brustschild so breit wie die Deckschilde, an welche er auch dicht anschliesset; er ist auch ohne Rand und ohne Vertiefungen; die Deckschilde sind schwach gestreift; die Füsse lang und dünne. Beym ersten Anblick weicht der Käfer etwas von der gewöhnlichen Gestalt der Erdkäfer ab, man kann aber nicht gut bestimmen, worin dies besteht.

* 50. Aterrimus. Berlin. Taf. XXIX. Fig. 13.

Es muß dieser Käfer nicht mit dem Car. multipunctatus no. 23. verwechselt werden, dem er der ganzen Bauart nach sehr ähnlich ist; aber er ist grösser, vollkommen 6 Linien lang, überall ungemein rein schwarz und sehr glänzend. Der Brustschild ist ziemlich rund und gewölbt, der Länge nach in der Mitte steht eine Furche bis meist am Oberrande, wo sie von einer gekrümmeten Querfurche aufgenommen wird. Die Deckschilde sind schwach gestreift, welche Streifen an den Seiten kaum sichtbar sind; neben der Nath stehen 4 vertiefte Punkte; einer oben, zwey in der Mitte, und einer unten; oft pflegt einer oder der andre zu fehlen. Er ist hier nicht gar selten.

* 51. Terricola. Berlin. Taf. XXIX. Fig. 14.

Sieben bis acht Linien lang, Kopf und Brustschild schwarz, die Augen weißlich, die Fühlhörner und Füsse dunkelbraun, die Hüften fast schwarz, der Hinterleib etwas mehr eyförmig rund, wie gewöhnlich, die Deckschilde dunkelblau, jedes 9 mal punktirt gestreift, die äusserste Furche gekerbt; unten dunkel schwarzbraun.

* 52. Platys. Berlin.

An Gestalt und Grösse grade wie der Car. latus, auch mit einem sehr breiten, ja fast noch breiterm Brustschilde; auch ist er überhaupt noch etwas breiter; er unterscheidet sich von jenem dadurch: die Augen sind weißlich, der Brustschild kaum sichtbar gerandet, die Deckschilde sind reiner schwarz, nicht mit Häärchen überzogen, viel schwächer gestreift, die Fühlhörner und Füsse sind nicht rostfarbig, sondern schwarz.

* 53. Ae-

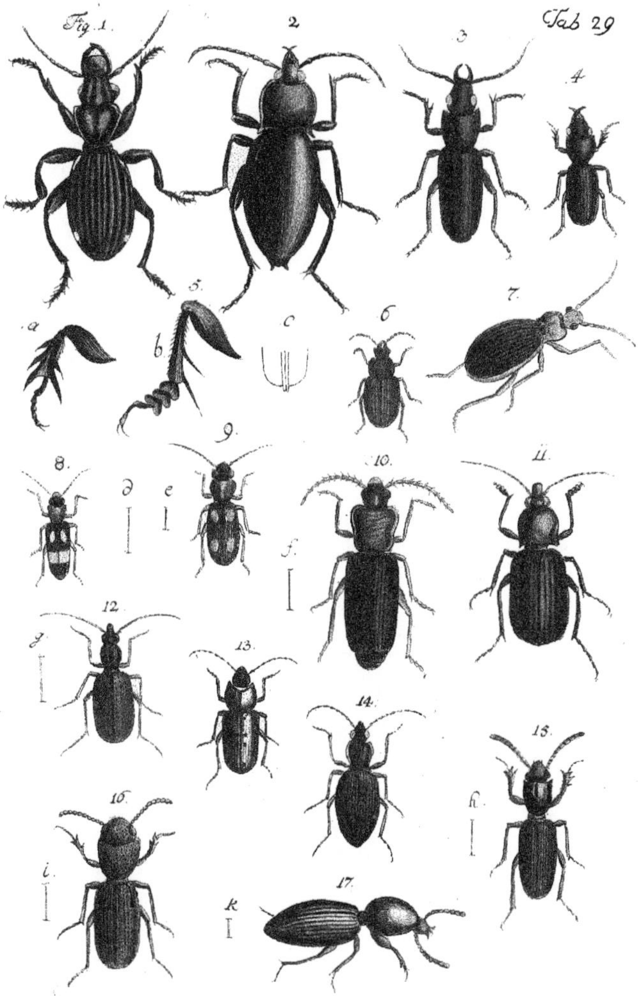
Fig. 1.
2
3
Tab 29
4
a
5.
b
c
6
7.
8.
d
e
9.
f.
10.
11.
12.
g
13.
14.
15.
h.
16.
i.
k
17.

* 53. Aethiops. Berlin.

Grade wie der Carab. vulgaris gestaltet, zwischen 5 und 6 Linien lang, und überall glänzend schwarz.

* 54. Virgo. Berlin.

Eben wie der vorige, oder der Car. vulgaris gestaltet, aber nur 3 Linien lang, oberhalb überall glänzend schwarz, der Brustschild hinten etwas ausgehöhlt, die Deckschilde schwach gestreift, die Füsse und Fühlhörner ganz dunkelbraun, unten schwarz.

* 55. Glaber. Berlin.

An Gestalt wie der vorige, aber schmaler, sehr glatt und glänzend, zwey Linien lang, Kopf und Brustschild schwarz, die Deckschilde braun, gestreift, die Füsse, das Maul und die Freßspitzen pechbraun, der Leib und die Fühlhörner schwarz.

* 56. Collaris. Berlin. Taf. XXIX. Fig. 15.

Dieser Käfer weicht schon sehr von der Form der Erdkäfer ab; denn die Fühlhörner sind kürzer, werden nach oben zu dicker, die Glieder sind kürzer und sitzen dichter an einander; der Brustschild ist fast cylindrisch, oder überall gleich breit, und zwischen demselben und den Dickschilden steht ein kleiner Hals. Der Kopf ist dunkelbraun, sitzt dicht am Brustschilde; dieser ist schwarz, glatt, mit der gewöhnlichen Furche in der Mitte; die Deckschilde sind braun, punktirt gestreift, die Fühlhörner und Füsse pechbraun, die Vorderfüsse sind stärker, gedornt, wie bey Fig. 4. a. Der Leib ist schwarz. Er ist meist 3 Linien lang, wie h. zeigt.

* 57. Bucephalus. Ostindien. Taf. XXIX. Fig. 16. i.

Auch bey diesem Käfer sind die Fühlhörner wie bey dem vorigen, oben dicker. Er ist gute 3 Linien lang, der Kopf und oben der Brustschild sind wie beym Car. interruptus no. 18. ausserordentlich breit; beyde sind braun, fein punktirt, die Deckschilde auch braun, punktirt gestreift, die Augen schwarz, Fühlhörner, Füsse, Leib, kurz der ganze Käfer braun.

* 58. Globosus. Berlin. Taf. XXIX. Fig. 17. k.

Wieder ein Käfer von der vorigen Art, dessen Fühlhörner beynahe Paternosterartig sind, und oben etwas dicker werden. Er ist kaum anderthalb Linien lang; der Brustschild ist sehr stark gewölbt, fast halbkugelförmig, nebst dem Kopfe schwarz und glatt; die schwarzen Deckschilde sind punktirt gestreift, und zwischen ihnen und dem Brustschild ist wieder ein kleiner Hals. Die Füsse sind dunkelbraun, das erste Paar viel dicker; die ersten 3 Gelenke der Fühlhörner sind bräunlich gelbroth, die übrigen dunkelbraun; das Maul und die Fühlspitzen sind rostfarbig. Degeers Carab. 4-punctatus scheint zwar diesem ähnlich zu seyn, ist aber doch ein andrer.

Ob die nun beschriebenen Erdkäfer quadriguttatus, cephalotes, interruptus, collaris, bucephalus und globosus nicht vielleicht ein eigenes Geschlecht auszumachen verdienten, da ihre Bauart ganz anders ist, als bey denen übrigen Erdkäfern, die Fühlhörner der meisten kürzere rundere Glieder haben, die Vorderfüsse allzeit dicker und bey den meisten einigemal gezahnt sind, der Kopf und der Brustschild oben sehr breit, und die Deckschilde mit einem Halse am Brustschilde befestigt sind, überlasse ich scharfsichtigen Systematikern zur Entscheidung. Degeer scheint sie zu den Attelabis zu zählen, wenigstens hat sein Attelabus fossor Tom. 4. Tab. 13. Fig. 1. 2. in allen Stücken eine solche Aehnlichkeit mit diesen Käfern, daß er nur eine andre Species zu seyn scheint.

* 59. Chalcus. Berlin.

Drittehalb Linien lang, oben überall wie Bronze, ziemlich glänzend, der Brustschild herzförmig, punktirt, in der Mitte eine Furche; die Deckschilde punktirt gestreift; die Fühlhörner schwarz, das Wurzelglied etwas grösser, und rostfarbig, die Augen schwarz, die Unterseite schwarz, die Füsse braun.

* 60. Micros. Berlin.

Zwey Linien lang, wie die gewöhnlichen Erdkäfer gestaltet, Kopf und Brustschild durchscheinend kastanienbraun, letzteres mit einem aufgeworfenen Seitenrande, und in der Mitte eine Furche. Die Deckschilde etwas heller braun,

braun, durchscheinend, punktirt gestreift, die Fühlhörner ziemlich lang, behaart, und nebst den Füssen und der ganzen Unterseite mit den Deckschilden gleichfarbig; die Augen sind schwarz.

* 61. Lampros. Berlin.

Dem vorigen Chalcus sehr ähnlich, aber kleiner, nur 1 und eine halbe Linie lang, schwarz, doch ins meßing glänzend, und ungemein glatt, die Deckschilde punktirt gestreift, der äussere erhöhete Rand grünlich glänzend, die Fühlhörner greiß, die Füsse braun, der Unterleib glänzend schwarz. So gemein dieser Käfer auch an feuchten Ufern ist, so will doch keine einzige Beschreibung auf ihn passen.

* 62. Pyrropus. Berlin.

Dem Car. latus an Gestalt ähnlich, meist 4 Linien lang, überall rein glänzend schwarz, Fühlhörner, Füsse, und der erhöhete Rand des Brustschildes pechbraun.

* 63. Mixtus. Berlin.

Zwey Linien lang, der Kopf schwarz, die Augen greiß, die Fühlhörner unten gelbbräunlich, oben braun; der Brustschild bräunlichgelb, in der Mitte mit dunkelbraun schattirt, die Deckschilde gleichfalls bräunlichgelb, nur sind sie meist von der Mitte an bis nach hintenzu mit schwarz vermischt, doch so, daß sowohl die Nath als der äussere Rand die Grundfarbe behalten. Die Füsse haben eben solche bräunlichgelbe Farbe.

60. Blaps.

1. Mortisagus. Fabr. sp. 3. Frisch Inf. 13. Tab. 25. Berlin.

2. Glandiformis. Pallas Icon. Inf. Sibir. Tab. 3. Fig. 11. b. Indien.

Der Hr. Prof. Pallas hält diesen Käfer für verschieden von dem Tenebr. gigas Lin. dem er sonst der Gestalt nach sehr ähnlich ist.

3. Sub-

3. Subglobosus. Pallas Icon. Inf. Sibir. Tab. 3. Fig. 16. a. Indien.

61. Tenebrio.

1. Molitor. Fabr. sp. 2. Degeer Inf. 5. Tab. 2. Fig. 4. Berlin.

2. Culinaris. Lin. Syst. Nat. no. 5. Schæf. Ic. Tab. 66. Fig. 1. Reppen.

* 3. Cylindricus. Berlin.

Dem Molitor ähnlich, auch fast an Grösse gleich, auch überall schwarz, nur sind die Deckschilde weit stärker punktirt gestreift, der Brustschild stärker chagrinartig, die Fühlhörner sind braun, die Fußblätter haben unten gelbe Häärchen.

62. Helops.

1. Ater. Fabr. sp. 11. Berlin.

2. Quisquilius. Fabr. sp. 13. Berlin.

Ich muß hier meine Schwäche bekennen, daß mir bey diesem Geschlechte, welche Linne unter die Schattenkäfer zusammengebracht hat, einige vorkommen, von welchen ich es nicht zu entscheiden wage, ob sie unter dieses Geschlecht, oder unter die Carabos, Attelabos oder Chrysomelas zu zählen sind; ich habe sie also lieber gar nicht anführen, als die obwaltenden grossen Schwierigkeiten und Verwirrungen noch vermehren wollen.

63. Meloë.

1. Proscarabæus. Fabr. sp. 1. Bergsträß. Nom. Tab. 2. Fig. 15. Berlin.

2. Majalis. Fabr. sp. 2. Schæf. Ic. Tab. 3. Fig. 6. Berlin.

64. Lytta.

Tab 30

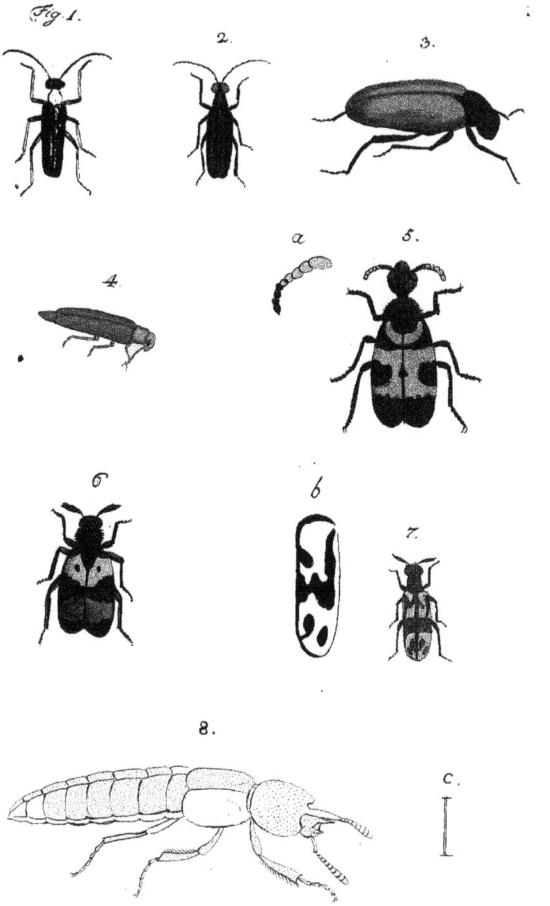

64. Lytta.

1. Vesicatoria. Fabr. sp. 1. Degeer Inf. 4. Tab. 1. Fig. 9. Berlin.

2. Syriaca. Fabr. sp. 3. Ostindien. Taf. XXX. Fig. 1.

Die Farbe der Deckschilde ist bald grasgrün, bald dunkelgrün.

3. Erytrocephala. Fabr. sp. 8. Rußland. Taf. XXX. Fig. 2.

Fühlhörner und Füsse sind schwarz.

* 4. Indica. Amerika. Taf. XXX. Fig. 3.

Dieser kommt der Vesicatoria am nächsten, doch sind die Deckschilde etwas dicker, bräunlich gelb, ganz glatt, Kopf und Brustschild schwarz; die Fühlhörner fehlen an meinem Exemplar, die Füsse und der Unterleib schwarz, die Brust ist sehr stark gewölbt.

* 5. Francofurthana. Frankfurt. Taf. XXX. Fig. 4.

Nur einmal ist er mir vorgekommen; die ganze Oberfläche ist bräunlich gelb, die Deckschilde haben jede 4 erhobne Striche, wovon die zwey ersten etwas unter der Mitte zusammenkommen, und nur eine ausmachen, die dritte erreicht nicht ganz das Ende; überhaupt haben sie viel ähnliches mit den Necydalen; auch die Fühlhörner weichen ab; sie bestehen aus kurzen, herzförmigen, platten, fast halbkammförmigen Gliedern; in der Mitte sind die Fühlhörner am breitesten, und laufen oben spitz zu; der Brustschild ist wie bey den Canthariden, in der Mitte etwas ausgehöhlt, und oben und unten aufgeworfen. Ich bin daher wegen des Geschlechts zweifelhaft; er scheint fast ein eigenes Geschlecht auszumachen. Die Augen sind schwarz; die Brust und der Bauch dunkelbraun, doch die 3 letzten Ringe sind mit den Deckschilden, Fühlhörnern und Füssen gleichfarbig; der Hinterleib ist etwas kürzer als die Deckschilde, die Unterflügel schwarz.

65. Mylabris.

1. Cichorei. Fabr. sp. 2. Sulz. Inf. Tab. 7. Fig. 11.

Ob die grosse aus Ostindien, mit der kleinern welche auch in Europa zu Hause, und von meinem verehrungswürdigen Freunde, dem Hrn. geistl. Rath Schrank mir zugeschickt ist, einerley Species sey, lasse ich dahin gestellet seyn. Hr. Fabricius nimmt die gelbe Farbe für die Grundfarbe, und die schwarze für die Zeichnungen an; mir scheint es natürlicher, daß die schwarze Farbe zur Grundfarbe angenommen werde, weil sie einen grössern Theil einnimmt, und weil sich sonst das oberste schwarze Band nicht gut beschreiben liesse; denn das oberste Drittel des Flügels ist schwarz, und auf demselben stehet bey der Wurzel ein runder gelber Fleck, der ringsum mit schwarz umgeben ist, es kann also die schwarze Farbe nicht als ein Band angesehen werden, weil es kein Band ist. Nimmt man nun also die schwarze Farbe zur Grundfarbe an, so hat die grosse ostindische Art zwey gezackte braungelbe Bänder, und an der Wurzel einen gleichfarbigen Fleck. Die kleinere einländische Art aber hat noch ein gelbes Band mehr unten an der Spitze der Deckschilde.

* 2. Americana. Amerika. Taf. XXX. Fig. 5. a.

Zwar die Fühlhörner weichen ab, aber doch gehört er zu diesem Geschlecht. Der Kopf ist groß und dick, schwarz, die Augen dunkelbraun. Die Fühlhörner sind kurz, nach oben zu immer dicker, das letzte Glied groß und dick; ihre Gestalt zeigt Fig. a; Sie haben nur 9 Glieder, ohne dem ganz kleinen Wurzelgliede, die untersten vier sind schwarz, die obersten fünfe okergelb. Der Kopf sitzt an einem langen deutlich abgesetzten Hals. Der Brustschild ist halbzirkelförmig, schwarz, behaart. Die Deckschilde sind schwarz; oben steht eine gelbe, gekrümmte Binde; zwey breitere in der Mitte, die an der Nath bis auf die Hälfte der Breite zusammenlaufen, und daselbst auf der Nath noch einen kleinen gemeinschaftlichen schwarzen Fleck haben. Alles übrige am Käfer ist schwarz. Der Zeichnung nach scheint sie fast dieselbe zu seyn, welche Pallas in seinen Iconibus Tab. E. Fig. 5. a. b. vorgestellet, und Meloe luxata genannt hat; die Beschreibung aber stimmt nicht genau überein.

3. Variabilis. Pallas Icon. Inf. Roff. Tab. E. Fig. 7.

Aus der Schweiz. Auch habe ich die grössere seltnere Varietät, welche Hr. Pallas Tab. E. Fig. 14. b. abgebildet. Ich finde aber noch eine Varietät, die anstatt jeder derer 2 Binden auf jedem Deckschilde zwey runde nicht grosse schwarze Punkte hat; die Spitze der Deckschilde ist auch nur sehr wenig schwarz eingefaßt. Mein einziges Exemplar ist etwas kleiner, als der gewöhnliche Mel. variabilis; übrigens aber ihm so ähnlich, daß ich Bedenken getragen, ihn für eine eigene Art zu halten.

4. Solonica. Pallas Icon. Inf. Tab. E. Fig. 12.

Aus Rußland. Die Zeichnung weicht ein wenig ab.

* 5. Indica. Aus Ostindien. Taf. XXX. Fig. 6.

Nach Verhältniß etwas breiter, wie die meisten dieser Gattung. Der Kopf und Brustschild sind schwarz, behaart, die Fühlhörner sind eben so gestaltet, wie Fig. a. nur ganz schwarz. Die obere Hälfte der Deckschilde ist blaßgelb, und die untere Hälfte rothgelb. An der Wurzel derselben steht eine dreylappichte schwarze Binde. Mitten gehet quer über die Deckschilde eine breite, ausgezackte, und nach dem Aussenrande zu immer breiter werdende schwarze Binde; zwischen dieser und der obersten an der Wurzel stehet recht auf der Mitte des gelben Grundes ein schwarzer Punkt. Die Spitzen der Deckschilde sind halbmondförmig, schwarz eingefaßt. Die Füsse und der Unterleib sind schwarz.

* 6. Elongata. Taf. XXX. Fig. 7. b.

Er ist ziemlich schmal. Der Kopf ist groß, und nebst dem Brustschilde schwarz glänzend, wenig behaart. Die Deckschilde sind gelb, mit blauen Zeichnungen, die sich am besten aus der Abbildung bey b erkennen lassen. Unten ist er überall schwarz. Die Deckschilde wickeln sich ziemlich stark um den Leib, wodurch das Ansehen des Käfers noch schmäler wird. Das Vaterland ist mir unbekannt.

66. Cerocoma.

1. Schäfferi. Fabr. sp. Inſ. no. 1. Berlin.

Oft wird man diesen Käfer in vielen Jahren nicht ansichtig. Im Jahr 1779. war er hier ungemein häufig, und sein gewöhnlicher Aufenthalt auf den Blättern der wilden Camillen.

67. Mordella.

1. Aculeata. Fabr. ſp. 7. Berlin.

2. Faſciata. Fabr. ſp. 8. Berlin.

Die aschgrauen wässerichten Bänder auf den Deckschilden sind oft verworren; das oberste Band zieht sich an den Seiten bis oben an der Wurzel der Deckschilde wieder herum, so daß dadurch die Grundfarbe ein schwaches Feld auf dem Bande jedes Deckschildes macht; die untere Binde fehlet bisweilen. Da der Käfer allzeit mehr als noch einmal so groß, wie der vorige ist, so kann er wohl nicht eine Varietät desselben seyn, wie Linné glaubt.

* 3. Murina. Berlin.

Grade die Grösse und Gestalt des vorigen, durch graue glänzende Häärchen scheckig, wie gewässerter Band, auf dem Brustschilde stehen 3 schwarze Flecke. Vielleicht ist er die Mordella villoſa des Hrn. Schrank.

* 4. 6-punctata. Reppen.

Noch fast grösser, wie der vorige, überall glänzend schwarz, auf jedem Deckschilde stehen drey weisse Punkte, zwey oben, wie ein Colon, doch steht der untere Punkt nicht grade unter dem obern, sondern weiter nach dem Aussenrande zu; der dritte Punkt steht meist unten.

5. Tho-

5. Thoracica. Fabr. sp. 13. Berlin.

Die obere Hälfte des Kopfes ist bey dem Meinigen schwarz. Die Fühlhörner und Füsse haben die Farbe des Brustschildes.

6. Flava. Fabr. sp. 14. Berlin.

68. Staphylinus.

1. Hirtus. Fabr. sp. 1. Schæf. Ic. Tab. 36. Fig. 6. Berlin.

2. Murinus. Fabr. sp. 2. Schæf. Ic. Tab. 4. Fig. 11. Berlin.

3. Maxillosus. Fabr. sp. 3. Schæf. Ic. Tab. 20. Fig. 1. Berlin.

* 4. Unicolor. Berlin.

Grösser, wie der St. maxillosus, und einfarbig schwarz, ohne Glanz. Wenn Fabricius sagt, daß der St. maxillosus im Alter ganz schwarz werde, so mögte man glauben, dieser St. unicolor sey ein solcher; allein, theils ist er nicht glänzend glatt, theils ist der Brustschild fein chagrinirt, der bey jenem glatt ist.

5. Erythropterus. Fabr. sp. 5. Schæf. Ic. Tab. 2. Fig. 2. Berlin.

An Grösse sehr verschieden.

6. Politus. Fabr. sp. 7. Schæf. Ic. Tab. 39. Fig. 12.

7. Biguttatus. Fabr. sp. 13. Berlin.

* 8. Obscurus. Berlin.

Er hat die Grösse des St. politus, und die Gestalt des St. murinus. Die Fühlhörner sind fast paternosterartig, an der Spitze etwas dicker, unten braun, am Ende schwarz. Uebrigens ist der ganze Käfer einfarbig matt schwarz, schwach punktirt.

* 9. Tricornis. Berlin. Taf. XXX. Fig. 8. c.

Dieser seltene Käfer ist mir nur erst einmal vorgekommen. Er ist ohngefehr

gefehr ein Drittel kleiner, als der St. politus. Der Kopf ist schwarz, und über jedem Auge steht eine ziemlich lange Spitze. Die Fühlhörner sind ziemlich lang und keulförmig. Der Brustschild ist schwarz, und läuft oben in ein langes, spitziges und horizontal über dem Kopfe wegstehendes Horn aus. Die Deckschilde sind roth, am obern und innern Rande schwärzlich. Der Hinterleib ist schwarz, und die Füsse dunkelbraun. Bey Fig. 8. ist er stark vergrössert vorgestellt, und c zeigt seine natürliche Grösse.

10. Blattinus. Schrank. Enum. Inf. Auft. no. 447. Oesterreich.

Obgleich Herr Schrank selbst mir diesen Käfer zugeschickt hat, so stimmt er doch nicht genau mit seiner Beschreibung überein, denn der Brustschild hat keine bleiche Einfassung, und die Fühlhörner sind schwarz.

11. Nitidulus. Fabr. sp. 17. Berlin.

Nicht mit Gewißheit, denn die Fühlhörner sind überall gelbroth. Er hat die völlige Gestalt des vorigen, nemlich der Brustschild ist glatt, und breiter als die Deckschilde. Die gelbe Einfassung des Brustschildes wird unten immer breiter; die schwarze Einfassung der Deckschilde geht nur bis etwas über die Hälfte, auch sind sie um das Schildlein herum schwarz eingefaßt.

12. Fuscipes. Fabr. sp. 15. Berlin.

Er hat gleichfalls die Gestalt der beyden vorigen, nemlich mit breitem, glattem Brustschilde. Er ist nicht viel über 2 Linien lang.

13. Mikor. Mülleri Zool. Dan. prodr. no. 1096. Berlin.

Nicht mit Gewißheit, weil nicht angemerkt ist, daß die 4 ersten Gelenke der Fühlhörner gelbbraun, die übrigen schwarz sind. Seine Länge ist etwas über 3 Linien, die Deckschilde und Füsse sind fahl braungelb, das übrige schwarz.

14. Saxatilis. Schrank Enum. Inf. Auftr. no. 442. Berlin.

Kleiner, wie der vorige, sonst ihm völlig gleich, nur die Spitze des Hinterleibes gelblich.

14. Piceus. Fabr. ſp. Inſ. 25. Berlin.

Mein Exemplar iſt ganz ſchwarz, ſonſt übrigens, wie in der Beſchreibung. Er iſt 4 Linien lang, etwas breit und platt, die Fühlhörner ſind am Ende dicker.

* 15. Similis. Berlin.

Grade die Gröſſe und Geſtalt, wie der St. biguttatus, nur fehlen die Punkte auf den Deckſchilden, und die Füſſe ſind gelb, nur die Spitzen der Hüften ſchwarz.

16. Domicella. Schrank Enum. Inſ. Auſtr. no. 444. Oeſterreich.

Ich habe dieſen Käfer zwar unter obigem Namen von dem Hrn. Schrank erhalten, aber er ſtimmt nicht mit ſeiner Beſchreibung überein, denn die Fühlhörner und Füſſe ſind nicht ſchwarz, ſondern kaſtanienbraun.

* 17. Glaberrimus. Berlin.

Ohngefehr 4 Linien lang, überall glänzend ſchwarz; die Fühlhörner weichen ab, das erſte Gelenke hat ein Drittel der ganzen Länge, die übrigen Glieder ſind klein, ſitzen dicht auf einander, und werden am Ende dicker, wodurch ſich der Käfer dem folgenden Geſchlechte nähert. Die Deckſchilde erſcheinen doch etwas fahl, wenn ſie offen ſtehen.

69. Oxyporus.

1. Rufus. Fabr. ſp. 1. Schæf. Ic. Tab. 85. Fig. 3. Berlin.

70. Pæderus.

1. Riparius. Fabr. ſp. 1. Degeer Inſ. 4. Tab. 1. Fig. 18. Berlin.

[illegible] T. II. Tab. 87. Fig. 2. Berlin [illegible]

[illegible]

20. Pardrus.

[illegible]

[illegible] Fabr. sp. 4. Degeer ins. 4. Tab. 1. Fig. 13. Berlin. [illegible]

[illegible]

Archiv der Insectengeschichte.

Herausgegeben
von
Johann Caspar Füeßly.

VIIter und VIIIter Heft.

Zürich,
Bey dem Herausgeber.
1786.

Innhalt.

1. Erste Mantisse zum Verzeichniß der ersten Klasse meiner Insektensammlung. Von J. F. W. Herbst.

2. Fortsetzung des Verzeichnisses meiner Insektensammlung. Von Ebendemselben.

Zwente Klasse.

Erste Mantisse zum Verzeichniß der ersten Klasse meiner Insektensammlung.

Von J. F. W. Herbst.

Ehe ich das Verzeichniß der zweyten Klasse meiner Insektensammlung anfange, will ich, damit die Coleoptera so viel als möglich beysammenbleiben, jezt erst diejenigen Käfer nachholen, womit meine Sammlung seitdem bereichert worden ist.

Scarabæus.

48. Nemestrinus. Fabr. sp. 96. Ostindien. Taf. XLIII. Fig. 1.

Obgleich dieser Käfer schon im Degeerschen Werke abgebildet ist, so werden doch Kenner meine Abbildung nicht für überflüßig halten. Der ganze Käfer ist glänzend schwarz, unten ist er, so wie die Füsse, durch fuchsrothe Haare rauh. Die Striche auf den Deckschilden sind sehr schwach. Im übrigen beziehe ich mich bey diesem, so wie bey allen übrigen, auf die Beschreibungen im System, welches bey meinem Verzeichnisse zum Grunde liegt; denn sonst würde ich unnüz weitläufig werden.

49. Bonasus. Fabr. sp. 114. Tranquebar. Taf. XLIII. Fig. 2.

Zu der genauen Beschreibung im System p. 23. n. 90. will ich nur noch folgendes hinzusetzen: der grünglänzende Brustschild hat hinten herum einen gelbbraunen Rand. Die Deckschilde sind gelbbraun, jedes sechsmal schwach gestreift; sie sind viel kürzer, als der Hinterleib. Auf jeder gelbbraunen, breiten Hüfte steht ein grosser, runder, dunkelgrüner Fleck in der Mitte.

50. Schæferi. Fabr. sp. 148. Vœt. Tab. 25. Fig. 17. Braunschweig.

* 51. Stercorator. Ostindien. Taf. XLIII. Fig. 3.

Dieser ostindische Käfer hat die völlige Gestalt und Grösse, wie mein pag. 9. n. 30. beschriebener Sc. arator, nur ist er etwas weniges breiter. Die Farbe ist auch überall schwarz, der Kopfschild viel schmaler, wie bey jenem; die Deckschilde sind sehr dicht punktirt gestreift, da sie bey jenem weitläufiger glatt gestreift sind. Die Füsse und Fühlhörner sind braunroth.

* 52. Truncaticornis. Ostindien. Taf. XLIII. Fig. 4.

Hr. Schaller hat im ersten Band der Abhandl. der Naturf. Gesellsch. zu Halle pag. 238. einen Käfer unter diesem Namen beschrieben, den ich um so viel mehr für den Meinigen halte, da ich ihn von einem Mitgliede der Gesellschaft Hrn. Hübner aus Halle bekommen habe. Es ist mein Käfer ungehörnt, und weicht nur darin von der Beschreibung loc. cit. ab, daß auf dem Kopfschilde zwey erhöhete Querlinien hintereinander stehen. Er ist sonst auch dem Sc. nuchicornis ähnlich; der Kopfschild schwarz, der Brustschild grünglänzend, punktirt; über den Nacken stehen zwey stumpfe Spitzen hervor. Die Deckschilde sind schwarz gestreift, dicht punktirt, und haben einen schwachen röthlichen Glanz.

Melolontha.

* 18. Unicolor. Ostindien. Taf. XLIII. Fig. 5.

Die völlige Gestalt, wie unser M. brunnea, aber viermal grösser, überall einfarbig braunroth; der Kopfschild rund, vorne mit einem aufgeworfenen Rande; quer durch die Mitte geht eine erhöhete, geschärfte Linie. Brustschild und Flügeldecken sind glatt, ungestreift, mit eingedruckten Punkten dicht bestreuet. Der After ist abgestutzt, und hat ein plattes Schild, welches noch grösser ist, als der Kopfschild.

* 19. Ci-

* 19. Ciliata. Ostindien. Taf. XLIII. Fig. 6.

Der Kopfschild ist schwarz, vorne aufgeworfen, die Fühlhörner sind dunkelbraun, groß, und wie beym Mel. fullo gestaltet. Der Brustschild ist schwarz, punktirt, am Hinterrande mit langen weissen Haaren eingefaßt. Das Schildlein ist schwarz; die Deckschilde braunroth, dicht punktirt, mit weissen Häärchen besetzt. Unten ist der Käfer, hauptsächlich auf der Brust, durch lange greise Haare wolligt. Die Füsse sind braun.

* 20. Nigromarginata. Berlin. Taf. XLIII. Fig. 7.

Er ist dem Mel. horticola ähnlich, aber sehr viel kleiner. Kopf und Brustschild sind schwarz, haarig, die Fühlhörner bräunlich; die Deckschilde sind hellbraun, am Seitenrande breit schwarz eingefaßt, auch die Nath und das Schildlein sind schwarz, so wie die ganze Unterseite nebst den Füssen. *

21. Berolinensis. Vœt Tab. 21. F. 150.

Es ist dieser Käfer bey Ausfertigung meines Verzeichnisses von mir übersehen worden. Er ist dem Mel. brunnea der Gestalt nach ähnlich, aber kürzer, runder, gewölbter. Die Färbe ist bald schwarz, bald purpurroth, allemal mit einem weissen Gegenschein, wie Manchester; auch hat sie was sammetartiges an sich, ohne daß man erklären kann, woher es kommt, da man durch die Vergrosserung weder Haare noch wolligtes Wesen entdecken kann. Die Voetsche Abbildung taugt nicht viel. Er wird oft mit dem M. brunnea verwechselt, von dem er doch hinreichend verschieden ist; denn dieser lezte ist länger, schmaler, schlicht hellbraun, zart und dünne, und an jeder Seite des Brustschildes steht ein schwarzer Punkt; die Deckschilde des M. berolinensis sind stark geript. Sulzers Sc. pellucidulus scheint mir völlig derselbe und nicht der M. brunnea zu seyn, wozu Fabricius ihn citiert. Es ist die-

 ser

* Gewiß nicht neu, und kein andrer als: Füeßly Verz. Scarab. marginatus. n. 37 Fabr. S. E. pag. 38. n. 30. und Laicharting Verz. pag. 41. n. 6. Anmerk. des Herausgeb.

ser Käfer hier nicht selten; ich habe ihn aber allzeit nur im Sande oder doch auf der Erde gefunden. *

Cetonia.

10. Aeruginea. Vœt. Tab. IV. F. 26. Jamaika.

Da die Voetsche Abbildung ziemlich gut ist, so habe ich ihn nicht noch einmal abbilden wollen. Ich kenne keinen Käfer, der schöner wäre als dieser. Er hat das herrlichste grün, ohne Goldglanz, aber so durchscheinend und glänzend, als wenn man den reinsten Schmaragd sähe. Er hat die Grösse des Goldkäfers, nur ist er nach Verhältniß etwas schmaler. Die Nath ist schwarz; auch findet man durch die Lupe zerstreute schwarze Punkte auf dem Brustschilde, und den Flügeldecken. Das Brustbein krümmet sich in eine ziemlich lange Spitze nach vorne zu. Die Beschreibung der Cet. cuprea Fabr. stimmt ziemlich genau mit diesem Käfer überein, nur erwähnt er nichts davon, daß der Anhang oder Seitendorn der Deckschilde purpurfarbigbraun ist, welches doch diesen Käfer sehr kenntlich macht, und Fabricius gewiß nicht übersehen haben würde.

11. Hæmorrhoidalis. Fabr. sp. 48. Cap. Taf. XLIII. Fig. 8.

Fabricius hat diesen Käfer im System genau und gut beschrieben, woselbst er auch sagt, der Brustschild sey roth, mit einer schwarzen Längsstreife; dies halte ich für richtiger, als wenn er nachher in seinen Spec. sagt: er sey schwarz mit einem rothen Rande; denn der größte Theil desselben ist roth. Der Käfer verenget sich hinten sehr. Der Kopf ist schwarz; die Deckschilde sind grün, mit gelbbraunen, punktirten, oben und unten abgebrochenen Linien. Unten ist er ganz schwarz; nur der lezte Ring des Leibes roth.

12. Va-

* Nichts anders als: Scarab. Sulzeri Füeßly Verz. n. 35. und Sulz. Gesch. tab. I. fig. 9. Sc. pellucidulus. Der Name berolinensis paßt also nicht, da er auch in der Schweiz und vermuthlich noch in andern Gegenden gefunden wird. Anmerk. des Herausgeb.

12. Variabilis. Berlin.

Da man doch nun einmal den kleineren gemeinen Goldkäfer mit weissen Punkten, den ich im Entomol. Magazin ænea genannt habe, für den Variabilis Lin. nimmt, so muß ich also diesen hier noch nachhollen, obgleich ich noch nicht überzeugt bin.

* 13. Metallica. Berlin.

Ich habe im neuen Ent. Mag. T. I. p. 314. weitläufiger gezeigt, daß wenn gleich dieser Käfer dem vorigen sehr ähnlich ist, er doch auch standhafte Verschiedenheiten habe; wozu auch das gehört, daß der ausgehöhlte Streif neben der Nath nur bis zur Hälfte herauf geht.

14. Lugubris. Vœt. Tab. I. Fig. 3. Berlin.

Zwar kommt dieser Käfer denen zwey vorigen sehr nahe, aber er scheint mir doch eine andre Art zu seyn, und ich glaube fast, daß Rösel II. tab. 2. fig. 8. diesen Käfer hat abbilden wollen. Der Grösse nach steht er zwischen der eigentlichen C. aurata und vermeintlichen C. Variabilis. Seine Farbe ist schwarzgrün, überall einfarbig, etwas metallglänzend; die Tarsen sind grünglänzend. Auf dem Brustschilde stehen vier unordentliche Reihen weisser Punkte, und auf den Deckschilden viele weisse ganz feine Sprenkeln, wie Puderstaub anzusehen. Die vertiefte Streife neben der Nath geht bis zur Hälfte hinauf. Die Brust ist voll goldgelber Haare. Er kommt selten vor.

Hister.

8. 12-striatus. Schrank Enum. Austr. p. 38. n. 70. Oesterreich.

Hr. Schrank sagt zwar, daß auf den Deckschilden kein rother Fleck sey; allein selbst das Exemplar, welches er mir geschickt, hat einen verloschnen rothen Fleck. Die mehreren Striche auf den Deckschilden, fürchte ich, sind auch kein beständiges und sicheres Kennzeichen. Ich glaube, man könnte überhaupt nur 2 bestimmte Arten derer gefleckten Histers annehmen, nemlich eine Art hat deutlich abgesetzte zinnoberrothe Flecke, die andre verloschne purpurfarbige. Die Grösse bestimmt bey dieser Gattung nichts.

Anobium.

* 4. Testaceum. Berlin.

Er hat sehr viel Aehnlichkeit mit meinem Anob. ferrugineum, nur ist er länger, aber nicht breiter; die Augen sind auch schwarz, der Brustschild röthlicher, als die okergelben Deckschilde. Am meisten unterscheidet er sich von jenem dadurch, daß die Deckschilde ganz glatt und ungestreift sind. Er ist 2 Linien lang.

Bruchus.

* 5. Clathratus. Berlin.

Er ist dem Bruch. scabrosus an Gestalt und Grösse völlig gleich, aber überall schwarz. Auf dem Brustschilde sind weißliche gitterförmige Linien, die der Br. scabrosus auch eben so hat. Die Deckschilde sind schwarz, mit dunkler schwarz und greis gefleckten Längsstreifen.

Ips.

4. 4-guttata. Fabr. sp. 4. Braunschweig. Taf. XLIII. Fig. 17. und n, o.

Man kann die Flecke wohl nicht weiß nennen, sondern Isabell. Der unterste besteht eigentlich aus zwey zusammengeflossenen Flecken. n. o. zeigt die wahre Grösse des Käfers.

Silpha.

13. Flavifrons. Schäf. Elem. Tab. 18. Pommern.

Da Fabricius diesen Käfer nicht hat, so hatte ich ihn in meinem Verzeichnisse vergessen. Ich setze ihn auch nur hierher, weil ich ihn sonst nirgends

unter-

unterbringen kann. Am natürlichsten sollte er unter den Rüsselkäfern neben den Curc. albirostris seine Stelle bekommen, und noch besser wäre es, beyde nebst den Curc. albinus zu einer besondern Gattung zu machen, welche man Platystoma nennen könnte. **Sulzer** irret sich gewiß, wenn er ihn für die Silpha oblonga Lin. hält.

14. Russica. Fabr. sp. 5. **Braunschweig.** Taf. XLIII. Fig. 9.

Die Fühlhörner sind nicht schwarz, sondern pechbraun. Die Deckschilde haben unmerklich feine Reihen Punkte.

15. Punctata. Bergstr. tab. 9. f. 9. **Braunschweig.**

Es ist dieser Käfer wenig von meinem S. obscura verschieden; ein weniges kleiner, der Kopf schmäler, der Brustschild über den Nacken nicht so stark ausgeschnitten. Die Striche auf den Deckschilden sind plätter, und die Punkte zwischen denselben nicht so runzlich, sondern feiner. Ich zweifle, daß es Silpha oblonga Lin. sey, wie im **Degeer** steht.

Opatrum.

* 4. Cinereum. **Ostindien.** Taf. XLIII. Fig. 10.

So groß wie Op. sabulosum, aber schmäler; schwarz, aber auf der Oberfläche mit einem aschgrauen Ueberzug; die Deckschilde sind punktirt und gefurcht.

Nitidula.

7. Ferruginea. Fabr. sp. 6. **Braunschweig.**

Er hat die völlige Grösse und Gestalt, wie N. varia; aber er ist nicht gekörnt, und die Deckschilde sind nicht gestreift, sondern glatt. Der Kopf ist dunkelbraun, der Brustschild etwas heller, und die Flügeldecken mit diesem gleichfarbig, mit verloschnen schwarzen zerstreuten kleinen Flecken. Er ist mir unter

unter dem Namen N. marginata geschickt, aber alsdann müßte er gefurchte Deckschilde haben.

Coccinella.

* 37. Sparsa. Ostindien. Taf. XLIII. Fig. 11.

So groß, wie der Siebenpunkt, aber vorne sind die Deckschilde stärker gewölbt, breit, und gehen hinten spitziger aus. Die Farbe ist überall röthlich gelbbraun, durch weißliche Häärchen, womit er überzogen ist, bekommt er einen weißlichen Gegenschein. Die Augen sind schwarz, der Brustschild hat an den Seiten nahe am Hinterrande 2 schwarze Punkte neben einander. Die Deckschilde haben 24 schwarze Punkte von ungleicher Grösse, in der Lage 2. 4. 3. 2. 1; wie die Abbildung zeigt. Der Durchmesser ist wie a. b.

38. Undulata. Abhandl. der Naturforsch. Gesellsch. zu Halle. I. p. 262. Tranquebar. Taf. XLIII. Fig. 12.

Dieses Käferchen ist loc. cit. genau beschrieben. Der Kopf ist weiß, der Brustschild weiß, mit einem schwarzen Hinterrande, und auf der Mitte ein halbmondförmiger Fleck. Die rothen Deckschilde haben zwey wellenförmige Querbande unter einander, und am Ende einen schwarzen Punkt. Nur ist in der Beschreibung vergessen, daß sich eine erhöhete schwarze Linie der Länge nach durch die Binden bis zum Punkte schlängelt. c. d. zeigt die wahre Grösse.

* 39. Bimaculosa. Berlin. Taf. XLIII. Fig. 13. und e. f.

Der Kopf ist weiß, mit einer schwarzen Binde über der Lippe. Die Augen schwarz, der Brustschild schwarz mit einer weissen Einfassung an den Seiten und am Vorderrande. Die Deckschilde rothgelb mit 2 grossen verloschnen weissen halbmondförmigen Flecken. Die wahre Grösse zeigt e. f.

* 40.

Tab 43

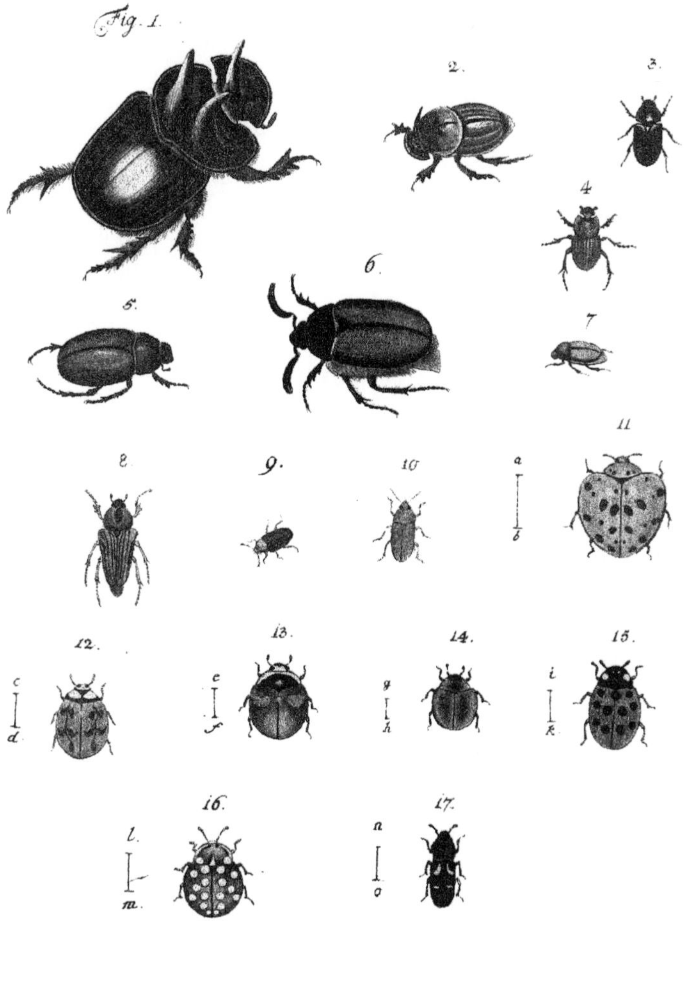

D.F. Solzmann pinx

* 40. Punctum. Berlin. Taf. XLIII. Fig. 14. und g. h.

Der kleinste unter den bekannten, kaum anderthalb Linien lang. Der Kopf ist schwarz. Der Brustschild gelbroth, etwas ins braune, mit einem eckigen schwarzen Punkt auf der Mitte. Die Deckschilde sind gelbroth, ungefleckt.

41. 11-punctata. Fabr. sp. 31. Berlin. Taf. XLIII. Fig. 15. und i. k.

Die Beschreibung im Degeer trift genau ein; auf dem Kopfe 2 weisse Punkte, zwey dergleichen Flecken an den Vorderecken des Brustschildes. Fabric. citiert hiebey den Geoffroy, dessen Käfer aber einen rothen ungefleckten Brustschild haben soll, und also gewiß ein andrer ist.

42. 16-guttata. Fabr. sp. 54. Braunschweig. Taf. XLIII. Fig. 16. und l. m.

Die Punkte stehen nicht, wie Fabricius sagt, in der Lage 3. 3. 1. 1. bey meinem Exemplar, sondern: 1. 2. 2. 2. 1. in einer schiefen Richtung; vielleicht ist also der Meinige eine eigene Species. Der Brustschild ist gelbroth, mit einer bogenförmigen Einfassung, und einem länglichen weissen Punkt in der Mitte, nahe am Hinterrande.

Chrysomela.

* 56. Unicolor. Amerika. Taf. XLIV. Fig. 1.

Einer der größten Blattkäfer, überall dunkel blauschwarz; unten ist das blaue sichtbarer: er gleicht sehr den Tenebrionen, aber die Deckschilde sind hinten nicht zugespitzt; sie sind glatt, und nur durch die Lupe sieht man unordentliche vertiefte Punkte.

* 57. Grisea. Berlin. Taf. XLIV. Fig. 2. und a. b.

Nicht viel über eine Linie lang, gelbgrau, etwas ins grünliche fallend, mit feinen Häärchen überzogen; die Füsse sind blaßgelb, so auch die Fühlhörner, nur sind die letzten Glieder derselben schwärzlich.

 58. Ar-

58. Armoraciæ. Fabr. sp. 66. Berlin. Taf. XLIV. Fig. 3. und c. d.

Ein wenig über anderthalb Linien lang, dunkel blaugrün, unten schwarz, die Deckschilde fein punktirt gestreift, das unterste Glied der Fühlhörner braun, die übrigen und die Füsse schwarz; das braungelbliche Ende des Hinterleibs ist beym Meinigen nur ein gelber Rand an der Spitze.

* 59. Rubi. Berlin. Taf. XLIV. Fig. 4. und e. f.

Meist zwey Linien lang, stahlblau, schmal, die Fühlhörner ziemlich lang, die Deckschilde glatt.

60. Hyperici. Degeer. 5. n. 20. Bayern.

Degeer hält zwar diesen von ihm sogenannten Käfer für einerley mit Ch. hæmoptera Lin. Es ist auch wahr, sie kommen in allen wesentlichen Theilen mit einander überein; aber doch mögte ich sie gern für 2 verschiedene Arten halten, indem Chr. hyperici kaum halb so groß und auf den Deckschilden weit dichter mit tiefen Punkten bestreuet ist, als Chr. hæmoptera, welche hier häufig, jene aber noch nicht von mir gefunden ist. Ich habe wenigstens diese Verschiedenheit hier nicht unangemerkt lassen wollen.

61. Ruficollis. Fabr. sp. 69. Braunschweig. Taf. XLV. Fig. 3.

Ich bin zweifelhaft, ob mein Käfer der ruficollis, oder der Cryptoceph. cyaneus Fabr. sp. 30. ist; denn die Beschreibung passet auf beyde genau, und die Statur hält die Mitte zwischen beyden Gattungen. Seiner Aehnlichkeit wegen mit der Chr. polygoni bringe ich ihn unter diese Gattung. Mein Käfer weicht von der Beschreibung im System nur in dem einzigen Umstande ab, daß das Maul nicht roth ist.

* 62. Cacaliæ. Oesterreich. Taf. XLV. Fig. 2.

Unter diesem Namen ist er mir vom Hrn. Schrank zugeschickt. Er ist meiner Chr. speciosa überaus ähnlich, nur etwas kleiner, matter grün, ohne Goldglanz, und auch mit einem blauen Längsstreif über der Nath und auf der

Mitte

Mitte jedes Deckschildes. Am meisten unterscheidet er sich von jenem durch die schönen rothen Unterflügel.

Springende.

63. Exoleta. Fabr. sp. 111. Berlin. - Taf. XLIV. Fig. 7. und l. m.

Ueberall gelbbraun, nur die Augen schwarz; die Deckschilde ganz schwach punktirt gestreift. Der von Fabricio angeführte Degeersche Käfer ist vermuthlich ein anderer, denn er hat keine Springfüsse, und der Bauch ist schwarz. Schranks Chr. ferruginea scheint mir eben derselbe mit meinem exoleta zu seyn.

* 64. Tamaricis. Oesterreich. Taf. XLV. Fig. 6. g. h.

Nicht viel über eine Linie lang, der Kopf schwarz, der Brustschild gelb, auf der Mitte ein schwarzer Fleck in Gestalt eines Segments von einer Scheibe, da die grade Fläche nach dem Kopfe zu steht. Die Deckschilde sind bräunlichschwarz, ohne Puncte oder Streifen; die Fühlhörner und Füsse sind blaß gelblichbraun.

Cryptocephalus.

19. Auritus. Fabr. sp. 12. Braunschweig. Taf. XLIV. Fig. 5. und g. h.

Drey Linien lang, der Kopf schwarz, die untersten Gelenke der Fühlhörner braungelb; zwey grosse gelbe Seitenflecke auf dem schwarzen Brustschilde; die Deckschilde schwarz, punktirt; die Hüften schwarz, Schienbeine und Fußblätter bräunlich gelb, der Bauch schwarz.

20. Biguttatus. Schrank Enum. n. 169. Oesterreich. Taf. XLIV. Fig. 6. und i. k.

Drey Linien lang, schwarz, der Brustschild sehr glatt, die Fühlhörner lang, die Deckschilde unordentlich punktirt gestreift, an der Spitze steht ein grosser gelber Fleck.

 21. Both-

21. Bothnicus. Fabr. sp. 22. Braunschweig. Taf. XLIV. Fig. 8. und n. o.

Kaum anderthalb Linien lang; auf der Mitte des Kopfs ein gelber Fleck, das Maul und die ersten Gelenke der Fühlhörner gelb; der Brustschild hat einen gelben Vorderrand und in der Mitte einen gelben Längsstrich, der nicht das Ende erreicht. Die ersten zwey Paar Füsse sind gelb, auf den Rücken der Hüften steht ein schwarzer Streif; beym hintersten Paar sind nur die Schienbeine gelb, mit einem schwarzen Strich, die Fußblätter bräunlich. Er ist mit meinem Cr. ornatus pag. 63. n. 15. so nahe verwandt, daß die 5 Käfer labiatus, barbareæ, ornatus, frenatus und bothnicus vielleicht nur Spielarten sind.

22. 10-punctatus. Fabr. sp. 39. Braunschweig. Taf. XLV. Fig. 4. und a. b.

Der Kopf gelb, mit einem schwarzen bogenförmigen Hinterrande, die Fühlhörner unten gelb, oben schwarz, der Brustschild gelb, mit zwey zusammengelaufenen schwarzen Flecken an jeder Seite, die aber den Rand nicht berühren; fünf deutlich abgesetzte schwarze Flecke auf den gelben, gestreift punktirten Deckschilden. Unten schwarz, die Füsse gelb. Er ist dem Cr. hieroglyphicus an Gestalt und Grösse gleich, aber eine deutlich verschiedene Species.

Crioceris.

15. Halensis. Lin. S. N. sp. 20. Braunschweig. Taf. XLV. Fig. 5.

Der Gestalt insonderheit des Brustschildes wegen muß dieser Käfer zu dieser Gattung gezählt werden. Warum ihn Fabricius ausgelassen hat, weiß ich nicht. Drey Linien lang, der Kopf gelb mit einem grünglänzenden Fleck am Hinterrande, die Fühlhörner braun, der Brustschild gelb, mit einem schwarzen Seitenfleck unter dem Seitenrande; die Deckschilde grün goldglänzend; unten ist er gelb, die Fußblätter braun.

Tab 44

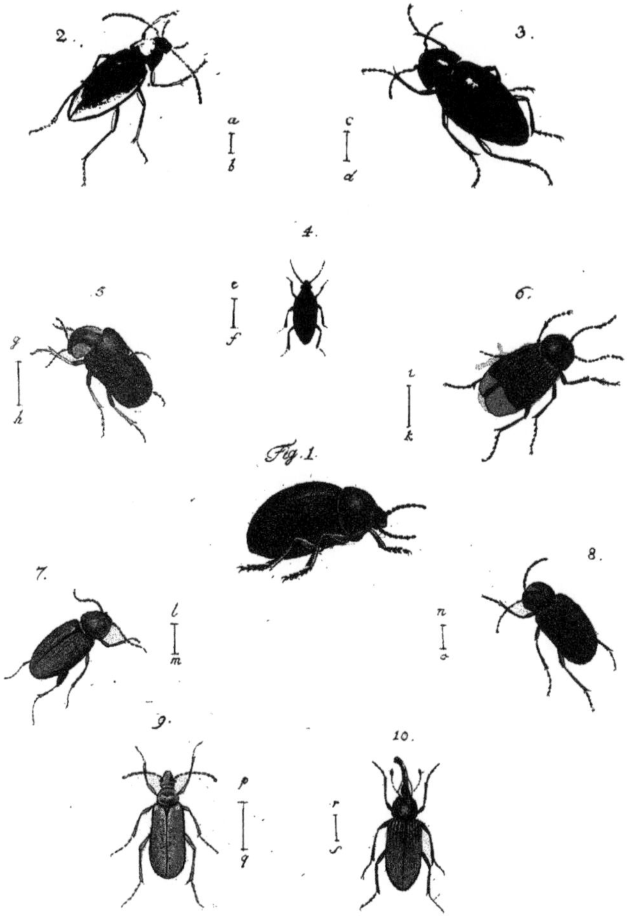

* 16. Livida. Ostindien. Taf. XLIV. Fig. 9. und p. q.

Drey Linien lang, oben überall ockergelb, der Brustschild hat oben in der Mitte einen schwarzen Punkt, und hinter demselben eine starke Vertiefung, die Augen schwarz, so wie der Bauch, doch ist der Anus wieder röthlich gelb; Fühlhörner und Füsse sind auch ockergelb. Die Deckschilde sind ganz glatt, ohne Punkte und Striche.

* 17. Bicolor. Oesterreich.

Herr Prof. Schrank schickte mir diesen Käfer unter dem Namen Chrys. flavipes; da aber derselbe nach seiner eigenen und der Linneischen Beschreibung einen gelben Brustschild haben soll, so kann ich ihn nicht dafür erkennen. Er ist zwey Linien lang, überall glänzend schwarz, ohne Punkte und Striche, nur die 4 ersten Gelenke der Fühlhörner sind röthlich gelb, so wie die Füsse bis auf die oberste Hälfte der Hüften, welche auch schwarz ist.

* 18. Tristis. Oesterreich.

Der Crioceris cyanella ähnlich, aber noch kleiner, anderthalb Linien lang, Kopf, Fühlhörner und Brustschild schwarz, die Deckschilde dunkelblau, gestreift punktirt, die Füsse rothgelb, die Klauen schwarz, so wie die ganze Unterseite.

Erotylus.

1. Giganteus. Fabr. sp. 1. Sulzer Tab. 3. Fig. 8. Amerika.

In der Sulzerschen Abbildung stehen auf dem Rücken der Deckschilde zwey gegen einander gebogene rothe Flecke, fast wie die französische Lilie, dies finde ich weder bey meinem noch bey mehreren gesehenen Exemplaren, und scheint mir auch nicht dem Käfer eigen zu seyn.

Caſſida.

10. Groſſa. Fabr. ſp. 40. Sulz. Tab. 3. Fig. 1. Amerika.

11. Marginata. Fabr. ſp. 25. Amerika. Taf. XLV. Fig. 1.

Der Bruſtſchild blau, der Vorderrand über den Kopf an den Seiten roſtfarbig, die Fühlhörner unten roſtfarbig, oben ſchwarz. Die Deckſchilde ockergelb glatt, der Rand rings herum blauſchwarz, auch ſteht am Vorderrande, grade da, wo der Bruſtſchild aufhört, ein blauer Strich. Unten iſt der Käfer ſchwarz.

Curculio.

Ad no. 1. Curcul. Palmarum.

Ich beſitze einen oſtindiſchen Rüſſelkäfer, der dem Curcul. palmarum vollkommen gleichet, nur läuft über den Rücken des Bruſtſchildes eine breite, etwas verloſchene, purpurfarbige Längsbinde. Sollte dies nur eine Varietät ſeyn?

* 94. Melas. Oeſterreich.

Nicht völlig 1 und eine halbe Linie lang, überall recht dunkelſchwarz, fein punktirt, ein Langrüſſel, die Füſſe unbewafnet, die Fühlhörner nicht gebrochen, ſeine Geſtalt ſchmal.

95. Dorſalis. Fabr. ſp. 50. Oeſterreich. Taf. XLIV. Fig. 10. und r. ſ.

Kaum 1 und eine halbe Linie lang, überall ſchwarz, der Bruſtſchild punktirt, die Deckſchilde ſchön roth, mit einem ſchwarzen Streif auf der Nath, von oben bis auf die Mitte; die Fühlhörner gebrochen, die Füſſe unbewafnet.

96. Populi. Fabr. ſp. 24. Braunſchweig.

Dem Curc. betulæ ſehr ähnlich, nur kleiner, unten ganz ſchwarz, nebſt den Füſſen, da jener unten grünglänzend iſt.

* 97. Rosarum. Berlin.

Anderthalb Linien lang, fast kugelrund, überall schwarz, mit weißlichen Haaren überzogen, die Deckschilde stark und fein gestreift, die Füsse unbewafnet, die Fühlhörner gebrochen.

98. Obesus. Fabr. sp. 194. vom Cap. Taf. XLV. Fig. 8.

Der Rüssel dick und plump, unten breit, die Fühlhörner kurz, dick, ungebrochen, der Brustschild dreymal tief gefurcht, höckrig, läuft an den Seiten in einen Dorn aus; die Deckschilde sind kugelförmig, glatt, umschliessen fast den Hinterleib, wie bey den Schattenkäfern; sie sind verloschen purpurroth, aber mit unzähligen schwarzen, zusammengelaufenen Tropfen bestreuet, so daß sie fast schwarz aussehen. Die Füsse sind dick, plump, unbewafnet, schwarz, an den Hüften und Schienbeinen schimmert eine verloschene Purpurfarbe durch. *

99. Scabriculus. Fabr. sp. 159. Schweden. Taf. XLV. Fig. 7. und c. d.

Nicht völlig anderthalb Linien lang, dunkel aschgrau, der Brustschild hat in der Mitte eine kleine Furche; die Deckschilde sind kugelförmig, jedes hat 6 Reihen weißlicher Stacheln.

100. Albinus. Fabr. sp. 180. Knoch Beytr. 1. St. tab. 6. fig. 1. Pommern.

Die Vermuthung Fabricii, daß dieser Käfer mit Curc. latirostris vielleicht einerley Art sey, ist ungegründet, indem albinus wohl 4 mal grösser, die Grundfarbe auch nicht schwarz, sondern braun ist.

101. Ni-

* Sulzer hat diesen Käfer in seiner Geschichte der Insekten unter dem Namen C. oedematosus beschrieben, und tab. IV. fig. 10. abgebildet. Man vergleiche Müllers Uebersetzung des Linnäischen Natursystems. Tom. V. tab. 4. fig. 16. Anmerk. des Herausgeb.

101. Niger. Fabr. sp. 168. Oesterreich.

Die völlige Gestalt des Curc. ligustici, aber kaum halb so groß, am meisten kommt er mit meinem Curc. fullo überein. Schwarz, der Brustschild stark punktirt; die Deckschilde kugelförmig, gestreift, punktirt, mit gelben Flecken, die aus Haaren bestehen, bestreuet. Die Füsse unbewafnet, roth, die Spitzen der keulförmigen Hüften schwarz, die Fußblätter braun.

102. Oblongus. Fabr. sp. 220. Berlin. Taf. XLV. Fig. 9. und e. f.

Herr Prof. Schrank giebt das Längenmaß dieses Käfers zu 1. 2/3 Linien an; der Meinige ist aber 2 und eine halbe Linien lang, übrigens der Beschreibung im System genau angemessen. Der Käfer ist schwarz, durch gelblige Haare fahl; Fühlhörner, Füsse und Deckschilde rostfarbig oder röthlich braungelb, nur haben die Deckschilde bey meinem Käfer am Aussenrande eine breite schwarze Einfassung, die nicht ganz bis unten reicht; da derselben nirgends erwähnt wird, so bin ich nicht gewiß, ob mein Käfer der wahre oblongus des Systems ist; alle Hüften sind bewafnet; die Deckschilde punktirt gestreift, und gelbhaarig.

Cerambix.

* 11. Orientalis. Amerika. Taf. XLV. Fig. 10.

Ein ungemein schöner amerikanischer Käfer. Kopf und Brustschild sind schwarz; letzteres ist etwas runzlich und hat an den Seiten einen Dorn; die Fühlhörner sind schwarz, beym Weibchen etwas länger, als der Körper, beym Männchen noch ein gutes Theil länger. Die Deckschilde sind schwarz, oben grün goldglänzend, gekörnt; auf der Mitte stehen zwey schöne pfirschblütene Querbinden, und am Ende haben die Deckschilde eine Einfassung von eben dieser Farbe. Die Füsse sind schwarz, das erste Paar länger, stärker, die Fußblätter breiter, als bey den übrigen; beym etwas kleinern Männchen sind die Vorderfüsse noch länger und breiter, die rothen Binden aber auf den

Tab. 45.

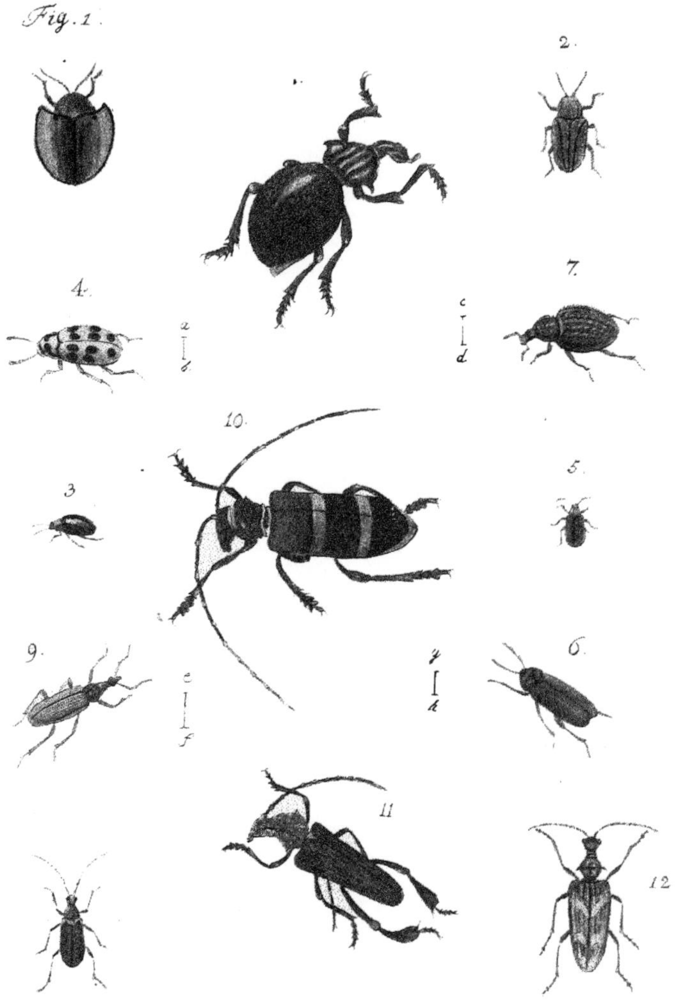

Sotzmann pinx.

Deckschilden verloschener. Ich finde in Voet. Tom. 2. tab. 8. fig. 26. einen Käfer, der diesem sehr ähnlich ist, aber einen rothen Brustschild hat; fig. 27. daselbst hat zwar einen schwarzen Brustschild, aber keine Binden, sondern nur breite Flecke, die die Ränder nicht berühren, und die untre Einfassung fehlt gänzlich. Beyde Käfer werden im Degeer Tom. 7. zu seinem Ceramb. capensis citiert, und also beyde für einerley Species gehalten, welches mir nicht wahrscheinlich ist.

12. Latipes. Degeer Tom. 7. tab. 49. fig. 3. Ostindien. Taf. XLV. Fig. 11.

Warum mag Fabricius diesen Käfer in seinem System weggelassen haben. Er ist der Gestalt nach unserm Cer. moschatus ähnlich. Kopf und Brustschild sind blaugrün, gekörnt, die Fühlhörner kürzer, als der Leib, blau; die Deckschilde sind purpurfarbig, ins Grüne spielend, mit durchscheinendem Golde; jedes hat zwey schwache, erhöhete Längsstriche. Die Füsse sind blau, die Hinterfüsse haben eine sonderbare Gestalt; die Hüften derselben sind lang, einwärts gekrümmt, das Schienbein ist lang, am Anfang ganz dünne, aber es erweitert sich unten in eine breite, platte Lamelle, die am Ende einen kleinen Stachel hat; die Fußblätter sind überaus klein. Unten ist der ganze Käfer blau.

ad No. 10. Cer. hispidus.

Ich sagte im Verzeichniß: mein Cer. hispidus habe am Ende der Deckschilde keine Stacheln. Nach der Zeit habe ich einen gefangen, der etwas kleiner, dunkler, und lebhafter von Farben ist, und die Deckschilde laufen am Ende in eine lange, etwas einwärts gekrümmte Spitze aus; er ist übrigens dem Vorigen so ähnlich, daß sie mir doch nur zusammen eine einzige Species auszumachen scheinen; vielleicht ist dieser kleinere das Männchen.

Lamia.

Lamia.

13. Oculator. Fabr. sp. 19. Voet. Tab. 7. fig. 21. Cap.

Die Voetsche Abbildung macht eine neue überflüßig. Kopf und Brustschild schwarz, lezteres ist runzlich, und hat am Vorderrande zwey, am Hinterrande eine weisse Querlinie; die Deckschilde schwarz, gefurcht; jedes hat drey weisse runde, in der Mitte gelbbraune Flecke, und in der Mitte eine eben so gefärbte Binde, welche die Nath nicht berührt. Alle diese Zeichnungen werden durch Häärchen verursacht, da hingegen der Grund schwarz ist. Auch die Brust und der Bauch haben einige gelbe, haarigte Flecke. Die Fühlhörner des Männchen sind sehr lang, unten schwarz, werden aber bald blaugrau; die Vorderfüsse sind plumper, mit breitern Fußblättern.

14. Aethiops. Schrank Enum. p. 139. n. 202. Oesterreich.

Wenn man meine Abbildung des L. fulvus Tab. 25. f. 10. ansehen will, so weiß man auch die Gestalt dieses Käfers, nur ist er etwas grösser, und überall schwarz. Er hat überall schwache vertiefte Punkte.

Rhagium.

6. Elegans. Schrank Enum. p. 138. no. 283. Bayern. Taf. XLV. Fig. 12.

Er ist der Gestalt nach dem Rhag. inquisitor nahe verwandt, schwarz; die Deckschilde sind, insonderheit noch aussenzu, rothbraun, in der Mitte haben sie einen grossen, gemeinschaftlichen schwarzen Fleck; auf der Mitte stehen zwey etwas schieflauffende, deutlich abgesetzte, gelbe Querbinden; und der Länge nach lauffen zwey erhobene Linien; der Brustschild hat an jeder Seite einen Dorn; die Fühlhörner, die Hüften, und der Bauch sind dunkelrothbraun. *

Leptura.

* Man vergleiche Laicharting Verz. I. Thl. II. Band. pag 116. Rhagium maculatum. Sulzer Geschichte tab. 5. fig. 8. und Füeßly Verzeichn. n. 237.

Ich

Leptura.

* 22. 4-guttata. Berlin. Taf. XLV. Fig. 13.

Es ist mir dieser Käfer nur einmal vorgekommen; seine Länge ist 4 und eine halbe Linie. Kopf und Brustschild sind zwar schwarz, aber mit gelbgrauen Haaren überzogen; die Fühlhörner sind unten braun, oben schwarz. Die Deckschilde sind schwarz, punktirt, durch gelbliche Haare etwas fahl. An der Wurzel jedes Deckschildes stehen zwey orangegelbe Tropfen neben einander. Unten ist der Käfer durch weißliche Haare grau. Die Hüften sind an der Wurzel rostfarbig, übrigens nebst den andern Gelenken schwarz.

Lampyris.

2. Depressa. Fabr. sp. 18. Coromandel. Taf. XLVI. Fig. 7.

Ein sehr seltsames und seltenes Käferchen; einen halben Zoll lang, ovalrund, so dünne, wie ein Blatt. Der Körper ist bey weitem nicht so groß; so groß der Käfer ist, so groß sieht man auch oben eine Erhöhung, und die Deckschilde sind zweymal erhöhet gestreift. Aber Brustschild und Flügeldecke erweitern sich in eine breite, rings herum aufgeworfene Fläche. Der Brustschild ragt auch weit über den Kopf herüber; da, wo der Kopf zu Ende ist, sieht man oben auf dem Schilde ein Paar hellgelbe Flecke dicht neben einander, von denen ich vermuthe, daß sie leuchten, wenn das Thier lebendig ist. Die Glieder der Fühlhörner werden nach vorne zu immer breiter. Die ganze Farbe des Käfers ist pechbraun.

Cantharis.

* 12. Flaveola. Berlin.

Dem Canth. bigutt. sehr ähnlich. Der Kopf schwarz, die Lippe gelb, die

Ich habe diesen Käfer öfters in der Schweiz gefunden — er ist von dem C. inquisitor Linn. ganz verschieden. Anmerk. des Herausgeb.

die Fühlhörner schwarz, am Anfang gelb; der Brustschild rostfarbig mit zwey braunen, länglichen Flecken. Die Deckschilde gelbbraun, die Spitzen gelb. Die Füsse und der Unterleib gelb.

Elater.

* 38. Pulverulentus. Amerika. Taf. XLVIII. Fig. 1.

Einer der größten dieser Gattung; eigentlich ist er überall schwarz, aber er ist mit einem grünlichen, etwas golbglänzenden Staube dicht überzogen. Die Deckschilde sind gestreift. Die Schienbeine sind am innern Rande mit langen, gekräuselten Haaren besetzt.

39. Nitens. Schrank Enum. p. 183. n. 340. Oesterreich.

Er ist dem El. æneus überaus ähnlich, nur schmäler, und der Brustschild hat in der Mitte eine Längsfurche.

Cicindela.

9. 6-punctata. Fabr. sp. 14. Ostindien. Taf. XLVI. Fig. 1.

Die Oberfläche ist etwas sammetartig, schwarz, etwas ins purpurfarbige fallend, die Ränder grün goldglänzend, der Bauch spielet mit Regenbogenfarbe, und hat weisse Haarflecke; übrigens wie in der Beschreibung.

Buprestis.

Die Leser meines Verzeichnisses werden gefunden haben, daß Hr. Schellenberg einige meiner Prachtkäfer nicht nach meinen Zeichnungen, sondern nach seinen Originalen auf Taf. 28. b. abgebildet hat. Hr. Füeßly hat nachher meine Zeichnungen auf einer Supplementstafel nachgehohlet, und zwar mit gutem Grunde, weil einige wirklich ganz eigene Arten sind. Der auf Taf. 28. b. fig. 9. C. abgebildete B. fascicularis scheint freylich nur eine Va-

Tab. 46.

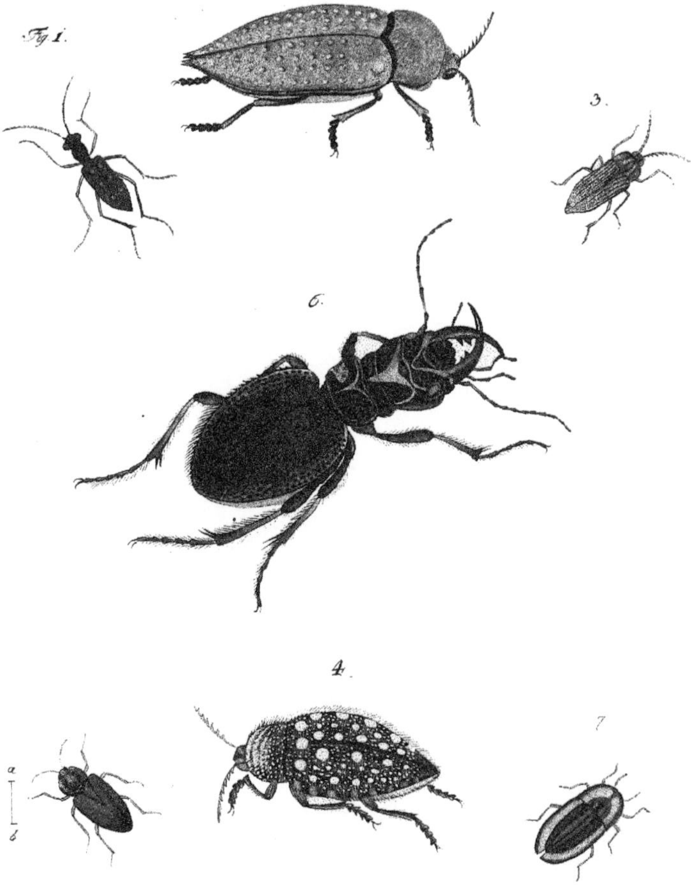

D Sotzmann pinx.

Varietät des Meinigen Taf. Supplem fig. 9. zu seyn; ständen die Büschel nicht Reihenweis, so würde ich ihn eher für meinen unten vorkommenden Bupr. hirsutus halten. Taf. 28. a fig. 5. A. ist gewiß ein ganz andrer Käfer, als mein Bupr. berolinensis Suppl. Taf. fig. 5; und könnte vielleicht eher B. rustica Lin. seyn. Taf. 28. a. fig. 6. B. hat wohl Aehnlichkeit mit dem Bupr. chrysostigma, kommt aber der Natur bey weitem nicht so nahe, als meine Abbildung. Taf. Suppl. fig. 6. Taf. 28. b. fig. 12. D. scheint mir wieder ein ganz andrer Käfer zu seyn, als mein Bupr. hæmhorroidalis Suppl. Taf. fig. 12. Und endlich Taf. 28. b. f. 15. E. ist wohl vermuthlich Bupr. tenebrionis, aber seine ganze Gestalt, und die Zeichnungen des Brustschildes kommen meinen Exemplaren bey weitem nicht so nahe, als meine Abbildung Taf. Suppiem. fig. 15

25. Stemicornis. Fabr. sp. 17. Amerika. Taf. XLVI. Fig. 2.

Die Grösse, die Gestalt, der Brustschild und alles übrige ganz genau, wie beym B. Chrysis, aber die goldgrünen Deckschilde unterscheiden ihn doch wesentlich. Jedes Deckschild hat 4 Reihen runder, vertiefter Punkte, die mit weissen Haaren angefüllt sind.

* 26. Hirsuta. Amerika. Taf. XLVI. Fig. 4.

Es ist dieser Käfer wohl dem B. fascicularis ähnlich, aber doch als eine eigene Species zu betrachten. Die Grundfarbe ist grauschwarz, etwas kupfrig, runzlich. Der Kopf weißhaarig, mit zwey rothen Haarbüscheln vor der Stirn. Der Brustschild ist mit schwefelgelben Haaren dicht besetzt. Die Deckschilde haben grosse Büschel von einem schwefelgelben rauhen Wesen, sie stehen nicht reihenweise, wie beym fascicularis, sondern unordentlich, und der Zwischenraum ist auch noch mit längern gelben Haaren besetzt; am Aussenrande der Deckschilde steht eine Reihe rother Haarbüschel. Das Männchen ist etwas kleiner, und hat lauter rothe Büschel und Haare. Unten ist der Käfer durch weisse Haare rauh.

* 27. Elateroides. Ostindien. Taf. XLVI. Fig. 3.

Er hat in der Gestalt viel ähnliches mit einem Springkäfer. Der Kopf ist grün, punktirt, die Augen gelb, die Fühlhörner schwarz. Der Brustschild ist gelbgrün goldglänzend, punktirt, auf der Mitte stehen zwey glatte blaue Längsstreifen, die in der Mitte ins violet spielen. Die Deckschilde sind grüngoldglänzend, stark punktirt gestreift. Unten ist der Käfer nebst den Füssen schwarz, mit weissen Haaren besetzt.

28. Rustica. Fabr. sp. 40. Schäf. ic. Tab. 2. fig. 1. Oesterreich.

Eigentlich ist er schwarz, aber überall mit kupferrothem Staube bestreuet. Die Deckschilde stark gestreift punktirt. Er ist von meinem B. hæmhorroidalis sehr verschieden, wenn gleich Herr Harrer in seiner Beschreibung der Schäferschen Insekten ihn mit demselben für einen hält.

Ich will also, da ich nun beyde Species habe, und sie mit einander vergleichen kann, die Verschiedenheit von beyden deutlich auseinander setzen. Die Grösse ist bey beyden einerley, ich will auch zugeben, daß der B. rustica bisweilen die gelben Flecken am After, Brustschilde und der Stirn haben kann, wie Hrn. Harrer sich hiebey auf den Degeer beruft, obgleich es mir wahrscheinlich ist, daß auch dieser den B. hæmhorroidalis für den B. rustica gehalten, weil seine ganze Beschreibung auf jenen, aber nicht auf diesen passet. B. hæmhorroidalis ist flächer, etwas schmäler, der Brustschild am Kopfe schmäler, erweitert sich nur allmählig bis nach den Deckschilden zu, ist ganz glatt, nur durch die Lupe sieht man kleine vertiefte Punkte; er ist grün kupferglänzend, ins rothe spielend; die Deckschilde sind kupferglänzend, glatt, gefurcht; die Füsse schwach kupferglänzend. B. rustica ist gewölbter, breiter, der Brustschild kürzer, breiter, hat seine größte Breite in der Mitte, so daß er an den Deckschilden sich wieder etwas vorraget; er ist runzlich, schwarz und nur mit Goldstaub bestreuet; die Deckschilde sind weit stärker gefurcht, schwarz, mit Goldstaub ungleich bestreuet; die Füsse schwarz, und auch etwas bestreuet.

29. Salicis. Fabr. sp. 60. Oesterreich. Taf. XLVI. Fig. 5. und a. b.

So groß, wie B. nitidula, und auch so gestaltet; Kopf und Brustschild grünglänzend; die Deckschilde purpurfarbig goldglänzend, auf der Nath steht ein breiter grüner Streif bis auf die Hälfte der Deckschilde herunter; Unten ist er nebst den Füssen grün.

Manticora.

1. Maxillosa. Fabr. sp. 1. Cap. Taf. XLVI. Fig. 6.

Dieser sehr seltene und sonderbare Käfer kommt der Gattung der Cicindelen am nächsten. Herr Prof. Thunberg nennet ihn daher auch in seiner Diss. I. entomologica, Cicindela gigantea; seine Abbildung hat den Fehler, daß die Deckschilde wie rund vorgestellt sind, da sie doch oben völlig platt sind. Degeer zählt ihn unter die Erdkäfer, und nennet ihn Carabus tuberculatus. Seine Abbildung ist auch noch nicht so genau, als ich es wünschte. Ich hoffe daher nicht getadelt zu werden, wenn ich ihn noch einmal abgebildet habe. Er ist einer der stärksten Käfer, der gewaltig beissen muß. Der Kopf ist sehr groß, dick, rund, glatt, schwarz, die Lippe steht sehr vor, und ist auch sehr groß; das sehr starke Gebiß ist so lang, wie der Kopf, sichelförmig, inwendig einmal gezahnt. Die Augen sind gelbbraun, die Fühlhörner fadenförmig, und nach Verhältniß sehr dünne, pechbraun, die vier Fühlspitzen sind lang, schwarz. Der Brustschild ist kaum so breit, wie der Kopf, weit von den Deckschilden abgesondert, etwas runzlich, an den Seiten mit einem aufgeworfenem Rande, hinten zweylappig. Die Deckschilde sind sehr breit, braun, oben ganz platt, hinten hängen sie wie eine dreyeckige Spitze herunter; der äussere Rand ist wie ein Messer zugeschärft, oben Sägeförmig gekerbt; die Seiten lauffen am Bauche ganz schief herunter, wodurch das Seitenrand noch mehr zugeschärft wird. Die Oberfläche der Deckschilde ist in der Mitte ziemlich glatt, an den Seiten aber durch scharfe Körner rauh, hauptsächlich ist der hintere herunterhangende Theil der Deck-

Deckschilde mit scharfen spitzen Körnern besetzt, zwischen welchen noch ziemlich lange, feine Haare stehen. Die Füsse sind lang, pechbraun, überall durch lange Haare rauh; die Schienbeine sind röthlicher. Unterflügel hat dieser Käfer nicht.

Carabus.

* 64. Fimbriatus. Cap. Taf. XLVII. Fig. 1.

Ein sehr seltener Käfer, dessen noch nirgends gedacht ist, als in des Prof. **Thunberg** Dissert. Entom. 4. Er ist sehr groß, schwarz, der Kopf groß, viereckig, die Augen braun, die Lippe steht mit dem Kopfe horizontal, ist auch fast so groß, wie der Kopf, dreyeckig, gewölbt; die Zähne stehen sehr hervor, und sind sichelförmig. Die Fühlhörner sind nicht lang, pechbraun, platt. Der Brustschild ist herzförmig, hinten abgerundet, in der Mitte vertieft, an jeder Seite steht eine grosse, runde Vertiefung, die mit gelben Haaren überzogen ist. Die Deckschilde sind glatt, gewölbt, rund, mit einigen schwachen erhöheten Strichen, rings herum steht ein ausgehöhlter, mit weissen Haaren überzogner Rand. Die Füsse sind stark, lang, die Schienbeine der Vorderfüsse haben eine Kerbe.

* 65. Thoracicus. Cap. Taf. XLVII. Fig. 2.

Er ist dem vorigen so ähnlich, daß ich ihn etwa nur für das andre Geschlecht halten würde, wenn nicht der Hr. Prof. **Thunberg** ihn für eine eigne Art gehalten hätte. Der ganze Unterschied von jenem besteht darin, daß der Brustschild hinten nicht abgerundet ist, sondern er hat hinten eine platte, ausgehöhlte, zweylappige Verlängerung, welche über den Deckschilden hervorraget. Er soll auf das schnelleste laufen.

66. Maxillosus. Fabr. Car. sp. 1. Voet. Tab. 39. Fig. 47. 48. Taf. XLVII. Fig. 3.

Ich habe diesen Käfer, den Voet. loc. cit. abgebildet hat, darum wieder nach meinem Exemplar abgebildet, damit man sogleich die Aehnlichkeit dieses

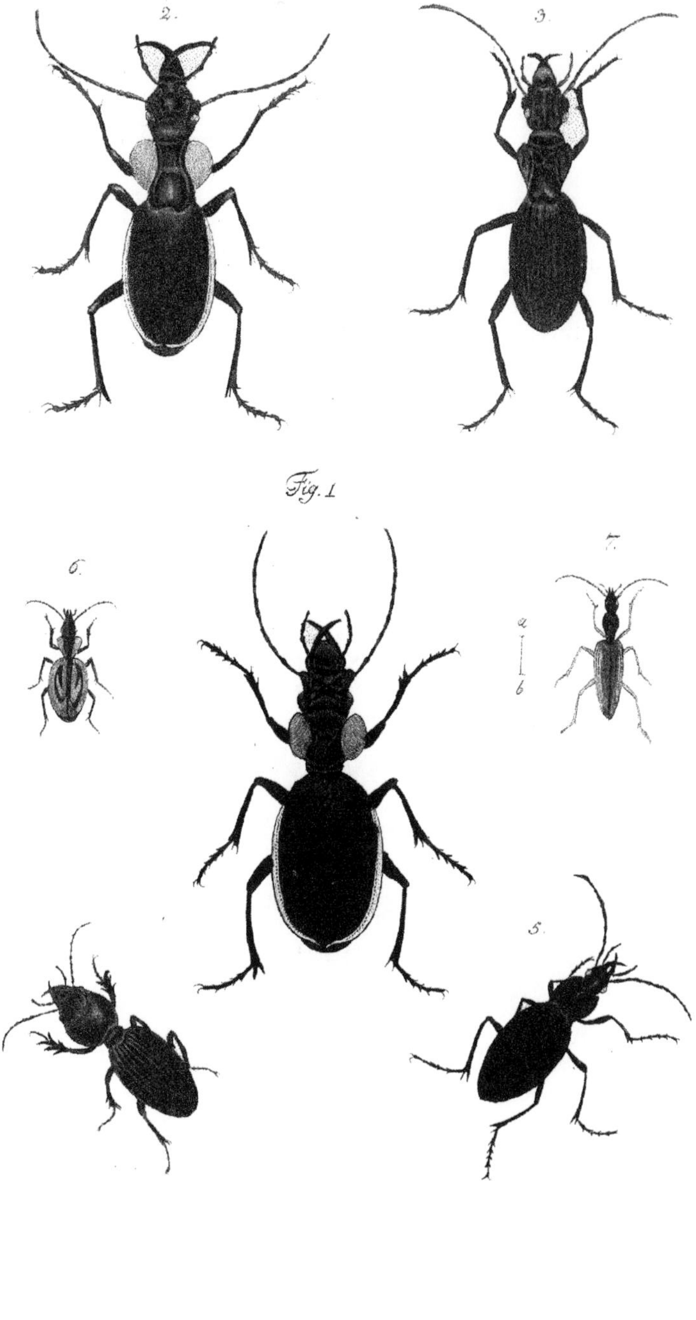
2.
3.
Fig. 1
6.
7.
a
b
5.

dieses Käfers mit dem Vorigen bemerken können. Er ist dem Vorigen ganz ähnlich, nur ganz schwarz. Der Brustschild verlängert sich gleichfalls über den Deckschilden in eine zweylappige, ausgehöhlte Erweiterung; nur die vordern Seitenecken sind nicht so kugelrund, sondern gehen in eine nach den Kopf zu gestreckte, stumpfe, ausgehöhlte Spitze aus.

* 67. Problematicus. Oesterreich. Taf. XLVII. Fig. 5.

Er ist dem Car. cyaneus oder intricatus sehr ähnlich, nur etwas kürzer, breiter, und mehr gewölbt; schwarz mit schwachen blauen Schein. Die Deckschilde sind mehr glatt gestreift, als beym C. intricatus, nur hie und da ist eine Streife unterbrochen oder Absatzweise.

68. Trilineatus. Fabr. sp. 31. Coromandel, und Cap. Taf. XLVII. Fig. 6.

Er ist etwas flach; der Kopf schwarz, die Augen gelbbraun, an den Seiten des Kopfs steht bisweilen eine aschgraue Linie; der Brustschild herzförmig, gerandet, hinten geht er enge zusammen, schwarz, an den Seiten eine breite Einfassung von gelben Haaren. Die Deckschilde ziemlich breit, rund, etwas kürzer, als der Hinterleib, ohne Punkte oder Striche, eigentlich schwarz, aber von dichten gelben Haaren gelb anzusehen, mit einer schwarzen Nath und einem bogigten, ankerförmigen schwarzen Strich auf der Mitte, dessen Gestalt aus der Abbildung am besten zu erkennen ist; Im System werden die Haare für weiß angegeben, welches sich bey meinem Exemplare nicht so verhält. Unten ist er schwarz, so wie die Fühlhörner und behaarten Füsse.

* 69. Tristis. Berlin. Taf. XLVII. Fig. 7. und a. b.

Drey Linien lang, der Kopf schwarz, glatt, die Fühlhörner pechbraun, behaart; der Brustschild schwarz, glatt, herzförmig, hinten enger, vorne abgerundet, in der Mitte eine schwache Furche; die Deckschilde pechbraun, gestreift punktirt; unten schwarz, der Bauch rothbraun, die Füsse gelbbraun.

 Scarites.

Scarites.

Ich hatte im Verzeichnisse bey Carab. no. 58. gesagt, daß meine sechs Käfer: Carab. quadriguttatus, cephalotes, interruptus, collaris, bucephalus und globosus wohl verdienten, eine eigne Gattung auszumachen. In einer mündlichen Unterredung mit dem Hrn. Prof. Fabricius versicherte er mir, daß eben seine Gatttung: Scarites, diese sey, welche ich für obige Käfer wünschte. Von einigen derselben ist es nun wohl ohne Zweifel, andre aber hat er selbst unter die Carabos gebracht. Es ist also mein

Carabus interruptus no. 18. der Scarites subterraneus Fabric.

Carab. bucephalus no. 57. ein neuer Scarites.

Carab. Collaris no. 56. ein neuer Scarites.

Wie ist es nun aber mit den Car. cephalotes? Er ist denen jezt erwähnten in Ansehung des Brustschildes so ähnlich, auch die Vorderfüsse sind fingerförmig gezackt, daß er nicht gut von jenen abgesondert werden kann. Das sicherste Gattungskennzeichen von Scarites scheint also dieses zu seyn: daß die Fühlhörner schnurförmig, (moniliformes) kürzer als bey den Carabis, und oft am Ende etwas dicker sind. Nun wünschte ich, daß man für die drey Käfer: Carab. cephalotes, 4 guttatus und globosus wegen der ganz andern Gestalt des Brustschildes eine neue Gattung machte, wozu denn auch die nun jezt beschriebenen Käfer: Carab. Fimbriatus, thoracicus, maxillosus, trilineatus und tristis gehören wurden. Zu der Gattung Scarites gehört nun noch:

4. Gigas. Fabr. sp. 1. Cap. Taf. XLVII Fig. 4.

Er ist dem Sc. subterraneus überaus ähnlich, aber dreymal grösser; überall schwarz, glatt, die Deckschilde gestreift, die Fühlhörner schnurförmig, die Vorderfüsse gefingert. Thunbergs Carab. lunatus Diss. 4. no. 8. scheint mir eben dieser zu seyn, wenn gleich der Brustschild etwas anders gestaltet ist.

Lytta.

Lytta.

* 6. Ruficollis. Indien. Taf. XLVIII. Fig. 4.

Es ist dieser Käfer zwar der L. ſyriaca no. 2. ähnlich, aber doch eine verschiedene Art; insonderheit sehr viel breiter; der Kopf blau, die Fühlhörner schwarz; der Brustschild scheibenförmig rund, da er bey jener cylindrisch ist, roth, haarig, in der Mitte eine Furche. Die Deckschilde sind blau, punktirt, behaart. Die Füsse schwarz.

Mylabris.

7. Bifaſciata. Degeer Tom. 7. Tab. 48. fig. 13. Ostindien. Taf. XLVIII. Fig. 2.

Der Gröſte dieser Gattung. Der ganze Käfer ist schwarz, rauhhaarig, die Fühlhörner gelb, wodurch er sich von der Meloë phalerata Pallas Icon. Tab. E. fig. 3. b. unterscheidet. Die Deckschilde haben zwey breite gelbe Binden, und oben bey der Einlenkung in der Mitte einen runden gelben Fleck, und einen kleinen auf den äussern Winkel, wodurch er von der Meloe plagiata Pallas Ic. ſibir. Tab. E. fig. 3. a. verschieden ist. Das Männchen ist etwas kleiner, und der Grund der Deckschilde pechbraun.

* 8. Undulata. Ostindien. Taf. XLVIII. Fig. 3.

Er gehört auch zu den grossen, ist meist einen Zoll lang, schwarz, schwach behaart, die Fühlhörner schwarz; die glatten, schwarzen Deckschilde haben zwey schmale, wellenförmige, ausgezackte Binden, welche braunroth eingefaßt sind; bey der Einlenkung steht auch ein runder Fleck in der Mitte, und ein kleinerer am äussern Winkel. Ich könnte noch mehrere Arten dieser Gattung anführen; da aber diese Käfer so ausserordentlich variiren, so ist es schwer zu bestimmen, was wirklich eine eigne Species sey.

Pæderus.

2. Ruficollis. Fabr. sp. 2. Oesterreich. Taf. XLVIII. Fig 5. und a. b.

Der Kopf blau, die Fühlhörner schwarz, der Brustschild roth, glatt, kugelförmig, die Deckschilde blau, der Hinterleib schwarz.

Nun will ich noch zwey Käfer hinzufügen, deren Gattung ich nicht kenne, und gerne von erfahrnen Entomologen hierüber belehrt seyn mögte.

1. Taf. XLVIII. Fig. 6. c. d. und x. Berlin.

Seine Gestalt hat was ähnliches mit dem Dermest. pellio, er ist anderthalb Linien lang, gewölbt, schwarz. Das befremdende sind die Fühlhörner; das unterste Glied ist rund, groß, kugelförmig, das zweyte ist eben so gestaltet, aber kleiner; nun kommen vier bis fünf ganz kleine Glieder, und zuletzt ein grosser, langer, platter, zugespitzter, einfacher Knopf, der grösser ist, als alle übrigen Glieder; er ist schwarz, und die Glieder blaßgelb. Der ganze Käfer hat viele Aehnlichkeit mit dem, welchen Schäfer auf der Platte bey seiner Abhandlung: Zweifel und Schwierigkeiten in der Insektenlehre: fig. VIII. und h. abgebildet hat; und ist wenigstens einer Gattung mit demselben.

2. Taf. XLVIII. Fig. 7. und e. f. Berlin.

Dieser Käfer hat wohl die meiste Aehnlichkeit mit den Chrysomelen, doch hat der Brustschild einen Rand, wie der Speckkäfer; anderthalb Linien lang, der Kopf pechbraun, die Fühlhörner schnurförmig, braun. Die Deckschilde braun und gelb scheckig, der Brustschild braun. Das erste Fußpaar hat nur zwey Fußblätter, die übrigen vier, sie sind aber so undeutlich abgesetzt, daß es durch die stärkste Vergrösserung kaum möglich ist, sie zu erkennen.

Ich

Tab 48

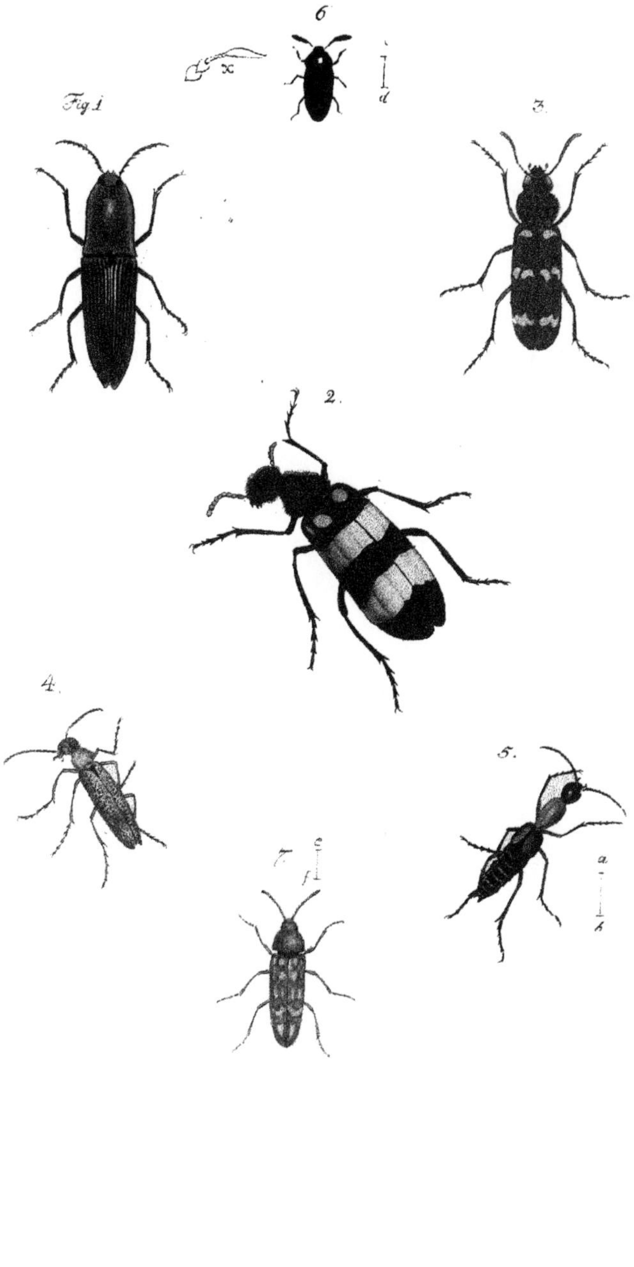

Ich finde ausser diesen noch manche und seltene Käfer in meiner Sammlung, die ich aber zum Theil noch nicht genau zu untersuchen Zeit gehabt habe, theils auch die Exemplare selbst nicht vollständig sind. Diese werde ich in der Folge, wenn ich wieder eine Anzahl neuer Käferarten erlangt habe, in einer zweyten Mantisse denen Entomologen bekannt machen. Uebrigens wird wohl niemand erwarten, daß dieses Verzeichniß ganz fehlerfrey seyn solle, welches bey Schriften dieser Art fast unmöglich ist, da die Natur selbst oft so abweicht, oft auch die Insekten nach einigen Jahren eine ganz andre Farbe erhalten, und überdem die Beschreibungen in den Systemen oft so kurz und unbestimmt, auch die Citata unrichtig und widersprechend sind. Können sich doch oft mehrere in mündlichen Unterredungen nicht mit einander über ein Insekt vergleichen, da doch nach dem Sprichworte vier Augen mehr sehen, als zwey. Ueber manches Insekt würde ich vielleicht in des Linné Fauna suecica bestimmtere und deutlicher auseinander gesetzte Kennzeichen gefunden haben, wenn nicht dieses Buch so selten geworden wäre, daß es nirgends aufzutreiben ist, da ich es selbst aus Schweden und Dännemark vergebens verschrieben habe. Es werden mir daher alle bescheidene Belehrungen und Zurechtweisungen sehr willkommen seyn, da ich gewiß nicht eigensinnig bin, sondern es mir lediglich um Wahrheit zu thun ist, die allemal sehr viel dabey gewinnt, wenn mehrere ihre Aufmerksamkeit auf einerley Gegenstände richten, und ihre Bemerkungen freymüthig und bescheiden bekannt machen. Vielleicht rücke ich selbst einmal nach dem Beyspiele meines werthen Freundes des Hrn. Prof. Schrank eine kritische Revision meines Verzeichnisses in dem entomologischen Magazin ein.

Was die Abbildungen bey meinem Verzeichnisse betrift, so hoffe ich, Kenner werden dieselben grossentheils so deutlich und genau finden, als es nur verlangt werden kann, bey andern hätte ich selbst eine grössere Genauigkeit gewünscht, da ich hauptsächlich finde, daß viele etwas zu groß gerathen sind, da es mir mehr darum zu thun war, die Zeichnungen recht deutlich zu zeigen, weil doch die Grösse selbst bey einerley Art oft so verschieden ist. Da

 ich

ich nun fernerhin aus Mangel der Zeit, die Abbildungen meiner Insekten von einem sehr geschickten Freunde unter meiner beständigen Aufsicht verfertigen lasse, so kann ich auch gewiß versprechen, daß dieselben in der Folge noch immer sauberer und vollkommener seyn werden, wie schon ein jeder aus denen sechs Tafeln dieser Mantisse wird wahrnehmen können.

Fortsetzung des Verzeichnisses meiner Insektensammlung.

Von J. Fr. W. Herbst.

Zweyte Klasse.

Hemiptera, Lin. Ulonata. Fabric.

1. Forficula.

1. Auricularia. Fabr. sp. 1. Schäf. ic. Tab. 144. fig. 3. 4. Berlin.

2. Minor. Fabr. sp. 3. Schäf. ic. Tab. 41. fig. 12. 13. Berlin.

Die Schäfersche Abbildung ist sehr undeutlich; der Kopf ist fast schwarz, die Fühlhörner sind aschgrau, behaart, die drey letzten Gelenke weiß, so wie die Füsse; der Brustschild und die Flügeldecken fahl gelbbraun, der Hinterleib braun, die Schwanzspitzen glatt, ohne Zähne, pfriemenförmig, am Ende etwas eingebogen. Seine ganze Länge beträgt kaum 4 Linien. Er ist selten.

* 3. Bilineata. Tab. XLIX. fig. 1.

Er ist der gröste, unter denen, die ich kenne; ohne den Zangen 9 Linien, mit denselben 13 Linien lang. Der Kopf weißlich gelb, die Fühlspitzen und Fühlhörner noch weißlicher, die Anzahl der Glieder an den Fühlhörnern kann ich nicht angeben, da die Spitzen derselben bey meinem einzigen Exemplare abgebrochen sind. Der Brustschild blaßgelb, wie der Kopf, mit einem bogenförmigen braunen Querstrich etwas vor der Mitte. Die Grundfarbe der Deckschilde ist auch blaßgelb, in der Mitte eine braune Längsbinde, und die

die innere Seite der Grundfarbe ist pomeranzigfarbig angelaufen, so daß die Deckschilde aus drey Längsbinden zu bestehen scheinen, einer pomeranzigfarbigen, einer braunen und einer fahlgelben. Der Hinterleib ist gelbbraun, auf dem Rücken braun schattiert, die Zangen gehen meist gerade, und biegen sich nur an der Spitze einwärts, sie haben inwendig einen scharfen, unmerklich eigekerbten Rand, und in der Mitte einen stumpfen Zahn. Zwischen den Zangen ist der Leib gerade abgestutzt, zugeschärft und mit zwey Zähnen besetzt. Die Füsse sind blaßgelb. Das Vaterland ist mir unbekannt.

2. Blatta.

* 1. Latissima. Surinam. Tab. XLIX. fig. 2.

Ganz ausserordentlich breit. Mein einziges Exemplar scheint nur noch die Nymphe zu seyn, weil ihr die Flügel gänzlich fehlen, und der Brustschild aus drey über einander liegenden Scheiben besteht. Der Kopf ist braun, die Augen sind blaß, die Fühlhörner sind nur kurz, gelbbraun, das erste Gelenk lang und dick, das zweyte kurz, das dritte wieder lang, cylindrisch, die übrigen bestehen aus lauter kleinen Ringen. Die Scheiben des Brustschildes und Hinterleibes sind schwarzbraun, an den Brustschilden gelb eingefaßt, auch etwas weniges an den ersten Ringen des Hinterleibes, doch nimmt dies immer mehr ab; auch hat jede Scheibe am hintern Rande eine rothbraune Einfassung. Die ganze Oberfläche ist durch vertiefte Punkte punktirt. Die zwey Spitzen an den Aussenseiten des letzten Ringes sind nur sehr kurz. Unten ist der Hinterleib schwarz, und hat nur am Ende eine gelbe Einfassung. Die Füsse sind nicht lang, die Hüften braun, die Schienbeine bräunlich gelb, voll kurzer, schwarzer Dornen; die Fußblätter sind kurz und herzförmig ausgeschnitten.

2. Maderae. Fabr. sp. 2. Madera. Tab. XLIX. fig. 3.

Sie sollte zwar nur ein wenig kleiner seyn, wie Bl. gigantea, und ist nicht einmal halb so groß, doch trift die übrige Beschreibung zu gut überein, als daß ich sie nicht für dieselbe Art halten sollte.

3. Ae-

Fig 1

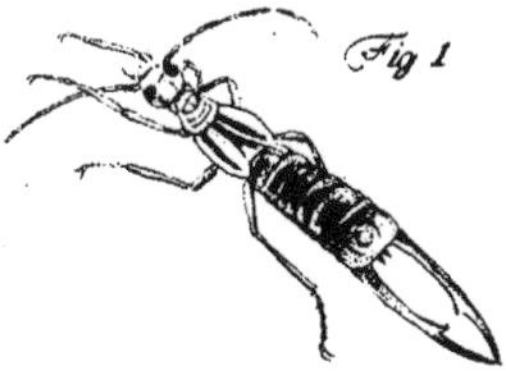

Fig 3.

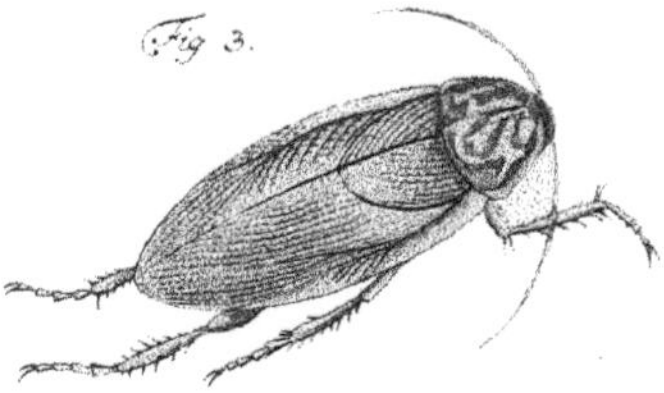

Fig 2

Fig. 7.

Fig. 8.

Fig. 4.

Fig. 6

Fig. 9.

Fig. 10.

Fig. 11.

3. Aegyptiaca. Fabr. sp. 3. Aegypten. Tab. XLIX. Fig. 4.

Die schwarze Farbe, welche ihr im System beygelegt wird, ist doch nur für fahl, oder schwarzbraun zu halten; die gekrümmte Furche der Oberflügel ist durchscheinend, die Füsse sind braun. Die Gronovsche Abbildung ist viel kürzer, als mein Exemplar, die schwarze Längslinie auf den Oberflügeln fehlt dem Meinigen; die Spitzen am Ende des Hinterleibes sollen dieser Art fehlen, sind aber doch an dem Meinigen zu finden.

4. Americana. Fabr. sp. 5. Tab. XLIX. Fig. 5.

Diese Schabe scheint oft mit der Bl. orientalis verwechselt zu werden; es hat wenigstens das Ansehen, als wenn Sulzers Bl. orientalis eben diese sey.

* 5. Lata. Ostindien. Tab. XLIX. Fig. 6.

Sie ist der vorigen Bl. americana sehr ähnlich, nur breiter und kürzer, die Füsse sind dunkler braun.

6. Petiveriana. Fabr. sp. 13. Ostindien. Tab. XLIX Fig. 7.

Ich würde keine Abbildung dieser Schabe gegeben haben, da schon von derselben genug vorhanden sind; ich thue es nur blos, um zu zeigen, daß sie wirklich Unterflügel hat, welches ihr beständig abgesprochen wird, ob sie gleich nur kurz sind. Jeder Ring des Hinterleibes hat an den Seiten einen weissen, keilförmigen Fleck.

7. Nivea. Fabr. sp. 9. Amerika. Tab. XLIX. fig. 8.

Nicht weiß, wie in den Systemen steht, sondern blaßgrün, die Fühlhörner röthlich, der Hinterleib bräunlich.

* 8. Aterrima. Ostindien. Tab. XLIX. fig. 9.

Wieder vermuthlich nur eine Nymphe, ganz einfarbig schwarz, die Augen blaß, die Lippen gelb, die Knie braun, die Schienbeine sehr stark gedornt, die Fußsohlen weiß.

9. Orientalis. Fabr. sp. 13. Schäf. ic. Tab. 155. fig. 6. 7. Berlin.

10. Germanica. Fabr. sp. 17. Berlin. Tab. XLIX. fig. 10.

Sie muß selten seyn, weil sie mir nur einmal vorgekommen ist. Die völlige Grösse und Gestalt der Bl. lapponica, nur haben die Deckschilde die Reihe Längspunkte nicht; überall fahl gelbbraun, die Füsse ganz blaß, die Augen schwarzbraun, der Brustschild zwey dunkelbraune pararelle Längsbinden.

11. Lapponica. Fabr. sp. 16. Schäf. ic. Tab. 88. fig. 2. 3. Berlin.

Am meisten hält sie sich in Gehölzen auf jungen Fichten auf.

* 12. Perspicillaris. Reppen. Tab. XLIX. fig. 11.

Fabricius hält zwar diese Art nur für eine Varietät der Bl. lapponica; allein ich glaube doch, es sey eine eigne Art, weil ich sie nie hier gefunden habe, wo doch die Bl. lapponica so häufig ist; hingegen habe ich sie in Reppen gefunden, wo ich jene niemals wahrgenommen. Sie hat grade die Gestalt des Weibchens von der Bl. lapponica, welches, wie bekannt, so viel kürzer ist. Die Deckschilde haben auch die Reihe brauner Punkte, aber der Brustschild ist an den Seiten ganz durchscheinend, wie Glas, und in der Mitte röthlich gelb; Fühlhörner und Füsse sind ganz blaß und halbdurchscheinend, die bey jenen dunkler sind.

2. Mantis.

1. Precaria. Fabr. sp. 20. Amerika. Tab. L. fig. 1.

Man findet diese Art im Degeerschen Werk Tom. III. sehr genau und gut beschrieben, aber eine gute Abbildung schien mir noch nöthig zu seyn. Der rostfarbige Fleck auf den Oberflügeln soll zur Hälfte weiß seyn, welches bey dem Meinigen nicht gefunden wird. Ich glaube überhaupt, daß das ganze Thier beym Leben grün ist, und nur in den Sammlungen mit der Zeit braun wird, zumal wenn es in Spiritus gelegen hat.

2. Pecti-

Tab. 50.

Fig. 1.

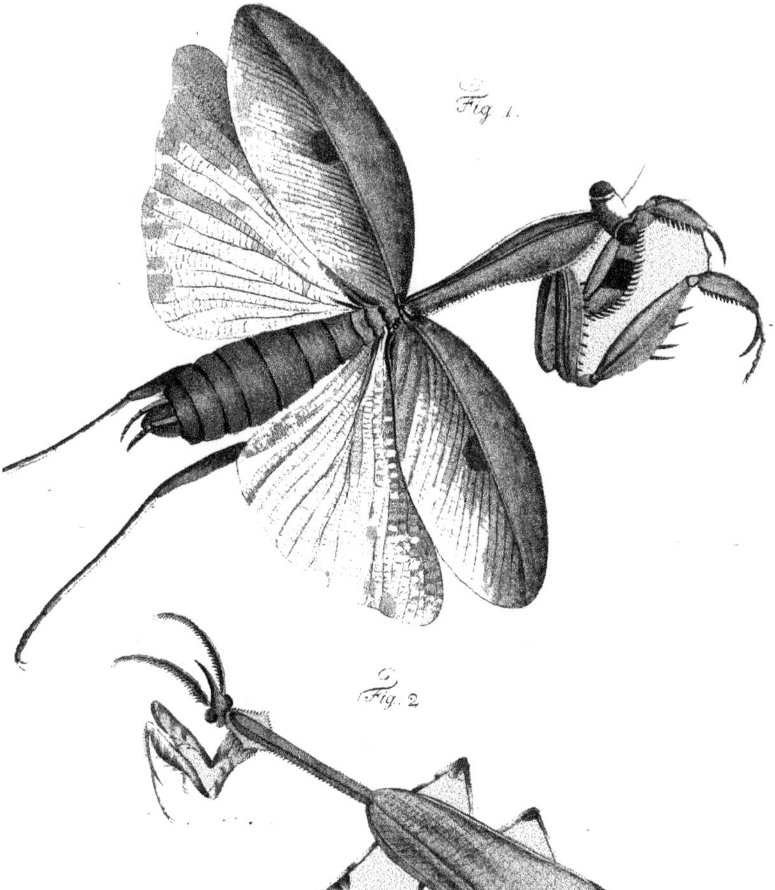

Fig. 2

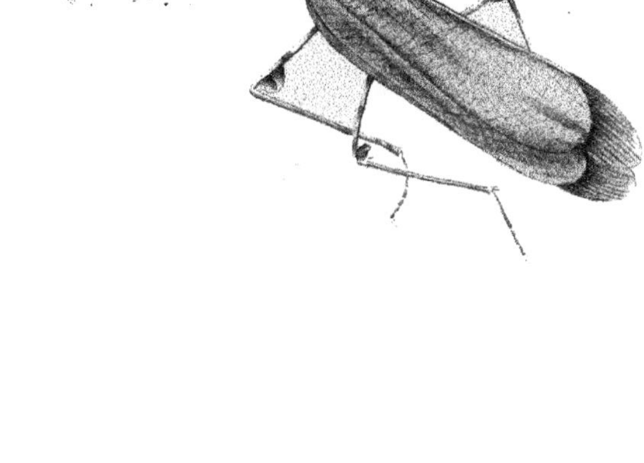

2. Pectinicornis. Fabr. ſp. 15. Jamaika. Tab. L. fig. 2.

Der Kopf trägt ein pfriemenförmig zugeſpitztes Horn; die Fühlhörner ſind braun, an der innern Seite ſtark gekämmt; der Bruſtſchild erweitert ſich nicht weit hinter dem Kopfe an beyden Seiten in einen dreyeckigen, zugeſpitzten Lappen, welcher an den Rändern fein gedornt iſt, ſo wie überhaupt der ganze Bruſtſchild an den Seiten einen zugeſchärften, und mit feinen Spitzen beſetzten Rand hat. Die vier Flügel liegen ſo über einander, daß ſie ein cylindriſches Anſehen haben; ſie ſind gelblich grün; die Fangfüſſe ſind an der innern Schärfe mit feinen, ziemlich langen Dornen beſetzt. Die Hüften der vier übrigen Füſſen haben unten an der inwendigen Seite einen runden Lappen; alle ſind gelblich mit grünen Bändern.

3. Pauperata. Fabr. ſp. 9. Oſtindien. Tab. LI. fig. 1.

Sie iſt der Vorigen überaus ähnlich, nur ſind die Fühlhörner nicht gekämmt, ſondern fadenförmig, das Horn auf dem Kopf hat in der Mitte einen Abſatz, die Erweiterung des Bruſtſchildes iſt nicht dreyeckig, ſondern abgerundet; übrigens ganz genau, wie in der Beſchreibung; die Spalte der Spitze des Kopfhorns ſo wohl bey dieſer, als bey der vorigen Art iſt mit bloſſen Augen kaum zu ſehen. Bey einer etwas gröſſern Art ſind die Spitzen der Flügel nicht grün, ſondern braun; Vielleicht iſt der vorige M. pectinicornis nur gar das Männchen dieſes M. pauperatæ.

4. Oratoria. Fabr. ſp. 19. Röſel. II. Gryll. Tab. 1. 2. Schweitz.

* 5. Filiformis. Oſtindien. Tab. LI. fig. 2. 3.

Ein ſehr ſeltſames Thier; zwar dem M. Necydaloides des Röſels, und dem M. Atrophica des Pallas der Geſtalt nach ähnlich, aber doch auch hinreichend verſchieden. Der Kopf (fig. 3.) iſt länglich viereckig, vorne breiter, mit einigen erhöheten Längskanten; die Fühlhörner kurz, gehen mit dem Kopf in einer Fläche horizontal fort, ſtehen mitten am Vorderrande, das erſte Gelenk iſt länger, als die übrigen, breit, platt, gefurcht; die übrigen 7 bis 8 Gelenke ſind nur ganz kurz, und lauffen ganz ſpitz zu. Die Zähne des Mauls haben grade die Lage und Gestalt, wie bey den Krebsen, die Freßspitzen haben 4 Glieder; übrigens ist die seltsame Gestalt des Kopfs am besten aus der vergrösserten Abbildung fig. 3. zu erkennen. Der Brustschild ist nur ganz kurz, und hat in der Mitte noch eine Querfurche, als wenn er aus zwey Schilden bestände, unter diesem ist das erste Paar der langen, dünnen Füsse eingelenkt, deren Hüften zu Anfang ganz dünn sind und nachher erst sich erweitern, wie es bey diesen Arten gewöhnlich ist, sie sind der Länge nach verschiedene mal ausgehöhlt, mit erhöheten Rändern, wie eine dreyeckige Degenklinge; auch das Schienbein, welches lang ist, und unten ganz dünne zuläuft, ist durch erhöhete Längslinien eckig; das Fußblatt hat 4 Glieder, von denen das erste länger ist, als die übrigen zusammen. Das erste Gelenk des Hinterleibes ist das längste von allen, zwar rund, aber durch erhöhete Längslinien eckig; am Ende desselben ist das zweyte Fußpaar eingelenkt; es ist etwas kürzer, im übrigen gleich dem ersten, nur nicht mit solchen unten verdünnten Hüften. Das folgende Gelenk des Leibes ist dem ersten gleich, nur kürzer, und am Ende desselben steht das dritte Fußpaar, welches etwas länger, im übrigen dem zweyten ähnlich ist. Nun kommen 6 noch kürzere unter sich gleiche Glieder, auch rund mit erhöheten Längslinien, von denen eine über die Mitte des Rückens lauft, die letzten Gelenke werden etwas dünner; das folgende Glied ist noch kürzer, und nimmt am Ende wieder ein wenig an Dicke zu; die beyden letzten sind die kürzesten, und verengen sich immer mehr; am Ende stehen zwey gegliederte, fadenförmige Theile. Eine Spur von Flügeln ist gar nicht zu sehen; und ich glaube auch fast nicht, daß diese Art Flügel bekommt. Die Farbe ist überall einfarbig braun, nur die drey letzten Gelenke des Leibes sind schwärzlich.

6. Tricolor. Fabr. sp. 12. Ostindien. Tab. LI. fig. 4.

Es hat grade das Ansehen, als wenn diese Art eine Krone auf hätte; denn der Kopf ist fast so breit, wie der Brustschild, hinten grade abgestutzt, und vorne gleichfalls; auf der Mitte der Stirn stehen zwey kleine Spitze, und die Augen auf den Seiten thürmen sich in zwey grössern stumpfen Spitzen

in

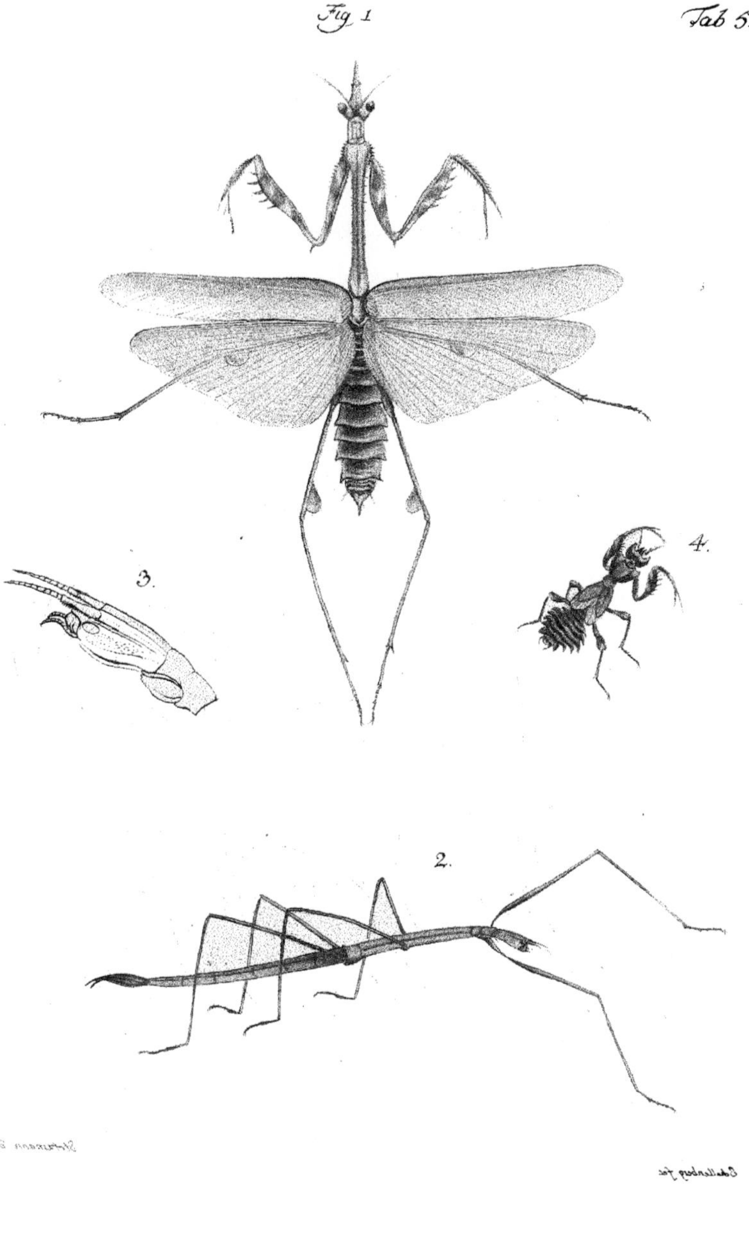
Fig 1
3.
4.
2.

in die Höhe. Der Brustschild erweitert sich in zwey runde Lappen; die Ringe des Hinterleibes erweitern sich gleichfalls in dünne Lappen. Die Hüften sind kurz, und nach Verhältniß dick, am Ende etwas lappigt erweitert, durch erhöhete Linien gestreift, |grün bandiert. Die Flügel sind bey meinem Exemplare nur ganz kurz, und da dies in den Systemen nicht bemerkt ist, so ist zu vermuthen, daß dem Meinigen noch die letzte Häutung fehlt.

Acrydium.

1. Bipunctatum. Fabr. sp. 1. **Berlin.** Tab. LII. fig. 1.

Die Sulzersche Abbildung macht gewiß die Meinige nicht überflüßig, da in derselben die schwarzen Punkte gar nicht angezeigt sind, und das ganze Kolorit nichts taugt. Die Degeersche Abbildung ist im Grunde noch schlechter. Der Brustschild ist kielförmig erhöhet, an den Seiten der Länge nach ausgehöhlt, röthlich blaß weißgrau, mit einem schwarzen fast halbmondförmigen Fleck auf jeder Seite der Aushöhlung in der Mitte; übrigens gelblichbraun. Ich habe ihn nirgends, als auf den **Müggelsbergen** 2 Meilen von Berlin angetroffen.

2. Subulatum. Fabr. sp. 2. Sulzer. Tab. 8. fig. 7.

Ganz unrecht sagt **Fabricius**, daß dieser dem Vorigen sehr ähnlich, und vielleicht nur eine Varietät sey. Bey jenem ist der Brustschild ganz kielförmig in die Höhe gerichtet, bey diesem aber horizontal liegend mit einer erhöheten Linie, längst der Mitte; bey jenem ist der Brustschild stumpf zugespitzt, und so lang, wie der Leib; bey diesem viel feiner zugespitzt, und fast noch einmal so lang, als der Leib; jener hat keine Flügel; dieser hat kurze Stumpfen von Oberflügeln, und sehr grosse Unterflügel, die am Vorderrande braun sind. Im übrigen findt man in Ansehung der Farbe einige Verschiedenheiten. Das meistemal ist der Brustschild schmutzig weiß, auf der Mitte steht zu jeder Seite ein schwarzer halbmondförmiger Fleck, aber nicht, wie bey jenem, in die Breite, sondern aufgerichtet: bisweilen ist er braun und weiß scheckig, ohne diesen Fleck, auch wohl in der Mitte weiß, und an den Seiten braun; Da die meisten dieser Klasse nach dem Tode ganz die Farbe verändern, so ist es schwer zu bestimmen, was wirklich verschiedene Arten sind. Alle dieser Gattungen haben am After zwey blätterähnliche senkrecht stehende, ovale Theile, die an den Rändern fein gezahnt sind.

* 3. Opacum. Berlin. Tab. LII. fig. 2.

Diese Art ist der ersten an Gestalt gleich, aber kleiner, der Brustschild so lang wie der Leib, kielförmig erhöhet, an den Seiten ausgehöhlt. Die Farbe ganz dunkelrothbraun, und wird im Alter ganz schwarz; die untersten Gelenke der Fühlhörner sind blasser. Man findet ihn in Sandgrabens.

* 4. Bifasciatum. Berlin. Tab. LII. fig. 3.

Dem Vorigen an Gestalt und Grösse ähnlich, braun und weiß scheckig, an den Seiten stehen zwey gelbweisse Binden, die eine an den Lappenförmig herunter hangenden Theil des Brustschildes, die andre auf dem untern Ende der Hinterhüften. Diese so beständige Zeichnung bestimmt ihre verschiedene Art. Er lebt auch in sandigten Gegenden.

* 5. Bimaculatum. Berlin. Tab. LII. fig. 4.

Diese Art ist nun wieder dem A. subulatum der Gestalt und Grösse nach gleich, aber der Brustschild ist einfarbig braun, und hat an jeder Seite einen gelbweissen mondförmigen Fleck. Da alle diese Arten sich häufig hier finden und allezeit mit solchen deutlichen Abzeichnungen, so hat man Grund genug, sie für verschiedene Arten zu halten; und man würde gewiß noch mehrere finden, wenn man sie mit eben der Aufmerksamkeit sammlete, als die Käfer und Schmetterlinge.

* 6. Granulatum. Ostindien. Tab. LII. fig. 5.

Ein sehr seltsames Thier, dessen ganze Oberfläche einem recht groben Sandstein ähnlich ist; sie hat nemlich nicht nur die graue mit schmutzig grün-

schwärz-

Fig 6

Fig. 1

Fig. 3

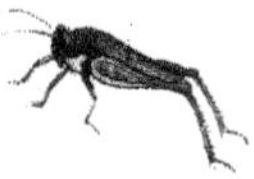

Fig. 2

Fig. 4.

Fig. 7.

Fig. 5.

schwärzlich vermischte Farbe desselben, sondern sie ist auch mit kleinen und groben, übereinander gehauften Körnern dicht überzogen. Der Kopf ist mit dem Brustschilde so in eins gezogen, daß man kaum die Absonderung merket, und so wie das Thier selbst sehr dick ist, und die Seiten ganz grade herunter gehen, und völlig platt sind, so ist auch der Kopf an den Seiten eben so platt und breit; die Augen stehen als Halbkugeln stark hervor; die Fühlhörner sind nicht lang, und bestehen, wie bey allen dieser Gattung, aus cylindrischen Gliedern. Der Brustschild ist groß, meist oval, breit, oben völlig platt, höckerig, an den Seiten grade herabhangend, platt, und den ganzen Leib bedekend; hinten reicht er bis über die zwey ersten Ringe des Hinterleibes, der Hinterrand ist zugeschärft, fünfmal ausgezackt, jede Zacke besteht aus mehreren kleinen Spitzen, und sind ausserdem noch mit eben solchen Körnern überzogen, wie das ganze Thier. Vorne hat es drey Ringe oder Abtheilungen, und die hintere grosse abgerundete Fläche könnte eigentlich für das Schildlein gehalten werden. Flügel sind gar nicht da. Der Hinterleib ist gleichfalls durch Körner rauh, so wie die Füsse, deren Schenkel innwendig gedornt sind. Die Hinterhüften sind ausserordentlich breit, auf der äussern Fläche stark gekörnt, auf der innern mit erhöheten, gitterförmigen rothen Zügen überzogen. Die Schienbeine sind dunkelgrau, haben oben bey der Einlenkung innwendig einen recht schön rothen Fleck, auf der hintern Seite zwey Reihen Dornen, wovon die innwendige Reihe roth, die äussere gelb mit schwarzen Spitzen.

Truxalis.

* 1. Giganteus. Amerika. Tab. LII. fig. 6.

Hauptsächlich wohl nur der Grösse wegen vom Tr. Nasutus unterschieden. Der in die Höhe gethürmte Kopf endigt sich in einen breiten ausgehöhlten Schnabel, er ist grün, mit zwey röthlichen Längsbinden; die Fühlhörner sind schwerdförmig, rostfarbig. Der Brustschild hat drey erhöhete Linien, und die röthlichen Streifen des Kopfes werden auf demselben der Länge nach fort-

fortgesetzt. Die Oberflügel sind grün, und über jedem läuft die röthliche Streife des Brustschildes auch noch ferner bis ans Ende fort. Die Füsse sind bräunlich, die Hinterfüsse ausserordentlich lang, und die Schenkel derselben haben an der Hinterseite zwey Reihen Dornen. Eine kleinere Art, ist überall röthlich grau, und die Unterflügel sind gelb; doch mögte ich nicht durch sie die Arten vervielfältigen.

* 2. Ungaricus. Ungarn. Tab. LII. fig. 7.

Aus Ungarn; die Gestalt ist dem Vorigen ähnlich, der Kopf in die Höhe gethürmt, dunkel grün; die Fühlhörner spiessförmig, erst zwey kleine cylindrische Glieder, alsdenn ein sehr langes, breites, dreyeckiges, ausgehöhltes Glied, die übrigen diesem gleich, aber viel kürzer, werden immer schmäler, so daß das letzte sich ganz zuspitzt. Der Brustschild dunkelgrün, mit drey erhöheten Längsstreifen; die Oberflügel dunkelgrün, die untern durchsichtig, die Füsse rothbraun.

Acheta.

1. Gryllotalpa. Fabr. sp. 1. Berlin. Schäf. ic. tab. 37. 1.

Es ist besonders, daß da sonst die ostindischen Insekten grösser zu seyn pflegen, wie die europäischen, doch dieses Insekt kaum die halbe Grösse des Unsrigen hat, sonst übrigens ihm völlig ähnlich ist.

2. Domestica. Fabr. sp. 3. Rösel II. Gryll. tab. 12. Berlin.

3. Campestris. Fabr. sp. 10. Rösel II. Gryll. tab. 13. Berlin.

4. Bimaculatus. Degeer T. III. p. 338. Ostindien. Tab. LIII. fig. 1.

Ich weiß nicht, was für Bedenklichkeiten Fabricius gehabt hat, warum er diese Art nicht in sein System aufgenommen; sie ist unsrer Feldgrylle ähnlich, nur etwas grösser, schwarz; die Oberflügel haben oben bey der Einlenkung einen orangelben Flecken Die Flügel sind viel länger, als die Deckschilde, und bilden hinten einen Doppelschwanz.

Locusta.

Tab. 53

D. Sotzmann. del.

Locusta.

1. Citrifolia. Fabr. sp. 1. Rösel. Inf. II. Gryll. tab. 16. fig. 1. Indien.

Um nicht die Abbildungen zu vervielfältigen, will ich von diesem keine geben, obgleich die Röselsche noch manche Verbesserung nöthig hätte.

2. Viridissima. Fabr. sp. 23. Rösel II. Gryll. tab. 10, 11. Berlin.

3. Varia. Fabr. sp. 25. Sulz. tab. 8. fig. 9. Berlin.

4. Papa. Fabr. sp. 27. Degeer III. tab. 39. fig. 5. Cap.

5. Verrucivora. Fabr. sp. 24. Rösel II. Gryll. tab. 8. Berlin.

* 6. Glabra. Berlin. Schäf. ic. Tab. 62. fig. 1. 2.

Diese Art ist der Loc. Verrucivora sehr ähnlich, aber kleiner, und ihr wesentlicher Unterschied besteht darin, daß der Brustschild oben nicht so platt mit drey erhöheten Linien, sondern nur ein wenig flach, und ganz glatt ist; sie ist braun, und die Oberflügel nur in der Mitte grün, mit braunen Flecken.

* 7. Indica. Tab. LIII. fig. 2.

Eine schöne, seltene Grylle. Sie ist ganz grün, nur die Unterflügel sind braun, oberwärts mit schwarzen Punkten; die Stirn endigt sich zwischen den Fühlhörnern stumpf kegelförmig. Der Brustschild ist sattelförmig, nemlich in der Mitte ausgehöhlt, und an den Enden in die Höhe gerichtet; der Hinterleib ist braun, auf jedem Ringe zu beyden Seiten ein halbmondförmiger schwärzlicher Strich. Der Legestachel ist lang, grün, in die Höhe gerichtet. Die Füsse sind grün, die Hüften und Schienbeine sind mit zwey Reihen starker Stacheln besetzt, die aber an den Hinterhüften kleiner sind, die Fußblätter haben zwey lappige, herzförmige Glieder, und eine doppelte Klaue.

Gryllus.

1. Cristatus. Fabr. sp. 3. Rosel. II. Gryll. Tab. 5. Arabien.

Der Meinige hat nichts von den schönen Farben, sondern ist einfarbig braun, auch haben die Flügel keine braune Spitzen, wie im System gesagt wird.

2. Serratus. Fabr. sp. 8. Rösel II. Gryll. tab. 16. fig. 2. Cap.

So wohl bey diesem als bey einigen andern hat Rösel ganz unrecht die Fühlhörner lang und borstenartig gemacht, da sie nur kurz und fadenförmig sind. Die Grösse dieser Art ist sehr verschieden.

3. Migratorius. Fabr. sp. 19. Rösel II. Gryll. tab. 24. Berlin.

Nicht nur die Farbe ist bey dieser Art sehr verschieden, sondern auch der Brustschild, welcher bisweilen in der Mitte eine sehr starke kiehlförmige Erhöhung hat, wodurch die Seiten ausgehöhlt werden, bisweilen aber ist er ganz flach, und hat nur eine erhöhete Linie in der Mitte; bey dieser haben die Spitzen der Unterflügel einige schwarze Flecke; bey jenen aber nicht. Vielleicht giebt es hievon wirklich verschiedene Arten, die noch nicht deutlich genug bemerkt sind.

4. Variegatus. Fabr. sp. 21. Amerika. Tab. LIII. fig. 3.

Nicht mit völliger Gewißheit, denn die Stirn ist nicht roth, sondern gelb und schwarz scheckig; sie spitzet sich zwischen den Fühlhörnern kegelförmig zu; die Augen sind braun, die Fühlhörner schwärzlich, mit einigen rothbraunen Ringen; die Glieder sind nicht von gleicher Länge, sondern bald kürzer, bald länger, das letzte ist ziemlich lang, zugespitzt, am Ende gelb. Der Brustschild ist glatt, an den Seiten etwas platt, in der Mitte oben geht der Länge nach eine erhöhete weisse Linie, übrigens gelb und schwarz gestreift, so daß an jeder Hälfte drey gelbe, und zwey schwarze Streifen sich befinden; auf den schwarzen Streifen stehen einige erhöhete weisse Punkte. Der Hinterleib ist auch an den

Fig. 1.

Fig. 2

den Seiten platt, und hat oben solche gelbe und schwarze Längsstreifen. Die Füsse sind gelb und schwarz scheckig, die Hinterschenkel gedornt. Die Flügel fehlen meinem Exemplar, da ihm noch die letzte Häutung fehlt.

* 5. Annulatus. Amerika. Tab. LIII. fig. 4.

Ihre Farbe ist röthlich grau, rauh, gekörnt, wie ein grober Sandstein, überall von gleicher Farbe, nur hat der Hinterleib einige grünliche Ringe, und die Fühlhörner sind gelblich und schwarz geringelt; die Unterflügel sind schwarz, etwas ins blaue schillernd, und inwendig etwas durchsichtig blau. Der Brustschild ist oben fast platt, die Stirn steht zwischen den Augen in einer abgerundeten Spitze etwas vor.

6. Morbillosus. Fabr. sp. 13. Tab. LIV. fig. 1.

Wenn gleich Rösel diese Heuschrecke schon abgebildet hat, so hoffe ich, wird deshalb niemand meine Abbildung für überflüßig halten, zumal da an jener manches fehlerhaft ist. Der Kopf läuft zwischen den Fühlhörnern in eine kegelförmige Spitze aus, die am Ende gespalten ist; die Fühlhörner sind schwarz, aber nicht borstenähnlich, wie Rösel sie vorgestellet hat, sondern dick und fadenförmig; die vordere Hälfte des Brustschildes ist an den Seiten platt, oben voller Warzen, die hintre Hälfte ist fast viereckig, oben ganz platt, voll hoher Körner. Die Ringe des Hinterleibes sind hinten schwarz, vorne gelb. Die Oberflügel sind schwärzlich blau, mit gelben Punkten dicht bestreuet; die Hinterflügel sind roth und blauschwarz, und an der Spitze gelb und blauschwarz sprenklich; überhaupt läßt sich schwer bestimmen, ob die blaue oder die gelbe und rothe Farbe die Grundfarbe sey. Die Füsse sind, wie der Kopf und Brustschild korallroth; die Fußblätter haben zwey Glieder, und ein langes Klauenglied, mit doppelter Kralle, zwischen welchen noch ein grosser, runder, lappenförmiger Theil steht.

7. Succinctus. Fabr. sp. 2. Tab. LIV. fig. 2.

Am meisten erkenne ich diese Art an dem sogenannten Horn, welches unter dem Maule vor der Kehle über die Brust herabhängt, denn die Farben treffen nicht genau zu, welches nicht anders seyn kann, da alle dieser Gattung in den Kabinettern so ganz die Farbe verändern. Vor der Stirn stehen unter den Fühlhörnern zwey tiefe, furchenähnliche aber breite Vertiefungen, die der Länge nach herunterlaufen; der Brustschild hat eine kielförmige gelbliche Erhöhung, und ist sammetartig braun; das Horn am Schlunde ist breit, und stumpf abgerundet. Die Oberflügel sind braun, mit einigen bräuneren, schief laufenden Binden, die aber nur blos in dunkleren, dichteren, netzartigen Adern bestehen, der innere Rand ist etwas heller und durchsichtiger. Die Unterflügel sind durchsichtig, netzartig. Der Hinterleib sieht im trocknen Zustande schwärzlich aus, mit grünlichen Ringen. Die Schienbeine der Hinterfüsse sind prismatisch, eckig, auswendig schwarz, inwendig bräunlich; auswendig mit einer doppelten Reihe starker gelber Dornen mit schwarzen Spitzen besetzt.

CPSIA information can be obtained
at www.ICGtesting.com
Printed in the USA
BVHW091235021118
531988BV00011B/742/P

9 780267 112234